KB143714

21세기 유교 연구를 위한

# 백가쟁명 百家爭鳴

유교문화연구총서 22

21세기 유교 연구를 위한

# 백가쟁명 百家爭鳴

## 1권 유교의 과거와 현재 그리고 미래

신정근 외 지음

## 일러두기

1. 책의 내용은 유교문화연구소 20주년 기념 학술대회(2019.11.29~30)에 발표한 글을 위주로 하여 다른 매체에 발표되지 않은 창작 원고를 기준으로 수록했다.
2. 책의 내용은 유교문화연구소의 편집 과정과 지은이의 수정과 보완 작업을 거쳤기 때문에 학술대회의 발표 원고와 다르다.
3. 총서는 《 》, 책은 『 』, 논문과 시는 「 」, 그림과 노래는 〈 〉 등으로 표시한다.
4. 서지 사항은 서명, 편명, 페이지 순서로 밝힌다.
5. 철학 용어는 본문에서 한국어와 한자의 순서로 병기하고 각주에서 한자만 표기한다.
6. 철학 개념은 두음법칙의 적용을 받지 않는다.
   예: 理 → 리
7. 원전을 번역할 때 지은이가 내용을 보충하는 부분을 [ ]로 표시했다.

# 서문

성균관대학교 유교문화연구소는 2000년에 설립되어 올해로 20주년을 맞이했다. 어엿한 청년의 나이가 되었다. 기념식을 해야겠는데 무엇을 할까 하다가 예산이 허용하는 범위에서 가능한 한 많은 국내 학자를 모시는 학술대회를 열기로 했다. 그간 유교문화연구소의 운영에 직간접적으로 도움을 주신 데에 감사의 뜻을 표하기도 하고 개인별로 온축한 연구의 성과를 공유하여 정리하는 편이 좋겠다는 생각이 들었다.

유교문화연구소는 바쁘게 달려왔던 과거의 시간을 되돌아보고, 현재의 자리를 둘러보며 앞으로 나아갈 방향을 잡아야 하는 때가 되었다고 판단했다. 이에 〈2019년 백가쟁명百家爭鳴〉을 개최하여 유교의 과거와 현재 그리고 미래를 만나고자 했다. 20년이라는 세월이 결코 짧은 세월이 아니듯이, 20년 동안의 유교문화연구소 발자취 역시 수많은 발자국이 모이고 이어져 여기까지 올 수 있었다. 유교문화연구소의 20년은 바로 '유교 연구의 20년'이라고 해도 지나친 말은 아니라고 생각한다.

20년 동안 수많은 학자들이 유교문화연구소의 총서 및 학술지 발간과 학술대회를 통해 유교를 주제로 많은 연구 결과를 내놓았기 때문이다. 또 〈인문도시종로〉, 〈유교문화활성화지원사업〉 등 유교문화의 대중화 사업을 통해 저변을 확대해왔다. 그런 의미에서 이번 유교문화연구소 20년 기념 학술대회는 유교의 과거를 돌아보고, 현재를 직시하며, 미래를 내다보는 시간으로 만들고자 했다.

원래 20주년 학술대회라면 꽤 일찍부터 준비를 해야 한다. 발표 형식도 정하고 발표자 섭외도 해야 하는데 준비할 일이 많기 때문이다. 하지만 여러 가지 사정상 연초부터 뭔가를 해야지 생각만 하고 9월을 넘겨서야 학술대회의 윤곽을 잡았다. 그리고 발표자 섭외는 의외로 짧은 시간에 끝났다. 메일로 발표 여부를 묻는 절차를 진행할 때 실로 많은 분들이 흔쾌히 발표를 수락해주셨다.

원래 100명까지 고려했지만 제반 사정상 50여 분에 달할 정도로 국내 행사로는 전례가 없는 학술대회를 개최하게 되었다. 이 자리를 빌려 바쁜 중에도 원고를 집필하고 발표해준 분과 학술대회에 참가해서 고견을 나누고 또 진행에 도움을 준 모든 분들에게 진심으로 고마움을 전한다.

학술대회가 끝나고 생각해보니 국제학술대회도 좋지만 50여 분이 발표하는 국내학술대회도 참으로 좋았다. 정부의 각종 재정 지원으로 프로그램을 진행하다 보면 은연 중에 국내 학자보다 국외 학자를 초청하는 쪽이 비중이 실린다. 중요한 것은 우리가 얼마나 내실을 기하느냐에 있다.

발표한 분은 많지만 책에 글이 실린 분은 적다. 글마다 사연이 있고 또 어디에도 발표된 적이 없는 글을 중심으로 편집을 하다 보니 줄어들게 되었다. 시간이 더 주어졌더라면 더 많은 분들의 글이 책에 실릴 수 있겠지만 그러지 못하여 송구하지 그지없다. 앞으로 국내 학자들이 많이 모여서 그간 갈고 닦은 실력과 학식을 공유하는 자리가 마련되었으면 좋겠다.

나는 2014년 3월에 유교문화연구소 8대 소장으로 취임했다. 당시 1년 기간의 연구년을 보내다가 6개월 만에 현업으로 돌아오게 되었다. 2년으로 끝낼 줄 알았던 소장직을 그 뒤로 2차례 더 연임하면서 거의 6년

(2014.3~2019.12)을 유교문화연구소의 8~10대 소장으로 재임하게 되었다. 이 소임이 20주년 기념 학술대회로 마무리되고 다시 연구총서로 묶여 마지막 역할을 하게 되었다고 할 수 있다.

20주년의 대규모 학술대회를 치르려면 도움이 필요하다. 예산상의 지원을 아끼지 않은 한기형 동아시아학술원 원장님께 감사드린다. 아울러 초기 발표자의 연락과 관련 업무를 맡은 정향원과 심주현님, 발표자 섭외와 제반 업무를 담당한 김미영 책임연구원 그리고 학술대회 자료집과 연구총서의 초기 편집을 맡은 설준영님에게 고마운 마음을 전한다.

나머지 후반 작업은 시간 관계상 내가 직접 할 수밖에 없었다. 워낙 필자가 많아 편집과 교정 작업을 하려면 엄청난 집중력이 요구되기 때문이다. 이 때문에 필자와 충분히 소통하지 못하고 전체의 원고를 통일하게 되었다. 오탈자를 바로잡고 서지사항의 형식을 통일하는 등 최소한의 수정 작업을 할 수밖에 없었다. 원의를 해치지 않으려고 했지만 본의와 달리 실수가 있을 수 있으므로 필자 여러분들의 양해를 바라는 바이다. 다시 한 번 더 유교문화연구소를 맡으면서 도움을 준 모든 분들께 사의를 표하며 글을 마치고자 한다. 그분들의 도움이 있었기에 어설프고 힘든 소임을 그나마 대과 없이 마칠 수 있었다고 생각한다.

2019.12

신정근 씁니다

차례

## 유교, 쟁탈의 해소와 예방으로 가는 장정長程 / 이봉규



## 백가쟁명百家爭鳴과 사문난적斯文亂賊
: 유교의 역사와 정치적 사유 그리고 나 / 김석근



## 유학과 함께 떠나는 돌봄과 공생의 길! / 김세정



## 한국 근대 유교의 역사 의미론
: 19, 20세기 유교의 존재 물음과 대응을 중심으로 / 이행훈

## 이 시대에 양명학은 왜 이단이 아니고 정통인가? / 정인재



## 유학의 미래, 교육철학의 환원: '인적 자원'에서 '인간'으로 / 정석도



## 『맹자』 '천작天爵' 개념의 현대적 접근 / 이용윤

## 유학儒學과 경經의 역사 / 정병섭



## 경전과 현실 사이: 개별주의로 본 주역의 힘 / 박영우

# 백가쟁명百家爭鳴, 21세기 유교 연구의 방향

신정근(성균관대학교 유교문화연구소장)

## 1. 문제 제기

서양의 학자는 특정 학문의 이름으로 무엇을 연구할지 늘 고민했다. 이 때문에 시대의 변화에 따라 특정 학문이 그 이름으로 계속해서 연구가 가능한지 끊임없이 의문을 제기했다. 특정 학문의 이름으로 연구를 해왔기 때문에 관성으로 연구하지 않고 무엇을 새롭게 할 수 있는지 회의하지 않을 수가 없었다.

철학은 고대에 만학의 제왕이라는 지위를 누렸다. 당시 철학이야말로 우주와 세계의 본질을 탐구하는 적임자였을 뿐만 아니라 오늘날처럼 철학과 경쟁하는 다양한 학문도 없었다. 본질에 대한 지혜가 없으면 사람은 무엇을 삶의 목표로 해야 하는지 그리고 왜 사는지 알 수 없다. 이 무지는 엄청난 근원적 불안을 줄 수 있다. 내가 사는 세상이 언제 갑자기 공중 분해될 수 있다는 공포를 낳을 수 있기 때문이다.

그리고 우주와 세계의 기원과 비밀을 모르면 다른 학문도 존재할 이유를 찾기 어려웠다. 가장 근원인 설계도가 없는 상태에서 집을 지을 수 없기 때문이다. 이 덕분에 철학은 다른 학문이 존재할 만한 가치가 있는지 그 여부를 결정하기도 했다. 고대 사회에서 철학의 독존적 지위는 오늘날 철학이 사회적으로 누리는 대우와 지위를 고려하면 상상할 수 없는 상황이었다.

역사적으로 살펴보면 플라톤은 『국가』에서 시가 이데아의 복사를 복사한다며 그 의미를 깎아내렸다. 시가 우주와 세계의 본질을 직접 대면하지 못한다는 것이다. 즉 시가 본질에 다가가지 못하고 현상의 언저리만을 맴돌 뿐이라고 보았다. 또 『논어』에서 공자는 예의禮義를 탐구하고 몸에 익혀야 한다고 주장하면서 농사와 원예를 소인의 일로 간주했고[1] 그의 제자 자하子夏는 예의 이외를 소도小道로 분류하고 그것이 도움이 줄 수 있지만 원대한 목표를 이루는 데에 방해가 된다고 생각했다.[2]

근대에 이르러 과학이 자연의 객관적 사실을 다루면서 철학은 그 연구 범위를 우주와 자연을 빼고 인간과 사회로 한정하게 되었다. 이 범위도 결코 좁지 않지만 고대의 기준에서 보면 철학은 자신이 관할하던 영지의 상당 부분을 잃었다고 할 수 있다. 이로써 우주와 자연은 더 이상 직관과 통찰이 아니라 증명과 재연의 세계로 바뀌게 되었다. 그럼에도 불구하고 철학이 우주와 자연에 대해 발언한다면 별다른 주목을 받지 못하는 무의미한 희망으로 간주되었다.

상황은 여기에 그치지 않았다. 심리학이 실험과 증거를 무기로 삼아 인간의 심리와 의식을 다루겠다며 철학으로부터 독립을 선언했다. 이로

1 『논어』「자로」: 樊遲請學稼. 子曰, "吾不如老農." 請學爲圃. 曰, "吾不如老圃." 樊遲出. 子曰, "小人哉, 樊須也! 上好禮, 則民莫敢不敬, 上好義, 則民莫敢不服, 上好信, 則民莫敢不用情. 夫如是, 則四方之民襁負其子而至矣, 焉用稼?"

2 『논어』「자장」: "子夏曰, 雖小道, 必有可觀者焉, 致遠恐泥, 是以君子不爲也."

써 철학은 연구 범위가 더 줄어들게 되었을 뿐만 아니라 다른 학문과 경쟁하면서 자신의 정체성을 스스로 입증해야 하는 부담을 지니게 되었다.

이제 철학은 학문의 규범을 제시하는 우월적 지위가 아니라 다른 학문과 경쟁하며 스스로 존재 이유를 입증해야 했다. 이렇게 되니 세계를 이해하고 규제하는 앎에 대해 철학이 무엇을 할 수 있을까 라는 회의가 일어났다. 이것이 바로 "철학의 종언"이라고 불리는 우울한 주제이다.

유교도 서양의 철학이 동아시아에 전래되기 전에 '철학'의 역할을 수행해왔다. 그만큼 시대의 변화에 따른 유교의 역할도 한 번쯤 점검하지 않을 수가 없다. 철학과 마찬가지로 미래의 유교 연구도 "유교의 종언"을 말하게 될까? 그렇다면 유교 연구의 전망이 어둡기 그지없다. 그렇지 않고 "유교의 부흥"을 말하게 된다면 그 전망은 밝을 가능성이 있다. 인문학의 한 영역으로 보면 미래 유교 연구의 전망이 어떨까? 앞의 질문에 대해 밝다고 대답할 사람도 뒤의 질문을 받으면 어둡다고 대답할지 모르겠다.

우리는 서양의 학문, 예컨대 철학은 시대에 따라 독존, 경쟁, 위기의 상황에 놓이면서 자체의 역할을 늘 깊고 넓게 성찰해왔다. 그리하여 "철학의 종언"이라는 선언까지 내놓기도 했다. 반면 유교 연구와 관련해서 과연 철저하고 근원적인 질문을 던진 적이 있을까? 아니면 이전부터 있었으니까 관행적으로 연구를 되풀이하고 있는 걸까? 오늘날 4차 산업혁명이 화두가 되고 있는 만큼 유교의 운명도 다시금 논의하지 않을 수가 없다.

지금은 현재와 미래의 유교가 무엇을 연구할 수 있는지 자신의 역할을 점검하지 않을 수 없다. 특히 인공 지능(AI)과 사물인터넷(IoT) 그리고 감성 로봇(Social Robot) 등이 생활 속으로 파고들면서 사람과 기계의 경계가 이전처럼 뚜렷하게 나뉘지 않는다. 사람의 정체성이 다시금 도전을 받고 있다. 이런 즈음에서 자신의 역할을 새롭게 정립하지 않고 관행적인 연구를 되풀이하면 시대로부터 고립되지 않을 수가 없다.

진학률, 취업률, 인문학과의 폐과, 대학의 구조 조정, 인문 서적의 판매율 등의 소식을 통해 우울한 소리가 국내외적으로 생겨나고 여기저기에 퍼져나가고 있다. 이에 따라 인문학의 전망이 나날이 어두워진다고 말한다. 반대로 우리나라에서 인문학 대중 강연 중에 동양 고전이 꾸준히 인기를 끈다는 점, 시진핑習近平 중국 주석이 양명학을 비롯하여 유교의 가치를 높게 평가했다는 소식 등을 통해 희망의 소리가 웅성거린다.

이 소리는 중국이 학계 비즈니스의 큰 손으로 등장하여 발표자가 100명이 넘는 대규모의 국제 학술대회를 개최하는 일로 이어지고 있다. 유교 또는 인문학 연구의 분위기가 좋아지지 않을까라고 기대를 해본다. 하지만 이것은 모두 학문 내적 연구가 아니라 학문 외적 주변 이야기에 해당될 뿐이다.

우리는 지금까지 동아시아의 학문 전통에서 "유교의 이름으로" 또는 "인문학의 이름으로" 무엇을 연구해왔고 앞으로 또 "유교의 이름으로" 또는 "인문학의 이름으로" 무엇을 연구할 수 있을 것이냐고 학문적으로 성찰할 필요가 있다. 그렇지 않으면 학과의 간판이라는 이름으로 이전부터 지금까지 있으니까 한다는 습관적 대응밖에 할 수 없다.

이러한 습관적 대응은 유교와 인문학을 둘러싼 대학의 생태계가 변화할 때마다 능동적으로 반응할 수 없다. 기껏해야 "살려내라!"라는 요구를 할 뿐이지 "가만히 내버려 두면 무엇을 하겠다!"라고 새로운 학문적 정체성을 내세운 적이 드물다. 이러한 대응은 주체와 주인을 강조하는 유교와 철학의 본성과 어울리지 않는 모습이라고 할 수 있다.

나는 지금이야말로 유교 연구를 둘러싸고 모두가 제 목소리를 내야 하는 백가쟁명의 시대라고 생각한다. 물에 빠져서 허우적거리면서 조용히 있을 수는 없지 않은가? 유교의 위상이 철학과 마찬가지로 독존에서 경쟁으로 다시 경쟁에서 위기로 치닫고 있는데도 가만히 또 조용히 있다면 그것은 "백년하청百年河淸"의 황하 신세가 되지 않으리라는 보장이 없다.

유교는 보호와 보장을 위한 제도적 노력을 하면서도 시대의 변화와 함께 자신의 정체성을 재정립하는 자구책을 강구하지 않을 수가 없다. 후자의 노력이 어떤 정형으로 나타나기 이전에 백가쟁명百家爭鳴 또는 백화제방百花齊放의 목소리를 내지 않을 수가 없다.

## 2. 유교는 지금도 작문해도론作文害道論을 주장할 수 있을까?

동아시아도 고대 그리스 플라톤처럼 시의 가치를 깎아내리는 사람이 있었다. 이러한 인물의 존재는 그 자체만으로 유교와 철학의 위상을 새삼 확인할 수 있는 상황이다. 더 정확하게 말하면 유교의 입장에서 문장을 짓는 문학의 가치를 비판했다. 오늘날 입장에서 상상하기 어렵지만 과거에 그런 주장이 공공연하게 제기되었다.

예컨대 북송의 정이程頤(1033~1107)는 "글을 지으면 도에 해가 되느냐?[作文害道否?]"는 질문에 다음처럼 대답했다.

"해가 된다. 글을 지을 때 뜻을 오로지 하지 않으면 뛰어나지 않는다. 만약 글 짓기에 뜻을 오로지 한다면 사람의 지향이 여기에 한정될 것이다. 어찌 천지와 더불어 위대함을 함께 할 수 있겠는가?"[3]

이 주장이 바로 그 유명한 작문해도론作文害道論이다. 글을 지으면 도에 해가 된다는 뜻이다. 이어서 그는 『서경』을 끌어들여서 작문이 완물상지玩物喪志, 즉 물건을 가지고 놀다가 본래의 뜻을 잃어버리는 상황에 이르게 된다고 비판했다. 그는 정성情性을 기르는 공부에 집중해야지 사람의 이목耳目을 즐겁게 하는 장구章句에 전념해서 안 된다고 보았다.[4]

정이에 비해 성품이 따뜻한 정호程顥(1032~1085)마저도 "학자가 먼저 글을 배우면 도에 이를 수 있는 사람이 드물다."[5]면서 문장을 배우는 학문學文에 대해 부정적 견해를 피력했다. 이는 작문의 위험성을 말한다는 점에서 정이와 별다른 차이가 없다. 형제는 작문을 왜 이렇게 부정적으로 보는 걸까? 앞서 살펴본 정이의 말에서 실마리를 찾을 수 있다. 오로지 장구(문장)를 가다듬기에 힘쓰면 결국 사람의 감각을 즐겁게 하려고 생각할 뿐이기 때문이다.

이에 정이는 작문의 감각적 즐거움을 추구한다면 사람을 웃기고 울리는 배우俳優와 다를 바가 없다는 극언을 내놓았다.[6] 작문의 위험성에 대한 태도가 얼마나 심각한지 미루어 짐작할 수 있을 정도이다. 정호와 정

---

3 『河南程氏遺書』권18: "問曰, 作文害道否? 曰, 害也. 凡爲文不專意則不工, 若專意則志局于此. 又安能與天地同其大也?" 『河南程氏粹語』권1에도 비슷한 말이 나온다. "或問, 爲文有害於大學之道乎? 子曰, 是其爲業也, 不專則不工也. 專則志局於此, 斯害也已. 學以養心, 奚以文爲? 五經之言, 非聖人有意於文也, 至蘊所發, 自然而成也."

4 『河南程氏遺書』권18: "『書』曰, '玩物喪志.' 爲文亦玩物也. 呂與叔有詩云, '學如元凱方成癖, 文似相如始類俳. 獨立孔門無一事, 只輸顔氏得心齋.' 此詩甚好. 古之學者, 惟務養情性, 其佗則不學. 今爲文者, 專務章句, 悅人耳目."

5 『河南程氏外書』권12: "學者先學文, 鮮有能至道. 至如博觀泛覽, 亦自爲害. 故明道先生教余嘗曰, 賢讀書, 慎不要尋行數墨."

6 『河南程氏遺書』권18: "旣務悅人, 非俳優而何?"

이는 모두 문학의 독자적 가치와 그 사회적 작용을 제대로 인정하지 않거나 강력하게 부정하고 있다.

그렇다면 문학은 어떠한 맥락에서 긍정될 수 없는 것일까? 아니면 어떤 한정적인 맥락에서 긍정될 수 있는 것일까? 이전부터 작문은 도를 실어 나를 수단으로 기능할 때에만 존재 가치가 있다는 문이재도론文以載道論의 영역에 있었다. 두 사람도 그 자장으로부터 한 치도 벗어나기 어려웠다.[7]

왕양명王陽明(1472~1528)은 문학에 대한 부정적 견해 또는 편견을 조금 완화된 꼴로 주장하고 있다. 그의 문인 중에 문장을 짓는 사람이 있었다. 그는 좋은 글을 지으려고 온갖 생각을 다 짜냈으며 그렇게 글을 지은 뒤에도 잔상으로서 생각이 그대로 사라지지 않고 계속 기억에 남아있다는 경험을 이야기한 적이 있다. 이에 대해 왕양명은 자신의 견해를 피력했다.

> "글을 짓느라 생각을 짜내는 일은 아무런 해가 없다. 다만 글을 짓고 나서도 가슴에 담아둔다면 글에 얽매이게 되어 마음속에 한 건의 일로 자리하게 된다. 이것은 문제이다."[8]

왕양명은 정호·정이와 달리 작문의 활동 자체를 부정하지 않는다. 하지만 그 인정은 작문 활동의 종료와 함께 끝이 난다. 제한적인 긍정이

---

7 신정근, 『동아시아 예술과 미학의 여정』, 서울: 성균관대학교출판부, 2018 참조.

8 『전습록』하권 233조목: "門人作文送友行, 問先生曰, 作文字不免費思, 作了後又一二日常記在懷. 曰, 文字思索亦無害. 但作了常記在懷, 則爲文所累, 心中有一物矣, 此則未可也. 又作詩送人. 先生看詩畢, 謂曰, 凡作文字要隨我分限所及. 若說得太過了, 亦非修辭立誠矣."

라고 할 수 있다. 하나의 작품으로서 작문을 끝내고서도 계속 가슴에 담고 이럴까 저럴까를 고민하게 된다면 작문은 이전과 다른 문제 상황으로 빠지게 된다. 즉 작문은 그 자체로 더 나은 완성을 위해 노력해야 하는 독자적 활동으로 자리매김하게 된다.

이렇게 보면 왕양명은 작문에 일정한 시간을 들여도 좋다는 좀 완화된 제한을 가하고 있으면서도 여전히 작문을 독립적인 활동으로 인정하지 않는 한계를 보여주고 있다.

대대로 세를 과시해온 작문해도론은 간간이 비판의 대상이 되곤 했지만 공식적으로 부정되거나 폐기된 적은 없다. 그것은 오랜 역사에 걸쳐서 지배 담론으로서 굳건한 지위를 차지하고 있었기 때문이다. 18세기 개혁 군주로 알려진 정조가 박지원 등의 소설을 비판하며 문체반정文體反正을 내세웠다.

정조가 박지원朴趾源(1737~1805) 등 새로운 소설의 문체를 구사하는 학자들에게 일종의 반성문을 요구했다. 이처럼 문체는 문학의 영역에만 한정되지 않고 정치적 문제로 비화될 정도로 큰 파장을 일으켰다.[9] 이도 결국 재미있고 호기심을 자극하는 새로운 문학을 아정하고 바람직한 도의 세계 아래에 두려는 시도라고 할 수 있다.[10]

이렇게 문학은 유교의 권위를 벗어날 수가 없었다. 문학은 유교의 식민 상태로부터 독립을 주장할 수 없었다. 권위를 벗어나는 순간 도전으로부터 평가를 받아 문학이 곧바로 정치적 사안으로 확대되었다. 다만 근대 량치차오梁啓超(1873~1929)가 내세운 「중국 소설계 혁명」과 신채호(1880~1936)의 「소설개혁론」에서 문학이 독자적 생존권을 획득하게 되었

9 김용심, 『문체반정, 나는 이렇게 본다』, 파주: 보리, 2012 참조.

10 신정근, 『동아시아 예술과 미학의 여정』, 서울: 성균관대학교출판부, 2018 참조.

다.

물론 이때 소설은 더 이상 유교 또는 도학道學의 권위에 짓눌리지 않았지만 애국 계몽, 덕성 감화라는 목표에 기여할 수 있다고 여겨졌다.[11] 작문해도론의 대상은 문학 중 시에 집중되고 소설계 혁명론의 대상은 문학 중 소설에 집중된다. 그 대상이 정확하게 일치하지 않지만 문학의 범주에 속하는 만큼 동일한 맥락에서 논의를 진행할 수 있다고 본다.

지금 유교 또는 철학이 4차 산업혁명이 거론되는 상황에서 "문학이 학문이냐?"라며 현대판 '작문해도론'을 정면으로 제기할 수 있을까? 아마 그런 일은 결코 없을 것이다. 이것은 그만큼 유교의 지위가 작문해도론을 내세울 때랑 비교할 수 없는 상황에 놓여있다는 점을 알려준다. 도학은 더 이상 홀로 애국 계몽과 덕성 감화의 책무를 감당할 수 없다. 또 문학이 유교의 권위 아래에 있지 않고 독자적인 영역을 구축하여 그 생명력을 쉽사리 단죄할 수도 없다.

이제 유교 또는 인문학은 '작문해도론'이 '소설개혁론'으로 변모하는 학문의 변화에 더불어 새로운 역할을 요청받고 있다. 그것도 인공 지능, 사물 인터넷, 감성 로봇 등 삶의 패러다임을 획기적으로 바꿀 4차 산업혁명과 같은 전대미문의 새로운 대상과 맞서야 한다. 유교는 무슨 역할을 할 수 있을지 그 정체성을 묻지 않을 수가 없다.

따라서 이제 유교 또는 인문학은 근대에 량치차오와 신채호가 '소설개혁론'을 외쳤던 전례를 참고로 하여 '과학 개혁론' 또는 '인공지능 개혁론'을 주장해야 할듯하다. 지금 과학과 인공지능을 제외하고서 유교 또는 인문학이 그 자체의 담론을 무한히 재생산할 수 있을지 의문이 들기

11 이은애, 「신채호와 양계초의 '소설개혁론' 비교 연구」, 『한중인문학연구』 9, 2002, 338~363쪽 참조.

때문이다.

지난 날 유교도 같은 것을 끊임없이 반복한 역사가 아니라 늘 그 시대의 첨단 현상을 수용하여 새로운 모습을 나타냈다.[12] 예컨대 공자는 노魯나라의 취푸曲阜에만 머물지 않고 황허黃河 중하류의 여러 나라를 돌아다니면서 자신의 학술과 사상을 강연했다. 만약 공자가 주유천하周遊天下하지 않고 취푸에만 머물렀다면 유교가 그 지역을 벗어나려면 더 많은 시간을 필요로 했을 것이다.

주희는 북송오자北宋五子와 자신의 사상을 종이책으로 끊임없이 편집하여 출판했다. 예컨대 『근사록近思錄』과 이정二程 문집의 간행은 도학 또는 성학聖學이 세상에 모습을 드러내는 데에 커다란 기여를 했다. 책이 사람을 대신하여 사상을 널리 퍼뜨리는 일등 공신의 역할을 알차게 수행했던 것이다. 이렇게 보면 그는 동시대 사람들에게 무엇을 읽어야 하는지 텍스트를 엮어내는 '시대의 편집자'라는 역할을 충실히 해냈다. 주희는 자신을 책 읽는 서생에 한정하지 않고 시대를 기획하는 인물로 자리매김했던 것이다.

편집자의 역할을 수행한 뒤에도 주희는 『사서집주四書集註』처럼 자신의 사상을 담은 책을 세상에 내놓으면서 도학 또는 성학이 공자처럼 주유천하를 하지 않더라도 다른 곳으로 널리 전래 또는 확산될 수 있었다. 즉 주희는 종이책이라는 시대의 첨단 문명을 최대한으로 활용했기 때문에 공자보다 훨씬 짧은 시간에 자신의 학문을 전국화시키고 동아시아 역내의 보편학으로 정립시킬 수 있었다. 따라서 '책 없는 주희'는 도학의

---

12 동아시아 철학은 고유성과 자족성의 프레임을 갖추었다고 말하지만 실제로 타자와 디아스포라의 계기를 성찰하며 끊임없는 변신의 과정을 겪었다. 이와 관련하여 신정근, 『철학사의 전환: 동아시아적 사유의 전개와 그 터닝포인트』, 파주: 글항아리, 2012 참조.

보편화라는 사건에서 상상조차 할 수 없는 일이라고 할 수 있다.

왕양명은 강학講學과 결사結社가 들불처럼 확산되는 시대를 살았다. 강학은 향교와 국자감처럼 정규 교과 과정에서도 하지만 이와 달리 원하는 사람이 자유롭게 참여하여 신분을 초월한 학문 공동체를 일구기도 했다. 강학은 학문이 국가의 제도를 벗어나서 민간에서 자율적으로 진행되는 활동이었다. 물론 강학은 사대부의 가치를 중심으로 하는 계몽의 한계를 지니고 있지만 문자와 텍스트를 민간에 공개하는 긍정적인 측면을 지니고 있었다.

이러한 시대적 맥락에서 왕양명도 제도 안의 정규 교육에만 집착하지 않고 교실 밖의 강학을 적극적으로 활용했다. 이것이 그의 학문이 짧은 시간에 많은 동조자를 낳을 수 있는 바탕이 되었다. 그는 자신이 군사적 행동에 나서는 기간에도 강학을 할 정도로 당시의 사회 현상을 적극적으로 수용했다.[13] 그 결과 『전습록傳習錄』을 보면 제자들이 오랜 강학을 통해 격물치지格物致知, 지행합일知行合一에 대해 주희를 넘어 왕양명을 받아들이게 되는 탈바꿈을 겪는 과정을 확인할 수 있다.

이렇게 보면 지금 또는 앞으로 유교는 작문해도론을 주장할 수는 없지만 시대의 변화와 더불어 첨단의 조류를 받아들여 자기 변신을 꾀했던 주체적 대응에 주목할 필요가 있다. 공자의 주유철환은 사람이 한 곳에 정주하지 않고 끊임없이 도전에 나서는 용기로 나아갈 수 있다.

주희의 책은 인터넷을 비롯한 전자책과 사이버 공간으로 확장될 수 있다. 왕양명의 강학은 관심과 기호에 따라 소셜 미디어를 적극적으로 활용하는 방안으로 나아갈 수 있다. 그 과정에서 작문해도론이 아니라

---

13 둥핑董平, 이준식 옮김, 『칼과 책: 전쟁의 신 왕양명의 기이한 생애』, 파주: 글항아리, 2019 참조.

시대와 호흡할수 있는 새로운 개혁론을 제시할 수 있는 것이다.

## 3. 국학國學의 담론을 넘어

유교는 공자에 의해 집대성되어 2,500여 년에 달하는 기나긴 역사를 지니고 있다. 이러한 기나긴 역사를 어떻게 설명해야 할까? 보통 중국의 왕조와 당시에 나타난 학문 경향을 결합하여 그 역사를 선진 유학 또는 원시 유학, 한의 훈고학訓詁學, 당의 사장학詞章學, 송명의 성리학性理學, 청의 고증학考證學 등의 순서로 설명한다. 또는 3기 유학설과 4기 유학설로 설명하기도 한다.[14]

이러한 설명은 유교가 시대적으로 어떤 변화를 보였는지 일목요연하게 제시하는 장점을 지니고 있다. 그렇지만 유교가 중국에서 기원하여 중국에서 전개된 측면에 초점을 두고 있다. 이로 인해 유교가 중국과 동아시아 이외의 지역으로 전래 또는 확산되어 개별적인 축적된 연구를 반영할 수 없다. 이러한 한계를 극복하려면 유교를 중국의 기원과 발전으로 볼 것이 아니라 세계사의 관점에서 재조명할 필요가 있다.

'체제(system)' 개념을 빌어 유교를 세계사의 관점에서 조망하면 그 역사적 전개는 다음과 같다. 체제는 특정 기간의 시공간을 규제하는 문법이다.[15] 이는 1987년을 기점으로 한 민주화 이후 한국 사회의 정치 변동과 그 특질을 '87년 체제'로 통칭하는 사례와 비슷하다.

---

14 신정근, 『인권유학』, 서울: 성균관대학교출판부, 2017, 61~64쪽.

15 신정근, 『인권유학』, 서울: 성균관대학교출판부, 2017, 65~119쪽.

| 체제 \ 특성 | 지역 | 과제 | 이름 | 비고 |
|---|---|---|---|---|
| BC6세기 체제 | 황하 | 존왕양이尊王攘夷 | 유술儒術 | 지역학 |
| 960년 체제 | 해내海內 · 천하天下 | 천하일통天下一統 | 성학聖學 · 도학道學 | 절대적 보편학 |
| 1644년 체제 | 청 · 조선 · 에도 | 보편의 경쟁 | 중화학中華學 | 상대적 보편학 |
| 1894~5년 체제 | 국민 국가 | 억압적 대동아공영 | 국학國學 | 국권國權 담론 |
| 21세기 체제 | 동아시아/세계 | 인권의 심화 | 인권人權 유학 | 공동체성 |

BC6세기 체제는 공자가 유학을 정립하고자 주 왕실의 수호를 기치로 내걸었던 시대의 특징을 가리킨다. 당시 유학은 오늘날처럼 산둥山東성 지역을 중심으로 한정되었을 뿐만 아니라 도가와 법가 등의 다른 학파와 경쟁하는 상태에 놓여있었다.

960년 체제는 유학이 성인이 되는 학문이라는 기치를 내걸고서 보편학으로 자리매김을 하던 특징을 가리킨다. 당시 유학은 도교나 불교와 경쟁하지만 비교할 수 없는 우월적 지위를 차지하고서 국내외 현안을 규정하는 가늠자로 그 위상을 높였다.

1644년 체제는 청 제국의 등장으로 기존의 인종 지리학이 붕괴되는 특징을 잘 보여주고 있다. 당시 동아시아는 청 제국의 정치력을 인정하지 않고 각자 독자적인 중화 가치의 수호자로 자처했다. 이로 인해 다른 어떤 체제보다도 역내의 대립이 빈번하고 대규모로 일어났다.

1894~5년 체제는 동아시아가 세계 자본주의 질서로 편입되면서 반식민지 또는 식민지 상태로 떨어진 특징을 보여주고 있다. 이후에 동아시아는 천하 개념을 국가 개념으로 대체하여 유학을 전통 문화 또는 국학으로 자리 매김시켰다.

현재 유교 연구가 세계적으로 확산되고 있지만 한국 · 중국 · 일본의 연구가 오랜 역사를 지니고 있다. 하지만 오랜 역사에도 불구하고 동아시아의 유교 연구는 국학國學이라는 틀에 안주하고 있다. 정부의 재정 지원이 국학의 진흥이라는 형태로 이루어지고 있기 때문이다. 아울러 유교는 시대와 지역을 초월하는 보편학으로 정체성을 확립하지 못하고 민족 정신, 민족 문화, 전통 학문, 전통 문화, 유구한 문화 자산으로 자리매김되고 있다.

물론 1894~5년 체제의 유교가 서구 제국주의의 침입에 맞서서 민족의 생존을 담보하는 시대 책무를 수행해야 했다. 이때 자연스럽게 유교는 개인보다는 민족, 보편보다 특수에 주목하여 국권國權을 재확립하는 애국 계몽의 담론을 진행해왔다. 서세동점의 국제 정세가 종료되고 아시아의 가치가 운위되는 맥락으로 상황이 급전했음에도 불구하고 과거의 관행은 여전히 현실에서 강고하게 작동하고 있다.

유교가 국학 담론에 머물 때 인의仁義 또는 사덕四德이 아무리 보편적 가치를 지향한다고 하더라도 한계를 나타낼 수밖에 없다. 일본에서 한국인을 혐오하면 혐한嫌韓 현상이 일어날 때, 한국과 일본 사이에 역사 갈등이 군사와 경제의 제재로 진전할 때, 한국과 중국 사이에 고고도미사일방어체계(THAAD) 설치와 그에 대한 보복 조치가 일어날 때, 한 · 중 · 일이 영토 분쟁과 방공 식별 구역 침범이 일어날 때, 국민은 아직 국가와 정부의 공식 반응에 호응하여 동원되는 양상을 보인다. 즉 국민-기계 현상이 나타나고 있다. 국민-기계 현상에 대항하는 문화가 생겨나지 않는다면 인의仁義의 유교라도 국민-기계의 이데올로기를 벗어날 수가 없다.

## 4. 현재와 미래의 도전

### 1) 언어권의 변화

한국은 통상 한자 문화권으로 분류되어왔다. 이를 의심하는 사람은 없다. 한자 문화권이란 한자 또는 한문을 통해 동아시아 사람들이 상호간에 문화적 소통이 가능한 지역을 일컫는 말이다. 현대의 중국어나 일본어를 전혀 몰라도 한자만 읽고 쓸 줄 알면 그 나라에 가서도 의사 소통에 큰 문제가 없다.

하지만 지금 이러한 당연한 취급이 심각하게 도전을 받고 있다.[16] 특정 언어권에 속한다는 것은 그 언어를 모국어로 하느냐에 상관없이 친숙하고 능숙할 수 있도록 제도 교육에서 일정 시간의 재교육을 실시하여 언어 사용자가 지속적으로 언어 구사 능력을 기를 수 있게 해야 한다.

이러한 기준에서 보면 우리는 지금 한자 문화권으로 분류하기보다 자연히 영어 문화권으로 분류할 수밖에 없다. 제도 교육에서는 초등학교만이 아니라 중등과 고등학교에서 영어 의무 교육을 실시하고 있고 개인별로 다양한 영어 학습의 시간을 보내고 있다. 아울러 영어를 배우기 위한 어학 연수도 이제 누구나 할 수 있고 해야 하는 활동으로 간주되고 있다. 이러한 분위기는 사회가 영어를 하느냐 여부로 취업을 비롯하여 많은 평가에서 영향을 주기 때문이다.

반면 한자 또는 한문 교육은 어떠한가? 먼저 대학입시의 수학 능력 시험에서 한문이 제2외국어에서 빠져있다. 국어 시험에서 몇 문제 출제되

---

16 허철, 「한자문화권漢字文化圈의 변화와 한자漢字, 한문교육漢文敎育의 새로운 방향 모색」, 『한자한문교육』 제26집, 2011, 77~121쪽 참조.

는 실정이다. 한국의 교육에서 대학 입시가 끼치는 영향을 고려할 때 입시의 배제 여부는 해당 과목의 사활과 직접적으로 관련이 된다. 아울러 신문을 비롯하여 출판 등에서 한자 병기가 소수에 그치고 대부분 점차 사라지고 있다. 그 결과 언어와 문자 생활에서 한문은 고사하고 한자마저도 고사의 위기에 처해있다. 한자를 언어 문자가 아니라 그림 문자로 바라보는 시선이 대세를 이루고 있다.

이러한 상황은 거리의 간판을 봐도 쉽게 확인할 수 있다. 2000년 이전만 해도 거리의 간판이나 홍보 문구에서 한자를 쉽게 볼 수 있었다. 이제는 그렇게 넘쳐나던 한자는 영어 또는 각종 언어로 혼종된 표현에 자리를 넘겨주고 자취를 감추고 있다. 이 때문에 한자를 보게 되면 한편으로 이질감을 느끼기도 하고 다른 한편으로 반가움을 느끼게 된다.

현재 우리의 일상에서 한자 소멸의 현상이 가속화될 것이다. 그 결과 우리가 한자 문화권에서 제외되는 일은 시간의 문제일 뿐이다. 이러한 예상되는 현상은 이전과 다른 새로운 결과를 가져오게 된다. 한 · 중 · 일은 소통의 언어와 문자에서 한자를 대체하는 제3의 길을 필요로 하게 된다. 실제로 동아시아 학술 대회에서 영어가 공용어로 쓰이는 일이 점차로 늘어나고 있다.

조선시대에 사행에서 외교사절은 역관처럼 중국어를 못해도 중국인과 필담筆談으로 소통을 했다. 일본의 사행도 마찬가지였다. 하지만 앞으로는 이마저도 불가능해진다. 더 이상 한자 또는 한문에 익숙하지 않은 세대가 대세를 차지하게 될 것이기 때문이다. 대신에 영어가 소통의 방식으로 자리 잡게 될 것이다.

소통의 방식에서 한자와 한문의 배제는 기존에 천 년 이상 지속되어 온 관행의 변화라고 할 수 있다. 이러한 변화는 언어의 소외에서 문화의 이질감을 높일 것이다. 즉 한 · 중 · 일이 지리적으로 동아시아에 소속되어 있지만 문화적으로 그 차이가 심화될 것이다.

한국의 한자 문화권 자발적(?) 탈퇴는 자국어의 심화가 아니라 영어 문화권의 편입이라는 기이한 양상으로 나타나고 있다. 즉 한자 또는 한문 교육의 약화에 그치지 않고 자국어 교육도 영어 교육에 비해 약화되고 있다. 대학에서는 특히 국제어 수업을 이유로 수업에서 자국어 사용이 제도적으로 금지되고 있다. 자연스럽다기보다 다소 기괴한 특징을 보이고 있다.

이러한 양상은 힘 있는 언어의 교체라는 시대적 변화와 맞물린 현상이다. 이를 언어 사대주의라고 할 수 있다. 이는 한국이 세계에서 경제 역량에 어울리는 자문화의 세계화가 아니라 영어 문화권의 예속으로 진행되고 있다. 이러한 측면은 한자의 배제와 한자 문화권의 탈퇴에서 자국어 소외와 영어 문화권의 편입이라는 점에서 유례를 찾아보기 어려운 상황이라고 할 수 있다.

이러한 언어의 변화는 동양철학 또는 유교의 연구에도 영향을 줄 수 밖에 없다. 동양고전은 대부분 한문으로 되어있다. 한자에도 익숙하지 않은 상황에서 한문으로 된 동양고전은 일반인의 관심으로부터 자연스럽게 멀어질 수밖에 없다.

### 2) 인공 지능(AI)의 대두

최근 인공 지능은 국가마다 미래의 먹거리를 창조할 산업이자 기회의 땅으로 각광을 받고 있다. 이 인공 지능의 연구와 개발은 크게 두 가지 방향으로 진행되고 있다. 하나는 감성 로봇 유형이고, 다른 하나도 알파고 유형이다. 전자는 흔히 인간에 가까운 로봇이라는 별칭처럼 기뻐하고 슬퍼하는 인간의 감성에 상호 반응할 수 있는 로봇을 개발하는 것이다.

이전까지 로봇은 한 치의 오차도 없이 프로그래밍을 한 대로 기계적으로 반응했다. 이 로봇은 사람이 해야 하는 일부 분야의 일을 대체할 수 있지만 사람과 상호 반응할 수 없었다. 심하게 말한다면 엄청난 두통으로 시달리는 사람에게 로봇이 업무 시간을 지속적으로 알려주는 상황이라고 할 수 있다. 그리하여 로봇이 사람의 감성을 인지하고 그에 상호 반응할 수 있다면 로봇은 사람의 일을 대신할 뿐만 아니라 사람을 위로하는 '친구'가 될 수 있는 것이다. 이것이 감성 로봇의 개발이 지향하는 길이라고 할 수 있다.

알파고 유형은 빅 데이터의 연구, 딥 러닝과 더불어 화제의 대상이 되다가 자율 운행 자동차의 구현이라는 산업의 수요와 맞물려 초미의 관심사가 되고 있다. 특히 알파고 유형은 이세돌과 커제柯洁 9단 등 세계의 내로라하는 프로 바둑 기사와 대국을 통해 인공 지능의 위상이 사람들의 예상을 뛰어넘게 되었다. 바둑처럼 경우의 수가 많은 게임에서 인공 지능이 사람을 당해내지 못할 거라 생각했기 때문이다. 하지만 결과는 인간의 참패로 끝났다.

커제는 3차례의 대국이 끝난 뒤에 아무런 감정의 동요도 없이 결과적 승리를 위해 최적의 수를 찾아 압박하는 알파고에 엄청난 압박감을 느꼈다고 토로했다. 이렇게 보면 알파고 유형은 사람이기에 느끼는 감정과 실수하는 어리석음을 전혀 보이지 않는다. 지금 현재의 한 수만이 아니라 그 수가 전체적으로 어떻게 연관되는지를 면밀하게 계산한 끝에 감정의 변수를 배제하고 이성의 상수를 작동시키는 것이다.

감성 로봇과 알파고 유형이 병행하여 발전하고 그 발전이 기술적으로 구현되어 특정한 제품을 만들어내는 세상이 모습을 나타내게 된다. 이러한 세상은 대부분 세탁기와 냉장고 등 가전 제품이 출시되었을 때처럼 생활의 편리를 강조한다. 추운 겨울날 집에 들어와서 한기를 느끼고 싶지 않으면 차로 이동하는 중에 집의 난방 장치를 작동시키면 된다.

긴 시간 과도한 업무로 지켰다면 몸을 자동차 좌석에 눕혀놓고 목적지를 입력하면 그것으로 가고자 하는 곳으로 갈 수 있다. 와이파이가 전 세계적으로 무료화가 된다면 비용을 생각하지 않고 자료를 검색하고 이야기하고픈 사람과 연락할 수 있다.

인공 지능의 구현은 생활의 편리라는 문명의 이기에 한정되지 않는다. 그것은 시간에 대한 인식을 송두리째 흔들어놓는다. 내가 무슨 일을 하더라도 최적의 가능성을 찾아내서 제시한다. 그때 인간은 인공 지능이 제시한 길을 그대로 따르면 충분하다. 만에 하나 실수와 실패를 한다면 감성 로봇이 사람을 위로할 수 있는 최적의 방안을 마련할 것이다.

그런데 인공 지능의 세상은 그렇게 만만하지 않다. 우선 사람은 도로에서 차를 몰 수 없다. 인공 지능의 차와 사람의 차가 도로에 혼재하게 되면 차로를 양분하지 않는 한 사고의 가능성을 피할 수 없기 때문이다. 사람은 졸음, 감정, 속도감 등으로 인해 지극히 유치하게 반응하여 언제 돌출적인 행동을 할지 모른다. 즉 도로 위의 난폭자가 될 수 있다.

반면 인공 지능의 자율 자동차는 차분하고 절제된 방식으로 사고의 위험성을 감지하여 사고를 예방하고 위험을 초래할 운전을 하지 않는다. 사람이 지극히 인간적인 방식으로 차를 계속 몰려고 한다면 인공 지능의 자율 자동차가 없는 곳을 찾아야 한다. 아마 이런 뉴스가 보도될 수 있다. 인간이 무단으로 인공 지능의 자율 자동차가 주행하는 도로에 차를 몰고 나왔다가 경찰에 체포되는 장면 말이다.

그리고 인공 지능은 선사 시대에서 현재까지 사람이 보일 수 있는 반응과 패턴의 데이터를 집적하여 필요할 때마다 최적의 수를 제시할 수 있다. 극소수의 사람이 아니라면 고민하고 창조하는 사고의 절차를 그치지 않게 된다. 사람은 이미 인공 지능의 도움으로 신적 능력을 가지고 있기 때문이다.

사람이 자신의 뇌를 작동하여 애써 기억하고 머리를 싸잡아 매고 길을 찾지 않아도 키보드를 몇 번 터치하는 동작으로 생각하는 것보다 더 좋은 방안을 얻을 수 있다. 이로써 인간은 신과 비슷해질 수 있는 물질적 지적 환경을 가지게 되므로 '호모 데우스(Homo Deus)'라는 새로운 이름을 얻을 만하다.

이래저래 인공 지능의 미래는 인간으로 하여금 신이 되는 초대장을 보내고 있다. 신이 된 인간의 출현이 그리 멀지 않은 것이다. 선사 시대에 그토록 경배하고 숭배하던 대상이 이제 곳곳에 넘쳐나는 것이다. 유학에서 이상으로 삼는 상황, 즉 왕양명의 말처럼 거리에 성인으로 넘쳐나는 '만가성인滿街聖人'의 세상이 도래할 것이다. 과연 인간은 신이 될 준비가 충분히 되어있을까?

인간은 기나긴 역사를 통해서 동물과 차별성을 입증하기 위해 노력해왔다. 그 노력이 완전히 끝났다고 할 수는 없는데 지금 인공 지능을 비롯한 기계만이 아니라 신과 어떤 차별성을 갖는지 입증하기 위해 새롭게 노력하게 되었다. 이것이 바로 21세기의 유교가 직면한 새로운 학문의 생태계라고 할 수 있다. 이 생태계는 문학과 상상의 영역에서 가능한 것이 아니라 과학 기술로 구현이 가능하다는 점에서 이전과 양상을 달리한다고 할 수 있다.

## 5. 결론: 미래 유교 연구의 방향

지금 유교는 사람의 욕망보다는 감성을, 일반 감성보다 도덕 감성을,

감각의 쾌락보다는 도덕의 경계를 지속적으로 탐구해왔다. 후자가 정正, 중中, 일一, 경經을 대변한다면 전자가 사邪, 기奇, 이二, 이異를 대변한다. 이것은 유교가 전자의 도전에 맞서 후자를 확립하여 사회 전체를 수호하려는 경찰 역할을 자임하도록 만들었다. 그 결과 개인적인 것은 사소하고 주변적이고 위험한 것으로 자리매김하게 되었다.

최근에 욕망은 권리가 되고 있으므로 개인적인 것이 사회적인 것보다 가치가 낮다고 단정할 수가 없다. 쾌락, 호기심, 행복, 취미의 연구가 사소하다고 할 수 없게 되었다. 심미적 감성이 소시민의 부분에 매몰된 삶을 극복할 수 있는 통로로 간주되고 있다. 아름다움, 영감, 창의적 사고는 권장되어야 할 주제가 되고 있다.

따라서 과거에 해오던 연구의 관행에 안주하고 고집을 피운다면 유교의 연구는 변하는 시대의 흐름에 호응할 수가 없다. 관행에 안주하고 고집한다면 유교를 전문으로 연구하는 사람들끼리만 그 결과를 공유하는 "그들만의 리그"에 갇히게 될 것이다.

그런 측면에서 미래 유교의 연구는 포지티브 규제(positive regulations)보다는 네거티브 규제(negative regulations)의 방향으로 진행되면 좋겠다. 포지티브 규제는 허용한 것 외에는 원칙적으로 모두 금지하는 방식을 말한다. 포지티브라고 해서 긍정적일 거라 생각하지만 그렇지 않다. 반면 네거티브 규제는 규제의 근거가 되는 법령에서 특정한 사항을 명시하여 제한적으로 금지시키는 방식의 규제다.

네거티브 규제 방식은 대체로 행정청에 의한 제한이나 제약이 적어 상대적으로 대상 기업의 자유를 보장할 수 있다. 규제 당국의 행정 비용이 경감될 가능성도 있다. 네거티브라고 해서 부정적일 거라 생각하지만 오히려 연구의 자유를 줄 수 있다.

그렇다면 앞으로 미래 유교의 연구에서 하지 말아야 할 네거티브 규제가 무엇일까?

### (1) 유교 근본주의

한국 사회에 고전적인 부패와 비리가 나오기도 하고 새로운 병리 현상이 생겨나기도 한다. 특정한 현상이 국민적 관심을 받을 때가 되면 학술대회의 주제가 되기도 한다. 이때 유교가 사회의 모든 문제를 해결할 수 있다는 시각 또는 이론적 주장을 쉽게 볼 수 있다. 이것은 현대 사회의 다양한 요소가 원인되어 나타난 고전적 현대적 사회 문제를 유교의 프레임으로 덮어쓰는 '제안'일 수는 있다. 근본주의적 제안은 다원주의의 사회에서 유일한 정답이 아니라 여러 가지 방안들 중의 하나일 뿐이다.

### (2) 유교 가치의 만능설

유교는 다양한 가치와 덕목을 사덕의 가치 체계로 종합하고 있다. 그중에 충忠과 효孝는 현대 사회에 제기된 가족과 사회 문제를 해결할 수 있는 약방의 감초로 제안되고 있다. 가족이 전체 사회에서 갖는 제도로서 의미가 완전히 달라졌다. 이러한 위상의 변화를 고려하지 않은 채 효의 덕목이 모든 문제를 해결할 수 있다는 지나친 확신이 오히려 문제의 원인을 직시하지 못하는 길이 될 수도 있다.

나아가 유교의 덕목과 가치가 근대의 인권人權 문법과 부합하는지 재검토가 필요하다. 충과 효가 전통 시대를 지탱하는 핵심 가치와 덕목으로 공인을 받았다. 하지만 충의 지나친 강조는 국가주의와 배제적 민족주의로 진행될 수 있고 효의 지나친 강조도 간섭주의와 가부장제의 폐습을 그대로 용인할 수 있다. 이러한 측면에서 충과 효가 과거에 수행했던 역할에 도취하여 그것의 부활만이 시대의 모순을 해결할 수 있다고 주장할 수는 없다.

### (3) 민족 정신의 환원론

유교는 중국에서 기원을 두고 세계적으로 확산되었다. 그 과정에서 유교는 각자 다른 특성을 드러냈다. 이런 측면에서 유교가 민족 문화, 민족 정신의 틀에서 조명되고 연구될 수 있다. 인도 불교가 있고 중국 불교가 있고 한국 불교가 있고 일본 불교가 있다고 해서 전혀 이상할 것이 없듯이 유교도 마찬가지이다.

하지만 인도 불교, 중국 불교, 한국 불교, 일본 불교이기도 하고 또 불교이기도 하듯이 유교도 마찬가지이다. 유교를 민족 문화, 민족 정신으로 환원한다면 유교의 공통 지반이 사라지게 된다. 즉 민족 문화와 정신의 우수성이 강조되는 속도와 강도에 비례해서 유교의 보편성이 줄어들게 된다. 이 때문에 유교가 1894~5년 체제의 국권과 국학 담론에서 벗어나야 다시금 보편의 층위에서 자신의 정체성을 재정립할 수 있다.

### (4) 관행적 연구

유교는 타자와 교섭하면서 연구 주제와 영역을 끊임없이 확장해왔다. 유교는 도교와 만나기도 했고 불교와 만나기도 했다. 하지만 유교 연구도 나라별로 대학별로 연구를 진행하는 관행 아래에서 이루어지게 된다. 그 제도의 힘이 강하게 작용하게 되면 학문 후속 세대나 신진 연구자는 새로운 연구 주제와 방식을 진행하기가 쉽지 않다.

늘 해오던 방식이 다른 학문 분야와 소통하고 공감하는 길을 막을 수가 있다. 이런 측면에서 동아시아 유교가 문제를 설정하는 역사적 관점에서 새로운 의제를 발굴하고 대안을 제시하는 노력이 필요하다.[17] 이를

---

17 이런 측면에서 충남대 유학연구소가 2019년 8월 27일에 개최한 하계 학술대회에서 「우리시대, 새로운 유학을 사유하다」라는 주제로 새로운 유학 연구의 가능성을 논의했다. 예컨대 생태유학, 인권유학, 인지유학, 감성유학 등의 가능성을 심도 있게 논의했다.

위해 현실적으로 대학원을 진학할 때 적어도 무엇을 연구하고자 하는지 학업 계획서를 엄중하게 작성하고 입학 단계에서 진지하게 토론하는 과정이 필요하다. 이것은 우리의 대학원 교육을 정상화시키는 출발점이라고 할 수 있다.

### (5) 번역투 문장과 암호같은 글쓰기

한국어는 한국인의 사상을 담아내는 언어로 기능한 게 그렇게 오래되지 않는다. 근대의 신소설 등이 등장하면서 문어와 구어의 경계가 무너지고 대중의 언어가 득세를 하게 되었다. 이전의 한국어는 불경, 유교 경전, 두보의 시를 언해諺解하는 데에 주로 쓰였다. 현재 우리는 한국어로 사고하고 글을 쓰지만 원문을 번역하게 되면 기묘한 번역 투의 문장이 여전히 득세를 하고 있다. 21세기에 만나는 15세기의 한국어라고 할 수 있다.

한문의 구문을 한국어 구문으로 과감하게 바꾸는 글쓰기가 요구된다. 아울러 학술적 글쓰기의 형식은 유교 연구에 한정되지 않고 광범위하게 문제 제기가 되고 있다. 유교 연구에 한정하더라도 개념의 의미가 확실하지 않고 개념적 사고가 분명하지 않아 원문보다 더 어려운 글이 있다. 개인의 문제가 아니라 학계에서 학술적 글쓰기에 대한 모델을 고민할 때이다.

이러한 다섯 가지를 제외하고 백가쟁명의 연구가 진행될 수 있다면 21세기의 유교는 이전과 다른 정체성을 확립하게 될 것이다. 이는 21세기 체제에서 유교가 새롭게 규정된 특징을 갖추는 과정이라고 할 수 있다. 이것은 주희가 『대학』의 '친민親民'을 '신민新民'으로 바꾸고자 했던 기획과 량치차오가 근대에서 주장했던 신민의 재구조화이다.

새로운 시대에 맞는 새로운 사람이 되어야 하기 때문이다. 이때 새로운 사람은 국가와 산업에 요구하는 인재상에 국한되지 않고 기계와 신에 대비되는 '포스트 휴먼(Post Human)' 또는 '넥스트 휴먼(Next Human)'으로 전개된다. 이를 위해 유교의 인간은 기존의 삼강과 오륜에 포획되는 틀에 한정되지 않고 새로운 관계 속에서 새로운 자리를 찾아야 한다.

위의 다섯 가지에 해당되지 않으면 모든 것이 허용되고 권장되어 21세기의 또 다른 백가쟁명 시대가 활짝 열리기를 바라마지 않는다.

# 유학 탐구의 한 궤적

윤사순(고려대학교 명예교수)

## 1. 철학 문제 중심의 첫 연구: 소이연과 소당연의 연구

유교儒敎의 '교敎'가 종교이기 보다 '가르침'의 의미가 강하므로 '유학儒學'과 별로 다르지 않지만, 유학이 더 학문의 성격이 강함은 말할 나위 없다. 이 글의 성격상 필자는 유교보다 유학 용어를 사용하고자 한다.

필자의 '유학' 공부는 대학생 시절에야 시작되었다. 한 대학의 철학과에 입학한 뒤, 교과목 중 하나이던 '중국철학사' 수업시간의 '고대 선진 유학'의 청강으로 시작되었다. 유학을 처음부터 학문 가운데 특히 '철학의 시각視覺'으로 접하였다. 유학에 대한 철학의 시각 적용은 이처럼 필자의 초학부터 환경에 의해 주어진 것이다. 그 뒤 이 시각을 바꿀 생각 또한 없었고, 지금까지 계속되는 필자의 유학 연구의 시각임에 틀림이 없다.

대학 시절 전공 선택에서 필자는 처음부터 '한국유학을 탐구키로' 결정했다. 한국의 역사나 학자들의 저서로 보나, 한국유학에 독특한 철학이 없지 않으리라 예단했다. 더하여 기왕 철학을 할 바에야 서양철학과 대비될 동양철학, 그 중에도 한국철학을 반드시 하고 싶었다.

대학원에 진학하면서 그 소망은 곧 실천으로 옮겨졌다. 아울러 한국철학의 연구를 통해 어느 나라의 철학에 뒤지지 않는 철학이 한국에도 있음을 과시하자는 의욕으로 구체화되었다. 이는 '일제의 한국사상 부재론'을 먼저 씻어내려는 반응이었고, 서양철학에만 기울었던 당시의 풍조에 대한 젊은 혈기의 반발이었다.

제일 먼저 『퇴계전서』를 뒤지면서 석사논문 「퇴계의 리기관에 관한 연구」를 작성했다. 그러던 중 '소이연所以然'과 '소당연所當然'의 일치 여부를 우리 선현들이 문제시 한 대목이 눈에 띄었다. 이야말로 서양철학에서 매우 중요시하는 문제가 아닌가! 이를 다루면서 주제의 명칭을 「퇴계의 가치관에 관한 연구」로 한 박사학위 논문을 제작했다.

그것을 외국어로 국외에 발표할 기회를 찾다가, 1981년 윌리엄 드 베리 등이 주선하고 포드재단이 후원하여 이탈리아 벨라지오에서 개최한 '한국유학 학술회의'에서 영어로 발표했다. 이때의 주제는 「존재存在와 당위當爲에 대한 퇴계의 일치시(Toegye's Identification of 'Be' and 'Ought')」로 바꾼 것이었다. 퇴계의 학설을 통하는 길을 빌려 '한국유학의 철학적 우수성'을 과시하려던 필자의 의도는 이때 어느 정도 적중된 듯했다. 윌리엄 드 베리와 뚜웨이밍杜維明의 논평이 그런 것이었다. 상세한 것은 각주에 부기한다.[1]

---

1 그 자리에서 받은 윌리엄 드 베리와 뚜웨이밍의 호평은 그 뒤 컬럼비아대학 출판부에서 1985년에 간행된 논문 선집 *The Rise of Neo-Confucianism in Korea*에 수록됨은 물론이다. 이어 일본 早稻田大學 東洋哲學會에 필자가 초청되어 이를 또 발표한 뒤, 그 학회의 논문집『東洋의 思想과 宗敎』8호, 1991에도 일본어로 번역 게재되었다. 이어서 아래 항목에 서술할 '인성물성논변'의 문제 또한 이 벨라지오의 학술회의에서 필자가 거둔 성과, 곧 한국의 씨니어 스칼라 한 사람에게 주어진 초청으로 하와이대학서 개최된 주자학술회에서 발표하게 되었다. 그 논문은

## 2. 본성 연구에 대한 분석

한국유학의 흐름 중 큰 논변으로 다루었던 문제의 하나가 유명한 18세기의 '인성물성동이론'(일명 '호락논쟁')임은 다 아는 대로다. 필자는 이 논변에 깃든 문제가 동서를 막론한 철학의 문제로서 주목할 만하다고 생각했다. 이 논변에서 거론된 '본연지성本然之性'으로 불린 '본성本性' 탐구가 지닌 특별한 사유 때문이다.

알려진 대로 이 논변은 한원진韓元震(1682~1751)과 이간李柬(1677~1727)을 중심으로 하여 진행되었다. 이들은 먼저 서로 논의하는 관점을 밝혔다. 한원진은 감각되는 형기의 기질에 입각한 '인기질因氣質'과 형기를 초월한 '초형기超形氣'의 관점을 밝힌 데 견주어, 이간은 한원진의 인기질을 '이체異體'로, 초형기를 '일원一原'으로 나타냈다. 서로가 똑같은 관점을 선택했더라면 문제가 생기지 않았을 것이다. 그런데 이들은 서로 다른 관점을 택했다. 한원진은 인기질(이간의 이체)을, 이간은 일원(한원진의 초형기)을 각기 자신의 관점으로 삼았다.

관점을 달리 한 상태에서 이들은 논의 대상인 인간과 타물(주로 금수)이 지닌 성性을 똑같이 '본연의 성[本然之性]'이라는 명칭으로 문제시했다. 그런데 이상하게도 다 같이 본연의 성을 논하면서도, 관점을 달리 택했듯이 그 '본연의 성의 의미'를 서로 다르게 제시했다. 인기질의 관점에 섰던 한원진이 논하는 성의 내용은 '인의예지仁義禮智'였던 데 견주어, 이간이 논하는 성은 '태극太極'이었다.

---

"The Korean Controversy about Chu Hsi's View on the Nature of Man and Things"□ 고 게재지는 *Chu Hsi and Neo-Confucianism*(edited by Wing-tsit Chan, 1986, University of Hawaii Press)이다.

한원진이 인성물성의 '서로 다름[相異]'을 주장하고, 이간이 인성물성의 '서로 같음[相同]'을 주장한 이면에는 이러한 차이가 있었다. 이들 논변이 심오해진 뒤 이들은 또 '본연의 성이 지닌 선善의 뿌리'를 찾아 마음의 '미발未發 때의 심체心體'에 대한 탐구로 나아갔다. 이상이 이 논변을 대립된 형태로 진행한 실상이다.

두 학자의 주장이 대립된 데에는 이처럼 관점의 차이와 함께 '본연의 성'의 내용을 달리 사용한 데도 원인이 있었다. 물론 그 외의 원인도 찾아진다. 하나는 이들이 신봉하는 성리학에서 '인의예지'와 '태극'을 다 같이 본연의 성으로 설정한 데 있겠다. 또 하나의 원인은 한원진에게는 인의예지가 바로 맹자 이후 '도덕을 형성'하는 본성 곧 덕성德性임을 환기해, '인간과 금수와의 차별' 곧 '인간의 영장적 우수성'을 드러내려던 의도가 작용했던데 견주어, 이간의 경우엔 인간과 타물과의 차별성보다 오히려 원초적 동일성에 입각한 '자연과 인간의 공존 공생을 꾀'하려던 의도 때문이었을 것이다.

여기서 필자는 무엇보다도 '본연의 성'이라는 용어 자체에 더 주목했다. 필자의 견해로 본연의 성이라는 개념은 원래 두 가지 의미의 복합이라 할 수 있다. 하나는 '본질의 성', 또 하나는 '본래의 성' 이 그것이다. 본질은 물론 일정한 개체를 그 개체로 이루는 특성이고, 본래의 성이란 원초로부터 타고 난 성질을 가리킨다.

한원진의 주장은 인간을 '도덕적 측면'으로 영장시하는 사유를 전제로 인의예지를 '본질적 특성'으로 간주하여 인성물성의 다름을 논한 것이다. 이간의 경우는 우주 만물의 생성 초(태초)부터 '타고난 성질'인 태극을 바탕으로 인성물성의 같음을 지적한 것이다. 사유의 이런 차이가 두 학자의 이론을 상반되게 한 가장 주요한 원인이라는 해석이 필자의 견해다.

이 발표 당시 필자의 견해에 대해 논평을 하던 주최 측 대표인 윙칫찬陳榮捷은 "구미학자들도 미처 생각하지 못한 것"이라고 한 기억이 난다. 이로써 필자는 인성물성동이론 같은 철학이 현대 실존주의와 상반되는 성격임도 뒤늦게 알았다. 곧 "실존이 본질에 앞선다."는 명제로 자기규정을 한 실존주의와 달리, 이것은 "본질이 실존에 앞서는" 철학 가운데 하나라는 것이다.

본성을 해명하느라 한원진과 이간이 '미발심체未發心體까지 탐색'한 사실이 그 좋은 증거다. 동양철학 특히 한국철학의 우수성은 그것을 찾는 사람의 눈에 따라 얼마든지 더 드러날 것이라는 견해가 이 무렵에 생긴 필자의 소신이기도 하다.

## 3. 두 윤리설들의 해명

한국유학이 세계에 자랑할 수 있는 철학의 또 다른 하나가 16세기의 '윤리 문제에 대한 논변'이 아닐까 생각한다. 이황李滉(1501~1570)과 기대승奇大升(1527~1572)이 논한 '사단칠정론四端七情論'이 그것이다.

이는 정지운鄭之雲(1509~1561)이 그의 「천명도天命圖」에서 "사단은 리에서 발하고, 칠정은 기에서 발한다[端發於理, 七情發於氣]."라고 한 데서 비롯되었다. 이에 대한 이황의 교정설 "사단은 리의 발이고, 칠정은 기의 발이다[四端理之發, 七情氣之發]."가 나왔다. 이를 본 기대승이 이황의 교정설에 대해서도 의문과 본격적인 이의를 제기함으로써 마침내 이 둘 사이에서 8년간의 논변이 진행되었다.

이황의 논변을 요약하면 이렇다. 사단은 인간의 정 중에 일부 '선한 정[善情]'인데 견주어, 칠정은 선악 어디에도 들지 않는 '인간의 정 전체'를 가리킨다. 리理 자체는 선하고 기氣 또한 무선 무악한 성격의 개념이다. 따라서 의미(소지所指)의 측면에서 서로 같은 것(의미)들을 관련시키는 대비적 해석[對擧互言]이 가능하다는 것이다. 뿐만 아니라 사단과 칠정의 '발하는 유래[所從來]' 또한 사단은 선한 본성인 리(性卽理임)가 스스로 발하는데, 칠정은 기가 외물에 감촉되어 마음 가운데서 동해 발하므로 각기 '리의 발'이니 '기의 발'이라 할 수 있다는 것이다.

반면 기대승은 사단은 칠정에 내포되는 점을 먼저 든다. 사단을 선정이라 함 또한 발한 정이 규범[節度]에 맞았기[中節] 때문일 뿐 선함이 따로 있지 않다는 것, 그 외에 리와 기는 함께 있지 떨어질 수 없는[不可分離] 것, 리는 작동 기능이 없고 기에만 작동 기능이 있다는 것 등을 들어 이황 해석의 부당함을 주장했다.

이에 이황은 칠정 뿐 아니라 사단도 외물에 감촉되어야 발함을 일단 인정했다. 그러면서도 사단과 칠정의 '발하는 유래'가 다르다는 주장을 계속하고, 그 근거로 '리기의 호유발용설互有發用說'을 내놓았다. 다만 리와 기의 관계 등을 고려해 첫 해석을 수정설로 바꾸었다. "사단은 리가 발함에 기가 따르고, 칠정은 기가 발함에 리가 탄다[四則理發而氣隨之, 七則氣發而理乘之]."가 그것이다.

이황이 '호유발용설'까지 제시, '리의 발'을 계속 주장한 데에는 '사단을 언급한 맹자의 사유'가 깃든 것이다. 본래 맹자의 사단설은 곧 선한 본성인 '인의예지仁義禮智의 발동이 도덕의 선행을 하게 한다'는 내용으로 '오륜적 도덕 질서'를 세우는 데에 목적을 둔 이론이다.[2] 본성의 발동이 도덕을 이룬다는 것을 교시하려는 데 사단의 발동(또는 발현)의 이의가

2 이는 『중용』 수장의 "하늘이 명한 것을 성이라 하고 성을 따르는 것을 도라 한다[天命之謂性, 率性之謂道]."라는 사유의 구체화이다.

있다. 따라서 이황의 '사단의 리발' 주장에는 '덕성德性 윤리설의 사유'가 잠재되었다고 할 수 있다.

한편 기대승의 주장은 칠정을『예기』「예운」식으로 논함과 아울러,『예기』「중용」식으로 줄인 칠정[四情, 喜怒哀樂]을 가지고 그 중절이 곧 선[善, 中節謂之和]임을 논한 순자류의 사유에 기초한 이론이다. 이른바 '의무義務 윤리설 또는 규범規範 윤리설'에 다름 아니다.[3] 이로써 한국유학에서도 서양철학에서 논하던 윤리설들을 다 탐색하였음이 확실히 드러난다.

이상과 같은 필자의 '윤리적 이해' 등을 대만의 중앙연구원에서 번역하여 그 중앙연구원의 동아문화연구총서에 넣은 것은[4] 중국인들의 안목으로 이 해석을 중요시한 증거로 볼 수 있다. 일찍이 미국학자들이 이이李珥와 성혼成渾의 사칠설까지 포함한『사단칠정논변』을 영어로 번역 출판한 사실도 이 논변 자체의 세계화에 해당하는 현상이다.

## 4. 이황의 철학과 실학의 철학

앞에서 보았듯이 필자는 처음부터 '문제 중심의 연구'를, 그것도 어디까지나 철학의 시각에서 중요시 될 문제별 연구를 해왔다. 이 방법은 자

---

3 윤사순,「사단칠정론의 윤리적 성격에 대한 성찰」,『퇴계학보』133집, 퇴계학연구원, 2013.

4 앞의 필자 논문이 臺灣中央文化研究院 中國文哲研究所에서 간행한『四端七情論』, 東亞文化研究叢書(2019)에「四端七情的倫理性格之省察」(姜天日 等 飜譯)의 제목으로 게재되었다. 이 책은 원래 본인이 편집한 한국어판『사단칠정론』(서광사, 1992)을 대만에서 번역한 것이다. 이 책의 번역 도중 본인의 논문이 없음을 발견한 저들의 뒤늦은 요청으로 한국어 논문「사단칠정론의 윤리적 성격에 대한 성찰」(『퇴계학보』133호, 2013)을 번역하여 그 책의 부록으로 수록한 것이다.

연히 시대적 배경이라든가 철학자 개인의 인간적 면모를 그려내는 '평전식 연구'와 거리가 먼 건조함을 면하기 어려웠다. 하지만 철학사에서 어느 누구의 철학과도 겨눌 만한 보편적 이론탐구의 연구를 선호한 것이다.

이런 방법으로 이룬 초기의 업적이 「퇴계의 심성론에 관한 연구」(석사논문, 1964) 이후의 「퇴계의 우주생성관[太極生兩儀觀]에 대한 연구」, 「퇴계의 진리관」, 그리고 앞에 언급한 「퇴계의 가치관에 관한 연구」(박사학위 논문, 1975) 등이다.

때마침 1971년은 이황의 서거 400주기가 되는 시점이었다. 이황과 그의 사상을 연구하는 연구소가 생겨, 그 이황과 그의 사상 연구를 촉진하던 분위기였다. 그 환경의 영향을 필자도 얼마큼 받은 셈이다. 이 무렵 이황의 철학에 대한 필자의 연구물을 묶어낸 저서가 『퇴계철학의 연구』(한국어판과 영어판)이다.[5]

필자는 율곡 이이李珥 등 한국 성리학자들의 사상에 대한 연구의 폭을 넓혀가던 중에 조선 후기의 '실학實學에 대한 연구'로 눈을 돌렸다. 그 분야에서는 성리학과 구별되는 실학 – 이른바 '탈성리학적 실학'의 존부 문제부터 밝혀야 했다. 정주성리학을 비판해 성리학자들로부터 사무난적으로 지탄받다가 목숨까지 잃은 박세당의 '경학 속의 철학'을 먼저 살폈다. 그것은 예상한 대로 탈脫성리학적 철학의 성격을 확인한 성과로 드러났다.[6] 이어 '리기론에 입각한 실학의 특징'을 파악하려 했

---

5 한국어판은 고려대학교출판부(1980) 간행이고, 영어판은 *Critical Issues in Neo–Confucian Thought: The Philosophy of Yi Toegye*, Translated by Michael C. Kalton, Korea University Press, 1990이다.

6 윤사순, 「朴世堂의 實學思想에 관한 연구」, 『亞細亞研究』 46호, 고려대 아세아문제연구소, 1972.

으나,[7] 그 노력은 기대만큼의 확실한 성과를 거두지 못했다.

1980년대 학계에서는 성리학이거나 탈성리학적 실학이거나 다 '실학實學'임을 자칭한 사실로 인해 이들의 변별에 혼미를 거듭하던 형편이었다. 필자는 '실학이라는 한 용어'를 두 학문에서 다 사용했지만 그 의미 내용에 차이가 있음을 밝혔다.

성리학에서 자칭하는 실학은 주로 가정과 사회 및 국가 생활을 소홀히 하는 '불교를 허학虛學'으로 여겨 그에 대비한 '사회 공동체를 위하는 성리학의 실용성'을 가리키는 의미인데 견주어, 탈성리학에서 자칭하는 실학은 성리학의 예학 위주로 인한 빈약한 위민爲民 성향과 비생산적 실용 및 실효성을 허학시하고 그 점들을 더 강화하려던 의미임을 적시했다.[8]

유학의 철학은 대부분 경전 연구의 경학經學에 담긴 만큼, 박세당의 연구 외에 홍대용洪大容(1731~1783)과 정약용丁若鏞(1762~1836)의 경학 및 최한기崔漢綺(1803~1879)의 반성리학적 철학 전반을 살폈다. 나아가 성리학과 탈성리학 사유의 차이를 한 눈에 파악할 수 있도록 '이황과 정약용의 기본철학'의 차이를 대비 형태로 명시했다. 별도로 「실학의 철학적 기반」까지 밝혔다. 그 결과 기본철학부터 구체적 철학들에 이르기까지 성리학과 탈성리학이 지닌 철학들은 '상반되는 성격이라'는 점이 분명해졌다. 다시 말해, 성리학과 탈성리학의 철학은 근본적으로 다르다는 사실을 확실히 했다. 이상의 연구물들을 한 데 묶어낸 것이 『실학의 철학적 특성』[9]이다.

---

7 윤사순, 「實學思想의 哲學的 性格」, 『亞細亞研究』 56호, 고려대 아세아문제연구소, 1976.

8 윤사순, 「實學意味의 變異」, 『민족문화연구』 28호, 고려대 민족문화연구소, 1995.

9 윤사순, 『실학의 철학적 특성』, 나남, 2008.

이처럼 기본철학의 패턴이 달랐던 때문에 비록 같은 '기철학氣哲學'이라 해도 성리학자인 임성주任聖周(1711~1788)와 탈성리학적 실학자인 최한기의 기철학을 비교하면, 두 철학에는 큰 차이가 있음이 확인된다. 임성주는 성리학의 사유체계를 그대로 인정하면서 그 명제의 리理 개념만을 기氣 개념으로 바꾸는 데 그친다.

예시하면 성리학의 "천즉리天卽理", "성즉리性卽理", "리일분수理一分殊"를 각각 "천즉기天卽氣", "성즉기性卽氣", "기일분수氣一分殊"로 환치할 따름이다. 그러나 최한기는 기 개념에 입각한 '유명론적 사유'를 바탕으로 성리학의 주요 '명제들 자체를 적극 부정'했던 것이다.

여기서 탈성리학적 실학과 성리학을 뒷받침하는 철학들의 이런 차이를 근거로, 필자는 두 학문이 아무리 실학임을 자칭하더라도 근본적으로 다른 학문(실학)이라는 결론에 이르렀다. 탈성리학적 실학은 결코 성리학의 연장이 아님을 확실히 천명했다. 개념과 명제가 다른 철학들을 하나의 같은 철학으로 여기는 사례는 동서고금을 막론하고 전혀 없다.

필자의 이런 견해에 대해 설혹 누가 성리학자들은 헤아릴 수 없이 많지만, 탈성리학적 실학자는 겨우 너 댓 명 정도임을 들어, 두 학문을 집단적 학파처럼 취급함이 지나치지 않나 반문할지 모르겠다.

그에 대한 필자의 답변은 이렇다. "영국의 경험론과 독일의 관념론(이성론)의 변별에는 대표적 학자가 겨우 2~3명 정도밖에 되지 않는다. 이 점을 상기하면 대표적 학자가 네댓 명 정도(실은 그 이상)이면 오히려 넉넉한 편 아니겠나?"

## 5. 한국유학의 특수성과 흐름의 조명

### 1) 한국유학의 특수성 탐구

일찍이 필자는 '한국유학' 연구의 지평 넓히기를 소망했지만, 그것이 바람대로 쉽지는 않았다. 심지어 '한국유학의 정체正體'를 해명하기도 어려웠다. 한국유학의 정체를 어떻게 해야 밝힐 수 있을지 그 '방법부터 찾는 작업'이 첫 관문이었다.

그것은 중국 등 다른 나라 유학과 공유한 보편적 부분과 함께 한국유학이 소유한 특수한 부면을 아울러 가리킨다. 하지만 다른 나라의 유학과 공유한 부면보다는 특수한 부면이라야 독특한 한국유학임은 말할 나위 없다. 이 문제는 '한국유학의 특수성' 해명으로 귀착되었다.

한국유학의 특수성은 또 어찌해야 밝혀질지가 문제였다. 유학의 보편성과 특수성을 변별할 원칙적 기준설정이 또 하나의 과제였다. 필자 나름 떠올린 변별기준은 원래의 유학 자체가 지녀온 '근본 원리'임에 생각이 이르렀다. 그것은 바로 공자 이래 교시되어온 '인의예지仁義禮智'에 다름 아니었다.

한국에서 이 근본 원리를 바탕으로 자신들의 유학을 이룩한 주체가 한국의 유학자들임은 말할 나위 없다. 실제로 과거 한국의 유학자들은 자신을 '선비[士人]라는 신분적 자각' 아래 이 원리의 구현에 앞장선 인물들이다. 선비의 신분적 자각이란 또한 '선비의 임무를 다 해야 한다'는 의무적 각성이자 그 다짐이었다. 선비는 독서인讀書人 사대부士大夫 등 여러 가지로 파악될 수 있다.

하지만 한국의 유학자들이 과거 스스로 내린 규정은 이전부터 전해오던 "나라의 으뜸가는 기운[國之元氣]"이라는 것이었다. 15세기부터 그들은 몇 차례나 목숨을 잃는 '사화士禍'를 겪으면서까지 이 자기들 규정의 실천에 진력했다. 그것이 바로 한국의 '선비정신[士林精神]이었다. 따라서 선비 정신이 중국 일본 등에 비해 한국유학의 특징처럼 두드러지게 되었다. 그로 인해 '인의예지의 원리'가 역사상 이들에 의해 이 나라를 떠받드는 성격으로 굳어졌다.

① 인仁의 원리 구현에 있어, '사림 정치'라 불릴 만큼 선비들이 주체가 되어 유학의 이상 정치인 '인정仁政의 실현'을 군주제 아래서나마 '애민愛民 위민爲民'의 방향으로 이끌었다. ② 의義의 구현에서, 외족의 침략(임진왜란 등)을 당해 선비들이 '의병義兵으로 궐기'하여 겨레의 보존에 목숨까지 바쳤다.

③ 예禮는 단순한 관습으로 실현되기도 했지만, 그 차원을 넘어 도덕화한 세련된 의義와 리理의 성격으로 구현되었다. 다른 나라에서 볼 수 없는 예송 형식의 '당쟁의 도구'로까지 이용되었다. ④ 지智의 측면은 곧 한국유학의 '독특한 이론들'을 이루는 지혜로 구현되었다.

이상이 필자가 탐색하여 정리한 한국유학의 특수성이자 그 정체를 알아 본 개요이다. 개요 아닌 구체적 내용은 필자의 『한국의 유학사상』(국어판과 영역판)[10]에 담겨있다.

### 2) 『한국유학사』의 저술

한국유학의 흐름 또한 다른 나라 유학의 흐름과 구별되도록 서술하려 노력했다. 독특한 특수성을 드러내는 작업이라야 바람직하다는 판단

---

10 한국어판은 『한국의 유학사상』, 두양사, 2016이고 영문판은 *Confucian Thought in Korea, Korea University Press*, 2017이다.

으로 그 저술에 임했다. 인의예지가 한국유학의 특수성을 드러내는 기준이었으므로, 그것을 고려한 한국유학의 역사적 흐름을 저술하지 않을 수 없었다. 다시 말해 한국의 역사적 환경 속에서 한국유학자들이 그 원리들을 어떻게 구사했는가를 밝히는 것이 이 저술의 주요 방법이었다. 아울러 기존유학자들의 성과도 참고하기를 잊지 않았다.

이 저서에 필자 나름 새로 보충한 연구물은 다음과 같다. 유학의 '전입傳入 시기'의 추정, 유학의 '전입과 수용기의 시차적 간격'에 대한 해석, 한국에서도 '초기 성리학初期性理學 사상'이 고려시대에 대두한 사실의 적시, 조선 초기 척불斥佛 사조 속에서 불교의 '인과응보의 사유'를 '성리학설로 대체'하려고 한 정도전의 이론, 16세기 이황과 기대승이 나눈 사단칠정론四端七情論에 담긴 '윤리 및 시대적 함의'에 대한 해명, 18세기 인성물성동이론人性物性同異論에 쓰인 '본연지성本然之性'의 두 가지 의미의 구명, 후기 '실학의 철학적 특성' 조명, 이진상李震相의 '성리학적 심즉리설性理學的心卽理說'의 함의 지적 등이다.

장황함을 무릅쓰고 이것들의 요지를 밝히는 것이 필자의 임무일 것이다. 유학의 전입 시기를 추정함에는 몇 가지 요인을 먼저 고려해야 했다. 첫째 유학의 주요 경전들의 성립 시기, 둘째 한국학자들의 한문 읽기 수준, 셋째 중국 학자와 한국 학자들의 교류, 넷째 그 전래에 대한 문헌의 기록 유무 등이 그것이다.

불교 도교의 경우와 달리, 유학의 공식 전래에 대한 문헌의 기록은 없다. 이는 유학이 정권의 공식 전래 아닌 학자 사이의 자연스런 '유입流入 또는 전입傳入의 개연성이 높음'을 시사한다. 이런 조건들을 참작한 필자의 판단은 BC 240년 무렵(진말秦末 한초漢初)이 그 전입기라는 것이다.

유학의 초기 수용은 삼국시대 초(BC 1세기)지만, 본격적 수용은 삼국의 국책에 의한 태학太學의 설립 시기(4~6세기)이다. 문제는 '전입과 본격적 수용의 시기'가 대단히 '긴 기간의 시차'라는 데 있다.

이에 대한 필자의 견해는 유학의 충과 효 같은 주요사상이 기존의 무속 신앙에 조상 숭배와 군주제 등 비슷한 사상으로 들어 있었기 때문이리라는 것이다. 다시 말해, 유학의 주요사상에 대한 실효성을 새삼 인지하지 않아도 될 만큼, 이미 무속 신앙으로 생활하고 있었기 때문이었다는 해석이다.

고려에서의 초기 성리학 사상의 자생 문제: 성리학이란 특히 '리기理氣의 개념' 등으로 일종의 존재론적 철학을 하는 특징의 유학이다. 12~13세기 고려의 선학들이 이런 식으로 철학을 했다. 노장사상과 불교을 배척하면서 유학부흥의 방책으로 시도한 철학이 그것이다.

모든 사물(개체)에 대한 '기氣 개념 적용의 이해'라든가, '성性과 리理에 의한 세계와 인간 파악' 등이 그 단적인 사례다. 비록 학자 수효라든가 내용의 풍부함에서는 북송 성리학보다 덜 하지만, 그러한 철학의 유학 곧 성리학을 싹틔운 사실만도 높이 평가할 만해 소개했다.

조선조를 건국한 역성 혁명의 주역 정도전鄭道傳은 '성리학을 조선의 통치 이념'으로 정하고 곧 불교 배척에 앞장섰다. 20항목에 이르는『불씨잡변佛氏雜辨』이 그 대표적 증례다. 그는 불교의 신앙을 뒷받침하던 이론들을 모두 비판 배척하면서도 '인과응보설'만은 존치했다. 아예 그대로 존치하지 않으려 그것을 성리학설로 환원하려 했다.

리기 개념으로 그 작업을 시도한 것이 그의『심문천답心問天答』이다. 그 작업이 그의 의도대로 되었다고 하기 어렵지만, 당시로는 유효한 이론으로 작용했을 것이다. 아무튼 그 인과응보 사유는 바람직한 철학의 과제이고, 그런 점에서 필자는 정도전의 업적을 높이 평가하여 한국유학사의 한 항목으로 넣었다.

16세기의 '사단칠정론'과 18세기의 '인성물성동이론'에 대한 필자의 연구는 이미 앞 2장 1절과 2절에서 소개했으므로 반복하지 않겠다. 후기 '실학의 철학적 특성': 이 또한 3장 '실학의 철학' 항목에서 상세히 서술했으므로 재론하지 않는다.

이진상의 '성리학적 심즉리설' 문제: 원래 중국에서 심즉리心卽理를 주장한 학자는 육구연陸九淵과 왕수인王守仁이다. 이것은 성즉리性卽理를 내세우던 정주성리학에 대립하느라 주장한 명제다. 육왕은 정주의 객관적 지식추구와 주지적 행위론 성향을 극복하려는 견지에서, 그것들을 마음이 지닌 양지良知 양능良能에 의해 주관적 태도로 가능하고 또 그렇게 해야 한다는 뜻으로 이 명제를 주장했다.

이에 견주어 이진상은 마음이 지닌 주재主宰 성향(심은 일신의 주재자라 믿었음)과 리理가 지닌 기氣작용에 대한 주재의 성향이 상통한다는 의미로 '심즉리'를 제시했다. 그 리의 주재성은 어디까지나 성리학의 리실재론적 사유를 이용한 것이다.

이를테면 한국 성리학의 리 중시 사유의 흐름에서 나온 사상이 이진상의 '심즉리설'이다. 따라서 내용은 비록 다르지만 명제의 형식만은 육왕계의 '심극리'를 대신하는 만큼, 이에는 '육왕학 배척의 함의'가 있겠다고 필자는 파악했다.

이상과 같은 견해들을 기존의 한국유학사에 더 보충하여 한국유학의 특수성 위주로 작성한 것이 『한국유학사』(한국어판과 중국어판)[11]이다.

---

11 한국어판은 지식산업사, 2012이고 중국어판은 人民出版社, 2017이다

## 6. 신실학 형성의 시도적 구상

유학이 흘러간 전통사상임을 감안하면, 누구나 그것은 '현대에 맞는 학문'으로 다시 태어나야 한다는 생각을 하게 될 것이다. 실제로 역사상 유학은 몇 차례의 변이를 거쳐 왔다. 시대가 크게 변할 때마다 유학자들은 그 '시대에 적합한 유학'이 되도록 노력해왔다. 성리학이라든가 실학의 발생이 모두 각 시대 환경에 적합한 유학의 형성을 목표로 이룬 시대적 변용물이다. 이런 점에서 필자는 수십 년 전부터 '신실학新實學'을 제창해왔다.

유학의 범주를 벗어나지 않는 조건에서 의도하는 '신실학'은 아무리 새로운 내용을 추구한들 이 역시 근본적으로 본원유학을 크게 벗어나지 않는다. 필자는 공자가 유학의 체계를 '수기修己와 안인安人(곧 治人)'으로 설정한 구조를 좀 더 확장했다. ① 인간론(별칭 人論) ② 사회론(별칭 物論) ③ 총체론(별칭 天論)으로 한 것이다.

① 인간론 부분은 각자 나 자신부터 '인간되기의 사상'에 해당하는 수기론으로 되었다. 성誠과 경敬을 바탕으로 '자기 속임이 없는 태도[無自欺]'로 자신을 가꾸어가는 것이 그 요체이고, 나아가 인의예지신仁義禮智信(五常)을 익히는 과정이다. 성인까지는 못되더라도, '현대적 선비[士人]의 인간상'이 하나의 모델이 될 수 있을 것이다.

② 사회론 부분은 자신과 타인과의 관계의 원활을 기하는 내용이다. 윤리설—곧 덕성 윤리와 의무(규범) 윤리 두 이론—의 이용이 그 핵심적 요체가 된다. 나아가 "성기성물成己成物"하는 지혜로 자기와 타인과의 '공존공생共存共生'을 원활히 하는 원리의 구사가 그 구체적 내용이다.

이는 '통일統一 지향의 사유'로 통할 것이고, 그런 점에서 상부상조가 주요 실천규범으로 되어야 할 것이다. 또 4차 산업혁명을 고려한 여타 보완 부분의 추구가 요구된다. 문명의 추세가 점차로 물체의 인간화 및 인간의 물체화 경향으로 진행됨을 고려해 '투철한 인본사상人本思想'이 요망됨을 지적했다.

③ 총체론의 내용은 아래와 같다. 신실학 역시 실학임을 자처하려면, 기본적으로 '무실(務實)의 태도'를 가장 중요시해야 한다. 무실의 사유는 '진실을 비롯한 실효와 실증'의 추구가 그 특징인데, 이 중에도 실사구시實事求是로 표현되는 진실 추구를 으뜸으로 꼽아야 할 것이다.

진실 추구로 요약될 신실학의 정신은 과학 정신과 유사하다. 관찰과 실험을 통한 '사실의 확인'이 무엇보다도 선행해야 한다. 일정한 이론의 출발에 가정이 있더라도 그 가정이 실사에 어긋나면 언제든지 버리고 재출발해야 한다. 이런 점에서 형성과정에 있는 사상이 신실학인 셈이다.

인간과 자연을 포함한 우주의 특성을 유학은『주역』에서 확인할 수 있듯이 생명[生]으로 여겨왔다. 필자 역시 '생명관'을 따른다. 생명의 흐름은 전체적으로 '진화進化한다는 가설'을 긍정하지 않을 수 없다. 역사 또한 환경과의 적응과 인력에 의한 개발로 진화한다고 믿고 싶다.

현실 자체에 대한 필자의 존재론적 사유는 노장철학의 허虛나 무無라든가, 불교처럼 환幻으로 통하는 공空이라 여기지 않는다. 고뇌苦惱가 많지만 환희 또한 경험되는 것이 현실이고, 삶의 현장인 현실은 근본적으로 일정한 시공에서 생긴 '상象'으로 점철된다고 생각한다. 성리학이 이룬 리기론은 이런 시각에서 이용되는 하나의 부분일 따름이다.

이상과 같은 것이 필자의 근본 철학, 곧 신실학을 떠받치는 형이상학이라 하겠다. 아직은 하나의 시도적 구상단계에 있는 것을 문장화한 내용이 필자의「신실학의 의미와 구성 방향」[12]이다.

---

12 이는『신실학의 현재적 지평』, 한국실학학회, 학자원, 2019에 수록되었다.

## 7. 탐구 궤적을 돌아보고서

유학 공부의 자취를 스스로 돌아보려니 부끄럽고 쑥스럽다. 이루어 놓은 업적이 초라해 부끄럽고, 그나마 밝히자니 제자랑 같아 쑥스러울 수밖에 없다. 이 글은 학술회의의 주최 측 요청에 따라 기억을 더듬어본 것에 지나지 않는다.

정년 퇴직을 한 뒤 서적들을 간수하기 어려워 대학에 기증한 지도 이미 여러 해 되었다. 이 글의 대부분을 기억에 의지해 적었다. 기억에 남은 것은 아마도 제법 중요하다고 여긴 것이겠다. 기억에서 잊은 것에도 혹시 독자들에게 도움 될 것이 있지 않을까 싶지만 당장은 어쩔 수 없다. 소략하게 적은 것이 독자들에게 미안할 따름이다.

지금 필자 스스로 특별히 부족하게 여기는 것은 평소에 '이론 이외의 실천'을 소홀히 한 부분이다. 선학들처럼 아는 것 이상으로 실천에 힘쓰려 했던가? 자신의 인간됨부터 논의해온 만큼 몸소 실천하기[躬行]에 힘을 쏟았던가?

유학의 장점인 '윤리 도덕론의 대중화', 교육을 통한 '그 일상적 생활화'에는 얼마나 기여했느냐? 그런 자취가 없다면 필자 역시 공리공론을 일삼아온 꼴이 아닌가? 자책감과 자괴감에 사로잡힘을 고백하지 않을 수 없다.

후배 학자들께서는 필자의 이런 궤적의 전철을 모쪼록 밟지 않기 바란다. 실제로 유학에서 '유용한 이론'을 발굴하면, 몸소 실천에 옮기고 나아가 현실 사회에서 응용토록 하길 권해 마지않는다. 이론의 창출과 아울러 교육자답게, 행동하는 지성인답게 '교육과 교화'를 통해 대중들에게 영향을 주어 현실적 효과를 거두는데 진력해주길 부탁하고 싶다.

뒤늦은 뉘우침만으로 이 글을 접기가 매우 민망하다. 개인적 상황은 비록 이렇듯 면구하나, 건강이 필자의 연명을 더 허락한다면, 이론 탐구만이라도 필자의 '책무적 작업'들을 처리하는 데 소홀하지 않을 생각이다. 설혹 유학의 경계를 넘더라도, 필자 나름의 일정한 관심사를 하나라도 더 이루고자 한다.

# 유교를 어떻게 볼 것인가?: 내가 유교를 공부하는 '관점'

이용주(광주과학기술원 교수)

## 1. 유학 혹은 유교는 언제, 어디서 탄생했는가?

어떤 거대한 사상 체계, 혹은 종교의 기원을 밝히는 것은 정말 어려운 과제이다. 먼저, '유교 내지 유학'을 무엇이라고 규정하느냐에 그 결론이 달라질 것이다. 사실 하나의 세계관 혹은 종교라고 부를 수 있는 거대한 사상 체계의 기원(origin)을 말하는 것은, 단순히 어렵다는 차원을 떠나서, 무의미한 경우가 많다. 그리고 기원, 시원의 문제는 대개 질문을 던지고 답하는 사람의 이데올로기적 전제와 결부되어 있다.

무슨 말이냐 하면, 어떤 정치적 의도를 가지고 있느냐에 따라 질문에 대한 결론이 미리 주어져 있는 경우가 많다는 것이다. 그리고 유교가 중국에서 기원한 것이냐, 아니냐? 이런 식의 질문이 된다면 더 곤란한 상황이 될 것이다.

'유교'라는 사상 체계 혹은 종교가 '현재' 중국의 정치적 지배 영역 안에서 발생한 것이냐? 그런 질문이라면, 당연히 그렇다고 말해야 한다.

그러나 질문의 의도가 달라진다면 대답도 달라질 것이다.

만일 유교의 기원을 문제 삼는 의도가, 우리 민족과의 연관성을 끌어내기 위한 것이라면, 더욱더 학문적으로 답하기 불가능하고도 곤란한 어려운 주제가 될 것이다. 민족의 기원을 근대 이전, 심지어 상고대上古代까지 추적하는 것은 쉬운 일이 아니기 때문이다.

여기서 문제의 핵심은 유교란 '무엇'이고, 어떤 역사적 맥락에서 탄생했느냐 하는 것인데, 그것 역시 간단히 답할 수 있는 것이 아니다. 민족주의적인 관점에서 유교의 성격에 대해 함부로 말할 수 없기 때문이다. 근대 이후, 중국과 세계의 유교 학계 안에서는 유교의 기원을 둘러싼 아직 해결되지 않은 중요한 학술 토론이 있었지만, 아직 명확한 답이 내려진 바가 없다.

그렇다고, 답이 없다고 해서, 아직 모두가 동의하는 명확한 답이 없다고 해서, 아무 주장이나 모든 주장이나 다 가능하다고 말할 수는 없을 것이다. 어쩌면, 모르는 것은 모른다고 남겨두는 것이 학문적 태도이고, 또 지성적인 태도가 아닐까?

더구나, 공자가 동이족이라거나, 심지어 우리 민족의 조상이라는 식으로 사상의 민족성을 주장하는 것은 비학문적이다 못해, 매우 유치한 주장이 되지 않을까 생각한다.

## 2. 그렇다면, 유학의 핵심 사상은 무엇인가?

위의 질문과 연결되는 것이지만, 먼저, 유래는 기원과 같은 의미라고 볼 수 있을까? 여기서 약간의 답을 해보겠다. 유학(유가, 유교, 유학 무엇이라고 해도 좋다. 그런 개념들은 현대적으로는 약간의 언어적 뉘앙스 차이는 있지만,

과거에는 큰 차이 없이 사용되었다. 물론 유교라는 말이 적극적으로 사용된 경우는 많지 않지만, 그 말을 사용했다고 의미가 크게 달라지지는 않을 것이다.)을 공자에서 시작된다고 본다면, 문제는 비교적 간단하다.

'유'라는 개념은 사실 『논어』에 처음 등장한다. 『논어』에서 공자는 '군자유君子儒'와 '소인유小人儒'를 대비시키면서, '유儒' 개념을 가장 먼저 사용하는 용례를 보여주고 있다. 그런데, 공자가 그런 개념을 사용하면서 제자들을 훈계했다고 한다면, 그 말을 듣는 제자들은 '군자', '소인', 그리고 '유'라는 개념의 대체적인 의미는 이미 알고 있다고 전제해야 하지 않을까? 그들의 '전이해'적으로 그런 개념에 익숙해 있었다고 보아야 한다는 것이다.

그 말의 정확한 의미는 아직도 알지 못한다. 다만, 여기서 기억해야 할 사실은, 공자와 동시대의 사건을 기록한 『좌전左傳』(『춘추』의 좌씨 주석)에는 공자와 거의 비슷한 생각이나 사상적 관점을 보여주는 인물들이 적지 않게 등장한다는 것이다. 소위 '군자'라고 불리는 인물들이다.

그렇다면 공자를 대개 '유학의 창시자'라고 말하기는 하지만, 공자와 동시대 내지  그 이전부터 이미 나중에 '유학'이라고 불리게 될 사상이 하나의 형태로서 존재하고 있었다고 말할 수 있지 않을까?

물론, 유자나 유가가 공식적인 체계를 갖춘 사상으로서 모습을 분명히 드러내고 그런 사상을 습득하고 활동하는 거대 집단으로 존재하기 시작한 것은 공자 이후, 즉 소위 제자백가 시대에 와서라고 말하는 것은 그다지 틀림이 없을 것이다.

당연히 우리는 『묵자』 『맹자』 『장자』 『순자』에서는 유자儒者 혹은 유儒라는 개념이 일반 명사로 널리 사용되고 있는 것을 볼 수 있다. 『장자』 내편의 에피소드에서 나오는 것이지만, 노魯 나라에서 공자의 가르침이 얼마나 큰 영향력을 가지고 있었는지 말해주는 것이 있다.

장자가 대체로 BC 4~3세기에 편찬된 문헌이라고 본다면, 그 이야기는 후대에 만들어진 것이라고 볼 수 있지만, 이야기를 만든 사람 입장에서 볼 때 공자가 얼마나 큰 영향력을 가진 인물로 사람들에게 각인되어 있었는지 잘 말해주는 것이라고 볼 수 있다.

그 경우, 유자(유가)는 분명 공자의 사상 체계, 아직 체계화가 이루어지지 않았다면, 적어도 공자의 사상 세계를 계승한 지식인 그룹을 가리킨다는 것은 부정할 없을 것이다. 하지만, 유가의 사상적 핵심, 유가가 지향하는 이상이 무엇이냐 라고 묻는다면, 답은 얼마든지 달라질 수 있을 것이다.

맹자와 순자는 똑같이 공자를 계승한다는 강한 자부심을 가지고 있었다는 것은 널리 알려진 사실이다. 하지만 그 두 사상가는 서로에 대해 상당한 반감을 가지고 있었다.

서로를 바라보는 입장에서 대단한 적대감을 느낄 수 있기 때문이다. 시대적으로 순자보다 빠른 맹자가 순자를 언급할 리는 없지만, 적어도 그들의 글에 나타나는 입장, 특히 인성론이라는 면에서만 보면, 순자가 살아 있었다면 맹자에게 대단히 혼이 났을 거라고 생각이 든다.

마치 고자가 맹자에게 크게 혼이 나는 것처럼, 순자가 거의 이단사설異端邪說로 몰렸을 가능성이 높다. 순자는 맹자와 맹자가 계승한 사상, 현재의 학계에서는 그 계통의 사상을 자사에서 맹자로 이어진다고 해서 사맹학파思孟學派라고 부르는 것이 거의 정착되어 있지만, 그 계통의 사상이 공자의 정신을 호도하는 대단히 잘못된 것이라고 평가하고 있다.

그런 제자백가 그룹 사이의 대립과 친화 관계를 기준으로 그들을 일정한 사상적 입장으로 분류하고 묶어서 보는 제자백가의 분류론은 사실은 그들이 활동한 때보다 2~3백 년이 지난 다음에 한나라 초기에 전국시대의 사상을 총정리하면서 만들어진 것이다.

현재 그런 분류론을 되돌아보면, 그것이 반드시 틀린 것이라고 말하기는 어렵지만, 분류의 기준이 자의적이고 모호한 것이 사실이다. 따라서 한漢 나라 때, 후대의 관점에서 만들어진 분류론을 수백 년 전 사상계의 상황을 정확하게 반영하는 것이라고 보는 것에는 약간의 주의가 필요할 것이다.

결론적으로 말하자면, 전국시대 말기에는, 우리가 오늘날 유가, 도가, 묵가, 법가 등등이라고 부른 학파의 경계선이 그렇게 분명하게 존재하지 않았다는 사실은 기억할 필요가 있다. 우리가 흔히 생각하는 것보다 그들 사이의 친연성이랄까, 그들 사이의 공통점이 훨씬 더 클 수도 있다는 말이다.

『묵자』에는 「비유」편이 보이고 도가(장자)는 소위 유가, 즉 공자와 공자의 제자들을 야유하는 이야기들, 그리고 유가(맹자 · 순자)들끼리 서로를 힐난하고 비판하는 언설은 도처에서 찾을 수 있지만, 그렇다고 그들이 사상적 공통 기반을 전혀 가지고 있지 않았다고 말할 수는 없다.

나아가 외부에서 보기에는 하나의 유자 그룹이라고 보이지만, 실제로 그 내부에도 분열이 많아서, 내부적으로 유자들끼리 서로 더 가까웠다고 볼 수도 없는 사정이다. 따라서 그 당시의 사상적 대립은 단순히 학파의 대립이라기보다는 사상가 개인 내지 어떤 사상가의 계승자나 후계자들 사이의 대립이라는 양상이 더 현실에 가까운 것으로 보이기도 한다. 이런 말을 길게 하는 이유는, 사상 체계의 유래 문제에 답하는 것이 쉬운 일이 아니라는 사실을 역사적으로 보여주기 위해서다.

유학의 핵심 사상이나, 핵심적 주장을 적시하는 것도 사실은 어려운 일이다. 유가를 무엇이라고 보는가에 따라, 답이 하늘과 땅의 차이로 달라질 수 있다는 것을 알아야 한다. 위에서 언급한 것처럼, 유가 내부에도 적지 않은 차이가 있었고, 묵가가 보는 유가의 사상은 도가가 보는 유가의 사상과 다를 수 있다. 비판 혹은 호감은 자기 중심적인 평가에 불과하기 때문이다. 앞에서도 잠깐 말했지만, 같은 유가라고 분류되는 사람들이라고 해도, 맹자가 생각하는 유가의 핵심과 순자가 보는 유가의 핵심이 다를 수 있다.

그렇긴 하지만, 적어도 유가에 대해서 말하자면, 그들이 서로를 비판하거나 옹호하거나 간에, 일정한 공통분모가 전혀 없는 것은 아니다. 인仁이나 의義, 혹은 뭉뚱그려서 인의仁義를 중시한다거나, 예禮라고 불리는 어떤 일정한 사회적 규약이나 행동 양식을 중시한다거나, 정치적으로 말하자면 민중을 위한 민본적民本的 정치 이념을 강조한다거나, 요순堯舜으로 대표되는 역사적 성왕聖王을 이념적 모델로 삼는다거나, 공자와 주공周公을 중요한 사상적 근거로 삼는다거나 하는 것이다.

물론 그중에 일부는 유가와 묵가, 유가와 도가, 유가와 다른 그룹이 공유하는 것도 있다. 그러나 그런 차이들, 특히 인의의 예의의 중심점이 미묘하게 이동한다거나, 주공이 더 근원적이냐 아니면 공자가 더 근원적이냐에 대한 입장의 차이가 발생한다거나, 시대가 지나면서 맹자가 정통이냐 순자가 정통이냐에 대한 입장의 차이가 확대되어 가는 것을 잊어서는 곤란할 것이다.

사실, 유학의 핵심이 무엇인가? 그런 질문을 할 때, 질문자는 대개 두 가지를 염두에 두고 있을 것 같다.

> 첫째, 『논어』에서 보이는 공자의 사상을 중심으로 볼 때 '핵심'이 무엇인가?
> 둘째, 후대의 유가, 우리가 보통 유학하면 떠올리는 '성리학적'으로 재해석된 유가의 '핵심'은 무엇인가?

이 두 가지가 아닐까 한다. 그러나 대개 사람들은 그 두 가지를 혼동하는 경향이 있는 것이 사실이다. 그 둘 사이에는 같은 점과 다른 점이 다 있지만, 그런 구별 없이 그 둘을 그냥 하나로 보는 경향이 있는 것도 사실이다.

『논어』「이인里仁」에서 보면 다음과 같은 말이 나오는데, 그 구절을 우리는 '보통' 공자 사상의 핵심을 보여주는 말이라고 이해한다. "나의 길은 하나로 관통하고 있다[吾道一以貫之]." 그리고 같은 구절 안에서 공자 제자 증자曾子는 그 말에 대한 부연 설명을 요구받고 공자의 가르침, 즉 공자의 '도道'를 '충忠'과 '서恕'라고 풀이하고 있다.

그렇다면 '충'과 '서'가 무엇인가? 성리학의 완성자 주자朱子는 '충'과 '서'를 '진기盡己'(자기의 진심을 다함, 자기의 가능성을 완성함)와 '추기推己'(그렇게 완성된 자기, 진심의 자기를 다른 사람에게 확대하여 베풂, 혹은 다른 사람도 그런 차원으로 이끌어 줌)이라고 해석하고 있다.

그런 주희의 해석은 『논어』 안의 공자의 다른 말을 세련된 용어로 재해석한 것이라고 볼 수 있을 것 같다. 그런 점에서 주희는 진정으로 언어의 천재이다. 위대한 철학자는 언어로 세상살이의 핵심을 한 마디로 포착하는 능력을 가지고 있다. 시인 이상으로 언어 감각이 뛰어나다.

공자 제자 중에 또 다른 뛰어난 인물이자 머리 회전이 빠르고 상업적 수완이 뛰어나 큰돈을 번 자공子貢이 공자에게, "평생 사표로 삼을 만한 말씀을 하나 알려주십시오[有一言而可以終身行之者乎?]."라고 가르침을 청한 적이 있다.

그때 공자는 그 한 마디를 '서恕(其恕乎!)'라고 말해준다. 이어서 공자는 그 말을 부연하여, "기소불욕己所不欲, 물시어인勿施於人."(「위령공」)이라는 유명한 한 마디 말씀을 남긴다. 사실 나는 "네가 원하지 않는 것을 다른 사람에게 강요하지 말라!"는 이 말은 만고불변의 진리라고 확신한다. 그래서 이 말을 '황금률(golden rule)'이라고 말하는 것이다.

동서고금의 위대한 성인은 다 이 '골든 룰'을 설파하고 실천한 인물이라고 말할 수도 있을 것이다. 그런 황금률을 가장 먼저, 그리고 가장 명확한 언어로 표현한 분이 바로 공자이다.

여기서 우리는 동양 사상의 고매함과 심오함에 대해 자부심을 느껴야 할 것이다. 인간의 모든 사상, 철학, 종교의 핵심이 바로 이 말 한마디에 있다고 말할 수 있지 않은가? 그러나 그 말을 자신의 사표로 삼고 진심으로 그 말을 실천하는 것이 어려울 따름이다.

그런 '충서'의 마음이 실천으로 세상에 펼쳐질 때, 그것을 우리는 인仁(사랑, 인간의 이상태)이라거나, 더 나아가서는 성聖(신적인 완성태)이라고 부를 수 있는 것이다. 공자는 다른 곳에서 인仁을 '애인愛人(사람을 사랑하는 것)'이라고 간결하게 답하고 있다. 내가 원하지 않는 것을 다른 사람에게 강요하지 않는 것, 즉 황금률이 곧 윤리의 핵심이고, 그것이 사랑의 핵심이고, 행위의 준칙이고, 나아가 인간 세상살이의 핵심이라는 것이다.

또 다른 곳에서 자공은 공자에게 위대한 인간의 성취란 무엇인가 하는 취지의 질문을 한다. "박시어민博施於民, 이능제중而能濟衆, 여하如何?(널리 사람들에게 베풀고, 그들을 고통과 가난으로부터 구제할 수 있다면, 그런 사람에게는 어떤 평가를 받을 수 있겠습니까?)" 자신이 대단한 부자였던 자공은, 정치가로서나 혹은 개인의 자격으로 사람을 고통과 가난에서 구제하고자 하는 공자의 가르침을 자신이 실천할 수 있다면 어떻습니까? 하는 질문을 하는 것이다.

여기서 공자는 그런 실천이 가능하다면, 단순한 인자에 그치지 않고 위대한 성인의 반열에 오르는 것이라고 대답하면서, 앞에서 말한 황금률을 더 구체적으로 부연하여 제시하고 있다. "기욕립이립인己欲立而立人, 기욕달이달인己欲達而達人.(자신이 무언가를 성취하기를 원하면 다른 사람을 성취하게 도와주고, 자기가 성공하고 싶으면 다른 사람을 성공하게 도와주어라.)"(「옹야」)

여기서 내가 제시한 번역이 조금 세속적으로 되어버렸지만, 취지는 그렇다. 너 혼자만 성공하려고 하지 말고, 다른 사람과 함께 성공해야 한다. 빨리 가려면 혼자 가도 좋지만, 멀리 가려면 함께 가야 한다! 요즘 식으로 말하면 그런 말이다.

공자는 부자였던 제자인 자공에게 '노블레스 오블리주'(가진 자의 책무)의 정신을 강조한 것이라고 말할 수도 있다. 너 혼자 잘 먹고 잘사는 게 인생의 목표가 되어서는 안 된다! 함께 잘 먹고 잘살 수 있는 길을 모색하고, 그것을 인생의 목표로 삼아야 한다!

자공은 부자라서 다른 사람을 구제할 수 있는 포부를 가질 수도 있는 인물이었겠지만, 『논어』를 통해서 보면 약간 인색한 인물이었던 것 같기도 하다. 잘나고 머리 좋은 사람이 저 혼자 잘 먹고 잘살기 위해서 이기적으로 살다 보면 반드시 큰 낭패에 처하게 된다는, 경계의 말이라고도 생각된다. 현실에서는 그런 사람이 성공하는 것이 때로는 사실인 듯하지만, 적어도 유학은 그런 태도를 경계하는 사상이라는 사실, 잊어서는 안 될 것이다.

또 하나 『논어』에는 이런 일화가 나온다. 자공이 제물로 쓰는 양을 폐지하자고 건의합니다. 즉 쓸데없이 돈만 많이 드는 제사를 폐지하자는 취지의 발언을 하고 있는 것이다. 표면적 이유는 동물에 대한 동정심을 표현한 것일 수도 있지만 하여튼 장사에 능한 자공은 동시에 상당히 계산이 빠른 인물, 좋은 말로 하면 대단히 명석하고 합리적인 인물이었을 것이다. 자공이 제사의 제물로 쓰이는 양을 쓰지 말자고 건의한 것의 내적 맥락은 그런 것 같다.

그때 공자는 자공에게 이렇게 답을 한다. "자네는 말로 낭비를 줄이자고 말하고 있는 것 같지만 사실 양을 아깝게 여기고 있는 것이 아닌지 모르겠다. 그러나 나는 오히려 전통의 예를 더 소중하게 생각한다[爾愛其羊, 我愛其禮]."(『팔일』)라고 말하면서 넌지시 자공을 꾸짖고 있다.

나는 공자와 자공의 대화는 유학의 핵심, 즉 공자 사상의 핵심을 말할 때, 앞의 황금률과 더불어, 대단히 중요한 생각을 담고 있다고 생각한다. 공자는 '사람에 대한 사랑[愛人, 忠恕]'을 강조할 뿐 아니라, 그런 사랑을 장기적으로 유지하기 위해서 반드시 필요한 것으로, '전통으로 계승되어 오는 문화적 질서'를 동시에 간직하고 지키는 것을 자신의 임무로 삼고 있었다고 이해할 수 있다는 것이다. 그런 문화적 질서를 유교에서는 '예禮'라고 부른다는 것은 상식이다.

공자가 말하는 인仁은 인간에 대한 진심어린 사랑이자 사람을 사람답게 만드는 가치인데, 그것은 자기에 대한 존중과 타인에 대한 존중, 즉 '충서'의 정신으로 발전해야 한다. 그것이 바로 공자 나아가 유학에서 강조하는 인仁 사상의 요체이다.

그리고 그 사람에 대한 사랑과 존중은 일시적인 기분이나 감정적인 애착으로 그치는 것이 아니라 하나의 문화적 질서라는 형태로 하나의 확고한 전통으로 구현되어야 하는 것이다. 즉, 인과 예는 사람됨을 구성하는 근거로서, 그 사람됨에 근거를 두는 문화를 형성하는 근거로서, 속[仁]과 겉[禮]의 관계에 있는 것이라고 말할 수 있을 것이다.

사랑은 내면적인 가치이기 때문에, 드러나는 양식이야 어떻든 마음으로만 사랑하면 된다고 말하는 사람도 있을 것이다. 그러나 그렇지 않다는 말이다. 그러면 진심 어린 공감과 존중의 마음 없이, 행동만 그럴싸하게 멋있게 하면 된다는 말도 아니다.

그래서 공자는 이런 말을 한다. "인이불인人而不仁, 여례하如禮何, 인이불인人而不仁, 여악하如樂何(사람이 인을 갖지 않는다면 예를 실행하는 것이 무슨 소용이며, 인을 갖지 않는다면 문화나 예술이 무엇이란 말이냐?)."(『팔일』)

인仁, 즉 사람에 대한 사랑, 자기희생에서 나오는 타자에 대한 배려와 공감과 존중 없이 겉으로 폼나는 우아한 행동, 문화적으로 그럴듯해 보이는 몸짓은 내용 없는 허례허식이라고 말하고 있는 것이다. 부자들이 좋은 옷을 차려입고 좋은 차를 타고, 우아하게 말하고 좋은 음식 먹고, 좋은 음악을 들으러 다니고 멋진 미술품을 수집하는 행동들이 멋져 보이긴 한다.

그러나 그런 문화적 우아함이 인仁이라는 바탕, 사람에 대한 진정한 사랑이라는 바탕 없이는 다 헛것이라고 공자는 나무라고 있다. 머리도 좋고 합리적이고 게다가 부자이기까지 한 자공에 대한 '노블리스 오블리주'의 요구를 공자는 그렇게 표현하고 있다. '표[禮]리[仁]일체'라는 말은 사실 이런 것을 두고 하는 말이다.

인과 예禮는 공자 사상에서, 나아가 유학에서 자전거의 두 바퀴, 타원형의 두 중심이다. 유학의 핵심을 인仁이라고 말하는 사람이 많은데, 그렇게만 보면, 외적 행동을 약간 무시하고 내면의 충심을 강조하게 되기 쉽다. 그리고 그렇게 되면, 충심이 보편적 사랑으로 확대되어야 한다고 요구하는 서恕를 소홀하게 되는 위험에 빠지게 될 위험이 있다.

어쩌면 성리학에서 인仁을 더 강조하다 보니, 서恕라고 하는 사회적 책임, 문화적 질서로 승화된 보편적 사랑의 확대라는 사상을 조금 소홀히 다루게 된 것이 아닌가 라고 생각할 수 있다. 인을 지나치게 강조하다 보면, 세상을 바로잡고자 하는 정의감이랄까, 가진 자가 마땅히 가져야 할 책무에 소홀하게 되는 폐단을 낳을 수도 있다는 우려를 갖게 된다. 지나친 우려일 수 있다. 하여튼 유학은 충과 서, 인과 예라는 두 개의 중심을 핵심으로 가지고 있다고 말할 수 있을 것이다.

공자는 가장 사랑했던 제자 안연에게, 자신의 가르침의 핵심을 단적으로 이렇게 말해주고 있다. "극기복례위인克己復禮爲仁. 일일극기복례

一日克己復禮, 천하귀인의天下歸仁矣. 위인유기爲仁由己, 이유인호재而由人乎哉?(자신을 비우고 또 극복하고 예의 실행으로 돌아가는 것이 다름 아닌 인을 실현하는 길이다. 그렇게 할 때 온 천하 사람들이 인으로 돌아올 것이다. 그런 인의 실현은 바로 나 자신 이 한 몸에서 시작한다. 다른 사람에게(만) 그 인仁의 실천을 요구하지 말고, 자신에서 먼저 그것을 이루도록 하라!)"(「안연」)

그렇다. 보통 사람들은 자기만 예외라고 생각하는 경향이 있다. 자기는 되돌아보지 않고, 자기는 예외로 두고서, 다른 사람들에게만 잘하라고 말하는 경우가 많지 않은가? 다른 사람 눈 안의 티끌은 보면서도 자기 눈 안의 들보를 보지 못하는 그런 형국인 것이다.

공자가 서恕를 말하면서도 충忠을 잊지 않았고, 예禮를 말하면서도 인仁을 잊지 않았다. 그리고 남[人]을 말할 때 자신[己]을 먼저 말하는 것을 잊지 않았다. 그렇게 한 이유가 있다. 세상 사람들의 병폐를 깊이 체험하고 인식하고 있었기 때문이다. 그래서 "군자구저기君子求諸己, 소인구저인小人求諸人."(「위령공」)이라는 말이 나오는 것이다.

"남에게 잘하라고 요구하기 전에 너부터 제대로 잘하라", 대충 그런 식으로 이해할 수 있는 말이다. 정치인이 되려고 하는 사람들이나, 부모가 된 사람들, 리더가 된 사람들, 그리고 선생을 하는 사람들이 반드시 되새겨야 할 말이라고 생각한다.

그런 점에서 유학을 '위기지학爲己之學'이라고 부르기도 하는 것이다. 이 말은 나를 위한, 즉 나의 성공과 출세를 위한, 혹은 나만 잘 먹고 잘 살기 위한, 또는 혹은 나 혼자 깨닫기 위한 학문이라는 의미라고 오해되기도 하지만, 절대 그런 뜻이 아니다.

'위기지학'이란 "나를 먼저 반성하고 돌이켜보는 학문"이라는 의미이다. 개인주의나 이기주의가 아니라 먼저 남을 배려하고 생각하는 사유와 실천! 자기의 주장을 내세우기 전에 다른 사람의 사정을 먼저 고려할 줄 아는 관대함, 단순한 이론이 아니라 실천을 요구하는 것이 유학의 입장인 것이다.

여기에 또 하나 덧붙이고 싶은 것은, 공자의 인과 예가 맹자 및 순자에 오면서 의義와 결합하여, 공정 내지 정의가 더욱 강조되고 있다는 사실이다. 인을 정의로움과 결합시킨 것[仁義]이 맹자의 공헌이라면, 예를 정의로움과 결합시킨 것[禮義]은 순자의 공헌이다.

물론, 공자도 인과 의, 그리고 인과 의와 례를 삼위일체로 파악하면서 정의와 공정을 강조했지만, 인仁과 예禮라고 하는 두 중심에서 의義가 자칫 소홀하게 보일 수도 있었기에, 공자 이후의 위대한 유가 사상가였던 맹자와 순자는, 인(사랑)을 강조하면서도 의義(정의)를 강조하고, 거기서 더 나아가 순자는 예禮(문화적 질서와 가치가 승화된 전통)를 더 강조하면서도 의義(정의)를 함께 논의했던 것이다.

의義는 요즘 식으로 말하자면, 사회적인 적절함, 즉 사회 정의 내지 공정성이라고 이해할 수 있는 개념이다. 당연히 현대의 '정의' 개념과 완전히 같지는 않지만, 그것과 대단히 유사한 성격을 많이 가지고 있다는 사실은 부정할 수 없다. 유가에서는 사회적 부정의, 그런 부정의에서 비롯되는 심각한 사회적 격차를 비판하는 입장을 견지하고 있었던 것이다.

지나친 사회적 격차가 발생하는 것을 경계하고 비판하는 유가의 이론은 주로 '의리론義利論'이라고 하는 관점에서 전개되고 있다. 즉, 경제적 이익을 추구하되 사회적 정의와 도의를 망각해서는 안 된다는 주장이다. 유교적으로 말하자면, 인과 예를 무시한 일방적인 경제적 이익 추구는 비난받아야 마땅하다. 그것을 우리는 '유교적 노블레스 오블리주 정신'이라고 말할 수 있을 것이다. 유교를 단순히 옛날 이야기, 고리타분한 공자(귀신) 씻나락 까먹는 소리로 들으면 곤란한 것이다.

하지만 안타깝게도 서양의 고대사상이나 서양 종교에 대한 지식이 현대인의 필수교양이 되어 가고 있는 현재 시점에서 유교, 나아가 동아시아의 사상은 단순히 낡은 이야기라고 치부되고 있는 것은 현실이다. 모든 잘못된 관행은 유교 탓이고, 모든 좋은 가치는 서양에서 온 것이라고 맹목적으로 믿고 찬양하는 분위기가 우리 사회에 팽배해 있는 것 또한 사실이다.

젊은이들에게 안 가르쳐서 그렇기도 하고, 또 요즘에는 학교에서 한자를 가르치지 않다 보니, 알파벳 문자나 영어로 말하는 것은 멋지고, 한자로 표기되거나 말하는 것은 고리타분하다는 생각하는 무지와 편견이 너무 널리 퍼져 있는 것 같다.

## 3. 유교 · 불교 · 도교는 서로 어떤 영향을 주고받았는가?

처음부터 나는 유교와 유학을 말할 때, 무엇을 유교 내지 유학이라고 볼 것인지에 대한 약간의 규정을 가지고 시작해야 한다고 말했다. 이 문제 역시 마찬가지다. 유교를 불교, 도교와 함께 이야기할 때, 이 경우의, 유교는 이미 공자가 가르친 유교, 맹자가 체계화한 유교와는 상당히 맥락이 다른 유교다.

유교의 역사적 발전을 이야기할 때, 나는 그것을 다음과 같이 다섯 단계를 이야기하곤 한다. 어떤 사람은 유학을 3기로 나누어 보기도 하고, 또 어떤 사람은 유학을 4기로 나누어 보기도 한다. 그 문제는 여기서 길게 논의하지 않겠다.

⑴ 원본 유학: 공자, 맹자, 순자가 중심이다. 앞에서 말한 것처럼, 그들 사이

에도 차이와 갈등이 있다. 그렇게 본다면, 유학이라고 해도 하나의 유학이 아닌 셈이다. 기독교 안에서도, 예수의 제자 안에서도, 베드로와 바울의 차이와 대립이 있는 것을 생각해 보면 쉽게 알 수 있다.

어느 하나를 확고한 정통이라고 보고 다른 것을 이단이라고 지나치게 배척하는 태도는 하나의 종교, 사상 전통을 지나치게 왜소하게 만드는 위험에 빠지게 된다. 결국은 소위 정통조차도 왜소해져서 사상적 활력을 상실하고 말 것이다.

(2) 훈고 유학: 한나라 이후, 당 말 송 초의 경학 경전 해석 중심의 훈고 유학

(3) 심성 유학: 송명청 시대의 심성 수양론 중심의 성리학, 소위 이학과 심학

(4) 근현대 신유가: 청말 유교가 사회적 영향력을 상실하고 난 이후, 대만 홍콩 및 서양에서 발전한 신유가 사상 전통

(5) 신공자주의: 현재 대륙 중국에서 활동하고 있는 사상가들이 주장하는 정치유학을 비롯한 사회학적 유가 재해석의 여러 흐름과 갈래

이런 식으로 구분을 하는 것은 일반적으로 수용될 수 있을 것이라고 생각한다. 다만 제5시기, 즉 여기서 '신공자주의'라고 명명한 대륙의 유가 운동을 하나의 독자적 시대 흐름으로 구분하는 것에 대해서는 약간의 유보가 있을 것이라고 생각한다. 그 문제를 차치하고 본다면, 제1~4시기의 유학의 시기 구분에 대해서는 큰 이의는 없을 것이라고 생각한다.

다만 내가 강조하는 것은 제2시기의 유학의 성격이다. 그 시기의 유학은 단순히 유학이라고 말하기에 좀 꺼려지는 면이 없지 않다. 왜냐하면 유교와 불교와 도교가 만나서 활발하게 교류하며, 영향을 주고받았기 때문이다.

그런 현상을 학문적으로 삼교교섭三教交涉이라는 말로 표현하고 있다. 이 경우 교섭은 갈등과 영향, 조화와 대립을 다 나타내는 포괄적인

말이다. 그리고 그런 삼교의 활발한 교섭은 제2시기에 주로 발생하고, 대단히 수준 높은 문명 교류의 이론적 틀을 보여주고 있다.

나는 인류의 문명, 특히 이질적인 두 문명이 만나고, 갈등하고 교류하고 융합하는 그런 문명 교류의 양상과 이론적 탐색, 철학적 해명은 거의 이 시기 중국에서 다 나타나고 있다고 생각한다. 삼교교섭의 논리를 해명하면, 현대에 문제가 되고 있는 문명의 충돌, 내지 문명의 전환의 논리를 거의 이해할 수 있다는 것이다.

이 시기에 정립된 논리와 방향은 명말청초明末清初(17~18세기) 중국과 한국, 일본의 동아시아 문명이 서구문명을 만날 때 다시 한 번 반복되고 있다. 문명의 충돌이니, 문명의 조화 혹은 다문화의 공존이니 하는 현대의 화두가 이미 동아시아의 역사 안에서 나타났던 것을 아는 사람은 거의 없는 것이 의아할 지경이다. 그만큼 우리가 우리의 역사에 나아가 동양의 문화적 깊이와 수준에 대해 무관심하다는 것을 잘 보여준다. 그리고 그런 제2시기에 발생한 삼교의 교섭 결과 제3시기의 성리학이 탄생하는 사상적 씨앗이 뿌려지고, 근 3~4백 년의 성숙 기간을 거치면서, 소위 성리학(주자학, 양명학을 포괄하는)이 완성되는 것이다. 문명의 전환이란 서서히 숙성되어 가는 것이다. 문명 전환은 순식간에 갑자기 일어나는 것이 아니다.

나는 우리가 사는 이 시대에 이런 문명의 전환이 이미 시작되어 전개되고 있고, 우리는 그 숙성의 느린 전개 안에 머물러 있기 때문에, 그 변화를 눈치 못할 뿐이라고 생각한다. 그리고 하나의 문명의 전환이 숙성하여 완성에 이르면 바로 뒤이어 또 다른 전환이 기다리고 있다가, 거기서 다시 대단히 느리지만 새로운 변화가 시작된다고 생각한다.

구체적으로 삼교의 교섭에서 서로 주고받은 것은 이루 헤아릴 수 없을 정도이다. 그 세 종교는 교섭 과정에서, 서로 완전히 달라져서 본래적인 모습이 무엇이었는지를 파악하기 어려울 정도로 완전히 바뀌었다고 말할 수 있다. 성형수술을 너무 많이 해서 본래 얼굴이 사라져버린 것에 비유할 수 있을 것이다. 단순히 얼굴 모습만 달라진 게 아니라 정체성이 완전히 바뀌어 버린 것이다.

한나라 제국 말기에 중국에 유입된 불교는 도가 및 도교의 영향을 받고, 유교와 교섭하면서, 인도 불교와는 완전히 다른 '중국 불교'를 만들어 냈다. 그리고 그 중국 불교는 단순한 인도 불교의 아류가 아니라 중국에서 새롭게 탄생한 '새로운 불교'라고 말할 수 있다. 따라서 인도 불교의 원론적 가르침을 해명한다고 해서 중국 불교를 이해할 수 있는 것이 아니고, 중국 불교를 인도 불교로 되돌릴 수 있는 것도 아닌 것이다.

중국 불교가 동아시아에 전파되는 것은 또 다른 역사적 흐름으로서 독자적인 연구가 필요한 영역이다. 예를 들어, 선불교는 그 뿌리를 인도 불교에서 찾을 수 있다고 생각하는 연구자들도 있지만, 사실 노장老莊 사상이나 도가 사상과 교섭이 없었다면 현재 우리가 알고 있는 그런 선불교는 생겨날 수가 없었을 것이다.

선불교는 인도 불교에서는 생각할 수 없는 새로운 형태의 불교라고 보아야 할 것이다. 그리고 불교가 유학에 끼친 영향은 절대 무시할 수 없다. 그때 유교에 영향을 준 불교는 인도적인 불교가 아니라 중국화된 불교라는 것도 또한 잊지 않아야 할 사항이다.

불교는 유교뿐만 아니라 중국 고유의 종교인 도교에도 영향을 주어, 위진 시대, 수당 시대가 되면 불교의 의례, 불교의 종교적 조직 원리를 배운 도교는 새로운 도교로 거듭나기도 하고, 불교의 정치精緻한 교리로부터 영향을 받아서 도교의 이론화 작업에 매진하기도 한다. 소위 도교의 영보파靈寶派, 상청파上淸派 나아가 중현파重玄派의 발전이나 당송 시대에 번성한 내단內丹 사상 및 수련법의 발전은 불교와의 교섭을 알지 못한다면 이해할 수 없다.

한편 도교와 불교는 서로의 우월성을 주장하며 격렬한 정체성 투쟁을 벌이기도 한다. 소위 도불道佛 논쟁이 그것인데, 서로의 문화적 정통성을 주장하면서 영혼불멸을 둘러싼 논쟁(신멸론神滅論 논쟁), 문화적 우월성에 대한 논쟁(이하설夷夏說 논쟁), 종교적 권위에 대한 논쟁(노자화호설老子化胡說), 종교와 정치 권력, 윤리적 차이 논쟁(사문불경왕자론沙門不敬王者論) 등을 벌이면서, 셋이 하나로 융합하는 현상을 만들어 내게 된다.

이 문제의 첫머리에서 언급한 것처럼, 세 종교는 영향을 주고받으면서, 즉 삼교의 교섭交涉을 거치면서, 삼교합일三敎合一의 형태로 발전하고, 마침내 삼교불분三敎不分의 양상까지 보여주는 식으로 조화, 융합하는 경향을 드러낸다. 성리학은 그런 삼교합일 내지 삼교불분의 완성태로도 볼 수 있을 것이다.

물론 성리학자들은 대부분, 자신이 불교 내지 도교와 얼마나 관련이 없는가, 얼마나 도교와 불교를 미워하는지를 보여주는 이단 배척[闢異端]의 입장을 강조하기에 여념이 없지만, 실제로 그 삼교의 교섭을 통해서 유학의 새로운 발전이 가능했던 것이 역설적이지만 정확한 현실이다.

소위 외유내불外儒內佛 혹은 외유내도外儒內道가 실상이라는 것이다. 오늘은 유교를 이야기하는 자리라서 도교와 불교에 대해서는 더 자세히 이야기하는 것은 생략하려고 한다.

## 4. 유학에서 공자와 맹자 그리고 주자의 위치

공자와 맹자 그리고 순자는 앞에서 말한 제1시기, 즉 선진先秦 시대의 유학, 우리는 그것을 다른 종교의 역사를 본떠서 원시 유학 내지 원본原

本 유학이라고 부를 수도 있겠지만, 선진 시대 유학을 형성하는 데 지대한 공헌을 했다.

하지만 유학이라고 하면, 순자를 배제하고, 공자 및 맹자의 사상과 동일한 것이라고 보는 관점, 즉 유학은 곧 공맹의 전통이라는 관점은 사실은 제3시기에 형성된 비교적 새로운 관점이다.

제1시기에는 맹자와 순자가 서로 정통성을 다투었고, 맹자와 순자가 등장하기 이전에는, 소위 '유가팔파儒家八派'라고 해서, 공자의 정신을 계승하는 유학의 여러 분파가 존재했던 것을 기록은 전하고 있다. 그 기록의 진실 여부는 토론 거리이다.

맹자를 거쳐 순자에 이르기 이전에 존재했던 초기의 유가 사상가들, 즉 공자 이후의 유가적 이론이나 논설은 현재의 『예기』 안에 일부분 실려 있을 것이라고 학자들은 추측하고 있다. 그리고 최근에는 새로이 발굴된 문헌을 통해서, 공자 이후 맹자 순자 이전의 과도기적 유학 사상의 전개 양상을 추적할 수 있다고 하는 주장이 상당한 힘을 얻어가고 있는 실정이다.

앞서 잠시 언급했지만, '유학=공맹의 사상'이라는 도식은 10세기를 전후한 당송 변혁기의 새로운 유학 운동 과정에서 등장한 것이다. 그런 새로운 유학 운동을 우리는 흔히 신유학新儒學이니 성리학이니 도학道學이니 다양한 이름으로 부르고 있지만, 그 운동을 종합한 완성자가 주자朱子라고 할 수 있으니, 유교 역사 안에서 주자의 사상적 위치는 대단히 중요하다고 말할 수 있을 것이다.

주자가 없었더라도 신유학은 성장하고 발전했겠지만, 지금 우리가 아는 성리학, 조선에도 강력한 영향을 준 성리학은 존재하지 않았을 수도 있다. 존재했다 하더라도 상당히 다른 모습을 띠는 신유학이었을 것이다.

그런 위대한 사상가 주자가 완성한 주자학적 성리학은 몽골이 지배한 원元 시대에 들어가면서, 국가 체제를 뒷받침하는 국가 종교, 체제 이데올로기의 성격을 가지게 되고, 다시 한족이 지배하는 명明 시대에 들어가서는 체제 이데올로기로서 성격을 공고하게 만들어간다.

그런 완성의 시점에서 다시 주자학의 사상적 위험성과 한계를 비판하고 더욱 자유로운 사유를 전개하는 사상가들이 등장하는데, 대표적인 인물이 왕양명王陽明이다. 그 왕양명의 학문을 보통 양명학陽明學이라고 부르지만, 그 양명학은 근본적으로 신유학의 방향 안에서 전개된다고 볼 수 있기 때문에, 그것을 넓은 의미에서의 신유학 혹은 성리학의 한 흐름으로 이해하는 연구자들도 적지 않다.

또한 양명학은 주자학의 리理 중심적 사유에 대한 대안으로 좀 더 포괄적이고 신비로운 심心(인간의 정신성 전체, 감정과 이성을 포괄하는 마음 전체)을 강조한다고 해서 심학心學이라고 불리기도 한다. 성리학 내지 신유학의 전개 과정에서 주자의 중요성만을 언급하고 왕양명을 무시하거나, 이단시하는 태도가 오늘날까지 널리 퍼져 있는 것은 당연히 우리나라 성리학의 편협함과 관계가 있다. 그 점을 우리는 주의해야 할 것이다.

신유학 혹은 성리학 안에는 이학理學이라고 불리는 주자학의 흐름만이 아니라 심학心學이라고 불리는 육상산에서부터 왕양명에 이르는 계통, 신학新學이라고 불리는 왕안석 계통, 사공학事功學이라고 불리는 진량陳亮이나 섭적葉適 계통, 더 나아가 기학氣學이라고 불리는 장재張載에서 왕정상王廷相에 이르는 계통 등, 다양한 흐름이 존재했던 것을 잊어서는 안 될 것이다. 신유학의 내부 계보는 이보다 더 복잡하다.

우리나라에서도 그런 다양한 흐름이 전혀 존재하지 않았던 것은 아니지만, 주자학을 정통으로 보는 좁은 의미의 성리학이 워낙 큰 판세를 차지하고 있어서, 신유학의 다른 사상적 가능성이 질식당했고, 그 결과 성리학 내부에 존재했던 다양한 가능성이나 사상적 흐름이 마치 존재하지 않았던 것처럼 역사 속에서 묻혀 버린 것은 커다란 아쉬움이 아닐 수 없다.

그 결과 그런 사유들은 우리 문화의 다양성을 발전시키는 자원으로 승화되지 못하고, 그냥 역사의 공백으로 남아 버리는 결과를 초래했다고 생각한다. 미래를 바르게 전망하기 위해서는 조선 시대 주자학의 공功과 과過를 공정하게 평가할 수 있어야 할 것이다.

## 5. 삼원오기三元五期: 유학의 세 가지 발전 방향과 다섯 발전 시기

앞에서는 시대적 흐름과 관련하여 유학의 흐름과 다양성에 대해 언급했지만, 다른 측면에서, 즉 공시적인 면에서 유교의 사상적, 문화적 지향과 관련하여 세 가지 다른 방향이 존재했다고 파악할 수도 있을 것이다.

따라서 유학의 사상 및 역사를 말한다면, 나는 두 가지 측면, 즉 통시적 측면과 공시적共時的 측면을 동시에 바라보아야 한다고 생각한다. 그때에 비로소 유학에 대한 전체상을 포착하는 과제에 더욱 가까이 다가갈 수 있다고 생각한다.

먼저 유학의 다섯 발전 시기, 즉 제5기에 대해 말해보겠다. 앞에서 우리는 통시적으로 볼 때, 유학의 발전은 다섯 시기로 나누어 볼 수 있다고 말했다.

1) 선진시대의 원본 유학: 공 · 맹 · 순이 중심이 되는 유학 사상이다.

2) 한대 이후의 훈고 유학: 동중서 · 정현 · 공영달이 중심 인물이다. 이 시기의 유학은 선진 시대의 다양한 제자백가 사상, 특히, 음양 이론과 재이 사상 등을 적극 흡수하고, 종교적 신비적 요소를 극대화하면서, 새로운 유교 경전의 창출과 유교 경전의 정치적 해석을 통해 새로 성립한 한漢 제국의 지배 이념을 만들어 내는데 이르게 된다. 풍우란馮友蘭(1894~1990)이 말하는 소위 '경학 시대'의 유학과 거의 일치한다고 볼 수 있겠다.

3) 송명청의 심성 유학: 왕안석, 주자, 왕양명, 그리고 실학으로의 전환(우리나라의 다산)이 이 시대의 중요한 흐름이다. 이 시대는 앞의 경학 시대의 연장선에 있다. 송명 유학에서는『사서四書』를 새로운 경전으로 창출하여 공맹 유학을 유학의 새로운 정통으로 부각시키는 사건이 일어난다.

소위 도통론이 유학의 중심으로 떠오르는 것이다. 유교를 정치적 핵심 이념으로 바라보는 정치유학은 이미 사회적 전제로 확고부동하게 자리를 잡고, 거기에다 불교와 도교의 영향을 받으면서 우주론, 형이상학, 인간론, 수양의 이론을 폭넓게 갖춘 완전한 사상 종교 체계로서의 유학이 완성된다고 볼 수 있다.

국교 유학의 전제 위에서 심성 수양과 철리의 탐구를 추구하는 사상이 극대화된 형태로 정립된 것이다. 왕안석이나 섭적, 나아가 성리학 시기 후반부에 등장하는 실학처럼 단순한 심성 연구의 차원을 넘어서서 역사 철학으로서 사회 철학으로서 유학을 확대하려고 시도하는 사상 유파도 존재한다고 평가할 수 있다. 성리학은 중국의 송명청 시대, 우리의 조선 시대, 일본의 에도 시대에 동아시아의 보편 사상으로 기능했다.

4) 근현대의 신유가: 근현대 세계와 유학의 대화와 결합으로 탄생한 새로운 형태의 유학 사상이다. 그리고 그 새로운 형태의 유학은 아직도

발전 진행형이다. 이 시기 유학의 특징은 국가 종교로서의 성격을 상실하고, 순수한 사상, 철학 운동으로서 존재하고 있다. 근현대 신유가의 기원은 멀리는 강유위로 거슬러 올라간다고 볼 수 있고, 가까이는 모종삼, 유술선劉述先, 이택후, 뚜웨이밍으로 이어지고 있다.

더 나아가 현대적으로 유학의 사상을 재해석할 것을 추구하는 다양한 입장들, 순수하게 사상적 관점에서 유학의 현대화를 추구하는 많은 연구자들이 이 부류에 속한다고 말할 수 있을 것이다. 내부적으로는 여러 갈래를 상정할 수 있지만, 크게 보면 유학의 현대적 재해석을 추구한다는 점에서 하나의 흐름으로 볼 수도 있을 것이다.

5) 현대 중국의 '신공자주의': 내가 여기서 독립적으로 제시하는 다섯 번째 시기는 아직 확고한 유교적 사상의 흐름으로 존재한다고 보기 어려울 수도 있다. 이런 흐름이 시작된 지도 얼마 되지 않았고, 내부적으로 하나의 동질성을 갖고 있다고 보기 힘든 면이 있기 때문이다. 그러나 나는 이 흐름을 앞의 제4시기의 근현대 신유가와 구별되는 일정한 방향성을 가지고 있다고 보기 때문에, 일부러 이렇게 설정했다.

현대 중국의 '신공자주의'를 대표하는 인물은 누가 뭐래도 장경蔣慶이라고 말할 수 있을 것이다. 그리고 그것이 단순한 사상적 신유학과는 분명히 구별되는 어떤 특징이 있다고 보기 때문에, 즉 단순한 전통 유학의 연장선에서만 평가하기 곤란한 어떤 특징이 있다고 보았기 때문에, 유학이라는 이름을 쓰지 않고 '신공자주의'라고 불렀다. 그런 흐름의 대표자의 한 사람인 장경은 정치유학(신공양학)을 표방하고 있다.

장경은 유학을 현대적으로 재해석하여, 현대 중국의 사회주의 이념과 결합하는 새로운 정치철학으로서 유학을 되살리겠다는 강한 이데올로기적 열망을 가지고 있는 사상가이다. 장경 이외에도 유학을 현대 중국의 사회적 맥락 안에서 되살릴 것을 추구하는 여러 유형의 시도들, 여러 사상가들이 활약하고 있다. 그들을 통틀어, 주로 대만이나 홍콩을 무대로 활동하는 근현대의 신유가와 달리 대륙의 신유가라고 부르는 것도 나쁘지 않을 것이다.

위에서 말한 것은 유학의 통시적 전개 양상이다. 그런 통시적 전개와는 별개로, 공시적으로 관찰하면, 유학은 크게 세 가지 방향에서 발전한다고 볼 수 있다. 나는 그것을 유학의 세 가지 발전 방향, 즉 삼원三元 발전 방향이라고 부르고자 한다.

ⓐ 국가 종교로서 유학: 경세 유학 혹은 정치 유학이 유교의 거대한 체계를 포착할 수 있는 하나의 방향이다. 그리고 나는 이것이 가장 중요하고, 또 가장 근원적인 방향이라고 생각한다. 이런 방향은 원본(원시) 유학, 한대의 국교화 유학, 송명청의 국가 종교로서의 유학, 순자 이후 제국의 통일 이념으로서의 유학, 국가 종교와 결합한 정치 종교로서의 유학이라는 다양한 시대적 양상을 보여주고 있다. 이것은 전근대 동아시아, 특히 중국과 조선의 제국 내지 왕조 이데올로기로서 기능했다. 이 방향은 당연히 논어나 맹자 등에서 강하게 드러나는 유학의 경세적 방향이 확대된 것이다.

ⓑ 수양론으로서 유학: 유학은 국가 종교로서 존재했지만, 동시에 포괄적인 수양론의 체계를 가지고 있다. 선진시대에 그 체계는 아직 명확하게 이론화되지 않았지만, 송명시대의 이학이나 심학에 들어오면 수양론의 체계가 분명하게 정립되어 간다.

심성론과 수양론 중심의 유학을 특정할 때, 심성 유학이라는 명칭을 사용할 수 있을 것이다. 앞에서 제3시기의 유학을 심성유학이라고 불렀는데, 그 심성유학은 단순히 하나의 시기의 특징을 드러내는 것에 그치지 않고, 유교 자체의 중요한 한 측면이라고 말할 수 있다.

특히 제3시기에 수양론으로서 유학의 특징이 두드러지게 부각될 뿐 아니라 그 시기에 수양론이 완성되었다는 의미에서 그 시기의 유학을 심성 유학이라고 강조하는 것이다. 사실 유학은 처음부터 심성 수양을 강조한 사상이었다.

공자는 물론, 맹자나 순자를 보면 충분히 알 수 있는 일이다. 그러나 국가 종교로서의 유학과 심성 수양론으로서 유학을 단순히 분리하여 단절적으로 파악하는 것은 옳지 않다. 유학의 심성 수양론 사상을 개척한 맹자의 사상을 살펴보면 그 사실을 잘 알 수 있다.

심성 문제를 본격적으로 거론한 순자에서도 마찬가지이지만, 유학의 심성 탐색은 그 자체로서, 즉 인간 본성에 대한 형이상학적 이론으로서 추구되었다기보다는, 경세의 전제로서, 즉 정치와 경세의 전제로서 논의되고 있다는 사실을 잊어서는 안 될 것이기 때문이다.

나중에 특히 성리학에 와서, 심성 수양론의 탐색이 경세와 정치의 전제였다고 하는 본래적 성격이 희미해지면서, 유학 자체가 하나의 수양론으로서 거의 독립적으로 논의되고 유학은 곧 심성 수양론이라는 식으로 유학의 성격 변화가 발생한다고 말할 수 있을 것이다.

심성 수양을 중시하는 유학은 내부적으로는 이학과 심학의 큰 두 흐름이 있다고 볼 수 있고, 주제적으로는 두 흐름을 관통하는 이기론, 심성론, 성정론, 수양론, 교육론 등의 각론으로서 연구할 수 있을 것이다.

물론 이런 이론적 발전이 갑자기 가능해진 것이 아니라 원본(원시) 유학에서부터 존재했던 수기의 방향을 확대한 것이라는 사실을 잊어서는 안 될 것이다. 공자 이후의 자사와 맹자의 계통에서 추구된 수기론修己論, 그리고 그 계통을 계승하는 주자학, 양명학 등이 수양론으로서 유학을 대표하는 사상 체계라고 볼 수 있다.

ⓒ 민중의 에토스로서 유학: 앞의 두 방향은 유학의 사상적 두 기둥이라고 볼 수 있는 수기와 치인의 관심, 내성과 외왕의 관심을 현대적인

용어로 표현한 것이라고 볼 수 있다. 따라서 특별히 새로운 관점이라고 말하기 어려운 점이 있다.

그러나 내가 여기서 유학의 제3의 방향으로 제시하는 민중 유학이라는 개념은 유학이 일반 민중의 삶의 지도 원리로서 작동했던 역사를 생각해보면 당연한 것이지만, 하나의 개념으로서는 비교적 새로운 것이라고 말할 수 있을 것이다.

여기서 말하는 민중 유학이라는 명칭은 유학이 통치 사상이나 윤리 심성 사상으로서만이 아니라 폭넓게 민중의 에토스로서 사회 기층에 자연스럽게 뿌리내린 유교적 정서, 제사의 실행, 관혼상제, 윤리관에 주목하고자 하는 의도를 담기 위해 동원된 개념이라고 보아야 할 것이다. 유학이 국가 통치 이념에 그치지 않고, 지난 수십 세기 동안 중국인을 비롯한 동아시아인의 '마음의 습관'으로서 뿌리내리고 있다는 사실을 부정할 사람은 거의 없을 것이다.

하버드 대학의 종교사회학자 로버트 벨라(Robert Bella)는, 과거의 전통 종교는 근대에 들어오면서 정치적 제도로서나 이데올로기적 권위로서는 과거의 영광스러운 지위를 상실했지만, 여전히 민중의 정신구조 안에 뿌리내리면서 거의 무의식적으로 민중의 삶의 태도와 가치관을 지배하는 방식으로 존재하는 양상을 '시민 종교(civil religion)'라고 불렀다. 그리고 그런 '시민 종교'는 분명한 이념이나 사상으로서가 아니라 일종의 습관, 특히 '마음의 습관(habit of mind)'으로서 존재하고 있다고 말했다.

그리고 최근 대륙 신유가의 한 사람으로 주목받고 있는 진명陳明은 로버트 벨라의 시민종교를 '공민 종교公民宗教'라고 부르고, 현대 중국인의 삶 안에서 유교를 재해석하고 확산하자는 공민종교 운동을 펼치고 있다. 종교학자로서 본다면 진명의 시도는 충분히 공감할 수 있는 논리이지만, 우리 유학계가 유학을 종교가 아니라 '철학'으로서 연구하는 데 치중하다 보니 그런 개념을 먼저 원용하지 못한 것이 아쉽다면 아쉬운 일이라고 생각한다.

그리고 그런 관점을 갖지 못하다 보니, 유교의 또 다른 측면, 즉 민중의 삶 안에 뿌리를 내린 마음의 습관으로서의 측면, 민중의 에토스라는 유학의 중요한 하나의 측면을 놓쳐 버리게 되었다는 아쉬움이 있다.

우리나라를 유교 사회라고 하거나, 동아시아 문화의 근간에 유학이 자리 잡고 있다고 할 때의 유학은 유학 발전의 세 번째 방향, 즉 (c)의 민중 에토스로서의 유학의 차원에서 그렇게 말할 수 있다. (a) 국가(정치) 종교로서의 유학이 발전한 것은 시기적으로는 제2시기와 제3시기, 즉 한대 이후 송명청의 왕조 국가 시대에 해당한다.

그 당시 유학은 국가(정치) 유학으로서, 국가 제사, 왕조의 정치 이념으로서 존재했다. 서양 중세의 기독교와 유사한 역할을 했다고 말할 수 있을 것이다. 그 시대의 유학은 거의 완전히 제국의 종교로서, 서양에서 기독교가 했던 것보다 더 강력하게 정치 종교로 존재했다.

유학의 심성론이나 이기론, 혹은 수양론을 유학의 전체 체계에서 떼놓고 보면, 유학이 철학이냐 종교냐 아니면 종교는 아닌데 종교적이냐 그런 논의가 나올 수 있지만, 정치 유학이라는 맥락에서 보면, 유학은 처음부터 왕조의 국가 종교, 국가 제사의 이론을 제공하는 정치 신학으로서 존재했던 것을 절대 부정할 수 없을 것이다.

그것은 유학을 이해하고자 할 때 절대로 잊어서는 안 되는 사항이다. 유교가 무신론이냐 아니냐? 종교냐 아니냐? 그런 질문은 사실은 유학의 일면만을, 특히 심성론과 이기론의 측면만을 바라보기 때문에 나오는 잘못된 문제이다.

여기서 결론적으로 말하고 싶은 것은, 유학은 통시적으로 1), 2), 3), 4), 5)로 전개되면서, 점점 더 내포와 외연이 확장되는 과정을 경험한다는 사실이다. 제2시기의 유학은 이미 제1시기의 유학이 아닌 것이다.

제3시기의 유학은 이미 제1, 제2시기의 유학이 아니고, 그런 식으로 유학은 사라지지 않고 내실 내용을 확대하면서 전개되어 간다는 것이다. 사라지지는 않지만 모습을 바꾸면서, 특징을 변화시키면서 축적되어 가는 것이다.

그리고 오늘날에 해당하는 제4시기의 유학은 국가의 종교 이념, 혹은 정치 신학으로서의 중요한 베이스를 상실한 다음에 발전한 것이라서, 마치 이 시기에 유학은 더 이상 힘이 없는 현상이거나 심지어 사라진 것처럼 보일 수도 있다.

그러나 실제로 민중적 에토스(즉 마음의 습관)로 남아 있을 뿐 아니라, 지식인들 사상가들에 의해 자본주의, 사회주의, 산업 사회, 현대 사회의 수요를 수용하고 동시에 그런 현대적 사상들과 대결하면서 이론적으로 다듬어지고 있다.

그 결과 이 시기에 들어와서 유학의 사상적 영역은 그 이전 시기보다 더욱 확대되었을 뿐 아니라 장래에도 계속 변화하면서 현대 사상의 한 흐름으로 자신의 위상을 확보해 나갈 것이라고 기대할 수 있는 상태에 도달하고 있다. 분명히 제4시기에 유학은 서구 근대화의 충격 앞에서 망연자실, 자기의 균형을 잃고 비틀거렸던 것은 사실이다.

사상적 자원이 부족해서가 아니라, 근대라고 하는 시대가 동아시아 문명으로서는 외래적인 것이었기 때문에, 근대문명을 받아들이고 이해하고 그것을 소화하기에 급급했기 때문이다. 그리고 어느 정도 소화가 끝난 현재에 와서는 오히려 근대 현대가 초래한 문제들을 비판하고 대결하는 사상적 도전을 시도하고 있는 상황이다.

그것은 위진 남북조 시대 혹은 당대 초기에 거의 모든 지식인이 인도에서 유래한 불교에 쏠리면서, 전통적인 유학을 버리고 불교화의 노선을 걸었던 것과 대단히 유사하다.

그러다가 당말 이후 시대의 혼란기를 맞이하고, 다시 송대의 경제적 회복기를 거치면서, 동시에, 북방 이민족과의 대결 과정에서, 유학을 중심으로 중국의 문화적 아이덴티티를 회복하기 위한 노력을 기울인 결과 그 이전의 유학과는 다른 성격을 가진 심성 이기론을 중심으로 하는 성리학을 창출한 것과 비슷한 상황이라고 말할 수 있을 것이다. 그런 의미에서 역사적 과거를 돌이켜보면서 긴 안목과 호흡을 가지는 것은 현재와 미래를 이해하고 전망하는 데 도움이 될 수 있다.

근 백오십 년 혹은 100년 동안 유학은 제4의 시기를 경험하면서 상당히 달라지고 있다. 물론, 제3시기의 끝 무렵부터, 유학이 새로운 문명의 전환을 준비해 온 것을 무시할 수는 없다. 제3시기의 끝 무렵에 해당하는 16~18세기의 명말 청초, 우리나라로 보면 조선 말기, 소위 '실학'이라고 불리는 유학 내부의 개혁 운동, 유학 내부의 확장 변화의 움직임이 활발히 일어났다.

그러나 그들의 개혁의 몸부림은 근대 세계를 포괄적으로 이해할 수 있는 기반을 가지고 있지 않았다. 산업화된 근대가 그렇게 강력한 힘으로 성장해서 전 세계를 석권할 것이라고 예상하지 못한 것이다.

예상했다고 하더라도, 우리나라를 비롯한 동아시아 세계가 그것에 대해 포괄적인 대응을 할 만한 준비를 갖출 수 없었던 것이다. 그 결과 조선을 비롯한 아시아의 여러 국가들이 망국 내지 쇠퇴의 길로 나아갔던 것이다.

한편 유교의 종주국이라고 할 수 있는 중국은 반半 식민주의를 거쳐 사회주의로 나아갔고, 결국은 다시 시장 경제로 돌아서면서, 현재는 새로운 '총체적 실험'을 하고 있는 중이다. 그 결과를 예단하는 것은 아직 이르지만, 분명히 거대한 '문명의 전환' 양상을 보여주는 것은 사실 아닌가?

일본은 예외인데, 전격적인 유교 거부, 탈아입구脫亞入歐를 통해 서양 따라잡기에 노력했고, 상당한 성공을 거두었다는 것은 잘 알려진 일이다. 요즘에 와서는 한국이 일본보다 더 심한 탈아입구 혹은 탈아입미脫亞入美의 모습을 보여주고 있는데, 잘하고 있는 것인지 아니면 시대를 잘못 읽고 있는 것인지, 아직은 판단하기 어려운 실정이다.

근대 세계에서는 당연히 그 근대 세계를 만든 철학과 사상이 주류가 될 수밖에 없었던 것이다. 그리고 동아시아의 지식인은 서양에서 만들어진 그들의 근대를 배우고, 답습하고, 모방하고, 또는 반발하면서 수용하는데 급급했던 것이 사실이다. 제4시기는 그런 상실과 허무의 기조 위에서, 유학의 새로운 가능성을 탐색하는 과도기였다. 서양에서 도래한 근대를 받아들이면서 근대와 만나고 대결하는 준비의 시기였던 것이다. 그리고 그것은 한편으로 진행형이기도 하다.

그러나 최근 신자유주의적 자본주의의 위기와 더불어, 서구적 근대의 종언, 새로운 문명의 전환이 거의 분명한 하나의 현상으로 구체화되고 있다. 이런 현상은 사실 오래 전부터 서서히 진행되고 있던 것이라고 말할 수 있겠다. 자본주의 모순이 사회주의와의 대결에 가려져서 드러나지 않았을 뿐이고, 소련과 동유럽의 사회주의가 몰락하면서, 서양 근대가 본래적 속성으로서 지니고 있던 내재적 모순이 표면에 드러나게 된 것이라고 말할 수 있다.

그와 더불어 동아시아, 특히 중국의 부상으로 유교적 기반에서 성장한 사람들은 경제적 자신감을 회복하고, 그 바탕 위에서 학문적 자신감, 철학적 자신감까지 서서히 회복하고 있다. 그것이 오늘 우리가 맞이하는 동아시아 시대의 도래라는 현상이다.

오늘날 '문명 전환'의 '기미조차' 느끼지 못하는 사람이 있을까? 그것이 구체적으로 어떤 식으로 현실이 될지 명확하게 예상하는 것은 어렵지만, 동아시아의 시대가 다가오는 것을 부정할 수 있는 사람이 있을까?

사상이나 철학 혹은 종교는 그 뿌리에 시대의 문제에 대한 도전, 시대의 현상에 대한 진단을 담고 있다. 그런 의미에서 사상은 시대의 흐름을 살펴볼 수 있는 거울이다. 우리가 철학이나 사상 혹은 종교를 공부해야 하는 이유가 바로 거기에 있다. 종교를 특히 단순히 맹목적 믿음과 동일시하는 것은 아주 낮은 수준의 종교 인식 때문이다. 더구나 한국에서 힘을 발휘하고 있는 개신교의 기복적 신앙이 너무나 깊게 뿌리내리고 있기 때문이다.

제4시기의 유학은 당연히 제3시기의 유학과 완전히 달라져 있다. 근대, 현대, 산업 사회의 장점과 모순과 병리 현상을 속속들이 이해하는 바탕 위에서 전통적 가치, 과거의 지혜를 결합하는 새로운 사상 실험이 진행되고 있다는 것이다. 거기에다 중국의 부상으로 중국의 현대 사상가들은 제5시기의 노력을 기울이고 있다.

그러나 유학의 제5시기의 발전은 한편으로는 고무되는 면이 없지 않지만, 다른 한편으로는 새로운 대제국으로 부상하는 중국 옆에 살고 있는 우리 한국인으로서는 우려스러운 현상이 아닐 수 없다. 지금 당장은 그런 염려가 기우일 수 있겠지만, 제5시기의 유학이 장기적으로는 우리에게 불안한 그림자를 드리우는 현상이 되지 않을까?

그것을 나는 심각하게 우려한다. 오랫동안 자존심이 상해 있던 중국이 새로운 세계 제국, 미래의 새로운 강자로 부각하면서, 자칫, 근현대에 서구의 자본주의적 제국주의가 행했던 나쁜 행태를 반복하는 것은 아닌지? 그런 행태를 옹호하고 합리화하는 방향으로 중국의 사상 전통을 오용하거나 악용하는 것은 아닌지? 심히 우려가 된다.

서양의 주요한 근대 철학자들이, 자기들도 모르는 사이에 제국주의를 합리화하는 이론을 제공하고, 제국주의의 이론적 무기로서 사상을 전개했다는 사실을 아는 사람은 다 알지 않은가? 사실 근대의 자본주의 이론, 근대의 시민 사회 이론, 근대의 인권 개념, 근대의 민주 이론이 전부 서구적 제국주의 이론과 표리를 이루고 있다는 사실은 서양사나 서양 철학 공부를 조금만 더 깊이 비판적으로 해 보면 다 알 수 있다.

그래서 나는 제5시기의 유학, 그것은 제4시기의 유학과 동시에 나아가는 경향이 있지만, 제5시기의 유학을 '신공자주의'라고 부를 수 있다고 생각한다. 그리고 그런 새로운 유교 해석은 순수한 학술적인 측면보다는 현대 중국의 이념적 공백을 메우고자 하는 이데올로기적 성격이 강한 하나의 운동이라고 볼 수 있다.

그런 '신공자주의'는 제1시기의 원본 유학을 바탕으로 제2시기에 확대되기 시작한 제국의 국가 종교로서의 유교를 배경으로 제3시기의 사변적 이론적 치밀성을 활용하면서, 나아가 근대 서구의 사상적 자원까지도 활용하면서, 더 나아가 자본주의는 물론 사회주의의 경험까지도 활용하면서, 더구나 서구의 나쁜 행태를 비판하거나 심지어 음으로 양으로 배우기까지 하면서, 그 이전과는 전혀 다른 새로운 성격을 가지는 새로운 유학으로 환골탈태할 수도 있다.

그리고 그 유학은 중국의 경제적 자신감, 문화적 자부심과 결합하고, 현재와 미래의 중국 대국화(제국화) 전략의 일부로서 전개될 수 있을 것이라고 생각한다. 마침내 중국은 공자주의 이데올로기를 내세우는 새로운 제국이 된다? 그런 전망이 비디오처럼 그려지는 게 두렵다는 것이다.

우리 바로 코앞에서 새로운 세계 제국이 탄생하고 있다는 것, 대단히 무서운 현실이 아닐까? 리오리엔트(Re-Orient)라는 희망적인 전망과 더불어, 새로운 21~22세기의 중화 제국의 재등장, 그리고 그 제국이 유교를 표면에 내세우는 '신중화주의' 혹은 '신공자주의'를 표방하고 있다는 것,

대단히 무서운 현상이라고 생각된다. 리오리엔트라는 시대 조류를 반기면서도, 마냥 낙관적으로만 볼 수 없는 이유가 그 때문이다.

그리고 미래의 '신공자주의' 유학은 ⒜ 국가 종교로서 유학 ⒝ 수양론으로서 유학 ⒞ 민중의 에토스로서의 유학을 다 포괄하는 것이 될 것이다. ⒜를 직접 표방하기는 쉽지 않겠지만, 최근 중국의 지도자들이 내세우는 국가 전략은 분명하게 ⒜의 색깔을 가지고 있다. 더구나 학계에서, 민간에서, 유학의 정치화를 주장하는 사람들이 관심의 표적이 되는 것도 사실이다. 그 대표적인 인물로 장경將慶이라는 민간 학자를 꼽을 수 있을 것이다.

장경이 주장하는 정치 유학의 구도 안에서 철학적 이론적 성향이 강한 심성 유학이 적극적인 검토의 대상이 되고, 그것을 민중적 교양으로 보급하는 유학의 대중화, 이데올로기화가 진행되고 있다.

## 6. 유학은 철학인가 종교인가? 아니면 '다른' 무엇인가?

이 주제는 내가 평생 화두로 삼아 온 것이지만, 이야기가 너무 길어지는 두려움이 있기 때문에, 자세한 논의는 다음 기회로 미루고, 여기서는 결론만을 언급해보겠다. 나는 유학을 전형적인 종교 현상으로서, 나아가 유학의 사상적 전통을 전형적인 종교 사상으로서 연구하는 입장을 가지고 있다.

사실 유학(유교)가 철학인가 종교인가, 아니면 다른 무엇인가? 하는 물음 자체가 잘못된 물음이다. 역사적으로 어느 시기에, 특히 근대의 서양 문명을 도입하는 시기에 인위적으로 급조된, 그것도 왜곡된 전통 해석의 과정에서 만들어진 잘못된 문제이다.

유학을 규정하기 위해 제안된 철학 혹은 종교라는 개념 자체가 사실 오랜 기간에 걸친 배경사를 가지고 있다. 그리고 그런 개념들이 동아시아로 수용될 때 또 한 번의 거대한 변용과 왜곡을 경험한다.

그런 개념들이 동아시아에 소개되던 20세기 초기 무렵, 철학은 과학과 함께 주로 시대의 진보성을 대표하는 긍정적인 의미를 가진 말로 소개되었고, 종교宗教는 미신迷信처럼 낙후되고 낡은 과거의 인류 정신을 대표하는 것이라는 식의 부정적인 뉘앙스를 가진 말로 소개되었던 것이다.

그렇기 때문에 전통 사상을 연구하던 사람들은 부정적인 함의를 가지고 소개된 종교라는 말보다는 긍정적인 의미를 가진 철학이라는 말을 가지고 유교(유학)을 설명하려고 했던 것이고, 그런 관행이 무반성적으로 전승된 것이다.

게다가 유교는 종교를 가리키는 반면, 유학은 철학이나 사상을 가리키는 말이라는 식으로 개념의 분화가 발생한 것이기도 하다. 그런 점에서 보자면, 유교(유학)를 철학이라고 볼 것인가, 아니면 종교라고 볼 것인가, 그런 문제 설정 자체가 잘못된 것이라고 말할 수 있다는 것이다.

따라서 다음 세대의 유교 연구자는 그런 외래적인 도구 개념에 사로잡히지 않으면서, 다시 말해, 유교의 철학적 개념 분석에만 몰두하거나, 유학의 어느 일면을 강조하는 외골수 연구를 벗어나서, 더 나아가 외국의 철학이나 사상에서 빌려온 생경한 도구 개념들을 마구 사용하지 않도록 신중한 주의를 기울이면서, 종합적 총체적으로 유교를 연구하는 시야의 확대를 지향해야 할 것이라고 생각한다.

그렇지 않고, 지금까지의 관행을 그냥 답습하여 유교 혹은 유학은 철학이기 때문에 철학적 개념 분석에 몰두해야 한다는 식으로는 유교의 총체를 해석하는 능력을 확보하기 어려울 수 있다.

유교를 총체적으로 이해하기 위해서는 유교의 역사적 발전, 사회 안에서 유교의 존재 방식, 나아가 유교의 사상적, 윤리적, 의례적, 신앙적, 정치적, 교육적, 경제적 여러 측면을 포괄적으로 연구하려는 다각적인 접근 방법을 수용하는 전체론적 시각을 가져야 할 필요가 있다고 생각한다.

# 유교, 쟁탈의 해소와 예방으로 가는 장정長程

이봉규(인하대학교 교수)

## 1. 머리말

본 발표문에서는 주최 측에서 제시한 요청 사항에 따라 먼저 유학의 정체성과 관련하여 필자의 생각을 정리하고, 연구사와 관련해서 나의 연구가 어디에 자리하고 있는지 되짚어 보고, 마지막으로 향후 연구를 더 진전시켜나갈 내용들에 대하여 간략히 소개하였다. 세부적으로는 다음과 같다. 유교의 정체성과 관련해서는, 사회적 쟁탈을 해소하는 방안으로 인륜의 개념을 재조명하는 필자의 생각을 간략히 소개하였다.

연구사와 연구 방향과 관련해서는 먼저 실학 연구의 변화 과정을 간단히 살펴보면서 필자가 생각을 지금까지 발표해왔던 내용을 중심으로 역시 간략히 소개하였다. 그리고 조선시대 유교를 동아시아 유교사의 맥락에서 연구할 필요성에 대해 필자의 연구를 되돌아보면서 생각해보았다.

본 발표를 통해 유교를 연구하는 필자 자신의 연구 관점과 주요 내용을 우리 학계의 연구사와 관련해서 되돌아보게 되는 계기가 되었다. 필자의 성긴 연구 내용을 드러내놓고 조언을 들을 수 있게 해준 주최 측에 깊이 감사드린다.

## 2. 인륜과 예禮: 쟁탈의 해소를 위한 유교의 대안

동아시아 역사에서 보면, 유교는 사상과 제도를 수립하여 실행하였던 사회운동이요, 일상에서 개인의 일거수일투족을 구성하고, 각양의 집단에서 공유하며 형성한 구체적 생활 양식이자 문화 양식이었다. 유교는 집단을 관리하고 운영하는 방략과 더불어 자연과 사회를 포괄하는 다양한 지식을 산출하고 축적하고 변화시켜왔다.

유교의 다양한 내용은 동아시아 역사와 문화 전체에 모든 곳에 녹아 있다. 그러한 유교의 정체성을 어떻게 설명할 수 있을까? 필자는 이 큰 주제와 관련해서 "유교란 대체 무엇인가?"라고 물으면서, 직접 심부를 찾아 적출하는 연구 대신, 질문을 이렇게 우회하였다.

동아시아에서 인류는 쟁탈을 어떻게 대처해왔는가? 유교는 쟁탈을 대처하는 어떤 방안을 산출하고 실행하였던가? 그 효능과 결과를 어떻게 평가할 수 있을까? 과연 인류에게 쟁탈을 해소하는 미래의 양식으로서 의미가 있는가? 이러한 질문들은 모두 쟁탈을 해소하고 예방하는 방안에 초점을 두고 유교의 유의미성을 읽는, 유교를 우회적으로 다루는 방식이다. 이 관점은 박사과정 이래 현재까지 필자가 유교에 접근하는 기본 방향이다.

혈연과 신분은 동아시아 사회에서 사회의 각 집단을 조직하는 양대 토대였다. 혈연은 생물학적 발생 관계에서 성립하는 자연적 사실로서 주어진다. 물론 군신君臣 관계를 부자父子 관계에 비의하는 경우처럼, 혈연에는 상징 차원에서 성립하는 상상의 관념도 포함되어 있다. 그러나 군신 관계가 문제가 될 경우, 군신은 천속天屬이 아닌 의합義合으로 구별된다.

반면, 신분에는 자연적 사실과 더불어, 사회적이고 작위적인 규정이 함께 포함되어 있다. 사회적 지위와 역할로 부여한 존비상하尊卑上下는 상황에 따라 또는 처신에 따라 변동되는 작위적 기준이다.

반면 부자, 형제, 장유長幼처럼 출생을 통해 자연적으로 결정되는 선후先後는 변동되지 않는 부분이다. 여기에 지식과 기술의 역량, 곧 덕 개념으로 표상되는 현능賢能의 우열은 교육과 수행을 통해 성취되는 개인적 측면이 강한 기준이다. 이들 치齒, 위位, 덕德의 세 요소가 신분의 개념을 성립시키는 기준이 된다.

필자는 유교의 주요 덕목들이 혈연과 신분이라는 두 사회적 관계에 대한 성찰에 기초해서 산출되었던 측면에, 그리고 그 성찰이 유자로 통칭되는 집단을 중심으로 춘추전국 시대 군현제 체제로 변해가는 사회적 변동에 맞서 사회적 쟁탈을 완화하고 해소하는 방안을 수립하여 실행하는 운동 속에서 성숙해갔던 측면에 주목하였다.

특히 공맹 노선의 유자들이 혈연과 신분의 관계 속에서 발휘하는 〈효孝－친친親親－친애親愛〉와 〈제弟－존존尊尊 / 존현尊賢－공경恭敬〉의 인륜 의식을 인간의 종차적 특질로 설정하고, 이들 관계의식을 충분히 발휘하는 것을 인간다움[爲人]을 실현하는 근본으로, 그리고 신身, 가家, 향鄕, 국國 등 삶의 모든 단위가 존립하는 근본적 이유로 정당화하였던 것에 주목하였다.

그러한 정당화는 모두 쟁탈을 해소하고 예방하는 최선의 방안을 수립하는 것과 관련된 것이었다. 따라서 필자는 이 두 인륜 의식을 동아시아 역사 과정에서 도덕의 층위를 넘어서 사회를 구성하는 원리로 역할하였던 맥락에서 재조명하였다.

효孝는 문식이나 격식을 줄여서 상대와의 거리를 없애는 것에 초점이 있다면, 제弟는 문식을 통해 상대와 일정하게 거리를 두는 것에 중점이 있다. 전자는 화합하는 것에 중점이 있다면, 후자는 차이를 두는 것에 중점이 있다. 인륜은 곧 적절한 차이가 수반되는 화합을 지속적으로 견지하게 해주는 방법이다.

인륜을 적절히 그리고 충분하게 실행하는 장치가 예악禮樂, 줄이면 예禮이다. 따라서 필자는 동아시아의 예禮가 의례儀禮(ritual)일 뿐 아니라 법의 상위에서 법의 강제성을 해소하고 법의 성립을 근거 지워주는 규범規範(norm)으로 작동하였고, 두 의식은 모든 규범을 구성하는 원리이자 토대로 작동하였던 점을 재조명하였다.

효孝와 제弟가 사회 구성에서 기본 원리로서 작동할 때, 두 요소는 상보적 기능을 하면서도, 때로는 모순을 일으킨다. 거리 또는 차이를 없애는 것[孝]과 반대로 상하와 선후 등 차이를 두는 것[弟] 사이에 존재하는 상반된 방향 때문이다. 인륜은 이 두 요소를 함께 반영하면서 성립한다.

보통은 '효孝 – 친애親愛 – 화和'를 실현하고 견지하기 위하여 '제弟 – 공경恭敬 – 절節'이 그 정도를 적절히 조절하는 수단으로 서로 상보적으로 결합하지만, 때로는 두 요소를 함께 적용할 때 우선성을 어느 쪽에 둘 것인가를 두고 문제가 발생한다.

이를테면 혈연이 우선하는 가家와 신분이 우선하는 국國이라는 수행 공간의 차이뿐 아니라 수행자 자신의 성격이 신분 변동으로 인해 상황에 따라 달라질 때 발생하였다. 그리고 그 적용의 우선성을 두고 유자儒者 측과 군주 측 사이에 상반된 정치적 관점이 서로 경쟁하였다.

유자 측에서는 군주를 비롯하여 위정자가 권력을 사적으로 행사하는 것을 저지시키고, 보민保民, 안민安民을 실현하는 방향에서 국정을 운영하도록 유도하였다. 반면, 군주 측에서는 신민臣民에 대한 통치권을 강화하여 부국과 강병强兵을 실현하는 방향에서 국정 운영의 효율성을 높이고자 하였다. 동아시아 역사에서 내내 산출된 예제禮制와 예서禮書, 그리고 예송禮訟은 인륜에 기반한 삶의 양식과 사회적 수행 모델을 가家와 국國의 양 차원에서 수립하고 실험하였던 유산들이다.

1993년 발표한 「규범의 근거로서 혈연적 연대와, 신분의 구분에 대한 고대유가古代儒家의 인식」에서 필자는 선진 문헌들에서 효와 제가 규범으로 반영될 때 우선성을 두고 모순을 일으키는 측면을 재조명하였다. 이후 조선 후기 추숭과 복제를 두고 발생한 예송들에서 제기된 쟁점들을 재조명하였다. 필자는 인륜의 우선성을 두고 정치적으로 상이한 입장이 경쟁해왔던 유교사의 관점에서 군주 측과 유자 측이 정당화했던 맥락을 재조명하였다.

곧 유자 측과 군주 측의 상이한 정치적 관점이 경쟁하여 조선뿐만 아니라 중국에서도 반복해서 발생하였던 것으로, 인륜 내부에 상호 충돌하는 근본적 요소가 정치론과 결합하여 발생한 것으로 재조명하였다.[1] 조선의 예송은 조선을 파국으로 몰아간 당쟁의 측면에서 분석되어 왔었다. 특히 식민사관을 정당화하는 연구들에서는 예송을 사대부 집단이 정파의 사적 이익 추구에 매몰되면서 나타났던, 조선 정치의 비효율성을 전형적으로 보여준 사례로 분석해왔다.

---

1 이봉규, 「丁若鏞의 17세기 禮訟에 대한 이해와 禮訟의 철학적 쟁점: 『正體傳重辨』을 중심으로」, 『孔子學』 2, 한국공자학회, 1996; 「예송의 철학적 분석에 대한 재검토」, 『大東文化研究』 31, 성균관대학교 대동문화연구원, 1996; 「金長生 · 金集의 禮學과 元宗追崇論爭의 철학사적 의미」, 『韓國思想史學』 11, 한국사상사학회, 1998; 「王權에 대한 禮治의 문제의식: 宗法과 君子 개념을 중심으로」, 『철학』 72, 한국철학회, 2002.

필자는 동아시아에서 발생하였던 여러 차례의 예송은 인륜의 충분한 수행을 인간다움을 실현하는 정치의 핵심적 의미로 세웠던 유교의 동기와 역사적 운동, 곧 쟁탈성을 해소하고 예방하는 방안을 수립하여 수행하였던 장정長程에서 그 의미를 이해할 필요가 있다고 생각한다.

필자는 그 장정이 안민安民의 방향에서 추구되었던 내용들로 충만해 있다는 점에서 유교의 인류사적 보편성을 읽을 수 있고, 예송 역시 그 사례의 하나로 생각한다.

필자는 2013년 덕치德治의 토대로서 인륜이 정당화되는 맥락에 대하여 다시 생각해보았다.[2] 덕은 자발적 호응을 유도하고 또 일어난 쟁탈을 해소해주기 위해 유교가 찾아낸 처방책이다. 효孝와 제弟는 그 덕의 핵심적 구성 성분이다.

효-측은지심惻隱之心에 대한 맹자의 성찰은 두 가지 방향에서 관찰된다. 하나는 '양지良知'의 개념처럼 인간에게 본래적으로 선험적으로 주어져 있는 선함의 보편적 역량으로 정당화하는 것이다. 리理 개념을 도입하여 성性으로 또는 본심本心으로 정당화한 이학理學과 마찬가지로, 맹자의 이 성찰은 논증이 안 되는 부분이다.

필자는 효-측은지심 자체는 선함과 상관없이 맹목적인 것이 될 수 있고, 오직 쟁탈을 해소하거나 예방하기 위해 사용될 때 선함이라는 유의미성을 발휘할 수 있다고 생각한다.

그런 점에서 유교의 인륜은 본래적 가치가 아닌 수단적 가치라고 생각한다. 맹자가 제기하는 효-측은지심에 대한 또 하나의 성찰은 그 역량이 외부적 조건에 상관없이 수행자 자신의 확충擴充, 집의集義하는 노

2 이봉규, 「인륜: 쟁탈성 해소를 위한 유교적 구성」, 『태동고전연구』 31, 한림대 태동고전연구소, 2013.

력을 통해서만 증대될 수 있고 성숙 될 수 있다는 것이다.

인륜의 덕德은 외부로부터 주입할 수 있는 주사약이 아니다. 그것은 부단한 일용日用 속에서 함양涵養될 때 호연浩然한 기상氣象으로 발휘되는 역량이다. 필자는 바로 이 역량을 충분히 발휘하여 쟁탈성을 해소하고 예방하는 방안을 수립하고 수행하고 개보改補해왔던 점에서, 공맹 노선의 역사적 유산들은 쟁탈을 해소하기 위한 인류사의 장정을 이끄는 미래의 중요한 양식이 되며, 그 활용책의 수립이 우리 연구자의 과제라고 생각한다.

## 3. 실학實學 연구의 계승과 심화

'실학'을 학술 사조를 지칭하는 개념으로 정립하여, 근세 유교의 학술 사조를 '이학理學'과 더불어 '실학實學'이라는 양대 학술 사조로 연구하는 시야를 연 것은 일제 강점기 한국 학자들이었다. 최익한崔益翰의 『실학파와 정다산』(1955, 평양: 국립출판사)은 학파로서 실학의 학문적 체계를 갖춘 첫 결실로, 남북한 학계의 실학 연구에 깊은 영향을 주었다.

이후 실학을 학술 사조를 지칭하는 개념으로 사용하여 근세 유교를 재조명하는 연구는 동아시아 학계에 공감을 불러일으켜 『근세 초기 실학사상의 연구近世初期實學思想の研究』(源了圓, 東京: 創文社, 1980), 『명청실학사조사明清實學思潮史』(陳鼓應 · 辛冠潔 · 葛榮晉 共編, 濟南: 齊魯書社, 1989)의 연구로 이어졌고, 1990년부터 한국실학학회의 주도로 동아시아 연구자들이 함께 참여하는 국제 학술회의를 정기적으로 개최하여 공동 연구하는 형태로 발전해왔다.

2015년 한 · 중 · 일 실학 연구자들은 공동으로 『동아시아 실학사상가 99인』을 간행하였다. 이로써 근세 동아시아 사상사에서 학술 사조로서 실학의 범주에 포섭되는 최소한의 공통분모가 동아시아 차원에서 협력적으로 세워졌다. 한국학자들에 의해 시작된 실학의 연구가 동아시아 연구자들이 공동으로 개념을 성숙시켜가는 단계에 이른 것이다.[3]

일제 강점기 학술 사조로서의 실학 개념이 처음 정립될 때, 한국학자들은 국권 회복과 근대 국가체제의 구축이라는 시대적 의식 속에서 사회운동과 결합하여 조선 후기 학술 사조의 전개를 연구하였다. 그 결과 한국의 정체성을 드러내는 민족주의적 시야와 근대로 전환하거나 발전해 가는 과정에서 근세 역사를 이해하는 근대 이행론의 시야로부터 실학 개념이 정립되었다.

이러한 시야는 19세기 후반기 이후 동아시아 사회가 근대 국민국가 체제의 구축에 몰두하였던 환경에서 한국학자뿐 아니라 당시 동아시아 지식인들이 근세 유교를 연구할 때 공유하였던 공통의 시야였다.

근대 이행의 시야에서 근세 유교, 특히 실학을 연구하면서, 동아시아 학자들은 '과학', '합리'에 부합하거나 가까운 요소들을 실학자들의 유산들로부터 발굴하여 읽어냈고, 부국富國, 부국강병의 관점에서 그 의미를 부여하였다. 그렇지 못한 것은 곧 유교의 한계처로 평가되었다.

이러한 시야는 메이지유신明治維新 시기 일본의 관변학자들이 부국강병의 시야에서 유교와 일본의 근세 유교를 재조명하고 활용한 것이 한 기원이었고, 독자적인 근대국민국가 체제를 구축하려는 동아시아 각 지역의 정치적 의지와 맞물려 추동되었다.[4]

---

3 이봉규, 「실학 연구 회고와 전망: 90년대 이후의 변화를 중심으로」, 『한국학연구』 47, 인하대 한국학연구소, 2017.

4 이혜경, 「양명학과 근대일본의 권위주의: 井上哲次郎과 高瀨武次郎을 중심으로」, 『철학사상』 33, 서울대학교 철학사상연구소, 2008; 中村春作, 「동아시아 傳統知의 구조와 근대적 전

그 결과 이학理學은 윤리와 도덕에 치중한, 전근대의 전제적專制的 체제를 보수적으로 지탱하는 사조로, 반대로 실학은 과학과 경세를 위주로 유교적 틀에서 벗어나 부국강병을 추구하는 사조로 그 의미가 상반되게 부각되었다.

17~19세기 실학으로 분류되는 동아시아 각국의 논의를 살펴보면, 이학의 심법心法이 사공事功의 성취로 나아가지 못하는 것에 대하여 되돌아보면서 유교의 본지本旨를 재성찰하는 흐름이 공통으로 발견된다. 그러나 그 재성찰의 방식과 대안은 지역적 또는 시기적 환경에 따라 일정하지 않다.

17세기 일본의 고학파古學派 계열은 맹자에 기반하여 유교의 본지를 수립하고 수행하였던 전통에 대하여 전면적으로 비판하고 『관자』와 『노자』 등 제자諸子의 형명법술刑名法術을 적극 활용하는 개혁안을 제시하였다.

곧 유교의 본지를 예악형정禮樂刑政의 제도를 통해 안민安民을 실현하는 것에 있다고 해석하였는데, 이때 안민은 『관자』처럼 부국을 위한 수단으로 간주하는 것이었다. 반면 조선 후기 실학자들은 『맹자』에 의거하여 개혁론을 제시하였고, 부국은 안민의 수단으로 간주하는 입장이었다.[5]

예컨대, 정약용은 『논어고금주論語古今註』나 『맹자요의孟子要義』에서 『상서고훈尙書古訓』에 이르기까지 폭넓은 경학 연구를 통해 자신의 경세

---

환: 근대일본의 學知와 유교의 재편-근대 '知'로서의 '哲學史' 성립」, 『史林』 32, 수선사학회, 2009; 이봉규, 「實學의 유교사적 맥락과 유교 연구 탐색」, 189~196쪽, 『泰東古典研究』 35, 한림대 태공고전연구소, 2015.

5 이봉규, 「실학의 국가론: 정약용과 오규 소라이의 경우」, 『한국과 베트남 유학의 정치철학』(제2회 한국-베트남 국제학술회의 발표논문집), 다산학술문화재단 & 베트남사회과학한림원 철학원 공동 주최, 세종문화회관, 2017.

론에 이론적 근거를 마련하였는데, 기본적으로 공맹 노선에 입각하였다.

세부적으로 입현공치立賢共治, 곧 재상을 등용하여 군주가 이 재상을 앞세워 관료들과 정사를 함께 운영하는 구조로 국정의 체제를 새롭게 제시하였고, 그 과정에서 군주의 역할을 적극적으로 제고시키는 방안을 함께 제시하였다.[6]

그러나 부국론의 관점으로 실학을 연구하는 입장에서는 황극군주론皇極君主論과 같은 후자의 측면을 중심으로 정약용의 의도를 읽었다. 곧 정약용의 개혁론을 강력한 왕정을 구축하여 부국강병을 이룩하려는 구조로 설명하였다.

대신 정약용이 안민의 수단으로 부국을 배치하고 왕권의 전제적 국정 운영과 자의적 권력 행사를 비판하고 방지하려고 하였던 측면은 상대적으로 소략하게 다루어졌다. 이러한 관점은 일제 강점기 실학 연구에서부터 2000년대 이후 실학자들의 경학과 예학에 대한 연구가 확대되기 전까지 주요한 흐름을 형성해왔다.[7]

유형원과 이익을 비롯하여 조선 후기의 실학자들은 한결같이 유교의 본지를 재성찰할 때 『맹자』를 한 기반으로 삼았다. 『맹자』와 『관자』 사이에는 국정의 운영과 관련해서 부국을 안민의 수단으로 삼는 입장과 안민을 부국의 수단으로 삼는 입장의 상반된 차이가 존재한다. 이학과 마찬가지로 실학 역시 조선에서는 부국을 수단으로 삼아 안민의 경세를 성취

6 이봉규, 「경학적 맥락에서 본 다산의 정치론」, 송재소 외, 『다산 정약용 연구』, 서울: 사람과무늬, 2012.

7 이봉규, 「명청교체기 사상변동으로부터 본 다산학의 성격」, 『다산학』 25, 다산학술문화재단, 2014; 「실학 연구 회고와 전망: 90년대 이후의 변화를 중심으로」, 『한국학연구』 47, 인하대 한국학연구소, 2017.

하는 방향에서 전개되었다.

따라서 이학과 실학의 관계에 대하여 좁게는 주자학과 반주자학, 넓게는 유교와 탈유교, 전근대와 근대 지향 등의 상반된 관점으로 대비시키는 연구 방식보다, 동일한 안민론의 관점에서 이학의 한계에 대한 비판과 대안을 수립하였던 맥락과 내용을 밝히고, 그 유의미성을 인류사적 견지에서 설명할 필요가 있다.

실학 연구는 경세론에 대한 연구가 주도해왔지만, 80년대 이후 경학에 대한 연구로 확대되고, 90년대 중반 이후로 예학에 대한 연구로 확대되어 왔다. 이를 통해 실학의 개혁론이 인륜에 기반하여 인간과 사회를 이해하고, 인륜을 보다 잘 수행할 수 있는 안민安民의 체제를 재정립하기 위하여 경학과 경세에 대한 새로운 대안들을 제시한 측면들이 조금씩 재조명되고 있다.[8] 따라서 근대론의 시야에서 벗어나 동아시아 유교사의 관점에서 동아시아 각 지역에서 전개된 실학을 비교사적으로 재조명하는 방향의 연구로 시야가 전환되고 확대되었다.

2000년대 이후 실학자들의 예학에 대한 연구가 활발해지면서, 가례, 향례, 국례 각 영역에서 실학자들이 추구하였던 인륜 사회의 특징들이 드러나고 있다. 유형원은 인재의 선발 과정 등 국정의 인재 운용에서는 적서의 차별을 없애고 능력을 중시하면서도 가家와 향鄕에서는 적서의 구분을 통해 분쟁을 방지하는 방향으로 예악형정禮樂刑政의 제도를 제시하였다. 이러한 관점은 조선 후기 실학자들에게 일관되었다.

이익은 제후와 대부의 수준에서 수행하도록 설계된 『가례』를 사서士庶의 수준에서 수행할 수 있도록 간소화한 대안을 제시하였다. 이병휴 등

---

8 이봉규, 「실학과 예학: 연구사에 대한 회고와 전망」, 『韓國實學思想硏究 1』(哲學 · 歷史學篇), 연세대학교 국학연구원 편, 혜안, 2006.

제자들에 의해 『성호예식星湖禮式』으로 편성되어 활용되었다.[9]

정약용은 예학에 대한 경학적 연구를 거쳐 『가례』를 대신하는 가례의 새로운 기준과 의절을 『사례가식四禮家式』으로 제시하였다. 서유구는 이이와 김장생 등 조선에서 계속 수립되어 수행하였던 의절을 활용하여 상제례에 대한 의절을 새로 제정한 것을 『향례지鄕禮志』로 편성하였다.

나아가 가례家禮를 장기 지속적으로 운용하면서 세대를 전승할 수 있는 가정 경제의 방략을 『예규지倪圭志』로 제시하였다. 이로써 인륜을 수행하는 가례의 의절과 더불어 그 의절을 지속적으로 수행하기 위한 재정의 안정적 확보를 위한 가정家政의 체제가 갖추어지게 되었다. 곧 송원대宋元代에 가례가 『가례家禮』라는 의절로서 수립된 이후 19세기 전반기 조선의 실학에 이르러 가례와 가정이 함께 갖추어지는 수준으로 성숙하였다.

예학과 관련한 조선 후기 실학의 성과들은, 이학이 수립하였던 예제禮制 사회의 모델을 사회 전반에서 실현할 수 있는 방향으로 이론과 제도 양 측면에서 실학이 발전시켜갔음을 보여준다. 따라서 실학을 이학과 관련하여 유교사의 발전 과정으로 재조명하는 연구 시야가 심화되어야 하고, 인륜에 기반한 실학의 성과들을 인류사의 차원에서 설명하는 시야가 수립될 필요가 있다.

---

9 이봉규, 「유교적 질서의 재생산으로서 실학: 반계와 성호의 경우」, 『철학』 65, 한국철학회, 2000.

## 4. 동아시아 유교사에서 본 조선 유교

조선시대 유교는 동아시아 유교사에서 보면 수용과 변용, 매개와 발신, 수렴과 성숙 등 여러 특색을 복합적으로 보여준다. 여말선초 이학理學의 수용과 활용은 학문적 연구의 수준에서 더 나아가 정치 체제를 이학의 이념에 기반한 체제로 변혁하고 계속 보정하는 체제 변혁의 수준으로 발전해갔다.

예컨대 조선 정부는 국정 운영 체제와 및 교육제도의 구축과 운영에서 모두 이학의 이념과 성과를 토대로 삼았다. 조선시대 내내 지속된 『경국대전』과 『국조오례의』의 편찬과 보정 과정에서 정주를 비롯한 이학자들의 견해와 『가례』를 준거로 활용하였다.[10]

이황은 『송계원명이학통록』을 통해 『이락연원록』을 계승하여 송 이후 이학의 전통을 정주 계열을 중심으로 수렴하였고, 『연평답문』의 중간을 통해 일본에 이학을 전승시켰다. 이황이 수렴한 이학의 핵심적 견지는 인륜의 수행에서 수렴과 성찰을 중시하고, 본심의 각오覺悟를 매개로 즉각적 실천을 중시하는 방식을 경계하는 것이었다.

주희가 『연평답문』을 통해 정리하고 제시한 수행의 방식에 기초하여 이황이 정립한 이학의 수행론은 이후 조선의 학자들에게 공유되고 발전되었을 뿐 아니라, 후지와라 세이카藤原惺窩과 하야시 라잔林羅山 등을 통해 일본의 근세 유학자들에게 수행의 방식으로 활용되었다.

또한 이상정의 『연평답문속록』은 주희의 『연평답문』이 『연평답문후록延平答問後錄』(편자 미상), 『연평답문보록延平答問補錄』(周木 編, 李習 重刊

10 이봉규, 「상례 쟁점을 통해 본 『국조상례보편』의 지향: 「고금상례이동의」와 『국조상례보편』의 관련 양상을 중심으로」, 『동양철학』 36, 한국동양철학회, 2011.

1513)으로 보완된 이후, 이들 보완을 모두 수렴하면서 다시 보완을 가한 것이다. 이것은 동아시아 유교사에서 조선의 유교가 수렴하고, 매개하고, 재발신하는 역할을 하였음을 보여준다.[11]

심법心法에 대한 이학의 논변은 조선시대 내내 사칠론四七論, 인심도심론人心道心論, 인물성론 등 주요한 쟁점을 중심으로 지속하였다. 조선 이학의 세 가지 주제에 대한 논변은 동아시아 다른 지역들에 비하여 응집되어있는 점에서 한 특징을 이루지만, 전체적으로 이학에서 인륜과 관련한 심성의 구조와 수행 방법을 리理 개념을 도입하여 설명해간 동아시아 유교사의 전개 과정의 한 부분이다.

전체적으로 보면, 15~16세기 양명학 계열에 이르러 주자학 계열에서 성性으로서의 리에 부여하였던 '주재主宰' 개념을 심心에 부여하고, 다시 리를 '주재'가 아닌 '조리條理'의 의미만을 가지는 것으로 수정하는 견해들이 나왔다.

그리고 17세기 이후 리의 범주적 위상을 '총명總名'으로 또는 '의뢰자依賴者'로 격하시키고, 아울러 체와 용의 관계 속에서 '체體' '형이상자形而上者' 또는 '도道', '소이所以' 등으로 의미를 부여하였던 체용론體用論의 논리 자체를 폐기하는 견해들이 실학 속에서 나왔다. 17세기 이후 리 개념이 폐기되는 과정에는 『천주실의』를 통해 마테오 리치가 이학의 리 개념을 비판하였던 논리가 한 촉매가 되었다.

토미즘의 논리에 입각하여 리를 실체가 아닌 속성으로 의미범주를 격

---

11 김정신, 「16~17세기 조선 학계의 중국 사상사 이해와 중국 문헌: 『伊洛淵源錄新增』『皇明理學名臣言行錄』을 중심으로」, 『한국사상사학』 58, 한국사상사학회, 2018; 강경현, 「『王學辯集』의 구성과 의의: 양명학에 대한 18세기 崎門학파의 대응 양상과 퇴계의 위상」, 『일본사상』 32, 일본사상사학회, 2017; 이봉규, 「『延平答問』 논의를 통해 본 退溪學의 지평: 동아시아 유학사의 맥락과 연관하여」, 『동방학지』 144, 연세대학교 국학연구원, 2008.

하시킨 마테오 리치의 견해는 동아시아 지식인들에게 반향을 불러 일으켜, 일본에서는 하야시 라잔과 후칸사이 하비안不干齋巴鼻庵 사이의 논쟁으로 발현되었고, 중국에서는 반박하는 논의들이 계속 축적되어 17세기 중반 서창치徐昌治에 의해서 『성조파사집聖祖破邪集』으로 편찬되었다.

조선에서는 이익에서 시작된 논의가 안정복에 이르러 『천학문답天學問答』의 편찬으로 발전되었다. 한편 대진戴震과 정약용 등 일부 지식인들은 이학에서 벗어나서 인륜을 설명하는 새로운 논리를 세우면서 마테오 리치의 견해를 활용하였다.[12] 곧 리 개념은 동서 사상의 접변을 통해 변동을 겪었는데, 이러한 과정에 대한 유교사적 변동과 연관해서 조선 이학의 이론들을 성찰할 필요가 있다.

정약용의 경세론은 예주형보禮主刑補의 관점에서 정政을 교敎를 실현하는 수단으로 이해하는 점에서, 『맹자』 이래 유교 전통에 입각해 있다. 정약용은 정政을 생산과 분배에서 비례적 균평均平을 갖추는 형태로 양민養民을 실현하는 제도와 정책으로 정의한다. 그리고 이 양민의 조건이 갖추어져야 인륜의 교를 충분히 실현할 수 있다고 여긴다. 이 입장 역시 공맹이래 이학에 이르기까지 공유되는 입장이다.

다만 이학에서 군주와 집권자가 인륜을 솔선수범하여 그 덕교의 감화가 백성에게 자연스럽게 미치는 것을 중시하여 제시하였던 무위無爲의 위정론爲政論에 대하여, 정약용은 황로黃老 정치의 폐단이 깃들어 있어 사공事功을 성취하지 못하게 하는 있다고 비판하였다.

따라서 정약용은 『상서』 「고요모皐陶謨」의 지인知人과 안민安民을 유교의 본지로 삼아 16자 심법을 유교의 본지로 내세웠던 이학의 경학론을

---

12 이봉규, 「동서의 지적 交錯: 『천주실의』의 理 해석과 그 반향」, 『동방학지』 175, 연세대 국학연구원, 2016.

대체하는 새로운 경학론을 정립하고, 그러한 경학론에 바탕하여 사공의 방략을 일표이서一表二書 등 여러 저술로 제시하였다.[13]

『경세유표經世遺表』와 『목민심서牧民心書』에서 정약용은 모두 『주례』에 제시된 입현공치立賢共治 체제에 입각하여 새로운 청사진을 제시하였다. 『경세유표』에서는 한편으로 고적考績을 통해 군주가 정사에서 적극적으로 역할을 하게 유도하면서, 또 한편으로 삼공三公이 중심이 되어 관료들을 고적하고, 삼공이 군주를 교육하고 군주와 정사를 공치하는 체제로 편제하였다.[14]

정약용은 『주례』에 근거하여 호조戶曹에 육부六部와 육학六學을 설치치하고 인륜人倫의 교육을 담당하게 편제하였다. 후대에 호부戶部가 재정만 관장하면서 인륜의 도리가 어둡게 된 것에 대한 처방이었다. 이 제도는 정약용이 자신의 경세 제안 가운데 수정해서는 안 된다고 강조한한 부분이었다.[15]

지방 수령의 정치적 위상을 제후의 위상과 같이 여겼던 정약용은 『목민심서』를 통해 향약鄕約, 향음주례鄕飮酒禮, 향고례饗孤禮 등 예제를 수령이 실행하면서 교敎를 통해 정政을 통어하여 안민安民을 실현하게 편제하였다.[16]

정약용의 경세론은 『반계수록磻溪隨錄』과 『임관정요臨官政要』 등 조선

---

13 이봉규, 「사서四書 해석을 통해 본 정약용의 정치론政治論」, 『다산학』 7, 다산학술문화재단, 2005; 「다산의 정치론: 주자와의 거리」, 『다산학』 11, 다산학술문화재단, 2007.

14 이봉규, 「경학적 맥락에서 본 다산의 정치론」, 『다산 정약용 연구』, 송재소 외 공저, 서울: 성균관대 출판부, 2012; 「명청교체기 사상변동으로부터 본 다산학의 성격」, 『다산학』 25, 다산학술문화재단, 2014.

15 이봉규, 앞의 글(2007), 226쪽.

16 이봉규, 「조선후기 경세서의 예제와 그 성격: 『목민심서』를 중심으로」, 『태동고전연구』 41, 한림대 태동고전연구소, 2018.

의 성과뿐 아니라 동아시아 역사에서 있었던 경험과 성찰을 『주례』의 체제에 기반하여 근본적으로 재성찰하고 제시한 대안이었다. 존주尊周가 아닌 행왕行王이 필요한 시기라는 시대 인식을 가지고, 사공事功의 성취를 중시하는 시야에서 유교의 본지를 재정립하고 제시한 대안이었다.

정약용의 대안은 부국을 안민의 수단으로 여기면서 입현공치의 체제를 추구한다는 점에서 공맹에서 이학에 이르는 입장과 같지만, 새로운 경학론을 세운 점에서 이학과 다르고 또한 경학론이 부재한 황종희와 고염무 등 명청 유학자들의 경세론과 다른 것이었다.[17]

정약용의 경학과 경세서들은 동아시아 역사에 있었던 경험들을 수렴하여 이학의 유교론을 대체하는 새로운 유교론이자, 동아시아 유교사에서 최후에 도달한 성찰적 대안이었다. 이러한 특징들을 고려할 때, 정약용의 경세론에 대하여 인륜을 정치에서 분리해내는 작위적 왕정론으로, 또는 절대 왕정과 유사하게 군주의 주권을 강화하는 정치론으로 해석하여 근대로 나아가는 징후를 발견적으로 읽어내는 시야로부터 벗어나 동아시아 유교사의 맥락에서 그 의미를 재성찰 필요가 있다.

서유구는 『산림경제』와 『증보산림경제』의 경제론, 북학파의 견해 등 조선의 성과와 더불어 중국의 역대 가정家政 방략들을 수렴하여, 가례家禮의 새로운 체제와 더불어 가례를 세대를 이어 수행하며 공동체를 지속시킬 수 있는 가정의 체제를 『임원경제지林園經濟志』로 제시하였다.

가례 부분은 정약용과 달리 『가례』의 체제를 중시하면서도, 서유구 자신이 당시까지 다양하게 제시되었던 견해들을 수렴하고, 자신이 상제례喪祭禮의 의절을 직접 편제하여 제시한 것이었다. 가정은 서유구가 스스로 체제를 만들고 중국과 조선의 관련 자료들을 활용하여 새롭게 구성한

---

17 이봉규, 앞의 글(2014).

것이었다.

빈부貧富가 상자相資하는 가례공동체를 지속시킬 수 있는 형태로 재화를 운용하는 경제론으로 부국보다 민생 안정에 중점이 있었다.『농정전서農政全書』 등 이전의 동아시아 농서에서는 농사 기술과 농정農政 이외에 가례와 가정이 함께 체계를 이루어 편제된 적이 없었다.

『임원경제지』에 이르러 기술-농법, 문화-가례, 경제-가정의 세 요소가 모두 갖추어진 형태로 사족 공동체의 유교 경제론이 체계화된 것이다.『임원경제지』는 유교 문화가 송대『가례』의 출현으로 사족들의 유교적 생활양식으로 더 보편화된 이후, 다시 조선 후기 유교에 이르러 가례의 유교적 생활양식을 지속시키는 공동체의 경제론으로 성숙하여 산출된 학문적 결실이었다.[18]

이상 정약용과 서유구의 사례에서 보듯이, 19세기 실학의 성과들은 심법心法을 사공事功의 성취로 나아가게 하는 대안을 동아시아의 역사적 경험들을 수렴하여 제시하고 있다. 따라서 조선시대 이학과 실학 그리고 예학의 유산을 연구할 때 동아시아 각 지역에서 전개된 역사적 경험과 학문적 유산들을 비교사적인 측면에서 함께 고려하여, 동아시아 역사 속에서 그 특징을 재조명할 필요가 있다.

명청의 폐쇄 정책으로 근세 시기 동아시아 내부의 지적 교류가 상대적으로 당에서 원에 이르는 시기보다 축소되었지만, 조선의 유교는 조선의 상황뿐 아니라, 시종 동아시아에서 전개되었던 역사적 경험과 학문들에 대하여 성찰하고 응답하는 과정 속에서 변화해갔다.

그러나 일제 강점기 조선학 운동을 통해 그리고 해방 후 근대화 시기

---

18 이봉규, 「『林園經濟志』를 통해 본 서유구의 禮學과 經濟觀: 「鄕禮志」와 「倪圭志」를 중심으로」, 『풍석 서유구 연구 하』, 305~367쪽, 서울: 성균관대학교 출판부, 2015.

냉전의 대립 속에서 민족주의적 학풍이 확산되면서, 비교사적인 견지에서 그리고 동아시아 공통의 보편적 문제들에 관련해서 조선의 유교가 지니는 의미를 연구하는 것이 상대적으로 미흡하였다.

조선시대 유교 연구의 경우 조선 내부의 학맥과 정파와 관련해서 계통적으로 밝혀야 할 내용이 아직 산적하지만, 비교사적인 연구를 축적하여 내부의 연구들에 시야를 개발해주고 유의미성을 풍성하게 해줄 필요가 있다.

## 5. 맺음말

조선시대 유교를 연구할 때, 이학이든 실학이든 사상의 측면을 연구할 때, 연구자들은 현재와 전통 사이에 일종의 문화권적 간극이 존재하는 이중의 개념과 씨름해야 하는 환경에 처한다.

우리가 현재 사용하는 서양의 학술 개념은 그 형성 과정에 우리가 한 번도 가담해본 적이 없었지만, 이제 세계를 규정하는 문법이자, 전통을 재단하는 도구가 되어있다. 재단의 대상이 되어있는 전통의 개념은 한때 그 부단한 형성과 변용에 가담하였던 생활세계였지만 지금은 식탁이 아닌 실험실의 그것도 서양에서 들여온 실험장치 속에서 만난다.

그렇지만 학술 환경이 점차 변해서 지금은 우리가 사용하는 도구 개념들이 하나의 문화권적 개성을 지닌 상대적 개념에 지나지 않는다는 것을 자각하면서, 한편으로 우리가 실험장치 속에서 만나는 유교의 개념이 사실 매일 아침 지구 어느 곳의 식탁에 올려도 환영받을, 풍미 가득한 양식이라는 것을 조금씩 발견해가고 있다.

현재의 개념과 전통의 개념 모두에 대하여 익숙한 듯하면서도 어딘가

낯선 학문의 환경은 반드시 불리한 것은 아니다. 개념에 익숙하다는 것은 개념을 외부에서 사유하기 어렵게 한다. 유교 전통은 실학에 이르기까지 인륜을 외부에서 사유하지 않았다. 언제나 인륜은 출발점이었다. 그것은 인륜이 생활세계에서 문법으로 너무나 익숙하게 작동하고 있었기 때문이다.

그러나 우리는 현재 사용하는 개념을 도구로 삼아 재단하는 오리엔탈리즘의 방식을 떠나, 우리가 사용하는 현재의 개념과 유교 전통의 개념을 그 외부에서 사유할 수 있다. 따라서 이들 현재와 과거의 두 문법적 개념들에 대하여 더 보편적인 인류의 문제를 해결하기 위한 문화권적 풍미가 깃든 방법적 장치로서 접근해서, 그 실제의 효능이 어떠하였는지 역사적으로 반추해보면서 가능한 양식으로서의 유의미성을 발견적으로 탐구할 필요가 있다. 이것이 우리가 위치해있는 학문 상황의 한 유리한 지점이라고 생각된다.

이를테면 인륜을 도덕, 윤리의 범주로 설명할 때, 거기에는 여러 문법들이 담기게 된다. 과학이나 기술과 대비된 인문의 범주, 사실과 대비된 가치의 범주 등 서양의 학문 구조 속에서 윤리와 도덕이 배치되는 문법이다.

유교 전통에서 보면 인륜은 자유와 평등처럼 사회를 구성하는 토대이자 기본 원리이다. 따라서 인륜을 도덕으로 읽어내는 실험 장치를 걷어내고, 유교의 인륜이 동아시아 역사에서 실제로 기능하였던 내용들을 살펴볼 필요가 있다.

이를테면, 역사적으로 계속 재성문화하였던 인륜의 제도들 곧 예제는 도덕과 윤리의 범주가 아니라 개인의 생활에서 국가의 공적인 제도 일반에 이르기까지 모두 관여되어 있는 인간다움을 표현하고 구현하는 기본 문법에 대한 규정이다.

필자는 인륜을 기본 원리로 삼아서 부단히 성찰하고 부단히 규정들을 재성문화해갔던 근저에는 인류 공동체에서 쟁탈을 해소하고 예방하려는 의지가 근본적인 동기가 되었다고 생각한다.

필자는 쟁탈성 해소가 초점을 둔 필자의 협소한 관점과 상관없이 유교 전통을 보다 보편적인 견지에서 그 유의미성을 읽어내는 작업이 필요하고, 그러기 위해서는 비교사적 연구와 더불어, 우리가 사용하는 학술 개념을 부단히 상대화하면서, 유교 전통의 개념도 하나의 실험 장치로서 학문화해가는 작업이 필요하다고 생각한다.

실학을 학술 사조를 지칭하는 개념으로 정립한 것은 일제 강점기 한국학들의 연구가 기반이 되었다. 현재에도 실학의 의미를 어떻게 정당화할 것인가를 두고 때마다 논쟁이 반복된다. 개념이란 본래 있는 것을 기술하는 것이 아니라 주어진 것을 이용하여 구성하는 것이다.

따라서 반복되는 논쟁은 개념에 대한 구성이 지속되고 있다는 건강한 신호이다. 그러나 한편으로 실학의 개념을 학술 사조로 사용할 때는 학술 사조로 지칭된 17~19세기 유자들의 활동과 학문적 유산들에 대하여 어떻게 설명해야 하는가에 초점이 있다. 이들 실학의 유산에 대하여 서양의 학술 개념을 가지고 그와 가까이 가고자 하는 방향에서 읽었던 시절이 있다.

이제 서양의 학술 개념이 하나의 문화권적인 방법적 장치로 여겨지는 상황에서는 근대론과 같은 오리엔탈리즘의 독법은 실상에 부합하지 않을 뿐 아니라 유의미성을 가지기 어렵다. 이제는 반대로 현재의 학술 개념을 상대화시키면서, 실학의 유산을 인류의 문제에 대한 또 하나의 문화권적 응답으로서 재조명할 필요가 있다. 그것은 곧 지금까지 축적해 온 학술 사조로서의 실학 개념을 풍성하게 새롭게 학문화하는 방법이 될 것이다.

# 백가쟁명百家爭鳴과 사문난적斯文亂賊: 유교의 역사와 정치적 사유 그리고 나

김석근(아산정책연구원 수석연구위원)

## 1. 불감청不敢請: 축하와 감사

성균관대학교 유교문화연구소의 창립 20주년을 맞이하면서 개최한 기획 학술회의 〈2019년 백가쟁명〉에 참석하게 되었다. "유교문화연구소가 2000년에 설립되어 올해로 20살 청년"이 되었다는 것, 마땅히 축하해야 할 일이다.[1] 그에 즈음하여 학술회의 "〈2019년 백가쟁명〉을 개최하여 유교의 과거와 현재, 그리고 미래를 만나보려"는 기획 의도에 충분히 공감할 수 있었다. 더구나 내건 큰 주제가 '백가쟁명'이라니 반가웠다. 의미 있는 귀한 학술회의에 참여하게 된 것을 감사드리지 않을 수 없다.

처음 발표 제의를 받았을 때 주최 측에서는 요청 사항 내지 가이드라인을 제시해주었다. "1) 내가 생각하는 유학은 무엇인가? 2) 이전 세대에

---

1 한국에서 유교 내지 유학의 본산이라 할 수 있는 성균관대학교에서 유교문화연구소가 '2000년'에 설립되었다는 시점 역시 한번 생각해볼 만한 것이라 하겠다.

게 받은 것은 무엇인가?(학문적 축적의 측면에서) 3) 연구하고 싶은 주제와 이유"에 대해서 말해보라는 것이다. 자신을 중심에 놓고서 솔직하게 한번 얘기해보라는 것으로 읽혔다.[2]

그야말로 "불감청이고소원야不敢請而固所願也"라는 구절이 떠올랐다. 사실 유교 자체에 대한 연구도 당연히 중요하지만, 때로는 유교를 바라보는 시선이나 인식에 대한 솔직한 토로가 더 많은 자극을 줄 수도 있다고 보기 때문이다. 적어도 자신을 돌아보는 계기가 될 수 있을 것이며, 나아가 동학들에게는 참고 자료 내지 타산지석他山之石이 될 수도 있지 않겠는가.

개인적으로 발표 제안이 특별히 반가웠던 이유도 있다. 발표자의 경우 유교에 관심을 갖고 공부를 하기는 하지만 흔히 말하는 '정통正統' 인문학도는 아니기 때문이다. 특히 철학, 사상, 종교 분야에서 보자면 '문외한門外漢' 내지 기웃거리는 이웃 학문 분야쯤으로 보일 수도 있겠다.

학문분류 상으로는 사회과학, 더 구체적으로는 정치학, 정치사상 분야에 속하는 만큼, 어쩌면 이번 백가쟁명 학술회의를 아름답게 수놓을 '수많은 꽃들[百花齊放!]' 중의 하나는 될 수 있지 않을까 한다.[3]

이해를 돕기 위해 조금 덧붙인다면 한국 정치학에서 '유교'(내지 유학)

---

2 한참 전에도 이런 제안을 받았던 적이 있다. 「동양 정치사상과 메타 정치학의 모색」이란 제목의 글을 썼다. "젊은 동양학자 13인의 자전적 고백"을 다룬 『동양을 위하여, 동양을 넘어서』(예문서원, 2000) 수록.

3 조금 조심스러운 이야기지만, 나로서는 유교문화권 국가들[한국, 중국(및 대만), 일본, 베트남] 중에서 전통 유교와 관련해서 그 연속성이나 영향력이 가장 강한 나라는 한국이라는 느낌을 가지고 있다. 중국과 일본에서는 근대화 과정에서 나름대로 유교에 대한 격렬한 비판과 논쟁이 있었다. (베트남의 경우 한자 문화 자체가 거의 사라져버렸다.) 중국의 경우 이미 사회주의 체제를 경험했다. 한편 한국의 경우, 식민지 시대를 지나면서 유교는 의병 독립운동과 이어지면서 아이덴티티의 중요한 한 축을 이루게 된 것으로 여겨진다. 그런 만큼 한국에서는 유교를 한층 더 '대상화'하고 '객관화'시켜야 할 필요가 있다고 생각한다. '백가쟁명' 학술회의가 반가운 또 다른 이유이기도 하다.

는 주로 정치사상 분야, 더 좁혀서 말한다면 '동양정치사상, 한국정치사상' 분야에서 관심을 가져왔다. 사회과학으로서의 정치학에서 정치사상이 갖는 위상은 점점 약해지고 있으며, 동양과 한국정치사상 분야는 더욱 그러하다.[4]

대학원에서도 다들 기피하는 분야로 꼽힌다. 학문 후속세대를 우려하는 목소리도 들린다. 지면을 절약하기 위해서 발표라기보다는 거의 절규에 가까웠던 나의 발표문 제목을 둘 들어두기로 한다. "한국정치학의 불모지대: 동양정치사상"(한국정치학회, 1995) "주변부 지식인의 허위의식과 자기정체성: 한국정치사상을 위한 마지막 진술"(한국정치학회, 1996)

## 2. 지우학志于學: 한문 · 주자학 · 당쟁사黨爭史

내가 유교에 대해서 관심을 갖게 된 것은 대학원에 진학한 이후의 일이다. 대학 시절에는 관심 없었다. 봉건사상, 근대화와 자본주의 장애물, 탁상공론, 공리공담 등의 언설言說에 완전 공감하면서 도시적인 것들, 서구적인 것들, 그것도 최신 흐름에 목말라 했다. 하지만 개인적인 삶과 격동의 시대가 맞물리면서 격렬한 방황과 좌절을 맛보았다. 자신의 존재와 의미를 고민하면서 정체성을 새롭게 형성해가는 과정이기도 했다.

대학원에서 가장 먼저 눈뜨게 된 것은 필로조피(Philosophy) 이전의 필로로기(Philology), 다시 말해 언어체계로서의 '한문漢文'이었다. 동시에 문

---

4 유교를 위시한 동양, 한국사상을 연구하는 학회로서의 한국 · 동양정치사상사학회가 결성된 것은 2001년의 일이다. 그 시점 역시 상징적이다.

학, 사학, 철학[文史哲]을 중심으로 하는 인문학의 세계를 접하게 되었다. 철학과와 사학과 수업을 들으면서 자신이 얼마나 편협하게 살았는지도 돌아볼 수 있었다.

돌이켜 보면 정신없이 바빴다. 정치학과에서 요구하는 공부도 채워야 했기 때문이다. 더구나 80년대 아니던가. 시대가 시대였던 만큼 몇몇이 경제사 강독 스터디도 해나갔다. 다행히도 한문을 강조하는 대학원이라 정규 수업 외에 방학 특강도 있었다. 심지어 1학년에서 2학년에 올라가기 위해서는 한문 시험을 어느 수준에서 통과해야만 했다.[5]

한문 공부를 하면서 가장 고맙게 생각한 것은 '고전 한학'을 하신 선생님들과의 만남이었다. 이른바 근대적인 교육 제도에 편입되지 않은 채 전통을 이어오신 선생님들의 학문과 정신 세계를 접할 수 있었다. 귀중한 경험이었다. 어쩌면 내가 의식적으로 벗어나고자 했던 그런 전통적인 세계를 일생 동안 고집스레 지켜 오신 분들을 통해서 재발견할 수 있었다고나 할까. 늦게 출발한 만큼 한문 공부는 나름 열심히 하고자 했다.[6]

하지만 노력에도 불구하고 한문 실력은 생각처럼 그렇게 빨리 늘어나지 않았다. 줄줄 읽어가는 주변의 철학도, 문학도, 역사학도들이 많이 부러웠다. 한문 선생님들은 지극히 엄한 편이었다. 고민 끝에 조금은 편하게 얘기할 수 있는 한 선생님께 진지하게 물었다. "선생님, 어떻게 하면 한문을 빨리 잘 할 수 있는지요?" 선생님은 크게 웃으셨다. "문리文理

5 당시 사회과학도들의 원성을 샀지만, 개인적으로 한국, 동양정치사상을 공부하기로 한 나로서는 아무런 불만이 없었다.

6 대학원 수업과 방학 특강, 민추(민족문화추진회의 약칭으로 현 한국고전번역원) 특강, 성균관 한림원 수학 그리고 매주 선생님 댁을 찾아가 배우는 개인 교습 등 다양한 시도를 했다. 한참 연애할 때는 같이 배우러 다니기도 했다.

가 나야지" 하셨다. '문장의 이치[文理]'를 깨쳐야 한다는 말이었다.

다시 물었다. "선생님, 그럼 그 문리라는 걸 빨리 좀 나게 해주세요. 어떻게 하는 게 좋을까요?" 선생님은 물끄러미 나를 바라보시더니 마침내 빙그레 웃으셨다[莞爾而笑]. 그리고는 조금은 조심스레 말씀해주시기를, 특별히 「대학장구 서문[大學章句 序]」과 「중용장구 서문[中庸章句 序]」을 많이 읽으라는 것, 그리고 그 두 문장을 처음부터 끝까지 다 외워버리라는 것이었다. 어쨌든 나로서는 귀중한 비결秘訣이나 비책秘策을 얻은 듯이 기뻤다.[7]

다들 아는 것처럼 두 편의 서문은 주자, 즉 주희朱熹가 쓴 것이다. 「대학장구서」는 1189년(淳熙 己酉) 2월 갑자일甲子日, 「중용장구서」는 1189년 춘 삼월 무신일戊申日, 그러니까 주희가 59세 때 한 달 사이를 두고서 쓴 것들이다. 시간이 흐르면서 완숙한 경지에 들어선 그가 쓴 명문장이었다는 것을 느끼게 되었다. 그와 더불어 『대학』과 『중용』은 그가 구상한 『사서四書』와 『사서집주』의 정수精髓라는 생각도 갖게 되었다.

『논어』와 『맹자』의 권위를 빌려오면서 정작 자신이 중요하게 여기는 『대학』과 『중용』을 얹어 네 권의 권위 있는 경전을 만들고, 거기에 주를 붙임으로써 자신의 사서집주를 만들었다는 것이다.[8] 선생님의 말씀을 잘 듣는 학생으로서의 나는 「대학장구서」와 「중용장구서」를 읽고 또 읽었으며, 한 글자도 빠짐없이 외우게 되었다. 심지어 지금도 하루에 한 번 정도는 외우고 있다.

---

7 선생님은 평소에도 배운 것, 더 나아가서는 『四書五經』 전체를 외우는 것을 말씀하셨다. 하지만 현실적으로는 어려운 일이었다. 그런 사정을 감안해서 특별히 짧은 문장 둘을 골라주셨던 것으로 생각된다.

8 이에 대해서는 「대학, 그 사상적 함의」(미발표)라는 글에서 그 역사적 의미를 자세하게 논한 바 있다.

그런 과정을 거치면서 내게 한 사람의 사상가 '주희'는 하나의 시대적 기준 내지 지표가 되었다. 1130년에 태어나 1200년에 세상을 떠난 그의 사상과 학문 체계, 다른 말로 하자면 주자학을 하나의 이해 '방법'으로 택한 셈이다. 주자학이 이른바 '신유학新儒學(Neo-Confucinism)'으로 불리는 사정과 연유도 알 수 있었다. 공자와 맹자의 원시 유학과 어떻게 다른지, 그리고 20세기 이후의 '신유가新儒家(New-Confucianism)'와 어떻게 구분하고 이해할 것인지에 대해서도 일종의 준거 틀이 되어주었다. 나로서는 한문 공부를 하는 것과 거의 동시에 '유교의 역사'에 주목하게 되었다고 해도 좋겠다.

그 짧은 두 서문에서 주자는 우주의 태초로부터 자신에 이르기까지의 기나긴 역사를 사상사를 명쾌하게 정리하고 있었다. 아울러 다양한 요소들을 압축적으로 정리해내고 있었다.

간략하게 정리해보자면 정치 권력의 탄생, 교육의 기능과 구조(소학과 대학), 이상적인 고대로서의 삼대三代, 주나라의 쇠퇴와 춘추 · 전국시대의 도래, 공자의 위상(내성외왕內聖外王의 분리), 후계자로서의 맹자, 맹자 이후 유학의 쇠미, 북송대에 이르러 이루어진 유교의 부흥, 그 집대성으로서의 주자학! 주자의 자부심이 느껴졌다.

조선의 주자학자들은 바로 그런 연장선 위에 서 있다고 생각했다. 다시 연장선 위에 한문을 가르쳐주었던 선생님들이 계신 것으로 여겨졌다. 어느 순간 그렇게 길게 이어지는 고리의 저 끝에 자신도 모르게 들어서려고 하는 듯 했다. 이른바 '도통道統' 의식에 대한 인지라고나 할까.

하지만 정치학도로서의 나는 여전히 비판의 시선을 놓지 않으려고 했던 듯하다. 거시적인 '사상사'(사상의 역사)라는 측면에서 바라볼 필요가 있으며, 특히 이단으로 지목되는 불교 및 도교(노장 사상)와 관련된 사상적인 투쟁을 시사해주는 구절들이 그러했다.

及孟子沒而其傳泯焉, 則其書雖存, 而知者鮮矣! 自是以來, 俗儒記誦詞章之習, 其功倍於小學而無用; 異端虛無寂滅之敎, 其高過於大學而無實. 其他權謀術數, 一切以就功名之說, 與夫百家衆技之流, 所以惑世誣民, 充塞仁義者, 又紛然雜出乎其閒. 使其君子不幸而不得聞大道之要, 其小人不幸而不得蒙至治之澤, 晦盲否塞, 反覆沈痼, 以及五季之衰, 而壞亂極矣![9] [大學章句序]

自是而又再傳以得孟氏, 爲能推明是書, 以承先聖之統, 及其沒而遂失其傳焉. 則吾道之所寄不越乎言語文字之閒, 而異端之說日新月盛, 以至於老佛之徒出, 則彌近理而大亂眞矣. 然而尙幸此書之不泯, 故程夫子兄弟者出, 得有所考, 以續夫千載不傳之緖; 得有所據, 以斥夫二家似是之非. 蓋子思之功於是爲大, 而微程夫子, 則亦莫能因其語而得其心也.[10](「中庸章句序」)

---

9 우리 말 옮김은 다음과 같다. "맹자가 돌아가시게 되니 그 전함이 끊기게 되었고, 그 책이 비록 남아 있으나 아는 이가 적었다. 그로부터 속된 유학자들의 읊고 외우기, 문장 쓰기의 익힘이 그 공부가 소학 보다 배가 되었으나 쓸 데가 없었고, 이단의 허무[노장], 적멸[불교]의 가르침은 그 높음이 대학 보다 더하였으나 실제가 없었다. 그 외의 권모술수와 일체의 공명에 나아가는 학설과 여러 학파[百家]의 다양한 갈래의 부류들이 세상을 미혹시키고 백성을 속이며, 인과 의를 꽉 막는 자들이 그 사이에 분분하게 나와서, 군자로 하여금 불행하게도 큰 도의 요체를 얻어듣지 못하게 하고, 소인으로 하여금 지극한 통치의 혜택을 입지 못하게 해서, 어둡고 보지 못하고 숨도 막히고 흐름도 막혔으며, 자꾸 되풀이되어 잠기고 가라앉게 되었으며, 五季가 쇠함에 이르러서는 무너지고 혼란함이 극에 달하였다."[오계는 다섯 왕조가 자주 교체된 季世라는 뜻. 唐 나라가 망하고 宋 나라가 일어나기까지의 다섯 나라를 가리킨다. 흔히 五代라 부르기도 한다. 後梁 · 後唐 · 後晉 · 後漢 · 後周의 문란한 시대를 말한다.]

10 우리말 옮김은 다음과 같다. "그로부터 다시 전하여 맹씨(맹자)를 얻어, 능히 이 책을 이루어 밝혀서 옛 성인들의 전함을 이으셨지만, 그가 세상을 떠나게 되면서 마침내 그 이어짐을 잃게 되었다. 우리의 도(유교)가 존재하는 것은 언어와 문자 사이에 지나지 않는데, 이단의 말들은 날로 새로워지고 달로 성하여, 노장과 불교 무리들이 나옴에 이르러서는 이치에 더욱 가까운 듯하지만 크게 참된 것을 어지럽혔다. 하지만 다행히도 이 책이 없어지지 않았다. 그래서 정부자 형제(정이, 정호)가 나오셔서, 상고한 바가 있어 천 년 동안 전해지지 않던 그 실마리를 이으시고, 근거한 바가 있어 두 무리[二家: 노장, 불교]의 옳은 듯하지만 그릇된 것을 배척하셨다. 무릇 자사의 공이 이에 크게 되었으며, 정씨 부자가 없었더라면 역시 그 말씀에 기인하여 그 마음을 얻지 못했을 것이다."

날로 달로 번성[日新月盛]한 노장과 불교[虛無寂滅]로 요약되는 '이단異端'과 그에 대한 '배척'[斥], 심지어 같은 유교 범주에 대해서도 '그저 문장이나 외우고 글이나 짓는 속된 유학자'[俗儒記誦詞章之習]라는 비판도 있었다. 그런 측면에 주목하자 공자나 맹자의 원시유교와 송대의 신유학이 얼마나 다른지도 알 수 있었다.

한편으로 천 년 이상 끊어져 있던 전통을 다시금 이으면서[續], 다른 한편으로 이단 배척을 통해서 새롭게 정체성을 확립해가는 과정 자체가 지극히 '정치적인 것'이라 하지 않을 수 없었다.[11]

그렇다면 주자학 이후의 사상사는 어떻게 전개되었는가? 신유학으로서의 '주자학' 관점에서 조선사상사를 거칠게 일별했을 때, 제일 먼저 나의 시선을 사로잡았던 것은 바로 '당쟁사黨爭史' 부분이었다. 그 자체가 이미 정치(학)적인 사안이었으니까. 자연스레 그 영역을 깊이 공부하는 것이 좋겠다 싶었다.

하지만 곧바로 나는 크나큰 장벽에 부딪혔다. 단순한 정치적 갈등으로서의 '당쟁'이 아니라 그것이 주자학적인 틀(사유) 내에서의 복잡하고 치밀한 형이상학적 논쟁들[이기론理氣論, 사단칠정논쟁四端七情論爭, 인심도심논쟁人心道心論爭, 인물성동이논쟁 등]과 직접적으로 이어지고 있다는 걸 알게 되었다.

조금 더 현실적인 사안으로서의 상례喪禮, 특히 복제服制를 둘러싼 논쟁도 마찬가지였다. 늦게 갓 유교(유학)에 관심을 갖게 된 초학자에게는 너무나도 어려운 과제였다. 당시 영인되어 나오는 당쟁사 관련 자료들을 보고서는 마침내 전의戰意를 상실하고 말았다. 그 내용 자체는 차치

11 그와 같은 측면에 대해서는 김석근, 「대승불교에서 주자학으로: 불교비판과 유학사의 재구성을 중심으로」, 『정치사상연구』 1, 1999에서 정리해본 적이 있다.

해두더라도 짧은 한문 실력으로는 읽어내는 것조차 어려웠다. 자연히 내 공부 순서에서 제일 뒤로 밀려났다. 뿐만 아니라 이후 가장 피하고 싶은 영역이 되어버렸다.

## 3. 학불염學不厭: 망박섭렵忙迫涉獵과 횡설수설橫說竪說

'절차탁마切磋琢磨'라는 말이 있다. 절切하고 차磋하고 탁琢하고 마磨한다는 것. 옥돌을 자르고 줄로 쓸고 끌로 쪼고 갈아 빛이 난다는 것이다. '대기만성大器晩成'이라는 말도 있다. 흔히 큰 그릇은 나중에 이루어진다는 말이라 한다. 그런데 이들 두 구절을 이으면 "절차탁마, 대기만성", 열심히 공부하면 큰 그릇이 될 수 있다는 말처럼 들린다. 하지만 열심히 공부한다고 해서 모두 다 대성大成하는 것은 아니지 않을까.

그 출전을 보면 '절차탁마'는 『시경』 「위풍衛風 · 기욱淇澳」의 시구에 나오는 말이다.[12] '대기만성'은 『노자』 41장에 나오는 말이다. 그런데 '만晩' 자에 대해서 '늦을 만'이 아니라 '면할 면免'으로 읽어야 한다는 설도 있다. 면으로 읽으면 "정말 큰 그릇은 이루어지지 않는다"는 것으로 된다.

그 부분을 보면 "큰 사각[大方]은 모퉁이가 없으며, 큰 그릇[大器]은 이루어지지 않으며, 큰 소리[大音]는 소리가 드물고, 큰 모습[大象]은 형체가 없다."[13] 『노자』의 본래 뜻에는 "큰 그릇은 이루어지지 않는다"는 의미

---

12 원문은 다음과 같다. "瞻彼淇澳, 菉竹猗猗. 有斐君子, 如切如磋, 如琢如磨, 瑟兮僩兮. 赫兮喧兮, 有斐君子, 終不可諼兮."

13 이어지는 구절은 다음과 같다. "길은 늘 숨어 있어 이름이 없다. 대저 오로지 [길은 자기를] 잘 빌려주고 또 [남들이 잘] 이루게 해줄 뿐이다."(大方無隅, 大器免成, 大音希聲, 大象無形. 道隱無名. 夫唯道善貸且成.)

가 더 맞지 않을까 싶다. 내 식대로 말하자면 열심히 하는 것만으로 충분하다는 것. 이루어지고 아니고는 다른 차원의 문제가 아닐까.

냉정하게 돌이켜 보면 나의 경우 '절차탁마' 하지 못했다. 어떤 한 주제, 한 영역에 깊이 천착하지 못했다. 굳이 변명을 하자면 배우기를 싫어하지는 않았다, 학불염學不厭 정도. '학불염'과 짝을 이루는 구절은 '교불권敎不倦', 즉 남을 가르치기를 게을리하지 않는다는 것.

하지만 '교불권'은 내게는 그다지 인연이 많지 않았다. 그러다 보니 나의 공부는 말하자면 '망박섭렵忙迫涉獵'에 가까운 것이 아니었나 싶다.[14] 게다가 정치학도로서 유교를 바라보다 보니 어떨 때는 이렇게 말하기도 하고 또 어떨 때는 저렇게 말하기도 하는 등 '횡설수설橫說竪說'하기도 했던 듯하다.

이번 발표는 그동안 그야말로 좌충우돌하면서 달려온 나의 공부를 되돌아보는 계기가 되기도 했다. 이제 "학문적인 축적이라는 측면에서 이전 세대에게 받은 것은 무엇인가?"라는 물음에 대해서 내 나름대로 몇 가지 측면에 대해서 논평하는 식으로 답해보고자 한다.

우선 공부를 자신의 길로 택하면서 한국의 유교, 더 정확하게 얘기하자면 조선유학사, 그리고 유학을 공부하신 선생님들에 대한 외경畏敬은 당연한 것이었다. 전통적인 방식으로 한학을 하신 거의 마지막 세대 선생님들께 조금이라도 배울 수 있었던 것도 다행이라기보다는 행운이었다. 그래서 감사드린다. 하지만 한마디로 말해서 한국인인 내게 한국의 유교가 제일 어려웠다. 심지어 중국이나 일본의 유교 보다 더 어려웠다.

---

14 명철했던 율곡 이이(1536~1584)는 『擊蒙要訣』「讀書」에서 이렇게 경계하고 있다. "무릇 책을 읽을 때에는 반드시 한 책을 익숙히 읽어서 義趣를 다 깨달아 통달하고 의심이 없는 뒤에야 다시 다른 책을 읽을 것이요 많이 읽기를 탐하고 얻기를 힘써서 바삐 涉獵하지 말아야 한다." (凡讀書, 必熟讀一冊, 盡曉義趣, 貫通無疑然後, 乃改讀他書, 不可貪多務得忙迫涉獵也.)

훨씬 더 어려웠다.[15]

당연하다고 생각한 한국의 유교에 대해서, 더러 바깥에서 바라볼 때 그 주자학적인 경도傾倒에 놀랄 때가 있었다. 공자와 맹자[孔孟]의 도, 공맹지도孔孟之道, 즉 '공맹'에 익숙한 나로서는 중국에서 '공맹순孔孟荀', 즉 공자 · 맹자 · 순자 식으로 병칭되는 것을 처음 봤을 때, '사서오경'이 경서의 전형인 줄 알았는데 그런 범주는 한국, 일본에서 통하는 정도이고, 중국에서는 오히려 '십삼경十三經'이 더 일반적이라는 것을 알았을 때(예컨대 『십삼경주소』 등), 『대학장구』의 장과 절 구분에 대해서 일본인 학자들이 아주 무심하거나 아니면 수많은 텍스트들 중의 하나 정도로 가볍게 여기는 것을 알아챘을 때, 조선에서의 주자학의 위세를 역설적으로 느끼지 않을 수 없었다.

같은 신유학 범주에 속한다고 여겨지는 '양명학'에 대해서도 강화학파를 제외하면 그저 소략한 정도에 머물렀던 것 역시 무관하지 않으리라. 이들이 전부는 아니었다. 조선의 유학자들은 그 틀 안에서 아주 복잡하고도 치밀한 형이상학적인 논쟁들을 펼치지 않았던가.[16]

중국과 일본에서는 존재하지 않았던 그 치열한 논쟁의 진면목은 무엇이었을까. 무엇을 위해 그렇게 논쟁했을까. 직감적으로 이론 투쟁 내지 사상 투쟁이라는 것을 느낄 수는 있었으나 설득력 있게 풀어낼 실력도 자신도 없었다.

조선을 가리켜 '주자학의 나라'라는 논평하는 것 역시 틀린 말은 아닌 듯하다고 느꼈다. 제대로 알지도 못하면서 아니 모르기 때문에 맹목적

---

15 언젠가 한 일본인 학자 역시 중국 · 일본 · 한국 · 베트남 유교 중에서 한국의 유교가 제일 어렵다고 토로한 적이 있는데, 나 역시 공감했다.

16 주지하듯이 아무짝에도 쓸데없는 탁상공론, 공리공론이라는 신랄한 비판은 언제나 있었다. '亡國'의 책임을 유교에서 찾는 경우도 많았다.

으로 비판하는 것부터 따라했는지도 모르겠다. 한문 텍스트와 관련해서 문장이 어디서 어떻게 끝나는지도 알기 어려운 백문白文들을 보면서 심난하고 막막했던 기억이다.

그 무렵 전해져온 중국에서 간행된 텍스트들, 구체적으로 『25사』에 찍혀 있는 '표점標點'을 봤을 때 눈이 번쩍 뜨이는 기분이었다. 오늘날 우리가 사용하는 다양한 문장 부호를 텍스트에 반영해 놓았으니 훨씬 쉽게 읽어낼 수 있었으니까.

그보다 내게 더 매력적이었던 것은 일본식 한문 읽기 방식['가키쿠다시書き下し']이었다. 위에서 아래로 내려쓰는 한문에다 그 왼쪽 사이사이에 일본어로 읽어낼 수 있도록 정해진 부호를 붙여놓았다.

'카에리텐返点'. 그걸 통해서 한자를 새겨야 하는 순서, 그러니까 문장의 구조를 알 수 있게 해놓았다. 게다가 그 오른쪽에는 작은 글씨로 카타카나['오쿠리가나おくりがな']를 붙여놓아 문장을 일본어로 읽어낼 수 있게 해주었다.

일정한 수준의 교육을 받은 사람은 어렵지 않게 한문을 이해할 수 있었다. 신기해서 열심히 공부했더니 외국인으로서의 나도 할 수가 있었다.[17] 메이지 시대에 일본에서 간행한 영인본 『한문대계漢文大系』가 그런 식으로 되어있었다. 그 안에 중요한 고전 한문 텍스트가 거의 망라되어 있다는 걸 알았을 때, 나는 '한문 콤플렉스'에서 어느 정도 벗어날 수 있게 되었다.[18]

---

17 한국에서도 '口訣吐'가 있었다. 한문 읽을 때 문맥을 밝히기 위해서 한문 구절 사이에 집어넣는 우리말 吐, 예컨대 하니, 하야, 하시고 등 통용되는 구결토를 달아 놓은 텍스트들이 있기는 하다. 하지만 가키쿠다시와는 근본적으로 다른 방식이다. 가키쿠다시에는 한자를 일본어로 읽는 부분이 있다. 音讀외에 訓讀도 있다. 하지만 우리에게는 훈독이 약하다. 한자 읽기에서 이두식 읽기가 끊어진 것이 상징적이라 하겠다.

18 그러다 보니 전통적인 방식의 한문 공부는 내게서 살짝 밀려난 감도 없지 않았다. 학위 논문

이후 나의 유교, 나아가 동양학 공부는 일본학계 쪽으로 많이 기울어지지 않을 수 없었다. 공력이 짧은 탓이겠지만, 내게는 한국에서 유학을 연구해서 쓰신 논문이나 저작들보다는 영어권에서 나온 책들이나 일본 학자들의 그것이 훨씬 더 이해하기 쉬웠다. 그래서 일종의 공부 삼아 '번역'도 열심히 하게 되었다.

『제자백가: 고대 중국의 사상가들』(카이즈카 시게키), 『주자학과 양명학』(시마다 겐지), 『주자의 자연학』(야마다 케이지), 『불교와 양명학』(아라키 켄고), 『퇴계와 일본유학』(아베 요시오) 등. 춘추전국 시대에서 명나라 말기에 이르기까지, 거시적인 사상사 흐름을 이해하는 데 교두보가 될 만한 돌 몇 개를 던져놓은 셈이다.

거의 비슷한 맥락에서 나는 한국의 동양학계에서 위상이 상대적으로 약한 '일본 유교', 나아가 '일본 사상사'에도 관심을 갖게 되었다.[19] 정통적인 유교 공부로는 진지한 철학도들을 따라가기 어려웠다.

아무래도 자신의 경쟁력이 약하다는 느낌을 떨쳐버릴 수가 없었다. 남들이 안 하는 쪽으로 나아갔다. 유교에서도 한국과 일본은 확실히 달랐다. 사회구조와 지배층의 에토스부터 그러했다. 같은 한자 '士'를 놓고도 우리는 '선비 사'로 읽었지만 일본에서는 '사무라이[侍]'를 가리켰다.

일본에서는 유교(학문)와 정치를 이어주는 매개체로서의 '과거제'가 존재하지 않았다. 과거를 통한 신분 상승의 사다리가 없었다는 것.[20] 지배

---

도 써야 하고 다른 일들이 많기도 했다. 지금은 그 때 한문 공부 좀 더 열심히 할 걸, 하는 약간은 때늦은 후회를 하기도 한다.

19 한국사상사학회의 요청으로 발표한 적이 있다. 「일본사상사에서의 '대상'과 '방법'의 문제: 비교와 논의를 위한 소묘」, 『한국사상사학』 52호, 2016 참조.

20 근대 이전의 세계에서 지배계급은 대부분 무력을 장악한 계급(무사)이었다. 과거를 통해서 문

층으로서의 사무라이 계급은 '세습'으로 이어졌다. 그들은 충忠을 효孝보다 우위에 두었다.

우리에게 익숙한 '부자천합父子天合, 군신의합君臣義合'이라는 명제에 대해서도 '군신의합'을 '군신천합君臣天合'으로 바꾸어 놓았다. 놀라웠다. 유학자들의 신분은 기껏해야 학문을 하는 중인中人 정도에 지나지 않았다.

일본 유학자들의 중요한 과제는 중국에서 전래된 유교를 어떻게 일본 사회에 맞추어갈 것인가 하는 것처럼 보였다. 유학자들의 '병학兵學' 관련 저작들도 내 눈에 들어왔다. 역설적으로 한국의 유교가 얼마나 특별한 것인지를 알게 해주었다. 공부 삼아서 열심히 번역도 했다[『일본사상사』(모리모토 준이찌로오), 『일본의 사상』(마루야마 마사오), 『일본정치사상사연구』(마루야마 마사오), 『근대 일본사상 길잡이』(가노 마사나오) 등].

아울러 일본 사상사라는 거대한 맥락 안에서 나의 관심을 강하게 끌었던 것은 에도 후기의 '코쿠가쿠國學' 흐름이었다. 대륙에서 전해져온 사상과 문화에 대해서 고대로부터 전해져 내려오는 일본 사상과 문화의 독자성, 나아가서는 우월성을 주장하는 흐름도 있었다. 내가 보기에 일본적인, 너무나도 일본적인 측면이었다.

그 집대성자라 할 수 있는 모토오리 노리나가本居宣長의 학문과 사상은 무척이나 신선했다. 중국과 대륙의 문화에 젖어 있는 마음, 즉 '카라고코로からごころ'를 비판하면서 고대 일본의 고유한 깨끗한 마음, '마고코로まごころ'를 회복하라고 주장했다. 그 밑바닥에는 신토오神道와 고대 가요[『만엽집萬葉集』 등] 등이 깔려 있었다.

일본에 대해서 제대로 알려면 먼저 『고사기古事記』, 『일본서기日本書

---

인들이 지배층을 구성했던 한국, 중국, 베트남은 실은 아주 예외적인 국가들이었다.

紀』부터 읽기 시작해서 읽어야 할 책들의 순서까지 일러주었다.[21] 그 순서에 따라 스터디 그룹을 만들어 공부하기도 하고 수업도 들었다.[22]

정치학자 마루야마 마사오丸山眞男(1914~1996)가 그를 가리켜 "존경할 만한 적(敵)"이라 논평했듯이, 그에게는 평가해야 할 부분[주체성, 정체성, 독자성]과 경계해야 할 부분[일본 중심주의, 천황 절대주의, 군국주의]이 동시에 있었다. 나는 두 측면에서 그를 하나의 준거(reference)로 삼기도 했다.

(1) 일본사 내지 일본사상사에서는 19세기 이후 일본의 '국민국가(nation-state)'와 '내셔널리즘(nationalism)' 전망과 관련해서 갖는 친화성이었다. (2) 조선사상사에 대한 일종의 비판의 지렛대로 삼았다고나 할까. 고유한 일본 사상, 문화에 대한 애착과 더불어 유교를 위시한 중국문화에 대한 비판이라는 요소가 그러했다. 이 부분 역시 국민국가, 내셔널리즘과 무관하지 않다고 하겠다.

지금은 이미 유행이 지나버린 주제인 듯하지만 이미 20세기 초반부터 유교와 '근대성(modernity)' 내지 '주자학적 사유의 해체'와 '근대적 사유의 성립' 등은 그 시대를 풍미했던 주제이기도 했다.

중국과 관련해서 '근대적 사유의 좌절'[시마다 겐지(島田虔次)]을 내걸거나 '근대적 사유의 굴절과 전개'[미조구치 유조溝口雄三]를 말하기도 했다. 한국사상사에서 '실학實學' 연구가 활발했던 것 역시 같은 맥락이라 해도

---

21 그는『古事記』에 대한 주석서『古事記傳』을 남기기도 했다. 치밀한 주석에 대해서는 지금도 높이 평가받고 있다.

22 거의 동시적으로, 한국인으로서의 나는『삼국사기』와『삼국유사』를 읽었는가 하는 깊은 반성도 했다. 이 경험은 나의 공부에 실로 큰 영향을 미쳤다. 한국의 고대 사상사에 주목하는 계기가 되었다.「나말여초의 정치변동과 정치사상: 선종을 중심으로」(2004),「고대 국가의 제천의식과 민회: 한국정치사상사의 고층과 집요저음을 찾아서」(2005),「화쟁和諍과 일심一心: 원효 사상에서의 평화와 통일」(2010),「전륜성왕轉輪聖王, 미륵彌勒, 그리고 메시아: 미륵신앙의 정치적 기능과 함의에 대한 시론적 접근」(2010) 등.

무리는 없을 것이다.

그런 측면에서는 마루야마 마사오의 작업과 비판적인 입장에 서는 후계자들의 깊이 있는 연구가 내게 많은 자극이 되어주었다. 굳이 말한다면 정치학, 정치사상과 가장 가까운 영역이라 해도 좋겠다.

마루야마 마사오의 『일본정치사상사연구』, 『충성과 반역: 전환기 일본의 정신사적 위상』, 『현대 정치의 사상과 행동』, 『전중과 전후의 사이: 1936~1957』, 『'문명론의 개략'을 읽는다』 등을 번역했으며[23] 그에 대한 비판적인 연구들[『일본근대사상비판』, 『문명론의 개략을 정밀하게 읽는다』(고야스 노부쿠니) 등]도 번역, 소개했다.

특별히 주목한 사상가는 후쿠자와 유키치福澤諭吉(1835~1901)였다.[24] 춘원 이광수(1892~1950)는 그를 가리켜 "하늘이 일본을 축복하사, 그 같은 위인을 내려 보내셨다."라고까지 했다. 한국에서는 침략주의자로 악명이 높지만, 그런 만큼 제대로 더 읽을 필요가 있지 않을까 한다. 그 연장선 위에서 나는 근대 한국사상사, 구체적으로는 '국민국가'와 '내셔널리즘'이라는 시각에서 김평묵, 최익현, 김옥균, 박영효, 유길준의 사상 등에 대해서 논의하기도 했다.

끝으로 한 가지 덧붙여 두기로 하자. 내가 개인적으로 존경하는 일본인 선생님 몇 분은 그야말로 에도시대 유학자들의 학문적 전통을 그대로 이은 분들이었다. 오로지 학문 연구, 그 이외에는 아무런 관심도 없었다. 그분들이 유교에 대해서 갖는 인식은 단적으로 말해서 지난 시대의

23 이에 대해서 丸山眞男歿後20周年紀念 國際學術會議의 초청을 받아 발표한 적이 있다. 「韓國における丸山眞男の思想・學問の受けとめられ方」, 『20世紀日本における知識人と教養』(2017).

24 「福澤諭吉における自由と通義: 獨立不羈の政治學」(2001), 「兪吉濬『文明論之概略』を讀む?」(2003) 등.

지적인 유산일 따름이었다. 유교의 '역사성'에 대해서 엄격한 편이었다.

'코쿠가쿠'는 물론이고, 유교조차 지난 일본 제국주의와 군국주의에 복무한 혐의 때문인지 항상 일정한 거리를 두었다. 식민지 시대를 거치면서 한국에서는 '국학國學'이 긍정적인 의미를 강하게 지니게 된 것과는 뉘앙스를 크게 달리하는 것이었다.[25] 때문에 그분들은 내가 유교를 둘러싼 현재적 논의에 뛰어들어 횡설수설하는 것에 대해서 그다지 좋아하지 않았다. 자신들처럼 순수한 학문 연구에 오로지 몰두하기를 기대하는 식이었다.

하지만 나는 결코 그러지 못했다. 1990년대 이른바 사회주의권의 붕괴 이후, 그리고 동아시아 지역의 경제성장을 설명하는 과정에서 문화적인 요소 '유교'가 새삼 주목받게 되었다. '유교' 문화권, '한자' 문화권에 대한 주목은 '유교 르네상스'론으로 이어졌다.

유교가 자본주의 발전에 기여한다는 '유교 자본주의'론도 나왔다. 유교 자본주의론은 유난히 정치학, 사회학 분야의 학자들이 주도했다. 『논어』『맹자』도 제대로 한 번 읽지 않은 학자들이, 혹은 영어로 번역된 『논어』 등이나 혹은 2차 영문 저작들을 읽고서 쉽게 유교를 말한다는 심한 비판도 있었다.

유교와 자유주의, 민주주의의 관계 등도 논의되었다. '아시아적 가치(Asian Value)' 논쟁도 있었다. 그런 분위기는 나를 가만 내버려 두지 않았다. 요청과 제안을 굳이 거부하지 않았다. 때로는 나름대로 슬그머니 훈

---

25 한때 내가 어느 한 대학의 '국학연구원'에 籍을 두고 있을 때의 일이다. 일본 학술회의 초청을 받아 가서 발표를 마쳤을 때, 한 선생님은 아주 조심스레 왜 그런 '위험한'(?) 연구원에 가 있느냐는 식으로 말한 적이 있다. 그 순간 나로서는 같은 한자 '國學'이지만, 코쿠가쿠와 국학, 거기에 담기는 의미와 함의는 크게 다른 것이구나 하는 것을 느낄 수 있었다.

수를 두어보기도 하고,[26] 때로는 일종의 교통정리 같은 것을 시도해보기도 했다.[27] 그렇게 한 이유는 분명했다.

한국의 정치학 및 사회과학 분야에서 '유교'에 대해서 모처럼 갖게 된 관심을 더 확대하고, 그 여세를 몰아 유교에 더 많은 관심을 가지도록 할 수 있지 않을까, 나아가서 유교(및 전통사상)에 바탕을 두는 한국적인 정치학, 사회과학을 구축해갈 수도 있지 않을까 하는 바람 때문이었다.

## 4. 사무사思無邪: 위기지학爲己之學과 천류불식川流不息

이제 학술회의 주최 측에서 요청한 "내가 생각하는 유학이란 무엇인가? 그리고 앞으로 연구하고 싶은 주제와 이유는 또 무엇인가?"에 대해서 몇 가지 말하는 형식을 빌려 이 글을 마무리하고자 한다.

유교는 여러 측면에서 다양하게 정의될 수 있겠지만, 내가 생각하기에 유교는 결국 '수기치인修己治人의 학문'이라 할 수 있지 않을까 한다.[28] 그 말은 자신[己]과 다른 사람들[人]의 관계, 조금 밀고 나가면 개인

---

26 지난 날 유교와 자본주의 관계 여하에서, 유교가 자본주의를 발생시켰다는 식의 논리가 아니라 근대 세계시스템 내에 형성된 자본주의 시스템에 '유교 문화'가 지닌 '적응력'이 작동했다는 것, 그래서 서구 유럽 이외의 지역에서 자본주의가 성공적으로 발전한 것으로 볼 수 있다는 것. 「유교 윤리와 자본주의 정신?」(1999), 「유교자본주의: 짧은 유행과 긴 여운 그리고 남은 과제」(2006) 등.

27 아시아적 가치의 대항 개념은 '보편적 가치(Universal Value)'가 아니라 '유럽적 가치(European Value)'라는 것, 아시아적 가치와 유럽적 가치 위에 보편적 가치가 자리한다는 식이었다. 「아시아적 가치의 계보학: 기원과 함의 그리고 전망」(1999), 「유교자본주의, 아시아적 가치 그리고 IMF: 세기말 한국과 철학의 빈곤」(1999), 「아시아적 가치와 불교: 새 문명의 모색과 지적 유산의 재조명」(2000), 「한국에서 아시아적 가치 논쟁이 갖는 사회학적 함의」(2001) 등.

28 修己安人, 修己以安百姓, 修身齊家治國平天下. 처럼 조금씩 다르게 표현되기도 했다. 하지만 기본적인 구조와 맥락을 다르지 않다고 하겠다.

[己]과 사회, 국가[人]를 포괄하며, 그 관계는 '정치[治]'로 귀결된다. 그러니 유교는 본래적으로 정치적인 속성을 지닌다. 그런 의미에서 유교는 정치학이다. 내가 정치학도라서가 아니다.

그 '치治'의 내역은 시대와 장소에 따라 달라질 수 있겠지만 …… 아울러 중요한 것은 '치'에 임하기 위해서 필요한 자격 요건이 있으며, 그것은 '자기 수양[修]'에 다름 아니다. 지배의 정당성 내지 정당성의 근거라 해도 좋겠다. 이것이 던지는 핵심적인 메시지, 그것은 유교는 '정치'와 '도덕'(윤리)의 문제를 떠안고 있다는 것이다. 흔히 근대적 사유의 출발점으로 여겨지곤 하는 정치와 도덕의 분리, 즉 마키아벨리적인 명제와도 무관하지 않다.[29]

비슷한 맥락에서 유교에서는 학문이 정치 영역과 밀접한 관련을 맺어왔다. 전근대 시대 무력武力을 장악한 계급이 정치 권력을 장악했던 것과는 달리 유교 문명권 내지 유교 문화권에서는 문인文人 지배가 구현되었다. 그 계제는 시험에 의한 엘리트 선발, 즉 과거科擧에 있었다. 사무라이의 나라 일본은 예외였다. 학문과 정치가 가까웠던 만큼, 밝은 곳도 있었고 그늘진 곳도 있었다고 생각한다.

밝은 곳이라 함은, 무력에 의한 정치가 아니라 '말과 글에 의한 정치' 현상을 보여줄 수 있었다고 하겠다. 간언諫言과 상소上疏를 통한 견제와 균형 등. 어떻게 보면 '정치의 학문화' 현상이라 할 수도 있을 것이다. 그늘진 곳이라 함은, 순수해야 할 학문이 그 자체로의 독립성을 유지하지 못하고 '정치의 도구 내지 시녀'처럼 되어버리는 양상을 보여줄 수도 있

29 마루야마 마사오는 오규우 소라이에게서 그 같은 '정치'와 '도덕'의 분리를 발견해내고, 그것을 일본에서의 근대적 사유의 발생으로 해석하기도 했다. 어쨌거나 마키아벨리는 유교를 상대화, 객관화시키는 데 있어서 중요한 준거가 될 수 있다고 하겠다.

다는 것, '학문의 정치화' 현상이라 해도 좋겠다.[30]

이 같은 측면들은 그 시대, 그리고 그 나라의 사회 구조 등과 맞물려서 독특한 현상을 빚어내기도 한다. 유교 자체에서 비롯되는 보편성을 지니면서도 동시에 현지화, 현재화하는 과정에서 어쩔 수 없이 특수성을 지니게 된다는 것.

나는 일본 유교에서 그런 특성을 분명하게 읽어낼 수 있었다. 다산 정약용은 자신의 시대에 이미 조선에서는 과거의 폐단 때문에 학문이 발전하지 못한다고 논평한 적이 있다. 상대적으로 독자성을 보여주는 일본 유학에 대해서는 높이 평가하는 편이었다.

제대로 한번 맞붙어보자는 마음을 감히 내지 못하고 애써 피해온 조선 후기의 형이상학적 논쟁들 역시 그런 맥락에서 바라보아야 하지 않을까. 그들은 할 일 없이 그렇게 한 것은 아니었다. 그것은 조선이라는 정치 체제 속에서, 더구나 주자학이라는 큰 틀 안에서 이루어진 자신들의 정치적인 노선과 정체성(identity)을 둘러싼 고도의 정치적인 논쟁이기도 했다. 그런 틀과 작동방식을 이해하지 못하면 번거롭고 아무짝에도 쓸데없는 공리공론空理空論으로 여겨질 것이다.[31]

---

30 유교의 경우, 학문과 정치라는 큰 틀 안에서 '정치와 교육' 역시 긴밀하게 이어지고 있다. 정치와 교육의 관계는 진정한 정치철학에 공통되는 부분이라 할 수 있겠지만, 유교는 더 직접적이다. 內聖外王의 이념이 그러하다. '철인 왕(Philosoper King)'이라 할 수 있으며, 고대의 중국에서는 그 이상이 실현되었다고 믿는다. 그는 하늘의 명을 받아서 사람들을 다스리고[治] 또 가르쳤다[敎]. 그는 '군주'이면서 '교사'이기도 하다[君師]. 주자는 이렇게 적고 있다. 「大學章句序」: "一有聰明睿智能盡其性者出於其閒, 則天必命之以爲億兆之君師, 使之治而敎之, 以復其性. 此伏羲, 神農黃帝堯舜, 所以繼天立極, 而司徒之職, 典樂之官所由設也."

31 이 부분은 줄곧 나의 뇌리 한 켠을 차지하고 있었다. 하지만 온몸으로 뛰어들지 못했다. 왠지 길을 잃어버릴 것만 같았다. 그런데 어느 순간 나는 조선 후기의 논쟁들이 80년대 운동권에서 살벌하게 진행되었던 'NL-PD 논쟁'과 너무나 흡사하다는 느낌을 받았다. 역시 다른 나라에서 찾아볼 수 없지 않은가. 시대와 성격은 완전히 달리하지만 어떤 분명한 틀 안에서의 정치적 노선과 우선 순위를 둘러싼 논쟁이라는 점에서 다르지 않다고 생각한다.

다른 하나, 나의 입장은 거대한 유교의 역사[儒敎史] 속에서 유교를 보아야 한다는 것이다. 그래야 '유교의 정치성'이 도드라진다는 말이다. 실은 공자와 맹자와 순자는 춘추전국 시대 '제자백가諸子百家', 즉 수많은 학파의 하나에 지나지 않았다. 공자는 철환천하轍環天下하면서, 은자隱者나 노장老莊 계열로부터 비판과 조롱을 받았다.

그 후계자를 자처한 맹자는 많은 학파와 격렬한 논쟁을 펼치지 않았던가. 특히 양극단 양주楊朱와 묵적墨翟을 논파해가는 장면은 가슴 뭉클한 장면이었다. 순자는 여러 학파들을 종합적으로 비판, 정리해가면서 유교의 경계를 그었다.

진시황에 의한 중국 통일, 그리고 한나라 이후 유교는 '독존獨尊'의 지위에 올랐다. 유일한 정통 사상으로 선포되었으며, 그 위상에 거대한 국가의 권위가 덧보태졌다. 동중서董仲舒(BC 179~104)는 사상 통일을 위해 표준 텍스트 '오경五經'을 정하고, 연구하고 교수하는 '오경박사'를 설치했다.

그로 인해 '경학經學'이 성립될 수 있었다[경經이 없는 곳에 경학經學은 있을 수 없다]. 하지만 역설적으로 유교에게 그것은 축복이자 동시에 저주이기도 했다[亢龍有悔!]. 사상의 탄력성을 잃어버렸기 때문이다.

그 틈새를 도가 사상과 도교, 그리고 인도에서 전래된 불교가 중국인들의 심성을 사로잡았다. 불경의 한역漢譯과 더불어 한층 더 심화되었다. 그야말로 '*The Buddhist Conquest of China*'(E. Zürcher의 책 제목)가 상징적이라 하겠다. 수, 당 시대나 우리나라의 삼국시대 및 통일신라, 그리고 고려 후기까지는 유교와 불교의 관계는 그러했다. 이른바 사상계의 주선율主旋律에서 밀려나 있었던 것이다.

도교나 불교를 신랄하게 비판하면서 등장한 신유학의 역사적 사상사적 의미는 그런 측면에서 이해되어야 할 것이다. 이단에 빼앗겼던 유교의 영광을 되찾아낸 것이 주자학이라 해도 좋겠다. 그런 의미에서 주자학의 성립은 "동아시아 세계에서 하나의 세계사적인 사건"이라고 할 만했다.[32]

그 과정에 대해서는 앞에서 말했던 「대학장구서」와 「중용장구서」가 여실히 말해주고 있다. 중요한 사실은 그 과정에서 유교는 그들[노장, 불교]의 논리를 알아야만 했고, 그들의 개념과 언어를 빌지 않을 수 없었다. 리기론理氣論 자체가 생생한 유물이자 증거가 된다고 하겠다.

그러면 주자학 이후의 사상사는 어떠했는가. 명대의 양명학, 청대의 고증학에로의 전개도 있었지만, 적어도 큰 틀 내에서는 주자학의 우위는 유지되고 있었던 듯하다. 하지만 한결같지는 않았다. 조선 후기의 사상사는 그래서 독특하다. 고도의 형이상학 논쟁도 그렇지만 사문난적斯文亂賊이라는 딱지 붙이기 역시 그러하다.[33] '독존獨尊'과 '사문난적'은 사상의 활력과 생명을 앗아간다.

오래 전에 시마다 겐지는 이렇게 말한 바 있다. "기독교의 역사가 대부분 범유럽적인 시야에서 쓰인 것과 같이 유교사, 주자학사도 중국, 한국, 일본, 베트남을 포함하는 통사로 먼저 쓰여야 하지 않을까 생각한다." 전적으로 공감한다.

한자, 유교, 문묘, 과거제 등을 감안하면 베트남 역시 유교문화권 내의 중요한 유교 국가라 해야 할 것이다. 그런 만큼 유교문화권(한·중·일·베트남)이라는 거시적인 시각에서의 비교 연구가 필요하다, 혼자서

---

32 주자 역시 혼자서 다한 것은 아니다. 이른바 북송(北宋)의 다섯 선생[五子] 周敦頤(1017~1073)·張載(1020~1077)·邵雍(1011~1077)·程顥(1032~1085)·程頤(1033~1107)]과 같은 주자의 선구자들이 '송학'이라는 하나의 거대한 '시대정신(Zeitgeist)'을 빚어내고 있었다. 주자는 그런 흐름을 집대성했다고 할 수 있겠다.

33 예컨대 송시열은 윤휴에 대해서 이렇게 비난(판)하고 있다. 『宋子大典』 卷78: "自朱子以後, 無一理不顯, 無一書不明, 鑴何敢自立己見, 而排斥之不遺餘力耶, 是實斯文之亂賊也."

다할 수는 없다. 연구자들 사이의 분업과 협업이 필요하다!

이번 계제에 국제적으로 분업과 협업, 그리고 비교 연구를 할 경우 같이 생각해볼 사안 하나를 같이 공유하고 싶다. 일본의 '코쿠가쿠' 문제라 해도 좋겠다. 관련해서 '삼교三教(儒 · 佛 · 道)'와 구분되는 한국의 고유한 것이 있느냐, 있다면 무엇이냐 하는 의문점이다.

유교, 불교, 도교의 조선화朝鮮化[내지 한국화韓國化]가 곧바로 우리의 '국학國學'이라 할 수 있을까. 연고권緣故權을 내세우면서, 나아가 '유교의 종주국'으로 우뚝 서고자 하는 중국의 움직임을 보면서 갖게 되는 생각이다.[34] 9세기 말을 살았던 최치원은 그런 인식을 분명하게 지니고 있었다. 유교, 불교, 도교[三教]와 더불어 '풍류風流'를 말하고 있다. 그의 「난랑비 서문[鸞郎碑序]」을 인용해두고자 한다.

> 崔致遠鸞郎碑序曰, "國有玄妙之道, 曰風流. 設教之源, 備詳仙史. 實乃包含三教, 接化群生. 且如入則孝於家, 出則忠於國, 魯司寇之旨也. 處無爲之事, 行不言之教, 周柱史之宗也. 諸惡莫作, 諸善奉行, 竺乾太子之化也.(『三國史記』 卷4, 眞興王 37年)"[35]

일찍이 시인 서정주(1915~2000)는 「자화상自畫像」이란 시에서 이렇게 읊었다. "스물 세 해 동안/ 나를 키운 건 팔할八割이 바람이다// 세상은/

---

34 1990년대 후반 이미 한 서구 학자는 "마르크스는 공자孔子에게 졌다"고 선언했다. 지극히 시사적이다.

35 최치원의 「난랑비서」에는 이렇게 말하고 있다. "우리나라에 현묘한 도가 있으니 풍류라 이른다. 그 교의 기원은 『선사』에 자세히 실려 있거니와, 실로 이는 3교를 포함하여 중생을 교화한다. 집에 들어오면 효도하고 나아가면 나라에 충성하는 것은 노사구[공자]의 취지와 같으며, 또 그 함이 없는 일에 처하고 말 없는 교를 행하는 것은 주주사[노자]의 종지와 같으며, 모든 악한 일을 하지 않고 착한 일만을 행함은 축건태자[석가]의 교화와 같다."

가도 가도 부끄럽기만 하더라" "나는/ 아무것도 뉘우치진 않으련다// …… 볕이거나 그늘이거나/ 혓바닥 늘어뜨린 병든 수캐마냥/ 헐떡거리며 나는 왔다." 지난 날 마치 혓바닥을 늘어뜨린 병든 수캐마냥 헐떡거리며 달려왔지만, 아무것도 뉘우치지 않겠다는 말이다. 뉘우쳐 본들 뭐가 달라지겠는가. 나 역시 지난 날들을 뉘우치거나 후회하지는 않는다.

그럼에도 "세상은 가도 가도 부끄럽기만 하더라"는 말은 가슴에 와 닿는다. 젊은 날 나는 '행원승고行遠昇高'니 '임중도원任重道遠'이니 하는 말들을, 아무렇지도 않게, 입에 달고 살았다. 치기 어린 '자부심'일 수도 있었고 일종의 '사명감'일 수도 있었다. 이리저리 헐떡거리며 뛰어다녔던 듯하다. 어느 순간부터 부끄럽다는 것을 느끼고 있다. 그야말로 '남들에게 보여주기 위한 학문'[爲人之學]이었다는 것도.

다소 늦기는 했지만 이제 '자신을 위한 학문[爲己之學]'으로 나아가야 한다는 절박한 생각을 하고 있다. 더 이상 새로운 분야로 달려가지 않으려 한다. 큰 맥락을 잡아가느라 그동안 무심히 지나쳤던 혹은 미처 알지 못했던 중요한 장면들과 꾸준히 그리고 차분하게 대면해나고자 한다.

언젠가 공자는 시냇물을 바라보면서 이렇게 탄식한 적이 있었다. "가는 것이 이와 같구나, 그야말로 밤낮을 그치지 않는구나."(子在川上曰, "逝者如斯夫! 不舍晝夜."『論語』「子罕」) 이에 대해 주자는 알기 쉽게 풀어주었다. "배우는 자가 때때로 성찰하여 털끝만한 중단도 없게 하고자 하신 것이다(欲學者時時省察而無毫髮之間斷也)." 그야말로 쉼[間斷]없이 열심히 공부하라는 말이겠지. 그렇다, 흐르는 물은 쉬지 않는다. 천류불식川流不息!

# 유학과 함께 떠나는 돌봄과 공생의 길!

김세정(충남대학교 교수)

## 1. 철학 – 유학에 대한 첫걸음

필자가 처음으로 철학이라는 학문을 하고 싶다는 생각을 하게 된 것은 1980년대 중학교 시절이다. 중학교 시절 불교학생회에 가입하여 불교와 인연을 맺고 매주 108배도 하고 참석도 하고 설법도 들었다. 방학 때는 큰 사찰로 수련회를 가서 새벽 예불과 함께 3000배와 장시간의 참선도 해봤다. 한참 사춘기에 '인간 존재에 대한 물음', '삶과 죽음에 대한 물음', '우주의 본질에 대한 물음' 등은에 대해 고민했는데, 한편으론 유치해 보이면서도 다른 한편으론 매우 절실한 물음들이었다.

그러나 이 시기에는 인생 경험이 부족해서인지 지식이 부족해서인지 아니면 절실함이 부족해서인지 이러한 물음들에 대한 해답을 얻지 못했다. 그러나 이를 계기로 '철학'을 내가 가야 할 인생길로 정하고 다른 분야에는 눈길 한번 안 주고 지금까지 40여 년간 '철학'이라는 외길을 쉼 없이 뚜벅뚜벅 걸어왔다.

불교와의 만남을 통해 철학에 뜻을 두게 되었지만 철학에 대한 본격적인 탐구와 사색은 '유학'과의 만남을 통해서 이루어졌다. 대학 진학을 눈앞에 두고 고민하는 필자에게 선친이신 지산志山 김길락金吉洛(1935~2008) 선생님께서는 철학을 할 생각이면 유구한 전통이 있는 성균관대학교 유학과를 진학하라고 권유해주셨고, 필자는 그 권유에 따라 1986년도에 성균관대학교 유학과에 진학하게 되었다.

그리고 4년간 『사서오경』을 비롯한 다양한 강독수업을 통해 원전에 대한 이해와 해독 능력을 키우고, 중국철학사와 한국철학사 등의 이론수업을 통해 유학 사상, 나아가 동양철학 전반에 대한 이해의 폭을 넓혀 나갈 수 있었다.

그러나 독재정권에 항거하며 민주화를 위한 시위가 한창이던 이 시기에, '시대정신', '살신성인殺身成仁', '사생취의捨生取義'를 그토록 강조했던 유학이 아무런 역할도 하지 못하는 모습, 아니 성균관을 비롯한 유림들이 불의不義 앞에 침묵하는 모습을 보면서 많은 자괴감에 빠졌다.

현실과 괴리된 이러한 학문을 계속해야 하는가 하는 회의감마저도 들었다. 아마도 대학시절의 이러한 고민과 방황이 이후 필자로 하여금 유학을 단지 과거의 유물이 아니라 현실 속의 생생한 유학으로 되살리고 현실 문제를 해결할 수 있는 방안으로 재구성하도록 하는 연구방향으로 나아가도록 하는 계기가 되었던 것 같다.

대학 졸업 후 1990년에 공군장교로 군대를 갔다. 이 시기에 경서를 비롯한 전공 공부에서 벗어나 자유롭게 다양한 책들을 읽을 수가 있었다. 그 가운데 미래학자 엘빈 토플러의 『권력 이동』(한국경제신문사)과 『제3의 물결』(한국경제신문사) 및 『미래의 충격』(범우사)이란 책을 읽게 되었다. 그리고 범양사에서 출간된 수십 권의 신과학 총서들을 읽게 되었다.[1] 이 책들을 통해 더 넓은 세계, 특히 과거가 아닌 미래를 볼 수 있었다. 신선한 충격이었다.

대학 시절 유학을 공부하면서 늘 '어떻게 사는 것이 인간다운 삶인가? 바람직한 삶인가?'라는 문제에 대한 선현들의 답변을 가지고 눈앞의 세상을 재단하려고 했다. 그런데 미래학과 신과학 관련 서적들을 접하고 나서 지금 눈앞에 펼쳐진 현재와 앞으로 펼쳐질 미래를 바탕으로 어떻게 살아야 하는가에 대한 물음을 새롭게 던지기 시작했다. 미리 설정된 가치로 현실을 규정하는 것이 아니라 펼쳐진 현실과 펼쳐질 미래에서 삶의 가치와 삶의 방식을 새롭게 설정해 나가는 것이다.

1993년 8월 군복무를 마치고 대학원(성균관대 유학과)에 복학할 무렵 새로운 학문적 인연을 맺게 되었다. 유학의 한 줄기이면서도 학부시절에 배워본 적이 없는 '양명학陽明學'이다. 선친께서 그동안 발표하신 양명학 관련 논문들을 모아서 하나하나 컴퓨터에 입력하는 작업부터 인용문들을 대조하는 작업과 교정 작업까지 꼬박 1년 넘게 작업을 진행하였다.[2]

『왕양명전집王陽明全集』은 고사하고 『전습록傳習錄』을 한 번 읽어본 적이 없는 필자가 논문에 인용된 수십 종의 원전은 물론 양명학 관련 외국 저서(일본, 대만, 중국)들을 하나하나 찾아가면서 원고 내용과 대조하고 입력하는 과정은 참으로 너무도 힘든 작업이었다. 논문에 나오는 어느 한 구절을 찾기 위해 『왕양명전집』을 일주일 내내 이 잡듯이 뒤진 적도 있

---

1 프리쵸프 카프라의 『현대 물리학과 동양사상』, 『새로운 과학과 문명의 전환』, 『생명의 그물』, 로버트 어그로스, 스탠시우의 『새로운 생물학』, 박창근의 『시스템학』, 김두철의 『신과학운동』, 프리초프 카프라, 슈타인들 라스트 등의 『신과학과 영성의 시대』, 홍욱희의 『생물학의 시대』, 에리히 얀치의 『자기조직하는 우주』 등.

2 이때 만들어진 책이 김길락, 『상산학과 양명학』, 예문서원, 1995이다.

었다. 그 덕분일까? 이 힘든 과정에서 양명학에 눈을 뜨게 되었고, 양명학에 매료되었다.

왕양명(이름은 수인守仁, 1472~1528)의 삶과 사상 속에서 '주체성', '실천정신', '시대정신', '역동성'을 느낄 수가 있었다. 그리고 무엇보다 자신의 안위와 부귀와 공명마저 뒤로한 채 당시 약자들인 일반 백성들의 고난과 고통을 자신의 아픔으로 느끼면서 이들을 고난으로부터 구제하기 위해 고군분투했던 양명의 치양지致良知와 만물일체萬物一體의 삶은 나에게 진한 감동을 주었다.

이때의 느낌과 감동이 나로 하여금 지금까지도 양명학을 손에서 놓지 못하게 하는 계기가 되었던 것 같다. 『상산학과 양명학』을 편집하고 교정하면서 선친과 많은 이야기를 나누었고, 이 과정에서 선친께서 쌓아 놓으신 양명학을 전수받을 수 있었다.

## 2. 양명학은 생명철학이다

나에게는 학문적 스승이 두 분 계시다. 바로 선친과 우산友山 송하경宋河璟 선생님이시다. 1993년 9월 대학원 석사과정에 복학한 후에 양명학을 전공하기로 결심하고 학부 시절부터 가장 존경하던 송하경 선생님을 지도교수로 모셨다. 대만에서 양명학으로 박사학위를 받은[3] 선생님께서는 먼저 양명학을 '도덕형이상학'과 '도덕실천철학'으로 평가하는 대만학계의 학풍과 연구 경향을 가르쳐주셨다.

그리고 1980년대부터 새롭게 연구되기 시작한 중국 대륙에서의 양명

3 宋河璟, 「王陽明心學之硏究」, 國立臺灣師範大學 博士學位論文, 1986.

학 연구 경향과 특성을 원서 강독 수업을 통해 제자들과 함께 모색해 나갔다.[4] 아울러 송하경 선생님의 문하생들이 모여서 처음으로 『전습록』을 강독하면서 양명학에 대한 이해를 넓혀나갔다. 선생님의 가르침과 동학들과의 학습의 결실로 「왕영명의 격물치지설格物致知說에 관한 연구」(1995)라는 주제로 석사학위 논문을 썼다.

이 시절 두 분은 학문이란 단지 관념의 세계나 지식의 세계에 갇혀 있는 것이 아니라 실천을 통해 내가 몸담고 있는 삶의 현장 한 가운데서 구현하는 것, 즉 '지행합일知行合一'이자 '치양지致良知'라는 것을 몸소 실천을 통해 보여주셨다.

석사과정을 마치고 박사과정에 진학하여 양명학에 대한 연구를 지속해 나갔다. 박사과정에서는 그동안의 고민과 관심, 즉 유학을 박물관의 전시물이나 골동품으로서의 유학이 아니라 오늘날의 시대 문제와 관련하여 현대 사회에서 살아 숨 쉬는 유학으로 어떻게 재구성할 것인가 하는 문제를 고민해 나갔다. 그 해답을 양명학에서 찾고자 하였다.

우리 인류가 마주한 시대 문제는 인간 사회의 무한 경쟁과 갈등으로 인한 인간 생명의 위기는 물론 인간의 무한한 욕망을 충족시키기 위한 자연생태계 파괴로 야기된 '전 지구적 생명 위기'이다. 이러한 전 지구적 생명 위기를 해결할 수 있는 방안을 양명학을 통해 모색해 보고자 하는 것이 박사논문의 연구 과제였다. 이 과제를 풀어나가는 과정에 필자에게 새로운 영감을 갖게 해주고 새로운 시야를 열어주신 분이 계시다. 다름 아닌 박이문(1930~2017) 선생님과 장회익 선생님이다.

박이문 선생님은 『문명의 위기와 문화의 전환』(민음사, 1996)과 『문명의

---

4 楊國榮, 『王學通論』, 上海: 三聯書店, 1988; 陳來, 『有無之境』, 人民出版社, 1991; 楊國榮, 『心學之思』, 北京: 三聯書店, 1997 등을 함께 강독했던 기억이 난다.

미래와 생태학적 세계관』(당대, 1997)을 통해 첫 인연을 맺었다. 선생님은 필자에게 '생태학적 세계관'에 눈을 뜨게 해주셨다.[5] 그리고 장회익 선생님은 『삶과 온생명』(솔, 1998)이란 저서를 통해 인연을 맺고 박사논문 심사위원까지 맡아주시면서 자연과학과 인문학의 융복합의 길을 가르쳐주셨다. 두 분은 저서와 가르침은 필자의 눈을 좀 더 넓은 분야와 새로운 세계로 넓혀주셨을 뿐만 아니라 유학에 대한 현대적 접근 방법과 재구성 방안을 마련할 수 있는 계기를 마련해 주셨다.

'법고창신法古創新(옛것을 본받아 새것을 창조해 냄)', '온고지신溫故知新(옛것을 익히고 그것을 통하여 새것을 앎)'이라고 했던가! 학문 세계에서는 무無에서 유有가 나올 수는 없다. 다만 이전의 학문과 지식을, 스승과 선배의 학문과 사상을 교조주의적으로 맹목적으로 답습만 하고 신봉만 하느냐 아니면 한편으론 이를 계승(법고法古와 온고溫故)하면서도 다른 한편 새롭게 창조하고 새롭게 전개해 나가느냐(창신創新과 지신知新)하는 다름이 있을 뿐이다.

학부 시절 학과의 여러 선생님들로부터 유학의 밑뿌리에 해당하는 경전과 고전 유학(선진 유학을 중심으로)을 배웠다. 그리고 대학원 시절에 선친과 송하경 선생님으로부터 양명학을 배웠다. 그리고 박이문 선생님과 장회익 선생님으로부터 '생태론적 세계관'과 '온생명론'을 배웠다.

학부와 대학원 시절의 많은 선생님들의 가르침은 이후 나의 '창신創新'과 '지신知新'을 위한 밑거름이 되었다. 그 첫 번째 결실이 바로 '생태론적 세계관', '유기체론적 세계관', '온생명론' 등을 토대로 양명학을 재구

---

5 박이문 선생님과의 첫 만남은 박사학위를 받고 나서 '한국생명윤리학회'의 창립 학술대회 때였던 것으로 기억한다. 그 이후로도 학술대회 때 여러 차례 만나서 선생님께 가르침을 받았다.

성한 「왕양명의 생명철학에 관한 연구」란 주제의 박사학위 논문이다.

1999년 2월 「왕양명의 생명철학에 관한 연구」란 주제의 논문으로 박사학위를 받고 나서, 필자는 6년간 '양명학을 통한 전 지구적 생명 위기의 해법 찾기'라는 과제와 고민을 다시 끌어 않은 채 부족함을 메우기 위한 작업에 매진하면서 새로운 글들을 발표하였다. 이러한 성과들을 바탕으로 2006년에 『왕양명의 생명철학』(청계, 2006)이 세상에 나오게 되었다.

필자는 이 책의 머리말에서 "인간의 자연에 대한 착취와 지배로 인한 전 지구적 생명 위기라는 시대 문제와 관련하여 필자의 눈을 사로잡은 것은 '천지만물과 인간은 본래 한 몸이다' 그리고 '사람은 천지만물의 마음이며, 마음은 천지만물의 주체이다'라는 왕양명의 말이었다. 특히 인간의 마음 즉, 양지良知(만물일체萬物一體의 인심仁心)는 '인간이 천지만물과 감응하는 주체'이자 '천지만물의 생명 손상을 나의 아픔으로 느끼는 통각의 주체'라고 하는 것은 '생명 위기 문제'를 고민하는 필자에게 이 문제 해결에 다가설 수 있는 실마리를 제공해 주었다."라고 이야기하면서, "'천지만물과 인간이 하나의 생명체라는 자각'과 '천지만물과의 감응과 통각의 주체인 양지를 회복'하는 일은 자연 세계와 인간 자신의 생명을 위협하는 전 지구적 생명 위기로부터 벗어나 자연 세계와 인간이 함께 건강하고 행복한 삶을 꾸려나가기 위한 첫걸음이 될 것이다."[6]라고 이야기했다.

그리고 '양지'에 관한 이와 같은 생명철학적 정의를 바탕으로 1장에서는 현대 문명의 생명 위기의 원인과 다양한 대응 방안들을 살펴보고, 이 책이 지향하는 양명학 연구의 새로운 방향에 대해 다루었다. 2장에서는 왕양명의 역동적이며 실천적인 삶의 전 과정과 주체적이고 창조적인 생

6 김세정, 『왕양명의 생명철학』, 청계, 2006, 6쪽.

명철학의 수립 과정을 추적하였으며, 3장에서는 '천지만물일체설天地萬物一體'을 중심으로 '천지만물과 인간이 하나인 세계', '유기체적 대동사회', '천지만물의 중추적 인간' 등 왕양명 생명철학의 세계관과 사회관, 인간관을 총체적으로 조망하였다.

각론에 해당하는 4장에서 8장까지 '심즉리설心卽理說', '지행합일설知行合一說', '양지설良知說', '치양지설致良知說', '친민설親民說' 등 왕양명의 주요한 학설들을 중심으로 양명학을 생명철학의 입장에서 새롭게 정립해 보았다.

마지막 9장에서부터 12장까지는 '왕양명의 생명철학과 현대의 만남'이라는 주제로 생명과 관련하여 현대사회에서 대두되고 있는 사회적 문제들에 대한 왕양명 생명철학의 역할 가능성과 의의를 모색해 보았다.

2006년 가을에 『왕양명의 생명철학』은 '2006 문화관광부 우수학술도서'로 선정되는 영광을 얻었다. 그리고 2009년 10월에는 이 저서로 인해 '제1회 사단법인 대한철학회 운제철학상'을 수상하는 영예를 안았다. 당시 수상한 상패에는 "귀하의 위 저서는 동양철학의 생명존중사상을 탁월하게 논증함으로써 철학사상의 저변 확대에 기여하는 바가 크다고 인정되어……."라는 문구가 적혀있다. 이러한 일련의 과정을 통해 양명학은 '생명철학'으로 새롭게 태어났고, 지금도 성장해 나가고 있다.

## 3. 한국양명학의 뿌리를 찾는 여정

『왕양명의 생명철학』 출간 이후에 중국에서의 양명학파의 분화와 전개 과정 및 중국 양명학파의 특성에 관한 연구를 지속하였으며, 그 성과물들을 모아 2013년에 『양명학파 전덕홍의 양지철학』[7]이란 제목의 저서를 발간하였다. 중국 양명학에 대한 연구는 단지 중국 양명학 자체를 이해하고자 하는 데 있는 것이 아니라, 중국 양명학과의 영향 관계에서 형성된 한국유학의 특성을 밝히고자 하는 데 있다.

한국유학의 '심학화心學化', 한국유학의 '다양성', '주체성', '창조정신' 등등. 필자는 2004년에 '양명심학과 퇴계심학의 비교연구'란 과제명으로 한국연구재단 신진교수 연구 과제를 수행하였다. 이를 시작으로 한국유학에 대한 양명학의 영향 관계와 그 영향 관계 속에서 형성된 한국유학의 특성을 모색하는 연구를 진행해 나갔다.

한국의 대표적인 성리학자 이황李滉(1501~1570), 이이李珥(1536~1584), 성혼成渾(1535~1598)은 물론 윤증尹拯(1629~1714)과 박세당朴世堂(1629~1703)의 양명학에 대한 대응 방식과 이들 사상의 심학화 과정에 있어서의 양명학과의 영향 관계에 대해 고찰하였다. 그리고 한국의 양명학자로 평가되는 장유張維(1587~1638)와 최명길崔鳴吉(1586~1647)과 정제두鄭齊斗(1649~1736)가 양명학을 한국적 현실에 맞게 재창조하는 과정과 그 특성에 대해 고찰하였다.

또한 한말 전우田愚(1841~1922)의 육왕학陸王學 비판에 대한 고찰을 통해 이황에게서 시작된 양명학 비판이 전우에 이르러 어떻게 달라지는지 그리고 그 의미는 무엇인지에 대해서도 고찰해 보았다. 이러한 연구 성과를 모아서 2015년에 『한국 성리학 속의 심학』(예문서원, 2015)이란 제목으로 저서를 출간하였다.[8] 이 저서는 '2018년도 대한민국학술원 우수학

---

7 김세정, 『양명학파 전덕홍의 양지철학』, 충남대학교출판문화원, 2013.

8 이 책은 총 7장으로 구성되어 있다. 1장 '퇴계 이황의 양명학 비판과 심학적 특성', 2장 '우계 성혼의 거경궁리의 심학사상', 3장 '계곡 장유의 주체성과 창조정신', 4장 '지천 최명길의 주체성과 창조정신', 5장 '율곡학의 심학적 계승과 변용', 6장 '명재 윤증과 서계 박세당의 격물 논

술도서'로 선정되는 영예를 안았다. 『한국 성리학 속의 심학』에 주요한 성리학자 가운데 기대승奇大升(1527~1572)에 관한 내용이 빠져있어 이후에 기대승과 관련한 논문 3편을 추가로 발표하였다.[9]

조선은 건국 초기부터 유교를 국교로 정하고 유교를 숭상하고 불교를 억압하는 '숭유억불崇儒抑佛'을 표방하였다. 물론 높임의 대상인 유교는 바로 고려 말에 수입된 원대元代의 주자학이다. 주자학이 조선의 건국이념이자 조선을 지탱해 주는 체제 교학이 되면서 불교는 주자학으로 무장한 여말선초의 유학자들에 의해 이단異端 · 사문난적斯文亂賊으로 지목되고 신랄하게 비판 · 배척당하였다.

조선 전기만 하더라도 불교나 도가만이 이단으로 간주되었으나, 조선 중기 이황에 이르러서는 유학의 한 부류인 육왕학陸王學마저도 이단으로 지목되고 배척의 대상이 되었다. 이황은 도통론道統論에 근거하여 정주학을 근본으로 삼고 이를 지키기 위해 '파사현정破邪顯正'의 입장에서 불교와 노장학 그리고 육왕학을 이단으로 간주하여 철저히 배격하였다. 그 뒤로도 이황의 문하에 의해 양명학 비판은 계속되었다. 그리고 이단 비판과 배척은 19세기 중반 이후 유입되기 시작하던 서구 세력을 거부하는 내수외양內修外攘의 '위정척사衛正斥邪 운동'으로 다시 등장하게 된다.[10]

이황에 의해 양명학이 이단으로 매도되고 배척되는 분위기에도 불구하고 남언경南彦經(1528~1594)과 그의 제자 이요李瑤는 양명학을 수용하

---

변', 7장 '간재 전우의 육왕심학 비판'

9 김세정의 「심학의 눈으로 본 고봉학」, 『양명학』 45호, 한국양명학회, 2016; 「양명심학과의 비교를 통해 본 기대승의 수양론」, 『유학연구』 38집, 충남대 유학연구소, 2017; 「양명심학의 눈으로 본 기대승의 경세론」, 『양명학』 47호, 한국양명학회, 2017.

10 김세정, 『한국 성리학 속의 심학』, 예문서원, 2015, 8~9쪽.

였다. 이후 허균許筠(15 69~ 1618), 장유, 최명길 등에 의해 양명학은 적극적으로 수용되었다. 나아가 정제두와 그 문인들에 의해 '하곡학파霞谷學派' 또는 '강화학파江華學派'라고 하는 한국 양명학으로 새롭게 탄생하였다.

이들은 한결같이 당시 병자호란과 임진왜란을 거치면서 보여 준 주자학적 대의명분大義名分의 허위의식과 비주체성 및 실천성의 부재 등을 비판하고, 양명학적 '양지론良知論'과 '지행합일설知行合一說' 그리고 '인간평등론' 등에 근거하여 실심實心, 실질實質, 실리實理, 실사實事의 정신과 주체성, 실천성 및 자주성을 회복함으로써 당시 시대 문제를 해결하고자 하였다.

중세에서 근대로의 전환점, 즉 19세기 말 서세동점西勢東漸의 한말 전환기에 박은식朴殷植(1859~1925)과 정인보鄭寅普(1893~1950)는 양지론을 근간으로 한 '인간평등론'과 '천지만물일체설'에 근거한 양명학을 통해 서구 문화에 대응하고 일제로부터의 국권회복이라는 시대적 · 민족적 과제를 해결하고자 하였다. 양명학은 비록 한국에서 수용될 때부터 이황과 그 문하에 의해 사문난적 또는 이단으로 심한 배척을 받았음에도 불구하고 강인한 '주체성'과 '실천성', '시대정신' 및 따뜻한 '생명애'를 지닌 뜻있는 선각자들에 의해 수용 · 발전되면서 한국 양명학으로 뿌리 내리게 된다.[11]

조선에서 양명학은 주자학과 같이 주도적인 사상도 아니었고, 절대적인 위상을 지닌 것도 아니었다. 그렇지만 조선에 유입되어 성리학, 나아가 유학 사상이 보다 건강하게 발전해 나갈 수 있도록 직 · 간접적으로 영향을 준 것만은 사실이다. 그것이 양명학을 비판 · 배척하는 방식이든

---

11 김세정, 『한국 성리학 속의 심학』, 예문서원, 2015, 9~10쪽.

아니면 수용하는 방식이든 간에 퇴계학退溪學을 비롯한 고봉학高峯學, 우계학牛溪學, 율곡학栗谷學 등 한국 유학의 심학화는 어떤 면에서는 성리학과 양명학의 만남과 소통 속에서 이루어진 것이라고 할 수 있다.[12]

종의 획일성이 아닌 종의 다양성이 자연생태계를 풍요롭게 해주고, 종들 간의 경쟁과 대립과 갈등이 아닌 종들 간의 조화와 상생과 공생이 자연생태계를 건강하게 유지시켜준다. 학문과 사상 또한 마찬가지다. 학문의 다양성, 그리고 상호 간의 건전한 비판과 상생은 다양한 시대 문제를 해결해 나가는 데 있어 역동성과 효율성을 지닌다.

그런 측면에서 주자학 일색의 획일적인 학문 풍토 아래에서 한반도에 양명학을 수용하고 자신이 마주한 시대 문제를 해결하기 위한 방안으로 양명학을 새롭게 발전시켜 나간 한국의 양명학자들은 우리에게 소중한 유산을 남겨 주었다고 평가할 수 있다.

양명학을 전공하는 필자 또한 이들로부터 학문적으로 많은 유산을 물려받았다. 그것은 다름 아닌 한국 양명학자들이 보여준 강인한 '주체성'과 '실천성'과 '시대정신'과 따뜻한 '생명애'이다. 이들이 보여준 삶의 여정은 필자에게 나 자신이 마주한 시대 문제가 무엇인지 끊임없이 고민하게 하고, 나 자신이 마주한 시대 문제를 해결하기 위한 방안을 주체적으로 모색하게 한다. 나아가 단지 관념에 머무는 것이 아니라 현실의 삶 한복판에서 실천토록 한다. 그 핵심은 바로 '생명애'이다.

최명길 · 정제두 · 박은식 · 정인보 등이 보여준 삶의 여정을 한마디로 요약한다면 백성들에 대한 '생명애'이다. 이들은 몸소 실천을 통해 백성들을 고난으로부터 구제하고자 하였다. 양지의 감응과 통각이 있었기에 가능했던 일이다. 인간 자신의 무한한 욕망 충족을 위해 서로 경쟁하고

---

12 김세정, 『한국 성리학 속의 심학』, 예문서원, 2015, 10쪽.

갈등하고 싸우고 짓밟는 오늘날에 가장 절실한 것은 바로 감응과 통각의 주체인 양지를 회복하는 일이 아닌가 생각된다.

## 4. 환경철학과의 만남 그리고 유가생태철학을 향해

1999년 2월에 철학박사 학위를 받고, 1999년 9월부터 2000년 8월까지 1년간 미국 뉴욕주립대학교에 방문연구학자로 다녀왔다. 뉴욕주립대학 스토니브룩 캠퍼스의 도서관을 처음 방문했을 때 필자의 시선을 강하게 끌어당긴 코너가 있었다. 바로 "Environmental philosophy"였다. 이때 마이클 짐머만(Michael E. Zimmerman)이 편찬한 *Environmental Philosophy*[13]를 비롯해서 안느 네스Arne Naess(1912~2009)의 *Ecology, Community and Lifestyle*,[14] 토마스 베리(Thomas Berry)의 *The Dream of the Earth*[15] 등 서구의 환경철학 관련 책들을 접할 수 있었다.[16]

한편으론 환경철학 관련 저서들을 열심히 모으고, 한편으론 이 책들을 열심히 읽으면서 나의 시야와 사유의 폭을 넓혀나갔다. 이때 '인간중심주의', '동물 평등주의', '생명 중심주의', '심층 생태주의', '사회 생태주의', '생태 여성주의' 등 다양한 이론들이 있다는 것을 알게 되었다. 이 당시 필자의 주목을 끈 이론은 바로 '심층 생태주의(deep ecology)'였다. 좁게는 양명학, 넓게는 동양의 사유와 매우 유사해 보였기 때문이다.

---

13 Michael E. Zimmerman 2eds., *Environmental Philosophy*, New Jersey: Prentice Hall, 1998.

14 Arne Naess, *Ecology, community and lifestyle*, Cambridge: Cambridge University Press, 1989.

15 Thomas Berry, *The Dream of the Earth*, San Francisco: Sierra Club Books, 1988.

16 미국에 가기 전에 한국에서 환경철학 관련 도서들을 접하기는 했지만, 이 당시 한국에서 환경철학과 관련한 도서는 매우 희소했다.

그래서 양명학과 서구 환경 철학의 동이점을 밝혀 보고자 하는 욕심을 내보았다. 이때 쓴 논문이 바로 「서구의 환경철학과 왕양명의 한몸철학」이다.[17] 이 논문에서 필자는 '천지만물天地萬物의 역동적 자기-조직성', '기氣의 심리-물리적 속성' 및 '인간과 천지만물의 호혜성'에 바탕을 둔 왕양명의 한몸철학은 인간 자신과 자연 세계를 분화시키고 자연 세계를 인간 이익을 위해 파괴토록 하는 인간의 개체 욕망(사욕私欲)을 문제 삼으면서 인간 자신의 내면적 자각을 통한 개체 욕망의 제거와 본원적 만물일체의 인심仁心과 통각痛覺의 회복을 토대로 한 자연세계에 대한 친애親愛의 실천 활동을 통한 인간의 생명 본질 및 자연 생명의 창조적 실현 과정을 역설하고 있다는 점을 면밀하게 밝혔다.[18]

반면 생태철학자 안느 네스는 인간 자아를 개체론적 소자아(self)로부터 개인과 공동체의 소자아-실현들을 모두 포괄하는 '대자아(Self)'로 확대하고 '대자아-실현(Self-realization)' 즉 '다양성(diversity)'과 '공생(symbiosis)'을 극대화함으로서 오늘날의 생태 위기를 해결할 수 있다고 보며, 토마스 베리는 생태 위기를 해결하기 위해서 산업화 제도의 토대가 되는 '인간 중심주의적 의식'으로부터 '생명 중심적 의식' 즉 살아 있는 모든 종들을 포함하는 '생명 공동체'로 인식을 전환해야 한다고 주장한다. 즉 서구 생태철학은 인간에 국한된 자아나 공동체의 범주를 자연생태계를 포괄하는 총체적 지구로 확대하는 인식의 전환 또는 외재적 확장 과정이라고 볼 수 있다.[19]

---

17 김세정, 「서구의 환경철학과 왕양명의 한몸철학」, 『양명학』 4호, 한국양명학회, 2000, 62~112쪽. 물론 이전에 「王陽明 親民說에 대한 생태론적 접근」, 『동양철학』 11, 한국동양철학회, 1999의 논문이 있었지만 이 논문은 서구 환경철학과의 비교 논문은 아니다.

18 김세정, 「서구의 환경철학과 왕양명의 한몸철학」, 『양명학』 4호, 91~102쪽 참조.

19 김세정, 「서구의 환경철학과 왕양명의 한몸철학」, 『양명학』 4호, 80~91쪽 참조.

이러한 왕양명의 한몸철학과 서구 생태철학에 대한 분석과 진단을 바탕으로 필자는 "오늘날의 생태 위기에 대한 다양한 배경 분석과 생태과학의 성과를 토대로 생태 위기 해결을 위한 구체적 대안을 제시해 나가고 있는 생태철학은 내재적 자각을 통한 자연생태계와 인간의 본원적 일체성과 한 몸 안에서 느껴지는 통각의 회복을 주장하는 한몸철학을 통한 보완을 통해 보다 사실적 · 역동적 실천으로 이행될 수 있는 굳건한 토대를 마련할 수 있다면, 한몸철학은 이러한 생태철학과의 만남을 통해 생태 위기와 관련하여 새롭게 재해석되고 체계화됨으로써 단지 '우리도 있다'라고 하는 과시 또는 가능성의 단계를 넘어 생태 위기 문제를 풀어갈 수 있는 사실적 대안으로 자리 매김 할 수 있다."[20]라고 밝힌 바 있다.

이후 「생태계 위기와 유가생태철학儒家生態哲學의 발전 방향: 서구 환경철학과의 비교를 중심으로」란 주제의 논문에서 양명학을 넘어 유학 일반으로 넓혀 유가생태철학의 정립 필요성과 방향에 대해 논의 한 바 있다. 이 논문에서는 유가생태철학의 특성과 의의에 대해 고찰하였다.

유가생태철학은 다음과 같이 세 가지 특성과 의의를 지닌다. 첫째, '생생불식生生不息의 유기체적 자연관'이다. 이것은 '생생불식의 자기-조직성', '기氣에 의한 존재의 연속성' 및 '인간과 자연의 호혜성'이란 특성을 지닌다. 이러한 자연관은 기계론적 세계관을 극복하고 인간이 자연생태계를 함부로 파괴할 수 없는 철학적 당위성을 제공한다. 둘째, '천지만물의 중추적 인간관'이다. 인간은 천지만물과 한 몸이며 천지만물의 통각 주체이다. 이러한 인간관은 인간중심주의의 극복뿐만 아니라 생태 파시즘으로 경도될 수 있는 생태 중심주의의 문제점을 보완할 수 있는 가능성을 열어준다. 셋째, 생태론적 감수성에 근거한 '친민親民의 생태

---

20 김세정, 「서구의 환경철학과 왕양명의 한몸철학」, 『양명학』 4호, 109쪽.

론적 실천관'이다. 이는 유가철학이 단지 이론적 담론의 수준이 아니라 구체적 실천 방향으로 나갈 수 있는 계기를 마련해 준다.[21]

필자는 결론에서 "생태계 위기의 문제는 철학적 · 이론적 담론만으로 해결되지는 않는다. 인간과 자연의 관계에 대한 새로운 패러다임을 바탕으로 생태계 위기의 문제를 해결할 수 있는 구체적이고 현실적인 제도와 방안을 마련하고 나아가 이를 실천으로 이행해 나갈 때, 생태계 위기의 문제는 궁극적으로 해결될 수 있다. 따라서 유가생태철학이 우주 자연과 인간의 본래적 일체성에 대한 내면적 자각과 이를 바탕으로 한 인간 개개인의 주체적이고 자발적인 실천 행위를 중시함으로써 생태계 위기를 해결해 나감에 있어 인간 개개인의 주체적 · 자발적 · 능동적 참여의 토대를 마련해 준다고 하는 의의를 지닌다고 하더라도, 유가생태철학만으로 전지구적 생태계 위기의 문제를 모두 해결할 수 있는 것은 아니다. 유가생태철학이 법적 · 제도적 장치와 같은 현실적 · 구체적 · 실제적 해결 방안까지 마련하고 있는 것은 아니다. 따라서 유가생태철학은 한편으로는 자신의 특성과 의의를 지속적으로 발전시켜 나가면서, 다른 한편으로는 현실적이고 구체적인 법적 · 제도적 장치를 마련해 나가고 있는 서구 환경철학을 비롯한 제반 현대 학문들과의 만남과 공조를 지속함으로써만이 전지구적 생태계 위기의 문제를 해결할 수 있는 현실적 대안으로 자리 매김할 수 있다."[22]라고 말하면서 앞으로 해결해야 할 과제를 남겨 놓았다.

이후 필자는 2011년 8월부터 2012년 7월까지 미국 캘리포니아주립대

---

21 김세정, 「생태계 위기와 儒家生態哲學의 발전 방향: 서구 환경철학과의 비교를 중심으로」, 『哲學硏究』 85집, 대한철학회, 2003, 87~107쪽 참조.

22 김세정, 「생태계 위기와 儒家生態哲學의 발전 방향: 서구 환경철학과의 비교를 중심으로」, 『哲學硏究』 85집, 대한철학회, 109쪽.

학(UCLA)에 방문학자로 가게 되는 기회를 갖게 되었다. 이 시기에 그 동안 사두고 제대로 읽지 못했던 사회생태주의자 머레이 북친(Murray Bookchin, 1921~2006)의 책들을[23] 꼼꼼하게 읽으면서 '사회 생태주의(Social Ecology)'로 시야를 넓혀나갔다.

또한 '생태 여성주의(Ecofeminism)'에 관한 책들은[24] 물론 '생태민주의주의'와 '생태경제학'[25] 등과 관련된 저서들을 읽으면서 환경철학과 생태학 전반에 대한 이해의 폭을 다시 한 번 더 넓힐 수 있는 기회를 가졌다. 그리고 이때 그동안의 서구 환경철학에 대한 학습을 기반으로 〈유학사상과 생태철학〉이란 연구과제명으로 한국연구재단 '저술출판지원사업'에 신청하여 선정되었다.

2012년부터 2015년까지 연구 과제를 수행하고 그 결과물로 『돌봄과 공생의 유가생태철학』(소나무, 2017)을 출간하였다. 이 저서는 '2018 세종도서 학술부문'에 선정되는 영예를 얻었다. 이 책의 머리말에서 필자는 "이 책은 현재 직면한 전 지구적인 생태계 위기를 해결하는 일이 인류가 해결해야 하는 가장 중요한 시대적 과제라는 인식 아래 집필되었다. 지난 수십 년 동안 생태계 위기와 관련하여 인간 중심적 환경윤리, 동물 중심주의, 생명 중심주의, 심층 생태주의, 사회 생태주의, 생태 여성주의 등

---

23 당시 국내에 번역된 머레이 북친의 저서로는 다음과 같은 책들이 있다. 『사회 생태론의 철학』(문순홍 옮김, 솔, 1997), 『사회생태주의란 무엇인가』(박홍규 옮김, 민음사, 1998), 『휴머니즘의 옹호』(구승회 옮김, 민음사, 2003), 『머레이 북친의 사회적 생태론과 코뮌주의』(서유석 옮김, 메이데이, 2012).

24 반다나 시바 지음, 강수[illegible] 옮김, 『살아남기: 여성, 생태학, 개발』, 솔, 1998, 마리아 미스 · 반다나 사바 지음, 손덕수 · [illegible]난아 옮김, 『에코페미니즘』, 창작과비평사, 2000.

25 로이 모리슨 지음, 노상[illegible] · 오상근 옮김, 『생태민주주의』, 교육과학사, 2005, 프란츠 알트 지음, 박진희 옮김, 『생태적 [illegible]』, (주)양문, 2007, 프란츠 알트 지음, [illegible] 미래』, 민음인, 2010, 존 벨라미 포스터 [illegible] 지구와 평화롭게 지내기』, 인간사랑, 2010 등.

수많은 이론이 출현하고 수많은 대안이 제시되었지만 모두가 그 나름의 한계와 문제에 직면하고 있다. 이 시점에서 유학사상을 '유가생태철학'이라는 하나의 사상 체계로 새롭게 재구성하는 일은 환경 · 생태 담론을 다양화함은 물론 서구의 환경 · 생태 담론이 직면한 한계를 극복하고 새로운 제3의 대안을 마련하는 데 있어서도 시사하는 바가 크다."[26]고 주장하고, 유학사상의 연구 범위를 개별 인물이나 사상에 국한하지 않고 선진 시대의 유학사상은[27] 물론 송명 시대의 신유학,[28] 그리고 한국의 성리학과 양명학과 실학에 이르기까지[29] 유학사상 전반으로 확대하고 총론과 각론을 유기적으로 연결하였다.

결론에 해당하는 제5부 '돌봄과 공생의 유가생태철학'에서는 선진 유학에서부터 한국 실학에 이르기까지 유학사상에 나타난 주요한 특성, 즉 '유가생태철학'의 특성과 의의를 다루었다.[30] 유가생태철학은 생태주의적 특성이 획일적인 것이 아니라 시대와 인물에 따라 매우 다양한 모습으로 나타나는 '다양성'을 지닌다는 점과 유가생태철학은 서구 환경철학과 다른 특성 즉, '생태 수양론'을 지닌다는 점을 다루었다.

『돌봄과 공생의 유가생태철학』에서 다룬 '유가생태철학의 특성과 의

---

26 김세정, 『돌봄과 공생의 유가생태철학』, 소나무, 2017, 7~8쪽.

27 『돌봄과 공생의 유가생태철학』 제2부 '선진 유학과 유가생태철학의 맹아'는 제4장 '공맹의 천인합일의 도덕적 생태의식', 제5장 『주역』과 『중용』의 유기체적 생태의식'으로 구성되어 있다.

28 제3부 '신유학의 다양한 생태주의 형성과 전개'는 제6장 '장재의 氣 생태주의와 존재의 연속성', 제7장 '주희의 理 생태주의와 차등적 사랑의 확충', 제8장 '왕수인의 心 생태주의와 친민의 생태 수양론'으로 구성되어 있다.

29 제4부 '한국 유학의 돌봄과 공생의 생태주의'는 제9장 '이이의 實心과 소통의 생태주의', 제10장 '정제두의 靈性과 감응의 생태주의', 제11장 '홍대용의 人物均과 공생의 생태주의', 제12장 '박지원의 冥心과 상생의 생태주의'로 구성되어 있다.

30 제5부 '돌봄과 공생의 유가생태철학'은 제13장 '유가생태철학의 다양성'과 제14장 '생태수양을 통한 한 몸의 세계로'로 구성되어 있다.

의'를 이야기하는 것이 필자가 생각하는 '유학이란 무엇인가?'에 대한 대답의 한 부분이 될 수 있을 것이다. 유학사상은 어떤 면에서는 인간 중심주의로 보일 수도 있고 어떤 면에서는 심층 생태주의로도 보일 수 있다. 그러나 유학사상의 전체적인 면모를 고려할 때 유학사상은 인간 중심주의도 아니고 심층 생태주의도 아니다. 유학사상은 자연물과 다른 인간의 우수성을 부정하지 않는다. 오히려 적극적으로 긍정한다. 그러나 그 우수성은 자연 지배의 정당성이 아니라 자연을 치유하고 보살피고 돌봐야 하는 인간의 천부적 사명의 근거로 작용한다. 이는 인간이 본래 자연과 하나의 생명 체계를 이루지만, 인간은 단순한 자연의 한 부분이 아니라 자연 만물의 마음이라는 위상을 지니기 때문이다. 자연 만물의 마음, 즉 통각의 주체이기에 자연 만물의 손상을 자신의 아픔으로 느낄 수 있고 아프기 때문에 치유하고 보살피게 되는 것이다.[31]

생태계의 위기는 철학적 이론과 담론만으로는 해결되지 않는다. 실제적인 실천 활동을 수반할 때만이 자연 생태계는 물론 인간 또한 생존 위기로부터 벗어날 수 있다. 유가생태철학이 실천으로 이행될 수 있는 근거와 방안은 바로 '수양修養'이다. 유가생태철학의 생태 수양론은 서구 환경철학과 차별화할 수 있는 유가생태철학의 고유한 영역이다. 심층 생태주의에서도 내재적 가치의 범주와 인식의 전환을 중시한다.

그러나 북친의 사회 생태주의는 인간의 이성만을 절대적으로 신뢰하면서 직관과 영성, 체험, 명상 등을 중시하는 동양 사상과 인디언 문화는 물론 심층 생태주의를 지나칠 정도로 신비주의로 매도하고 있다. 이러한 주장의 이면에는 서구 우월주의와 이성 절대주의가 자리 잡고 있다. 이는 인간과 문화의 다양한 요소들을 또다시 위계화하고 생태 담론

---

31 김세정, 『돌봄과 공생의 유가생태철학』, 소나무, 2017, 490~491쪽.

의 다양성을 훼손할 수 있는 문제를 지닌다. 무엇보다 단지 이성에만 근거한 인식의 전환은 언제든 도구적 이성에 의한 자기합리화에 의해 전복될 수 있는 한계를 가지고 있다.

인간은 결코 이성만 지닌 단순한 존재가 아니다. 인간은 이성뿐만 아닌 감성, 감정, 본능, 감각, 직관, 영성, 도덕성 등 다양한 속성과 기능을 지닌 총체적이고 복합적인 유기체이다. 따라서 이러한 다양한 속성을 잘 조절하여 상호 유기적인 조화를 이루면서 올바른 방향으로 나아갈 수 있도록 하는 과정이 필요하다. 그것이 바로 유가생태철학에서 말하는 '수양'이다.[32]

유가생태철학에서는 영성, 이성, 감성, 감정 등 인간의 내적 요소들을 우열의 문제 또는 대립적 관계 내지는 취사선택의 문제로 보지 않는다. 이러한 요소들은 모두 인간이 자연 만물과 감응하는 데 그 어느 것 하나 무시하거나 버릴 수 없는 주요한 요소들이다. 중요한 것은 수양을 통해 이러한 요소들이 자연 만물과의 감응 과정에서 과 · 불급의 상태에 빠지지 않고 중절中節의 상태가 유지될 수 있도록 하는 것이다.

인간의 다양한 속성과 기능이 유기적인 조화를 이루면서 인간이 지향하는 도덕적인 삶을 살 수 있도록 하는 공부가 바로 수양이다. 도덕적인 삶이란 앞에서 누누이 밝혔듯이 단지 인간 사회에 국한된 도덕적 규범이나 강상 윤리를 준수하는 삶이 아니라 천지의 만물 화육에 주체적 · 능동적으로 참여하는 삶을 의미한다. 유가생태철학에서 말하는 생태적 수양의 귀결처는 바로 전 우주적 차원의 '천지위天地位, 만물육萬物育'이다.[33]

---

32 김세정, 『돌봄과 공생의 유가생태철학』, 소나무, 2017, 491쪽.

33 김세정, 『돌봄과 공생의 유가생태철학』, 491~492쪽.

## 5. 내가 생각하는 유학: 생명을 살리는 살림의 유학

지금까지 필자가 유학이라는 학문을 하게 된 이유와 그 과정을 필자의 논문과 저서를 중심으로 이야기해봤다. 그럼 필자가 생각하는 '유학'이란 무엇인가? 그 해답은 필자의 저서『왕양명의 생명철학』,『한국 성리학 속의 심학』,『돌봄과 공생의 유가생태철학』에 이미 함축되어 있다. 세 권의 책을 집필하게 된 동기나 그 핵심 주제는 바로 '생명'이기 때문이다.

필자는 '유학'이란 한마디로 '생명을 살리는 일'이라고 생각한다. 생명을 살리는 출발점은 '아픔'이다. 공자의 '인仁', 맹자의 '불인지심不忍之心'과 '측은지심惻隱之心', 양명의 '양지良知'와 '만물일체萬物一體의 인심仁心'은 모두가 다른 사람, 나아가 다른 존재물의 고난과 고통을 나 자신의 절실한 아픔으로 느끼는 '진실된 마음[實心]'이다.

그 아픔은 나의 손길과 보살핌을 필요로 하는 사람들과 존재물들에 대한 '배려'와 '돌봄'의 출발점이자 곧 '실천 행위'의 원동력이 된다. 그리고 그 배려와 돌봄은 곧 지구상의 모든 존재물들이 함께 건강하고 행복하게 살아가기 위한 '공생'과 '상생'의 길이다. 몇 대표적인 유학자의 발자취를 따라가며 '살림의 유학'에 대해 소개해 보고자 한다.

공자孔子(BC 551~479)가 살던 춘추 시대(BC 722~481)는 주왕周王을 정점으로 하는 서주西周의 봉건 질서가 붕괴되면서 강대국의 제후들이 약육강식의 쟁탈전을 통해 약소국의 주권을 유린하고, 군주들이 전쟁 물자 조달과 사사로운 부귀를 목적으로 징병 · 부역 · 공납을 통해 기층민을 참혹할 정도로 착취했다.[34] 공자는 이러한 춘추 시대의 '인간에 의한 인

---

34 중국철학회,『역사 속의 중국철학』, 예문서원, 2000, 15~16쪽 참조.

간 지배'라는 문제를 해결하고자 하는 데 뜻을 두고 자신의 사상을 전개했다. 그 핵심이 바로 '인'이다. 정치는 백성들을 고난과 고통을 외면할 수 없는 마음, 즉 인에서 비롯되어야 한다는 것이다.

백성들의 고난과 고통을 외면할 수 없기에, 백성들을 사랑하고[愛人],[35] 내 마음을 헤아려서 백성들을 사지로 몰아넣거나 괴롭히지 않아야 하며,[36] 내가 고통에서 벗어나 편안하고 행복하게 살고 싶은 것처럼 백성들을 편안하고 행복하게 살 수 있도록 해주어야 한다.[37]

그러기 위해서는 자신의 사사로운 욕망을 절제하고,[38] 백성들에게 늘 공손하고 너그럽고 미덥고 민첩하고 은혜롭게 대해야 하는[39] 것이다. 그것이 바로 공자가 지향하는 참다운 '인의 정치[仁政]'로,[40] 이것이 곧 '살림의 정치'이다.

맹자孟子(BC 371~289)가 살았던 전국 시대(BC 480~222)는 철제 농기구의 보급으로 생산력이 급증하면서 제후국 간의 패권 다툼이 강화되었다. 전쟁이 빈번해지고 극력해짐에 따라 참상과 사회 혼란, 민중의 고통이 극에 달했다. 전야田野와 성城은 황폐화되고 피정복국의 민중은 학살되거나 노예화되었다. 살아남은 민중도 빈번한 징벌과 과다한 부세로 파탄의 지경에 이르렀다.[41]

---

35 『論語』「顔淵」: "樊遲問仁. 子曰, 愛人."

36 『論語』「顔淵」: "仲弓問仁. 子曰, 出門如見大賓, 使民如承大祭. 己所不欲, 勿施於人. 在邦無怨, 在家無怨."

37 『論語』「雍也」: "夫仁者, 己欲立而立人, 己欲達而達人."

38 『論語』「顔淵」: "顔淵問仁. 子曰, 克己復禮爲仁 一日克己復禮 天下歸仁焉 爲仁由己而由人乎哉."

39 『論語』「陽貨」: "子張問仁於孔子. 孔子曰, 能行五者於天下 爲仁矣. 請問之. 曰, 恭寬信敏惠, 恭則不侮, 寬則得衆, 信則人任焉, 敏則有功, 惠則足以使人."

40 김세정, 『돌봄과 공생의 유가생태철학』, 124~129쪽 참조.

41 중국철학회 편, 『역사 속의 중국철학』, 17~18쪽 참조.

맹자는 이러한 시대에 '사단四端'을 핵심으로 하는 '성선설'을 주장함과 더불어 성선설에 근거한 '왕도정치王道政治'를 역설함으로써 당시의 사회적 혼란을 종식시키고 평화로운 세상을 열고자 했다.[42] 그 왕도정치의 출발점 또한 '아픔'이다.

맹자는 사람에게는 모두 남에게 차마 하지 못하는 마음이 있다고 전제하면서, 그 근거로 "지금 사람들이 갑자기 어린아이가 곧 우물에 들어가려는 것을 보고는 모두 깜짝 놀라고 측은하게 여기는 마음을 가질 것이다."[43]라고 이야기한다. 어린아이가 우물에 빠지면 다치거나 죽는다. 그것을 알기에 그 상황을 목격하는 순간 우리는 마치 자신이 죽음에 직면한 것처럼 깜짝 놀라고 측은히 여기는 마음이 일어나게 되는 데, 그 마음이 곧 다른 사람의 고난과 고통을 차마 외면하지 못하는 '불인인지심不忍人之心'이며, 이 마음이 있음으로 인해 다른 사람의 다침이나 죽음으로부터 살려 낼 수 있는 것이다. '측은지심'='불인인지심'은 다른 사람의 고난과 고통을 외면하지 못하고 그들을 죽음의 길에서 살려내는 '살림의 마음'이다.

사람이 사람인 이유는 바로 여기에 있다. 다른 사람의 고난과 고통을 외면하지 못하고 그들을 죽음의 길에서 살려내는 측은지심이 있기 때문에 사람이며, 다른 사람을 고통과 죽음으로 몰아넣는 일에 대해 부끄러워하고 미워하는 마음이 있기 때문에 사람이며, 살기 위해 나의 도움을 필요로 하는 사람에게 사양하는 마음이 있기 때문에 사람이며, 다른 사람의 생명의 온전함에 대해 옳고 그름을 가리는 마음이 있기 때문에 사

---

42 김세정, 『돌봄과 공생의 유가생태철학』, 129~130쪽.

43 『孟子』「公孫丑上」: "孟子曰, 人皆有不忍人之心. …… 所以謂人皆有不忍人之心者, 今人乍見孺子將入於井, 皆有怵惕惻隱之心, 非所以內交於孺子之父母也, 非所以要譽於鄕黨朋友也, 非惡其聲而然也."

람인 것이다.[44] 이 모두가 바로 사람을 살리는 '인'이요, 사람이 사람인 이유이다.[45]

맹자는 사람을 살리는 '불인인지심=측은지심=인'의 대상을 자신의 혈육으로 국한시키지 않는다. 나의 집 어른을 공경하고 나의 집 어린이를 보살피는 측은지심은 나의 혈육을 넘어 이웃을, 전 인류를 사랑하는 마음으로 점차 확충되어 나간다.[46] 종국에는 인류를 넘어 자연물에게까지 도달한다.[47] 이것이 바로 맹자가 말하는 '살림의 유학'이다.

'살림의 유학'을 펼친 또 하나의 인물이 바로 왕양명이다. 양명이 살던 명나라는 환관에 의한 부패 정치와 공포 정치가 횡행하고 각지에서 도적들이 봉기하였다. 관리들의 가혹한 세금 수탈과 박해로 인해 많은 유민이 발생하고, 유민 가운데 상당수가 도적이 되어 일반 백성들을 괴롭힘으로써 백성들은 이중고를 겪으면서 도탄에 빠지고 궁핍에 시달려야 했다.

무관이었던 양명은 40대 때 변방에서 관리로 지내면서 위엄이라든가 형벌로써 백성들을 다스리지 아니하고 오직 백성들을 위로하고 어루만지면서 도적을 방어하는 데 충실했다. 도적들 또한 세금 수탈과 같은 잘못된 정치로 인해서 고향을 등지고 떠난 유민들이기 때문에, 양명은 이들을 무력으로 진압하는 방법보다는 잘 이해시키고 타일러서 구제하고자 하였다. 그리고 이들이 항복을 하면 고향으로 돌려보내거나 그 지역

---

44 『孟子』「公孫丑上」: "由是觀之, 無惻隱之心, 非人也, 無羞惡之心, 非人也, 無辭讓之心, 非人也, 無是非之心, 非仁也."

45 『孟子』「盡心下」: "孟子曰, 仁也者人也, 合而言之道也."; 『孟子』「告子上」: "孟子曰, 仁人心也."

46 『孟子』「梁惠王上」: "老吾老, 以及人之老, 幼吾幼, 以及人之幼."

47 『孟子』「盡心上」: "親親而仁民, 仁民而愛物."

에서 농사짓고 살 수 있도록 도와주었다. 양명은 선량한 백성들도 살리고 도적들로 살리는 살림의 정치를 몸소 실천으로 이행하였다.[48] 양명의 '살림의 정치', '살림의 철학'을 가장 잘 담아내고 있는 글이 바로 「답섭문울答聶文蔚」이다.

양명은 이 글에서 "무릇 사람이란 천지의 마음이다. 천지만물은 본래 나와 한 몸이니, 살아있는 백성[生民]들의 곤궁함과 고통은 어느 것인들 내 몸의 절실한 아픔이 아니겠는가? 내 몸의 아픔을 알지 못하는 사람은 시비지심是非之心이 없는 사람이다. 시비지심이란 생각하지 않더라도 알고 배우지 않더라도 능한 것으로 이것이 이른바 양지이다."[49]라고 말하였다.

그리고 이어서 "나는 참으로 하늘의 은총에 힘입어 우연히 양지학良知學을 발견했으며, 반드시 이것으로 말미암은 뒤에야 천하가 다스려질 수 있다고 생각하였다. 백성들이 곤경에 빠져있는 것을 생각할 때마다 슬프도록 마음이 아파서 자신이 못난 사람이라는 사실도 잊어버리고 양지학으로 그들을 구제하려고 생각하고 있으니, 또한 자신의 역량도 스스로 알지 못하는 사람이다."[50]라고 하고, "이제 진실로 호걸과 뜻을 같이 하는 선비를 얻어 부축하고 보필하여 양지학을 천하에 함께 밝혀서, 세상 사람들로 하여금 모두 그 양지를 스스로 실현할 줄 알게 하여 서로 편안하게 해주고 서로 기르며, 사사롭고 이기적인 데 가려진 것을 제거

---

48 김세정, 『왕양명의 생명철학』(개정판), 충남대학교 출판문화원, 2019, 118~154쪽 참조.

49 『傳習錄』 中卷, 「答聶文蔚」 179조목: "夫人者, 天地之心. 天地萬物, 本吾一體者也, 生民之困苦荼毒, 孰非疾痛之切於吾身者乎? 不知吾身之疾痛, 無是非之心者也. 是非之心, 不慮而知, 不學而能, 所謂良知也."

50 『傳習錄』 中卷, 「答聶文蔚」 181조목: "僕誠賴天之靈, 偶有見於良知之學, 以爲必由此而後天下可得而治. 是以每念斯民之陷溺, 則爲之戚然痛心, 忘其身之不肖, 而思以此救之, 亦不自知其量者."

하고, 모함하고 질투하고 다투고 성내는 습성을 일소하여 대동大同 사회에 이른다면, 나의 미친병은 정말로 깨끗하게 치유될 것이고, 결국은 정신을 잃어버리는 우환을 면할 것이니, 어찌 유쾌하지 않겠는가?"[51]라고 하였다.

양지란 '시비지심'이고, 시비지심이란 어떤 존재물의 생명 손상을 나 자신의 아픔으로 느끼는 마음이다. 왜 아픈가? 사람이 천지의 마음이고, 천지만물은 본래 나와 한 몸이기 때문이다. 시비지심 곧 양지는 바로 천지만물과의 유기적 관계 속에서 이루어지는 '감응感應'과 '통각痛覺'의 주체이다. 양명이 말하는 '양지학'은 천하 사람들의 아픔을 자신의 아픔으로 느끼는 학문이다. 양지의 마음으로 천하 사람들의 고난과 고통을 바라볼 때 너무 안타까워서 미쳐서 정신을 잃어버리지 않을 수 없다.

양지의 마음은 천하 사람들의 아픔을 자신의 아픔으로 삼아 그들을 구제하고자 하는 마음이다. 이러한 천지만물과 일체一體를 실현하는 양지학이 밝혀지지 않았기 때문에 천지만물과 한 몸이 되지 못하고 자타自他와 물아物我 사이에 대립과 갈등이 심화되어 간격이 생기게 되었으며, 이로 인해 천하가 어지러워졌다는 것이다. 이에 양명은 양지학을 천하에 밝혀서 천지만물과 한 몸이 되는 대동 사회를 실현하고자 하였던 것이다.[52]

그리고 양명은 사람이 천지만물과 한 몸이고 천지만물의 마음이기에 동류同類인 어린 아이가 우물에 빠지려고 하는 것을 봤을 때 깜짝 놀라고 측은해 하는 '출척측은지심怵惕惻隱之心'이 일어날 뿐만 아니라, 지각

---

51 『傳習錄』 中卷, 「答聶文蔚」 183조목: "今誠得豪傑同志之士, 扶持匡翼, 共明良知之學於天下, 使天下之人皆知自致其良知, 以相安相養, 去其自私自利之蔽, 一洗讒妒勝忿之習, 以濟於大同, 則僕之狂病, 固將脫然以愈, 而終免於喪心之患矣, 豈不快哉!"

52 김세정, 『왕양명의 생명철학』(개정판), 169쪽 참조.

知覺을 지닌 소나 새가 죽음에 대한 두려움 때문에 벌벌 떨거나 울음소리를 내는 것을 보거나 들으면 차마 그것을 외면할 수 없는 '불인지심不忍之心'이 일어나고, 생의生意를 지닌 나무가 부러지고 풀이 뽑힌 걸 봤을 때도 불쌍하고 가엽게 여기는 '민휼지심憫恤之心'이 일어날 뿐만 아니라, 생명이 없는 기와나 돌이 깨진 걸 봤을 때에도 안쓰러운 '고석지심顧惜之心'이 일어난다고 한다.[53]

인간은 물론 동물과 식물, 그리고 무생물마저도 나와 한 몸인 천지만물의 한 부분이기 때문이다. 인간만이 아니라 모든 존재물들을 생명 손상과 죽음으로부터 살리고 보살피는 것이야말로 생명철학으로서의 양명학의 본질이라고 할 수 있다.

마지막으로 한국의 양명학자들이 보여준 '살림의 유학'이 있다. 병자호란 당시 청淸과의 화친和親을 주장한 최명길은 "'화친을 주장한다[主和]'는 두 글자가 신의 일평생 신변의 누累가 될 줄로 압니다."라고 하면서도 끝내 화친을 주장하였다.[54] 그는 왜 수많은 반대를 무릅쓰고 화친을 주장하였을까? "힘을 헤아리지 않고 경망하게 큰 소리를 쳐서 오랑캐들의 노여움을 도발, 마침내는 백성이 도탄에 빠지고"[55]라는 최명길의 말에서 알 수 있듯, 최명길이 화친을 주장한 이유는 백성들의 고통을 외

---

53 『王陽明全集』 권26, 「大學問」: "大人者, 以天地萬物爲一體者也, 其視天下猶一家, 中國猶一人焉. …… 大人之能以天地萬物一體也, 非意之也, 其心之仁本若是, 其與天地萬物而爲一也. 豈惟大人, 雖小人之心亦莫不然, 彼顧自小之耳. 是故見孺子之入井, 而必有怵惕惻隱之心焉, 是其仁之與孺子而爲一體也; 孺子猶同類者也, 見鳥獸之哀鳴觳觫, 而必有不忍之心焉, 是其仁之與鳥獸而爲一體也; 鳥獸猶有知覺者也, 見草木之摧折, 而必有憫恤之心焉, 是其仁之與草木而爲一體也. 草木猶生意者也, 見瓦石之毁壞, 而必有顧惜之心焉, 是其仁之與瓦石而爲一體也; 是其一體之仁也."

54 『遲川集』(한국문집총간 89) 권11, 「丙子封書」 제3, 450쪽: "此見主和二字, 爲臣一生身累, 然於臣心, 尙未覺今日和事之爲非."

55 『遲川集』 권11, 「丙子封書」 제3, 453쪽: "夫不自量力, 輕爲大言, 橫挑犬羊之怒, 終至於生靈塗炭, 宗社不血食, 則其爲過也孰大於是."

면할 수 없는 불인不忍한 마음 때문이다.

최명길이 화친을 주장한 전제는 이념적 명분보다는 국가와 백성을 수호하려는 현실에 대한 그의 주체적 판단에 있으며, 주화론의 궁극적 목적은 명분과 형식주의로부터 벗어나 백성과 국가를 위난으로부터 보호하고자 하는 '생명 중시'에 있었다고 말할 수 있다.[56]

그리고 정제두는 "인심人心은 천지만물의 영靈이며, 천지만물을 모두 모아 놓은 것[總會]이다. …… 인심은 감응하는 주체이며, 만리萬理의 체體이다."[57]라고 하고, '양지'란 바로 타자의 생명 손상을 아파하는 감응과 통각의 주체, 즉 만물일체萬物一體의 인심仁心으로 파악함으로써 천지만물 일체설을 주장하였다.

이러한 양지 본체가 천지만물과 감응하는 과정에서 스스로 시비를 자각하고 능동적으로 측은해하고 부끄러워하며 타인을 사랑하고 만물을 아끼는 실천 행위를 수행한다.[58] 이러한 '천지만물 일체설'은 '계급 타파'와 '인간 평등 의식'으로 나타나게 된다.

예컨대 정제두는 당시 신분적 차별이 매우 엄격한 신분적 봉건체제 속에서 "가장 좋은 법은 공적으로나 사적으로나 천민을 없애서 사내종과 계집종을 두지 않는 것이다.", "국가 소유의 천민을 없애자.", "개인 소유의 천민들이 생겨나는 것을 끊어 없애자."라고 하고, 더 나아가 "양반을 없애자."고 하여,[59] 과감하게도 신분적 차별의식을 없애야 한다는

---

56 김세정, 「지천 최명길의 주체성과 창조정신」, 『유학연구』 28집, 충남대 유학연구소, 2013, 63~85쪽 참조.

57 『霞谷集』(한국문집총간 160) 권9, 「存言」 中, 258쪽: "人心者, 天地萬物之靈, 而爲天地萬物之總會者也. …… 人心者, 感應之主, 萬理之體也."

58 김세정, 「하곡 정제두의 생태의식」, 『유학연구』 31집, 충남대 유학연구소, 2014, 209~244쪽 참조.

59 『霞谷集(下)』 권22, 「箚錄」「罷公賤」「絶罷私賤所生」「公私賤法」「箚錄消兩班」「定士民業」 등

'인간 해방론'을 주장한다.

이와 같은 정제두의 견해들은 '양지가 인간 누구에게나 들어 있다'는 생각을 바탕으로 사농공상士農工商의 신분문제를 넘어서서 천민까지도 두루 평등하다고 본 것이다. 따라서 민중을 향한 인간 자체의 해방을 암시한 것으로 평가되기도 한다.[60]

그리고 한말 전환기 박은식은 양명학의 핵심을 '만물일체의 인仁'으로 이해하고, 천지만물일체설에 근거하여 '대동大同 사상'과 '사해동포주의四海同胞主義'를 제창하여 약육강식의 제국주의 논리를 '세계 평화의 논리'로 전환시킴으로써 새로운 '인류 공존의 길'을 모색하였다. 예컨대 박은식은 "대개 하늘의 도道는 모든 중생을 아울러 낳고 길러 모든 것에 후박함의 구별이 없으니, 도덕가는 이를 원본으로 삼아 만물일체의 인을 발휘하고 추진하여 천하의 경쟁을 그치게 함으로써 구세주의救世主義를 실현한다."[61]고 주장한다.

나아가 공평무사한 성인聖人은 모든 생물과 인류를 똑같이 사랑하므로 사해의 경계를 무너뜨릴 수 있고, 생민의 화란을 구제할 수 있으며, 경쟁의 폐해를 그치게 할 수 있다고 하였다. 박은식이 양명학을 주창한 것은 인류 평화의 근본을 세우려는 데 목적이 있기 때문에,[62] 대동사상은 인류가 대동 평화를 향유하는 것을 목표로 삼았다.[63]

실심實心인 '양지'의 회복을 통해 개인의 주체의식 확립과 한민족정신을 고취시키고 나아가 전인류의 화합을 꾀하고자 양명학을 연구한 정인

---

참조.

60 김교빈, 『양명학자 정제두의 철학사상』, 한길사, 1996, 205~206쪽 참조.

61 『朴殷植全書』(단국대부설 동양학연구소 1975년 간행본) 中卷, 「夢拜金太祖」, 215쪽.

62 『朴殷植全書』 下卷, 「日本陽明學會 主幹에게」, 237~238쪽.

63 『朴殷植全書』 下卷, 「孔夫子誕辰紀念講演會」, 59~60쪽.

보는 '양지'를 천지만물과 '감통感通'하는 주체, 특히 생민의 아픔을 자신의 아픔으로 느끼는 통각의 주체로 규정하고, 명덕明德과 친민親民하는 '치양지致良知'는 다름 아닌 감통을 통해 민중과 아픔을 함께하는 일로서, 치양지는 국가 민중을 마음 안의 일[心內事]로 통감痛感하여 오직 그만두려 해도 스스로 그만두지 못하는 것을 이루는 것이라고 보았다.[64]

나아가 정인보는 『양명학연론陽明學演論』 「후기」에서 본심에서 진행되는 성의誠意는 감통적이기 때문에 은미한 속 한 점 밝게 빛나는 것은 곧 일체一體의 인이 밝게 드러나는 것으로 민중의 아픔과 가려움이 곧 나의 아픔과 가려움이라고 하면서, 누구나 『내 번밑 마음의 천생으로 가진 앎』(양지)을 찾으려거든 스스로 속일 수 없는 곳을 묵묵히 살펴보라고 하였다. 그리고 스스로 속일 수 없는 그 곳의 진수眞髓를 찾으려거든 민중의 감통, 간격間隔에 있어 어느 것인가 이를 스스로 증명해 보라고 하였다.[65] 정인보는 천지만물일체설에 근거하여 당시 일제 치하에서 고통 받는 민중의 고난과 아픔을 자기 자신의 아픔으로 느끼는 본심 양지의 감통에 근거하여 당시의 시대적 과제를 해결하고자 하였다.[66]

지금까지 공자와 맹자, 그리고 왕양명과 최명길, 정제두, 박은식, 정인보의 삶과 사상에서 보여진 '살림의 유학'에 대해 살펴봤다. 유학은 지적 유희도 아니고, 해탈을 목적으로 하는 것도 아니고, 신을 숭배하는 것도 아니다. 유학은 삶의 장 한가운데서 고통 받는 자, 상처 받은 자, 아픈 자들의 고통과 아픔을 자신의 고통과 아픔으로 느끼면서 이들을 보

---

64 鄭寅普, 『陽明學演論』, 삼성문화재단, 1975, 15쪽~16쪽 및 21쪽 참조.

65 鄭寅普, 『陽明學演論』, 187쪽.

66 김세정, 「한국양명학의 생명사상」, 『동서철학연구』 39호, 한국동서철학회, 2006, 102~106쪽; 김세정, 「實心과 感通의 한국양명학」, 『儒學硏究』 36집, 충남대 유학연구소, 2016, 194~200쪽 참조.

살피고 돌보고 치유하면서 상생하고 공생하는 살림의 생명철학이다. '살림의 유학'은 공맹이나 양명학자들만의 전유물이 아니라 많은 유학자들이 자신들이 당면한 시대적 상황 속에서 자신이 처한 상황에 맞게 주장하고 몸소 실천으로 옮기고자 했던 유학이다. 그리고 그 보살핌과 돌봄, 즉 살림의 대상은 인간으로 국한되는 것이 아니라 천지만물, 즉 오늘날의 자연생태계를 포함한다. 이러한 '살림의 유학'은 오늘날에도 유효하고 미래에도 필요한 유학이다.

## 6. 앞으로 무엇을 할 것인가?

필자에게 주어진 마지막 질문은 '유학을 통해 앞으로 무엇을 할 것인가?'이다. 대학원 시절 "사람이란 천지의 마음이며, 천지만물은 본래 나와 한 몸이다."[67]라는 왕양명의 외침에 이끌려 양명학을 통해 현대의 '생명 위기' 문제를 해결하기 위한 연구를 진행해 왔다. 그 결과물로 2006년에 『왕양명의 생명철학』이란 저서를 출간하였다. 그 이후에도 양명학에서 유학 전반으로 확대하여 2017년에 『돌봄과 공생의 유가생태철학』이란 저서를 출간하였다.

지난 25년간 인간과 자연의 관계, 인간의 자연에 대한 돌봄, 그리고 인간과 자연의 공생의 길에 대해 다루었다. 유가생태철학과 관련한 주제로 많은 논문도 쓰고 한국과 중국에서 많은 발표도 했다. 이러한 주제로 글을 쓰고 발표를 하던 초창기만 하더라도 동양철학 전공자들로부터는 "유학이 환경윤리나 생태철학과 무슨 관계가 있냐?", "더 이상 견강

67 『傳習錄』 中卷, 「答聶文蔚」 179조목: "夫人者, 天地之心, 天地萬物, 本吾一體者也."

부회하지 말고 경전 공부나 열심히 해라."라는 핀잔을 많이 들었다.

반면 환경철학 전공자들로부터는 "지금이 어느 시대인데 구닥다리를 들고나오느냐.", "여기가 박물관이냐? 고물상이냐?" 이런 핀잔도 들었다. 그래도 포기하지 않고 밀어붙인 덕분에 지금은 '유가생태철학'에 대한 관심도 많아지고 긍정적으로 생각하는 분들도 늘어나면서 유학과 관련한 환경철학, 생태철학 연구성과도 많이 늘어났다.

그런데 필자에게는 어느 순간부터가 뭔가 미진함과 아쉬움이 생겨나기 시작했다. '지知'가 어느 정도 채워지고 나니 '행行'의 부재가 너무도 크게 다가온 것이다. 실천이 없는 지식과 앎은 더 이상 앞으로 나아가지 못한다. 더욱이 생명의 세계에서 돌봄 · 배려 · 보살핌 등과 같은 실제적인 실천 행위가 수반되지 않는 앎은 생명을 살릴 수 없는 '죽은 앎'에 불과하다. 필자가 마주한 과제는 바로 유가생태철학과 관련한 앎을 어떻게 실제적이고 실천적인 행위로 이끌어내는가 하는 문제이다. 책만 붙들고는 그 답을 찾을 수가 없었다.

『서경書經』에서도 "아는 것이 어려운 것이 아니라, 행하는 것이 오직 어렵다."[68]라고 말하지 않았던가! 양명 또한 "군자의 학문이 어찌 행위[事爲]를 떠나고 논설論說을 폐한 적이 있겠는가? 다만 행위와 논설에 종사하는 것은 요컨대 모두 지행합일知行合一의 공부이며, 바로 본심의 양지를 실현하는 것이다. 이것은 세상에서 한갓 귀로 듣고 입으로 말하는 데 종사하는 것을 지知라 여기는 사람들이 지와 행을 두 가지 일로 나누고, 마침내 절차 항목과 선후를 말할 수 있다고 생각하는 것과는 같지 않다."[69]고 하여, 양명은 지식만을 추구하고 실천으로 이행하지 않는 당

68 『書經』「說命中」: "非知之艱, 行之惟艱."

69 『傳習錄』 中卷, 「答顧東橋書」 140조목: "君子之學, 何嘗離去事爲而廢論說? 但其從事於事

시 학자들의 세태를 비판하면서 "참된 앎[眞知]은 곧 실천하는 바가 있는 것이기 때문에, 실천하지 않으면 족히 앎이라고 말할 수 없다."[70]고 하여 앎을 완성하기 위한 실천 행위의 중요성을 역설한 바 있다.

이에 양명은 "우리가 양지를 실현하는 것은 다만 각자의 능력이 미치는 정도에 따를 뿐이다. 오늘 양지가 이만큼 나타나 있으면 다만 오늘 아는 것에 따라서 '확충하여 바닥에 이르도록' 하고, 내일 또 양지가 깨달은 것이 있으면 내일 아는 것에 따라서 확충하여 바닥에 이르도록 하면 되는 것이다."[71]라고 말하면서, 구체적으로 "어떻게 하는 것이 부모님을 따뜻하고 시원하게 해드리는 절목節目이 되는지, 어떻게 하는 것이 봉양의 마땅함이 되는지를 아는 것이 이른바 지이지만, 그것을 아직 치지致知라고 말할 수는 없다. 반드시 어떻게 하는 것이 따뜻하고 시원하게 해드리는 절목이 되는지를 아는 지를 지극한 데까지 확충하여 실제로 그것으로써 봉양한 뒤에야 그것을 치지라고 말한다."[72]라고 하여, 앎의 완성을 위해서는 반드시 매 순간 실천 행위가 수반되어야 한다는 점을 강력하게 역설한 바 있다.

이에 필자는 그동안 쌓아온 유가생태철학과 관련한 지식을 실천으로 옮기기 위해 일상생활에서의 자연생태계 보존을 위한 다양한 개인적인 실천은 물론 '대전환경운동연합'이라는 NGO 단체에 참여하여 자연생태

---

爲論說者, 要皆知行合一之功, 正所以致其本心之良知, 而非若世之徒事口耳談說以爲知者, 分知行爲兩事, 而果有節目先後之可言也."

70 『傳習錄』 中卷, 「答顧東橋書」 133조목: "知之眞切篤實處卽是行, 行之明覺精察處卽是知. 知行工夫, 本不可離. …… 眞知卽所以爲行, 不行不足謂之知."

71 『傳習錄』 下卷, 「黃直錄」 225조목: "我輩致知, 只是各隨分限所及. 今日良知見在如此, 只隨今日所知擴充到底, 明日良知又有開悟, 便從明日所知擴充到底."

72 『傳習錄』 中卷, 「答顧東橋書」 138조목: "知如何而爲溫凊之節, 知如何而爲奉養之宜者, 所謂知也, 而未可謂之致知. 必致其知如何爲溫凊之節者之知, 而實以之溫凊, 致其知如何爲奉養之宜者之知, 而實以之奉養, 然後謂之致知."

계를 파괴와 손상으로부터 되살리기 위한 다양한 활동을 전개해 나가고 있다. 생생한 현장에서 마음과 몸으로 느끼고 체험하는 과정을 통해 유가생태철학은 관념의 지에 머무는 것이 아니라 역동적인 실천으로 되살아 날 수 있다.

또 하나의 과제는 양명학을 '대중문화 운동'으로 이끌어내는 일이다. '친민親民', '지행합일', '치양지', '사상마련事上磨鍊' 등에서 알 수 있듯 양명학은 대중성과 실천성을 매우 중시하는 학문이다. 앎의 궁극적인 목적은 바로 실천에 있으며, 실천의 장은 다름 아닌 바로 여기 인간 사회이다. 그동안은 양명학이 무엇인지 그리고 양명학이 현대사회의 문제를 해결하는 데 어떠한 의미가 있는지, 나아가 해결 방법은 무엇이지를 탐구하는 과정이었다면, 이제는 그 과정에서 거두어들인 다양한 해결 방안들을 대중문화 운동을 통해 실천으로 이행할 단계에 이르렀다고 본다. 단순히 "양명학은 무엇이다"라는 소개의 단계를 넘어 생명 · 환경 · 경쟁 · 갈등 · 소외 · 죽음 등과 같은 사회적 문제들을 해결할 수 있는, 양명학에서의 구체적인 방안을 대중들에게 전달하고 이를 토대로 대중들과 함께 '대중문화 운동', '대중 실천 운동'으로 나아가야 할 때가 되었으며, 이 또한 필자에게도 중요한 과제라고 생각한다.

# 한국 근대 유교의 역사 의미론:
## 19, 20세기 유교의 존재 물음과 대응을 중심으로

이행훈(한림대학교 교수)

## 1. 근대 전환기 유교

과거는 항상 현재를 비판적으로 사유하는 훌륭한 도구로 기능한다. 그런데 우리에게 '근대'란 가까운 과거가 아니라 현재 진행형으로 느껴진다. 현재라는 시간 관념 자체가 과거와 미래를 예비하고 있는 탓이지만 압축적인 서구화로 인해 현대 한국 사회는 과거와 현대, 그리고 탈현대(탈근대)가 공존하고 있다고 느끼기 때문이다.

근대 전환기 문명개화를 시대적 사명으로 자임했던 계몽적 지식인들 대부분은 서양문명을 기준으로 이전까지 자신을 규정해왔던 역사 · 문화적 전통을 부정하는 절차를 밟았다. 진보와 발전의 역사적 이념을 자명한 시대의 진리로 받아들이고, 근대를 주체적으로 성찰할 기회를 갖지 못했던 당대 지식인들의 이러한 자기부정은 결과적으로 인식론적 단절과 전환을 초래하였다.

서양 근대 과학은 우주 자연의 법칙에서 인륜의 당위 규범을 끌어내어 천도天道와 인도人道의 일치를 추구했던 전통적 세계관과는 다른 것이었다. 수 세기 동안 우주 만물의 생성변화를 설명하면서 사용했던 태극太極과 음양오행, 이기理氣 등 전통 개념은 근대 과학의 성과에 밀려났다.

자연에 대한 수학적 접근과 계량화는 우주 자연과 인간 사회의 연결망을 중시했던 전통적 자연관을 비합리적인 것으로 인식하게 하였다. 바다 건너 오랑캐로 치부했던 서양 문명의 충격이 세계에 대한 인식의 근본적 변화를 일으킨 것이다. 한자와 유교문화를 기축으로 했던 동아시아의 중화주의 질서도 근대 세계체제에 편입됨으로써 해체되었다.

500여 년을 이어온 유교국가 조선의 역사적·문화적 전통도 불과 한 세기 동안 진행된 근대화과정에서 탈구축되었다. 당시 전통 지식체계를 온존하려 한 부류나 문명의 개화와 진보를 시대적 책무로 자임한 계몽적 주체 모두 이 과정에서 현실과의 괴리와 인식론적 단절을 체험했다. 종전까지 자신을 정위했던 유학의 세계관과 그것을 구성했던 개념들은 새로운 세계를 해석하고 적응하는 데 장애물로 인식되었고, 근대 세계의 일원으로 거듭나기 위해 부국강병이 선결과제로 부각되었다.

이에 앞서 최한기는 새로운 세계사적 전환에 대응하는 '기학'이라는 사유 체계를 제시했다. 그가 바랐던 일통의 대동 세계는 비록 실현되지 않았지만, 유학의 상고적 경향에 비추어 방금을 강조한 사례로 주목할 만하다. 이어 한국 근대 전환기 유교의 현실 인식과 대응을 살펴볼 것이다.

진화와 진보의 신화와 함께 문명 담론이 횡행하던 시절 서양 신학문의 수용을 둘러싼 신학문과 구학문의 일대 논전이 일어난다. 논쟁의 핵심은 학문의 보편성을 가늠하는 기준이 무엇인가이다. 이 연장선에서 유교 개신론과 유교 종교화 운동, 유교지식인의 개종을 통해 전환기 유교의 현실 대응 양상을 살펴보고 유교와 근대의 의미를 성찰해보고자 한다.

## 2. 운화와 기학

『논어』에 유교의 현세주의적 관점이 잘 드러나는 대화가 나온다. 계로가 귀신 섬기는 문제를 묻자, 공자는 "사람 섬기는 것도 잘하지 못하는데 어찌 귀신을 섬기겠느냐?", 죽음에 관해 묻자, "아직 삶도 모르는데 어찌 죽음을 알겠느냐?"라고 했다.[1]

"술이부작述而不作, 신이호고信而好古"는 문왕과 주공의 문물전장을 높이 평가한 공자의 상고정신을 나타내나, 한편으로 옛것을 익혀서 새것을 안다는 '온고지신溫故知新'의 가르침도 있다. 근대전환기 최한기의 기학과 학문 정신은 동서고금을 통변한 전형으로 이해할만하다.

19세기 중반 최한기는 중국으로부터 서양 근대 학술을 수용하여 '기학'을 제창했다. 그는 천지에 가득 차 있고 물체에 푹 젖어 있는 것, 모두 기가 아닌 것이 없다고 하면서[2] 종래 유학의 핵심 개념 모두를 '기' 자 하나에 담아내는 지적 실험을 펼쳤다. 기는 모든 존재의 본질이고, 이理는 기氣의 조리로 보았다.

이는 천지자연의 유형한 이와 인간에 의해 추측된 이 두 가지로 구분했다. 추측된 이는 유형의 이와 꼭 일치하진 않는다. 우리의 인식에 오

---

1 『논어』「선진」: "季路問事鬼神, 子曰, 未能事人, 焉能事鬼. 敢問死, 曰, 未知生, 焉知死"

2 『神氣通』 권1, 「體通」, 「天人之氣」: "充塞天地 漬洽物體 而聚而散者 不聚不散者 莫非氣也 我生之前 惟有天地之氣 我生之始 方有形體之氣 我沒之後 還是天地之氣 天地之氣 大而長存 形體之氣 小而暫滅."

류가 있을 수 있음을 경계한 것이다. 바로 잡으려면 유형의 이에 비추어 어긋남이 없는지 검증해야 한다. 그러면 '실리'가 된다.

사물과 세계에 대한 인식을 가능하게 하는 것은 '신기神氣' 때문이다. 신기는 모든 존재의 본질이자 대상을 인식할 수 있게 하는 근원이다. 『기측체의』에서 형성된 인식론적 · 존재론적 개념은 『기학』에 이르러서 활동운화하는 기, 줄여서 '운화기'로 정립되었다.

그는 상고, 중고, 근고, 방금으로 역사시기를 구분하면서, 한 시대를 특징지을만한 학문과 그 변천은 시대의 반영이며, 지식의 축적, 인지의 확장으로 받아들였다. 예컨대 상고에는 제가와 치국의 대경대법大經大法이 세워졌고, 중고는 한대 훈고학과 불교의 선설禪說, 위진남북조의 현학玄學이 성행했고, 근고는 당 · 송 · 원 · 명의 성학性學 · 이학 · 심학이 발달했으며, 방금은 지구가 드러나서 사해의 인도가 통합되고 운화가 밝혀져 만물의 조화가 표준이 있게 되었다는 식이다.[3]

자신이 알게 된 새로운 지식, 특히 서구 과학기술의 성과는 개벽에 버금가는 충격이었다. 그렇다고 해서 상고 학문은 우수한데 방금 학문은 열등하다거나 반대로 방금 학문은 우수한데 상고 학문은 열등하다는 식의 비교는 무의미한 것으로 간주했다.[4] 기학이 밝혀지기 전에는 이학이 학문을 주도했으나, 이제 인도와 학문을 통합할 수 있는 대기운화가 밝혀졌으니, 여기에 근거를 두면 될 일이었다.

이 말 속에는 전대의 학문 또한 인도와 통합을 목표로 했으나 실상은

---

3 『人政』 권16, 「選人門」 3, 「學問比較」: "上古, 以齊家治國之大經大法, 顧俊學賢, 橫處質實, 中古, 訓詁文辭繁興, 佛教禪說參入淸虛, 近古, 理學, 探無形而勉誠實, 橋靡俗而明義理, 方今地球呈露, 而四海人道一統, 運化漸明, 而萬物造化有準."

4 『人政』 권16, 「選人門」 3, 「學問比較」: "不可以上古學爲優, 而方今學爲劣. 又不可以方今學以優, 而上古學爲劣."

그렇지 못했다는 평가가 들어있다. 대기운화가 밝혀졌다는 것은 지리상의 발견과 근대 자연과학의 성취로 인해 인간과 세계에 대한 인식의 대전환이 일어났음을 상징한다. 공자의 시대에는 밝혀지지 않았던 기의 활동운화가 이제 밝혀지게 된 까닭은 앞선 발명을 증험하여 착오를 바로잡았기 때문이다.

> 『논어』에 '하늘이 무슨 말씀을 하시는가? 그대로 사시가 운행하고 백물百物이 이루어지니, 나는 아무 말도 하지 않으련다.' 하였으니, 이는 곧 운화를 잠잠히 이해하면 많은 말이 필요 없다는 뜻이다. 운화를 그대로 승순하는데 어찌 이것이 말로 되는 것이겠는가? …… 방금의 운화기는 고인古人들이 발명한 여러 말과 누차 증험한 것을 바탕으로 하여 기기器機로 그것을 시험하고 이용하는 데까지 이르렀으니, 확실히 이것은 형질이 있는 이요, 조화하는 물이다. 그러므로 이미 여기에 깨달음이 있으면 말이 없을 수 없다.[5]

그러므로 공자의 시대에는 아무 말도 하지 않고 인도를 세우는 일이 당연했지만, 운화가 밝혀진 지금 말이 없을 수 없는 까닭은 착오를 바로잡고 사설을 물리쳐야 하기 때문이다.

최한기는 오륜을 인륜 상도로 여기고, 인의와 예악을 통한 교화를 인도 실현의 변함없는 방책으로 삼았다.[6] 그런데 성인이 다시 태어나도 바꿀 수 없는 '대경대법'과 달리 예법이나 문물제도는 시대의 변화에 맞춰

---

5 『人政』 권8, 「教人門」 1, 「無言有言」: "『論語』曰, 天何言哉. 四時行焉, 百物成焉, 予欲無言, 是乃默識運化, 不在多言, 承順運化, 以言哉. …… 方今運化之氣, 賴古人之多言發明, 累試證驗, 至於將器械而試之用之, 果是有形質之理, 有造化之物. 既有見於此, 不可無言."

6 『神氣通』 권1, 體通, 「通教」: "君臣有義, 父子有親, 夫婦有別, 長幼有序, 朋友有信, 以爲倫常之目, 仁義禮樂, 以爲導化之方. 是實人道之所固有, 聖人特名言其條目而已. 縱使聖人復起, 不可變換此道."

바뀌야 한다.

천도는 불변하나 인도 실현의 구체적 방도는 현실에 맞춰 변통해야 한다. 성인이 제정한 예법도 그 시대의 운화를 따른 것으로 공자와 주공 같은 성인도 만약 최한기와 같은 시대에 태어났다면 역시 그 시대의 운화(방금운화方今運化)를 보고 문물제도를 마련했을 것이다.

인도와 사무는 천도를 기준으로 한다. 인도와 사무에 대한 시비 판단과 취사선택의 기준은 나에게 있는 것이 아니라 천도에 있다. 천도가 인도와 사무의 근거가 됨을 〈천인유분〉에서 확인할 수 있다.

> 맹자가 말하기를 '성誠은 천도天道요, 성하고자 하는 것은 인도人道다.'라고 하였다. 대개 천도가 유행하여 실리實理를 만물에 부여하였으니, 사람의 도는 오직 만물에 부여된 실리를 생각하여 어김이 없고 사특함이 없어야 한다. 유행의 이理는 바로 천도요, 추측의 이는 바로 인도人道이니, 인도는 천도에서 나오고 추측은 유행에서 나온다. 이같이 해석한다면 천도와 인도가 분별이 없을 수 없고, 유행과 추측도 자연히 분별이 있다. 만약 분별없이 인도를 천도라 하고 추측을 유행이라 한다면 착오가 많이 생긴다.[7]

따라서 인사와 인도가 궁극적으로 천도로부터 그 보편성을 확보할 수 있어야 일통운화가 가능하고, '교인접물交人接物'에 있어서도 자타에 따른 차별과 배제가 나타나지 않는다. 인간 사회가 천도에 승순하고 대동을 이루게 되는 새로운 세계 전망은 기학의 기대다.

---

7 『推測錄』 권2, 「天人有分」: "孟子曰, 誠者, 天之道也, 思誠者, 人之道也, 蓋天道流行, 付物以實理, 則人之道, 維思付物之實理, 無違無邪耳. 流行之理, 卽天道也, 推測之理, 卽人道也. 人道出於天道, 推測出於流行. 旣有此飜譯, 則天道人道不可無分別. 流行推測, 亦自有分別. 若無分別, 以人道爲天道, 以推測爲流行, 則錯誤多端."

최한기의 역사 의식이나 문명 교류에 관한 이해는 우주의 장구하고 광대한 시간과 공간 인식 위에 성립한다. 즉 작게는 사람을 해치고 크게는 다른 나라를 침범하는 근심이 많으나 세상을 근심하는 사람들이 그 가운데 자연 있게 마련이고, 그들의 의견을 모으면 정치가 바로 서고 안정도 이룰 수 있게 되어 천하가 모두 대동을 이룰 수 있다[8]는 낙관론을 쉽게 발견할 수 있다.

최한기가 언급한 천도와 자연은 성리학의 이법천理法天과 달리 물리적 객관 세계를 의미하는 것이지만, 인간 · 사회의 운용원리가 천도에 승순해야 한다는 점에서 전통적 유학사상을 계승하고 있다고 볼 수 있다. 다만 자연의 규범화가 아니라 규범과 관습은 유행지리로부터 추측된 이치이며 그로 인해 추측된 이치가 유행지리에 어긋날 수 있음을 항상 경계해야 한다는 점이 차이이다.

그리하여 추측의 이치가 유행의 이치에 여하히 부합하게 되는 것을 '천인운화天人運化'라고 하여 인간은 이에 승순해야 한다고 주장한다. 평생 학문의 궁극적인 목표로 삼았던 것이 운화에 승순하는 일통된 사회였던 만큼 『인정』에서 일신운화로부터 사회와의 관계로 확대되는 교접운화와 통민운화 그리고 대기운화로 이어지는 삼등운화의 승순구조가 확립된다.

물론 여기서 일통의 표준이 되는 것은 방금운화이다. 교인접물하는 가운데서도 '변통'이 필요한데, 이때 변통의 준칙도 바로 방금운화이다.

---

8 『明南樓隨錄』: "各國生靈, 佈滿遐邇, 奉循天道, 各安生業, 理所當然. 衆庶之憂慮常多, 小而戕害, 大而侵伐, 必有生靈中局量才知, 一統圖平之謨猷, 興於處處, 盛於年年, 各言所作, 則匹夫之憂天下也. 合聚衆謨, 則宇内大同, 難遏之勢, 固有之事. 一統圖治, 承運化之天則, 制人道之順軌, 雖欲違戾, 而不可得也."

> 현재 백성들의 사기事機를 준적準的으로 삼아, 현재 백성들의 사기를 재제裁制해야 한다. 지난날 백성을 다스리던 이치는 지금과는 맞지 않기도 하고, 지금에 맞는 것도 있고, 혹은 변통變通하여 지금에 맞추기도 하는 것이다. 그러니 지금은 실實이고 옛날은 허虛이며, 지금은 주主이고 옛날은 객客이 될 것이다.[9]

고금古今의 취사取捨에 대해, "고금을 참작하는 것이 비록 학문을 완비하는 것이지만 옛날에만 통하고 지금은 통하지 못함보다 차라리 지금에 통하고 옛날을 통하지 못하는 것이 낫다.

고금을 통하여 변치 않는 경상經常은 예나 이제나 다를 바가 없으므로 반드시 옛것을 빌어다 지금에 쓸 필요는 없기 때문이다."[10] 이처럼 인간 개개인이 발 딛고 있는 현실[方今運化]의 중시는 고금 성현의 학문을 절대시하지 않고 현재에 비추어 비판 · 계승할 것을 주문한다.

## 3. 신학과 구학

한국 근대 전환기 서구 근대문물 수용이 본격화됨에 따라 신학과 구학을 둘러싼 활발한 논쟁이 일어났다. 서양 근대는 과학주의적 성과와 이성의 간지, 기독교와 진화론적 역사 인식 속에서 스스로를 문명의 정

---

9 『人政』 권18, 選人門 5, 「以理選人易差誤」: "當以方今人民事機爲準的, 裁制方今人民事機, 則已往治民之理, 或不合於今, 或有合於今, 或變通而要合於今, 則今爲實而古爲虛, 今爲主而古爲客."

10 『神氣通』 권1, 體通, 「古今人經驗不等」: "酌古參今 雖爲學問之完備, 與其通古而不通今, 寧通今而不通古也. 古今不變之經常, 古今無異, 不必借於古而用於今."

점에 위치 짓고, 비서구 사회를 단일한 세계체제 안으로 강제하여 '야만野蠻'과 '반개半開'로 위계 지었다.

십 수 세기의 역사를 지닌 동아시아 문명도 20세기를 전후하여 깨어나고 탈각해야할 미몽迷夢과 구습舊習으로 격하되었다. 새로운 시간대에 올라선 동아시아인들에게 서양 문명은 성취해야 할 미래의 전범이 되었고, 과거의 전통은 파괴하고 일소해야할 잔재가 되고 말았다.

한국 근대 전환기 지식인들의 문명 담론을 보면, 대체로 '신구'의 충돌을 당연한 것으로 받아들였음을 알 수 있다. "세상이 야만으로부터 문명으로 나아가고 나라가 옛것에서 새것으로 바뀌어 가는 때를 만나니, '문야신구文野新舊'가 충돌하는 상리常理를 면하기 어렵다"[11]는 것이다.

그런데 '신新'은 계몽의 깃발이었고, '구舊'는 계몽을 위해 씻어내야 할 '미몽'이었다. 제국주의 열강의 식민지 확장을 목도하면서, "신구가 충돌하면 구는 패하고 신이 이기는 것을 정한 이치[常理]"로 받아들여졌지만, 세상이 변하고 사람도 따라 변하며 학문이 변한다 해도 전통 윤리만큼은 변하지 않기를 바랐다.[12]

'신구' 관념은 학문뿐만 아니라, 사상 · 종교 · 정치 · 문화 전반에 걸쳐 이 시기 공공담론장을 뜨겁게 달군 일대 화두였다. 『태극학보』 발간 축사를 보면 사람이 영명靈明할 수 있는 근거로 학문을 들면서 방 안에서 독서하는 것뿐만 아니라 견문을 넓히고 지식을 확충하는 학문을 해야 한다고 주장한다.

동서의 경쟁과 신구의 대립, 학문의 경쟁이 날로 심해져 지교智巧가 발달하고 그 사이에 수많은 유파가 생겨나서 학문과 사업이 제각각이라

11 尹孝定, 『대한자강회월보』 제13호, 「祝辭」, 1907.7.25, 64쪽.

12 寓松閑人, 『대동학회월보』 제7호, 「變有不變」, 1908.8.25, 4~6쪽.

다 포괄할 수가 없는 게 현실이었다. 이 시기에 다양한 학회가 조직되고 학보를 발행한 중요한 목적 가운데 하나는 새로운 지식과 학문을 소개하여 대중을 계몽하기 위해서였다.[13]

신구 관념을 놓고 벌어진 주체 간의 투쟁은 『황성신문』을 중심으로 한 개신유학자들과 『독립신문』을 중심으로 하는 문명개화론자들의 주장에서 첨예하게 드러났다. 서양의 충격에서 비롯된 신구 관념의 대립과 충돌은 우주 자연으로부터 사회 · 정치체제, 학술 · 문화 등 모든 부문에서 인식의 전환을 요구했으나 전통 지식체계를 이해하는 시각에는 다소 차이가 있었다.

신구 관념에 따른 전통 지식체계의 구축과 변용 과정에서 문명개화론자들에게 '구舊'는 단순히 과거의 '지나간', '오래된' 것이 아니라 파괴하고 제거하지 않으면 새로운 문명 건설을 방해하는 장애물이었다. 그러나 전통개신론자들에게 '구'는 '온고지신'의 이념 속에서 다시 '신新'으로 거듭날 수 있는 '개신改新'의 대상이었다.

박은식의 「유교구신론儒教求新論」이나 한용운의 『조선불교유신론朝鮮佛教維新論』은 전통 지식체계를 '신학新學'으로 재편하려 한 대표적인 시도였다. 그러나 신학으로 변화하는 과정에서 성학聖學으로서의 위상은 탈각되었고, 신앙과 종교적 전통 또한 약화될 수밖에 없었다.

여기서 신구 관념의 교차를 가능하게 한 '실實(학學)' 개념에 주목할 필요가 있다. 20세기 전후 발간된 다종의 근대 매체는 신구 관념의 다층적 전개 양상을 여실히 보여주는데, 전통 지식체계가 신학으로 변용될 수 있었던 계기로서 '실(학)'이 하나의 준거로 작동하였음을 확인할 수 있다.

---

13 雲樵生 池成沈, 『태극학보』 제1호, 「贊說」, 1906.8.24, 7쪽.

물론 이 시기 실학이 지칭하는 대상은 대체로 서양의 학문인 '신학'을 표상하고 심지어 등치되기도 했지만 전통 개신론자들은 문명 개화론자들이 점유하였던 '실(학)' 개념과 그 의미를 재해석함으로써 전통 지식체계를 신학으로 바꿀 수 있었다. 이들은 과학기술에 압도되어 점차로 거세되어가던 윤리적 가치를 '실(학)'에 다시금 의미 부여하여 개념을 재전유再專有(re-appropriation)하였다.

문명개화론자들에게 '구'는 단순히 과거의 '지나간', '오래된' 것이 아니라, 파괴하고 제거하지 않으면 새로운 문명 건설을 방해하는 장애물이었다. 그러나 전통개신론자의 기본적인 관점은 전통 지식 체계를 서양의 근대 문물을 전유하고 통섭하는 주체의 자리에 놓는 것이었다.

이들이 "요순우탕堯舜禹湯, 공맹정주孔孟程朱의 심법心法과 도덕은 양약良藥으로, 사농공병士農工兵, 정치 교화의 좋은 제도와 실학은 신약新藥으로 삼아 국가가 위축되는 병과 사회의 완고한 병과 학문의 부패한 병을 모두 떨쳐버려야 한다"[14]고 할 때, 전통 지식 체계의 근간은 서양 학술에 의해 구축되는 '구'가 아니라 동서 문명의 만남 속에서 세계적 보편성을 확인받고 확장할 수 있는 '신' 학문과 같은 위상을 지니는 것이었다.

유교의 학문[修齊治平正誠格致]과 도리[仁義禮智孝悌忠信]와 사업[士農工商養生送死]은 모두 윤리[君臣父子兄弟夫婦長幼朋友]를 근본으로 하는 것이라서 세계 인류에게 항상恒常된 보편적 가치로 인식되었다.[15]

그러나 이런 인식이 오래 지속되기는 어려웠다. 청일전쟁과 러일전쟁에서 잇따라 승리한 일본이 동아시아에서 패권을 점차 확대하고 한국의

---

14 青坡 尹柱臣, 『호남학보』 제3호, 「採藥人答問」, 1908.8.25, 47쪽.

15 元泳義, 『대동학회월보』 제3호, 「宗教之區別」, 1908.4.25, 23~24쪽.

식민주의화가 점차 공고화되면서 근대 국가 건설의 희망은 고사하고 당장 생존을 위협받기에 이르렀다.

국제 정치와 근대 세계체제의 본질을 이해하고 저항하는 것은 지난한 일이었고, 가까이에서 쉽게 찾을 수 있는 내부의 요인을 바꾸는 일이 급선무였다. 전통 지식체계의 개신은 혹독한 자기비하와 자기비판의 과정을 요구했고, 전통 지식체계의 일부는 파괴의 대상으로 지목되었다.

신채호申采浩(1880~1936)는 파괴가 없으면 건설도 없다고 주장하였다. '구학설', '구사상', '구제도'는 파괴해야 할 대상이었고, 파괴를 통해서만 '신학설', '신사상', '신습속', '신제도'의 건설이 가능하다고 하였다.[16]

1906년 창간된 『소년한반도少年韓半島』의 편집 겸 발행인을 맡았던 양재건梁在蹇도 「논파괴주의論破壞主義」에서 정치의 폐단이 만연한 사회를 파괴할 것을 주장하였고, 『대한매일신보』 「파괴破壞의 시대時代」(1910.7.30)에서는 부패 · 타락한 나라의 정치는 파괴를 통해 새롭게 고쳐야 하며 근세 문명국가로서 파괴를 거치지 않은 나라는 없다고 하였다.

이러한 논설이 비슷한 시기에 쏟아져 나온 데에는 '연구戀舊'의 성질이 진보進步를 막는 근원이라고 주장한 량치차오梁啓超(1873~1929)의 「파괴주의破壞主義」[17]의 영향을 간과할 수 없다.

박은식(1859~1925)은 사회의 진화를 당연한 것으로 인식하면서, 「구습

16 劍心, 『대한매일신보』, 「談叢」, 1910년 1월 6일. 이 기사는 일본에서 간행한 『飮冰室文集類編』(明治37년(1904) 5월 2일, 帝國印刷株式會社) 제2책, 649~756쪽에 실려 있는 『自由書』를 참조한 것으로 판단된다. 여기에는 '談叢'이란 표제가 보이며, 그 아래 총 54편을 수록하였다. 양계초의 저술이 아닌 5편을 추가하기 위해 의도된 표제로 보인다.

17 梁啓超, 『淸議報』 제30책, 「破壞主義」, 광서25년(1899.9.11), 6쪽; 全恒基 역, 언해본 『自由書』, 융희2년(1908.4), 塔印社, 47~49쪽. 梁啓超의 『飮冰室自由書』와 언해본 『自由書』 모두 1908년에 京城 塔印社에서 간행하였는데, 1910년 11월 16일 일본총독부에 의해 금서로 지정되어 간행, 유통, 소지가 금지되었다.

개량론舊習改良論」, 「물질개량론物質改良論」, 「학규신론學規新論」 등 전통을 개신하기 위해 다양한 논설을 발표하였다. 특히 「유교구신론儒敎求新論」에서는 유교의 개량과 구신求新을 위해서 시급히 개혁해야 할 문제로 3가지를 제시하였다.

첫째, 유교의 정신이 오로지 제왕의 편에 있고 인민 사회에 보급할 정신이 부족하다는 것이다. 둘째는 여러 나라를 돌면서 천하의 주의主義 강구하려 하지 않고, 내가 어진이를 구하는 것이 아니라 어진이가 나를 구한다는 주의만 지키는 것이다. 셋째는 우리 대한의 유가는 간이簡易하고 직절直切한 방법을 쓰지 않고, 지리支離하고 한만汗漫한 공부만을 숭상한다는 것이다.[18]

유교의 근본 이념 가운데 하나는 민본주의인데, 한대漢代 이후 유교가 관학화되면서 본래의 정신을 점차 잃게 되었다는 것이다. 둘째 문제는 박은식뿐만 아니라 전통개신론자와 문명개화론자 모두 완고하고 부패한 유림들을 비판할 때 자주 지적하는 사항이다. 시세의 변화를 읽지 못하고 경전을 고식적으로 묵수하면서 '독선기신獨善其身'만 내세우며 방안에 틀어박혀 오직 독서만 일삼으면서 실제에는 아무런 실천이 없는 자들에 대한 비판이다.[19]

셋째 문제는 주자학이 배우기 어려우므로 '치양지致良知'와 '지행합일知行合一'의 간결한 양명학을 배울 것을 권장하고, 조선 성리학계의 교조주의를 비판하는 것이다. 박은식의 유교 개신 노력은 결국 유교계 내부에서 문제를 발견하고 그 해결을 모색했던 것이라고 할 수 있다.

---

18 『白巖朴殷植全集』 제5권, 「儒敎求新論」, 동방미디어, 2002, 432~438쪽.

19 이는 "不位其在, 不謀其政."(『論語』 「憲問」), "邦有道不廢, 邦無道免於刑戮."(『論語』 「雍也」), "古之人得志澤加於民, 不得志修身見於世, 窮則獨善其身, 達則兼善天下."(『孟子』 「盡心上」) 등을 고식적으로 이해한 탓이다.

유가 정치사상의 본령인 민본주의를 회복하고 천하를 주유하며 인의仁義를 설파했던 성현의 정신을 강조하는 것은 '온고지신'에 다름 아니다. 양명학의 공부 방법을 제시한 것도 주자 성리학 자체에 대한 비판보다는 자립자강을 통해 민족의 위기를 타개하는 실천 방도로 유용하다는 데 방점이 있었다.

한국 근대 전환기 신구 관념은 동서의 충돌을 반영하는 지표이자 문명개화와 사회진화를 추동했던 요소였다. 신구 관념의 대립 속에서 지켜내려 했던 전통 지식체계 가운데는 오늘의 현실에 부합하지 않는 것도 있다. 그러나 사라져서는 안 될 것마저 폐기했던 과거에 대해서는 진지한 성찰이 필요하다. 여기에 '실학' 개념을 하나의 준거로 하여, '온고지신溫故知新'과 '시의변통時宜變通'의 지혜를 발휘했던 앞선 지식인들의 사례가 귀감이 될 수도 있을 것이다.

'구학의 신학화'는 '동도서기東道西器' 논리가 지닌 모순과 문명 개화론이 지닌 탈주체성 사이에서 전통 지식체계의 주체적 변용 시도로 평가할 수 있다. '진화'와 '진보'가 공리인 상황에서 '동도서기'는 이미 분리될 수 없는 도道와 기器를 분리 가능한 것으로 상정해야만 성립되는 모순을 안고 있었고, 문명 개화론은 서양을 내면화하여 자기 비하와 멸시로 주체의 균열을 야기하고 전통 지식체계로부터 단절됐다는 비판에 직면할 수밖에 없기 때문이다.

## 4. 유교의 세 지평

근대 전환기 조선 성리학은 리와 심을 중시하는 철학 지평을 개척하였다. 한주 이진상은 리의 능동성과 주재성을 강조한 퇴계학을 계승하면서도 심 본체의 순선純善에 주목하여 심이 곧 리라는 새로운 해석을 제시하였다. 이진상의 심즉리설은 양명 심학은 물론이고 조선 성리학의 주기적 관점과 대결하면서 한주학파의 정론으로 자리 잡았다.

곽종석으로부터 한주학을 이어받은 이인재는 태극과 명덕의 의미를 고증하여, 리의 주재성과 심 본체의 완전성을 확립하고자 하였다. 한편 일제 강점으로 국가와 민족의 위기가 점증하면서 보국保國, 보종保種, 보교保教를 시대적 과제로 자임한 이인재는 서양 학문을 수용하여 유교의 쇄신 시도했다.

서양의 자치제를 향약에 접합하여 자치민의소를 설립하고 유교 도덕을 근간에 두고 신학문을 교육하는 학교교육운동을 펼친 것은 신구학 절충의 실천 사례이다. 서양 문명의 원동력을 고대희랍철학으로 인식한 것은 수시변통하는 기의 차원이 아니라 시대의 흐름에도 변함없는 리를 추구했던 철학 지평에서 기인한다.

과학기술이 표상하는 문명의 외형보다 그것을 가능하게 한 철학에 주목한 이유는 이익보다 의리를 우선시하는 유교의 근본정신과 '철학'이 상통하는 점이 있다고 판단했기 때문이다.

이인재는 "지금 시대는 천고에 없던 변국變局이다. 국세의 강약은 오로지 선비 기운의 성쇠에 있고, 선비 기운의 성쇠는 학문의 우열에 달려 있다."[20]고 하면서, 이용후생에는 옛적과 지금이 다른 것이 있으니, 마땅히 다른 학문도 연구하고 응용의 방법을 받아들여야 한다고 주장했다.

일례로 학교 교육에서 신구학문의 절충을 주장하며, "오늘날만 근거하여 옛것을 배우지 않으면 피부처럼 얕아 본원에 도달하지 못하고, 옛

20 『省窩集』 권 2, 「答南聖敏」, 190~191쪽: "今時代卽千古所未有之變局, 國勢强弱專在士氣之盛衰, 而士氣之盛衰, 又在乎學問之優劣."

것만 따르고 오늘 것을 참작하지 않으면 점점 멀어져 사정에 합치되지 못한다."고 경고하였다.[21]

그는 학계가 세도의 오융과 민족의 성쇠를 가르는 관건인데 신구를 따져 실효가 없으니 마치 상자를 사고 진주는 버려두는 셈이라고 탄식하기도 했다. 또 학문은 문호가 많은 것을 걱정할 게 아니라 주의가 없음을 걱정해야 한다고 하면서 문호가 많은 것은 진보에 방해되지 않으나 주의가 없으면 산만해지고 퇴화하게 된다고 보았다.[22] 이인재가 말하는 일관된 '주의'는 유학이고 성리학이다.

한편으로는 "이른바 신학이 대세라고 온 세상이 들썩이는 듯하나 과와 등급이 있고, 비록 치용의 도구를 갖추었다 하나 그 본령은 순전히 공리의 습속이라 경쟁의 첩경이 될 뿐이다."[23]라고 하고, 또, "신구학은 교술이 이미 판이하니 그 흐름의 근원을 거슬러 탐구하면 의와 리로 나뉜다.

근일 백과의 설은 이용상에 채용할만한 것 같으나 본령은 그렇지 않다."[24]고 하여, 신학문이 이용후생의 방도로 유익하고 정밀한 점에서 구학문보다 나은 점이 있으나, 그 본령은 공리에 있음을 경계하였다. 그는 보국 · 보종 · 보교를 당면한 시대적 과제로 인식하였고,[25] 서양 문명이

---

21 『省窩集』 권5, 「自治民議會趣旨書」. 「漫錄」, 「學校警告文」.

22 『省窩集』 권2, 「答金光鎭」, 193~194쪽: "學界者, 實世道汚隆之樞紐, 民族盛衰之關係, 而於新於舊, 其無實得, 如此則買櫝遺珠之歎極矣. 大抵學不患多門戶, 而患其無主義. 多門戶則或不妨競駕進步之地, 而無主義則便至散漫退化之歸矣. 曰新曰舊不可執迹而設畛. 惟其主義確是則峨冠博帶不害爲自新, 如無主義則氈帽洋服亦不免陳腐矣."

23 『省窩集』 권2, 「答金光鎭」, 196쪽: "所謂新學大勢所驅擧世靡然, 而各科課級, 雖有致用之具, 而其本領純是功利之習, 適足爲競爭之捷徑矣."

24 『省窩集』 권2, 「答陳夏卿」, 209쪽: "新舊之學, 敎術旣判異, 溯流究源, 便是義利之分矣. 近日百科之說, 於利用上似有可採, 而但本領不是."

25 『省窩集』 권5, 「漫錄」: "曰保國也, 保種也, 保敎也. 此三者, 在天下則天下之所同憂也, 在一

발달하게 된 원인을 먼저 행정과 정치제도에서 찾았다.

이인재는 정부의 무능과 관리의 탐욕뿐만 아니라 유림들의 구태에 대해서도 문제를 제기했다. 정부는 개화의 외모만 추구하고, 초야의 유림은 존왕양이의 허습만 숭상한다고 양자 모두 비판했다.

신법을 택한다고 유교를 부순다면 서법 자체도 배울 수 없을 것이라고 판단하고, 신학을 받아들여 민지를 개발하고 자강을 추진하되, 서법의 껍데기만 따르지 않아야 한다고 하였다. 또한 이를 통해 자강 · 보국하고, 황인종과 백인종의 대결에서 종족을 보존해야 하며, 전날처럼 천주교를 탄압할 것이 아니라 종교 · 신앙의 자유를 허가하면서 우리들은 '안신입명'할 수 있도록 유교를 돈독히 보존해야 한다고 하였다.[26]

헌법 제정, 대의제 실시, 선거, 민권 등 서양의 정치와 법률제도 등이 서양 문명을 발달시킨 구체적인 요인이라면 정치제도의 발달 원인은 철학에 있다고 보았다. 서양철학에 주목한 근본적인 이유는 우리 유교의 가르침과 크게 다르지 않고 오히려 상통한다고 보았기 때문이다. 아리스토텔레스를 특별히 언급한 까닭도 그의 윤리 학설이 유교의 학문적 지향과 맞닿는다고 생각해서이다.

따라서 이인재가 『고대희랍철학고변』을 저술한 것은 과학기술로 표상되는 서양 문명의 외피가 아니라 그 내면의 오랜 역사와 문화적 전통으로서 철학의 힘을 확인하고, 그 힘이 바로 우리 유학에도 있음을 재발견함으로써 유학의 현재적 가치와 보편성을 주장하기 위한 것이라고 할 수 있다.

『고대희랍철학고변』「사론史論」에는 철학, 명학名學, 수학, 천문학, 심

---

國則一國之所同憂也, 在一身則一身之所當憂也."

26 『省窩集』 권5, 「漫錄」, 415~419쪽.

리학, 윤리학, 생계학生計學, 정치학 등을 근대 학문으로 소개하면서, 희랍은 유럽의 어머니요 아리스토텔레스는 근대 학문의 비조라고 했다.[27] 한편 고대에 융성했던 동양철학은 희랍을 넘어서며 동양의 문명이 희랍보다 앞선 것도 역사가 충분히 증명한다고 한다.

그러나 중세에 사상과 자유를 막았던 서양의 기독교는 근대에 들어서 쇠퇴하고 철학이 다시 부흥했지만, 동양에 들어온 기독교는 왕성하여 '동양철학'의 부흥을 기대하기 어렵게 되었다고 진단한다. 기독교의 확장은 약화된 유교의 종교적 기능을 위협할 것으로 인식했기 때문이다.[28]

유교 종교화 운동은 1909년 9월 박은식朴殷植 · 장지연張志淵 등이 조직한 대동교大同敎에서 비롯되었다. 1914년에서 1925년 사이 다섯 차례에 걸쳐 중국을 방문하고 캉유웨이를 직접 만나 대동설과 공교운동의 근본이념인 금문경학을 전수받은 이병헌李炳憲은 1919년 『유교복원론儒敎復原論』을 저술하여 공자교 이념을 체계적으로 정리하는 한편, 유교 종교화 운동을 전개했다.

정주학을 추종한 당시의 유학자들이 춘추좌씨전과 고문경학을 토대로 한 것과 달리, 이병헌은 『춘추공양전』과 금문경학을 자신의 사상적 근거로 삼았다. 그는 유교를 하나의 종교로 규정하면서 유교는 서양의 종교가 지닌 기능이 있을 뿐만 아니라 과학과 철학의 기능까지 포함한 최고의 통합적 진리임을 주장하였다.[29]

캉유웨이와의 만남 이후 위기의 시대를 헤쳐 나갈 방도와 유학의 본질에 관한 사색을 거친 이병헌은 "중 · 한의 언론계에서 공교를 배척하

---

27 『省窩集』 권4, 「古代希臘哲學攷辨」, 381~384쪽.

28 이행훈, 『학문의 고고학』, 소명출판, 147~151쪽 참조.

29 금장태, 『한국근대의 유교사상』, 서울대학교출판부, 1990 참조.

는 것은 바로 후세 유자들의 공교孔敎이고, 앞선 성인의 가르침이 아님을 간파하게 되었다."[30]고 소회를 밝혔다. 또한 캉유웨이가 당대를 승평세로 인식한 것을 좇아 서세동점의 혼란을 지나 대동의 태평세가 도래할 것이며, 장차 '천하위가天下爲家'의 소강小康 사회를 지나 대도大道가 실현되는 '천하위공天下爲公'의 대동大同 사회로 진입하리라 낙관하였다.

이병헌은 당시 지식인의 유교 비판을, 인권을 유린하고 시대의 대세에 역행하며, 천원지방을 내세워 진리를 오해하고, 공자는 정치가 또는 철학가에 불과하며 유교도 종교가 아니라는 것으로 귀결된다고 보았다. 그 원인은 2천여 년간 유자의 학문이 한漢 · 송宋 · 주朱 · 육陸의 문호에 출입하면서, 앞선 성인의 대의를 전한 경우가 드물었다는 데서 찾았다.

현재 유교의 존재 가치에 대한 회의도 동한東漢 이후 역대 전제專制에 이용당한 유교일 뿐, 성인이 전한 본래의 유교의 가르침은 아니라는 것이다. 여기서 왜곡된 현재의 유교를 본래의 유교로 복원해야 할 당위성을 조선 유림 동포에 호소했다. 특히 서구 문명의 원동력으로 지목된 기독교에 대해 『주역』의 '궁신지화窮神知化'에 유교의 종교성이 내재함을 강조하면서 공교를 기독교보다 탁월한 '무상無上의 종교'라고 주장했다.

한국 감리교회의 3번째 목사이며, 최초의 신학자로 평가받는 탁사濯斯 최병헌崔炳憲(1858~1927)은 전통 학문 소양을 갖춘 유교적 지식인이었다. 그런 그가 기독교로 개종하게 된 까닭은 기독교의 종교적 우수성을 서양 문명을 통해 확인했기 때문이다. 최병헌의 개종처럼 한학 소양을 갖춘 지식인의 전향은 기독교 토착화를 앞당겼다.

---

30 『유교복원론 외』, 194쪽.

그는 우인에게 얻은 『영환지략瀛環志略』을 통해 기독교가 서양 문명의 근원임을 알았고, 『만국통감萬國通鑑』 『태서신사泰西新史』 『서정총서西政叢書』 『지리약해地理略解』 『격물탐원格物探源』 『천도소원天道溯源』 『심령학心靈學』 『자서조동自西徂東』 등을 탐독하면서 서양 문명의 발달상을 확인했다.

1893년 2월 입교하고, 9월에는 감리교회 전도사가 되어 정동교회에서 목회활동을 시작했다. 직접적인 영향을 준 인물은 미국 감리교회 선교사 존스(G.H. Jones, 趙元時)였다. 그의 회고에 따르면 최병헌이 세례 전 친구들을 방문해 기독교 교회에 입교할 것을 알리고 이해를 구하자, 비판과 조롱을 받았으며 제사를 지내지 않는 이유로 배척당했고, 이후 모든 교유 관계나 생활을 기독교계에서 찾겠다고 토로했다고 한다.[31]

1900년에는 존스 목사와 한국 최초 신학 잡지 『신학월보』를 창간하였고 다수의 글을 여기에 발표했다. 이외에도 아펜젤러와 존스를 도와 한문 『신약성경』을 우리말로 번역하였고, 존스의 추천으로 아펜젤러가 세운 배재학당에서 한문 교사로 활동하기도 했다.

최병헌의 종교관은 문명론과 기독교적 세계관이 만나는 지점에서 형성되었다. 대표작 『성산명경聖山明鏡』(1909), 『만종일련萬宗一臠』(1922), 『한철집요漢哲輯要』(1922)는 그가 재래 학술사상을 폭넓게 이해하고 있었음을 보여준다. 문명론과 기독교 세계관의 접합을 확인할 수 있는 『성산명경』은 존 번연의 『천로역정』에 비견될 정도로 한국 초기 기독교 토착화에 기여한 것으로 평가된다.

유 · 불 · 도와 기독교 간의 대화는 세계 창조론, 인간 영혼론, 내세론을 주제로 진행되었는데, 기독교가 서양 문명의 원동력이며 보편적 가

---

31 G. H. 존스 지음, 옥성득 번역, 『한국교회형성사』, 홍성사, 2013, 167쪽.

치를 지닌 것임을 확인하는 것으로 귀결된다. 『만종일련』은 기독교의 절대적 가치를 주장하면서도 제종교가 복음에 이르는 과정에 도움을 줄 수 있는 성취론적 관점을 취한다. 유신론, 내세론, 신앙을 종교의 3대 관념으로 제시했으나 3대 관념 가운데 일부를 결여하더라도 종교로 인정했다. 이는 전통적인 보유론과 적응주의와 구분된다.

기독교의 수용은 유학을 중심으로 했던 전통 지식 체계의 변형을 촉진하고, 근대적 지식체계 형성에 기여했다. 화지안의 『성해연원』을 저본으로 한 유교 심성론 기술은 기독교적 관점에서 유교 지식체계를 재구축한 것이다. 동서양의 종교와 철학을 망라한 『한철집요』는 비록 한문 교육을 목적으로 만들어진 것이지만 유교를 중심으로 한 전통 지식의 재편을 보여주는 사례이다.

유교 지식인이었던 최병헌의 기독교 수용은 한국 교회사뿐만 아니라 전통 지식체계의 탈구축이라는 점에서 독해할 만하다. 그의 저술에는 자강과 개화의 방책으로 신학문 교육을 강조한 사례가 적지 않다. 가령 경전이 빈한한 선비에게 옷을 제공하지 못하고 '철학'이 높은 선비의 배를 채워주지는 못하며, 오늘 같은 '황금시대'에서는, '실업교육'이 결여된 채 '문화적 교육'만으로는 실효를 거두기 어렵다는 것이다.

따라서 농공상 등의 실업교육에 애쓰고 실력이 발전함에 따라서 정치, 법률, 경제, 리학, 문학 등의 제반 교육으로 확장해서 사표가 될 만한 인물을 양성할 것을 주장한다.[32] 『사교고략四敎考略』에서는, "근래에 유교인들은 그렇지 아니하여 다만 문자만 배워 외면을 꾸미고 시와 노래로써 성정을 나타내니 이것이 어찌 능히 사람을 감화하며 하물며 성리학과 격물학과 천문과 지리는 다시 밝혀 해석하는 자가 없으니 또한 어찌

---

32 『황성신문』, 「中央學會發起」, 1908.9.17.

새 글을 저술하여 세상 사람을 유익케 하리오.

일국 인재를 통합하여 볼지라도 다만 옛 법만 지키고 능히 때를 따라 변통하지 못하나니 옛사람의 법이 옛적에만 마땅하고 이제는 쓸 데가 없는 것을 알지 못함이로다."라고 하여, 유학이 수시변통하지 못하여 퇴보하고 있음을 지적했다.

그는 선진이 후진에 행할 직분 세 가지로 도덕, 공업, 말삼[성경]을 제시했고,[33] "교육의 근본은 도학이라 사람이 도학이 업신 즉 암만 재죠가 잇드래도 서로 믿을 수가 업셔"[34]라고 하여, 학문의 근본으로 도학을 거론했는데, 여기서 도학은 유학이 아니라 기독교를 의미하나, 법률에 의한 정치보다 교화에 의한 정치를 높이 평가한다는 점에서 유학의 정신을 계승했다고 볼 수 있다. 이러한 유교와 기독교의 연속성은 그가 개종에 이르는 발판이었다.

> 서양의 기계만을 취하고 종교는 높일만한 것이 못 된다고 하는데 이는 (종교를) 이단으로 여겨서 참 진리를 모르기 때문이다. 나라의 형세를 개탄하는 자들이 매양 서양의 기계의 이로움을 말하면서 교도(종교)가 미풍이 아니라고 배척하며, 외국이 강하다고만 하고 부유하고 풍요롭게 된 근원은 살피지 않는 것이 참으로 한탄할 일이다. 대개 대도大道는 방국에 국한되지 않고 진리는 중외에 통용 가능한 것이다. 서양의 하늘이 곧 동양의 하늘이고, 천하(세계)로 보면 모두가 일가一家이며, 사해가 형제라 할 수 있다. 상제를 공경하고 인민을 아낀 점에 이른다면 어느 누가 마땅한 '윤리'라고 하지 않겠는가.[35]

---

33 『신학월보』 2권 7호, 「선진이 후진에 행할 직분」, 1902.7.

34 『독립신문』, 「개화론」, 1897.8.21.

35 崔炳憲, 『황성신문』, 「奇書」, 1903.12.22.

지력의 발달로 드러난 과학적 사실에 덧붙여 서양이 부강하게 된 근본 동력으로 그들의 '종교'를 꼽고 있으며, 참된 진리는 국가의 울타리를 넘어 세계에 통용되는 것이라는 논리를 펴고 있다. 동양과 서양이 구분되는 게 아니라 동서양의 '천天'은 같다. 동서양을 막론하고 상제를 공경하고 백성을 아낀 전통은 오래된 것이며, 세계적 보편성을 지닌 '윤리'라고 주장한다.

## 5. 고금 통변

전통은 과거의 유산으로 구성되지만 지금, 여기 우리의 의식 저변에 웅크리고 주체의 사회 문화 활동에 개입한다. 현재에 아무런 힘을 갖지 못하는 전통은 차츰 소멸하게 마련이다. 그런 의미에서 전통은 복고적이지 않고 현재적이며, 아직 실현되지 않은 다가올 미래를 정향한다는 점에서 '지나간 미래'라고도 할 수 있다.

그런데 우리가 생각하는 전통의 대부분은 근대에 만들어진 것이다. 그것을 구성하는 내용물이 비록 더 먼 과거에 뿌리를 두고 있다고 하더라도 근대적 이념에 의해 소환되어 그 역사적 의미가 재해석되고 새로운 가치가 주입됐기 때문이다.

인류의 역사에 비추어 보면 '근대'는 비교적 짧은 시간이지만, 지금, 여기에 가장 강한 자장을 형성하는 가까운 과거이다. 한국 근대 전환기 발견되고 창조된 '전통'을 우리 문화의 근원과 본질로 인식해 온 지도 이제 한 세기를 지나고 있다.

우리의 전통을 이해하기 위해서는 그것이 형성된 배경을 이해하는 일이 우선이다. 조선의 쇠망과 근대 국민국가 건설 좌절에 이은 식민의 질곡은 지금 우리가 생각하고 있는 전통을 형성하는 데에 지대한 영향을 미쳤다. 따라서 그것을 전통으로 인식하게 만든 조건들과 수용 방식을 살펴보는 작업이 중요하다.

전통적 지식 체계의 해체와 근대적 지식 체계의 구축은 근대 전환 과정의 일부였다. 근대로의 전환은 전통적 세계관의 인식론적 단절과 지식 체계의 탈구축을 가속했다. 오랜 역사 문화 속에서 나름의 완결된 지식 체계를 수 세기 지탱했던 조선의 유교는 스스로 자신의 존재 가치를 증명해야 하는 위기를 맞이했다.

20세기에 들어서며 국교로서 유교 위상은 약화 일로였고, 전통 지식 체계는 사회 운영의 주도적 원리로서 기능하지 못했다. 신구학新舊學 논쟁을 거치면서 유교는 온고溫故의 가치마저 상실하면서 점차 극복해야 할 과거의 유산으로 지양되었고, 단순한 기예技藝로 취급되었던 서양 학술은 새로운 학문[新學] 전범이 되고, 문명과 역사의 진보를 추동할 원리[西道]로 격상되었다.

성리학性理學 · 주자학朱子學 · 양명학陽明學 · 심학心學 · 이학理學 · 기학氣學, 도학, 실학 등은 유학의 위상 변화와 함께 일상에서 관념의 영역으로 물러났다. 일제의 강점에 맞서 의병 항쟁과 독립 운동을 주도한 유림도 있었으나 일제에 부역하며 사리사욕을 챙긴 일부 관료도 역시 유교 지식인이었다.

성리학을 이념 기반으로 한 유림은 국가의 위기를 도덕의 위기로 인식하여 본성의 회복과 의리의 구현을 기저로 하는 도덕 실천을 촉구하고 일제의 부당함에 항거했으나 역부족이었다. 인륜 도덕과 대의를 보전하는 것은 어느 시대에나 필요한 일이지만 자본과 시장에 탄력 받은 제국주의 앞에 대의 주장은 좌절되었다.

그러나 항일 의병이나 독립 운동의 이념 또한 유교의 대의와 이상에서 마련되었다는 점도 간과할 수 없다. 더욱이 해방 후 근대 민주사회 건설의 이념적 초석에 유교 정신이 이바지한 점도 적지 않다.

일상세계에서 유교는 고전과 교양의 자리로 밀려난 듯해도 우리의 문화의식의 저변에 잠재한 유교는 이른바 4차 산업혁명의 혼돈 속에서도 사람다움이 무엇인지를 되묻고 성찰하게 하는 고금 통변의 지혜를 제공해 줄 것으로 기대한다.

# 이 시대에 양명학은 왜 이단이 아니고 정통인가?

정인재(서강대학교 명예교수)

## 1. 조선초기 성리학

우선 우리 학계에서 양명학에 대해 잘못된 명칭을 쓰는 것부터 검토해 보자. 우리는 주자학을 성즉리를 표방하는 성리학이라고 하며 줄여서 이학이라고 한다. 그런데 양명학은 심즉리를 주장하는 심리학 즉 심의 이학이 아니고 단지 심학이라고 규정한다. 사실 주자학이나 양명학은 다 같이 천리를 강조하는 이학理學이다.

송대의 이학(주자학)과 명대의 이학(양명학)을 송명이학이라 부르는 것만 보아도 알 수 있다. 그런데 주자학만이 이학이라는 이름을 독차지 하고 양명학을 심학이라고 격하시켰다. 공평하게 말하면 양명학의 마음의 이학[心理學]을 심학心學이라고 불러야 한다면 주자학의 본성의 이학[性理學]은 성학性學이라 불러야 마땅할 것이다.

이렇게 공평하지 못한 이름 때문에 주자학자들이 양명학을 이단으로 공격하는 무기가 되었다. 그러므로 주자학자들은 양명학이 불교[禪學]와 같은 심학心學이라 규정 하고 비판의 화살을 날리었다. 그것은 조선 초기의 철학사상을 살펴보면 그 이유를 알 수 있다.

조선 왕조는 불교를 신봉하던 고려왕조를 무너트리고 새로운 왕조를 세우면서 억불숭유抑佛崇儒의 사상을 국가 이데올로기로 삼았다. 이때의 유교는 고려 말에 신진 사대부들이 공부한  주자학이었다. 고려시대 초, 중기 유학은 국가를 이끌어가는 행정적 임무를 담당했고 불교가 그 정신적 역할을 했다. 그러나 조선왕조의 유교에는 정치행정뿐 아니라 그 정신적 사상이 내재되어 있다.

조선의 새로운 국가의 제도적 틀(『조선경국전』, 『경제문감』)을 제정하고 그 이념을 만든 것이 바로 정도전(1337~1398)이었다. 그는 불교를 비판하는 『불씨잡변佛氏雜辨』『심문천답心問天答』『심기리편心氣理篇』 등을 저술하여 성리학이 불교나 도교보다 한 차원 위에 있음을 역설하였다. 이 저작들은 고려불교 국가로부터 조선유교 국가로의 체제 전환을 위한 비판적 성격을 띠고 있다.

「불씨잡변」은 성리학의 이기론의 입장에서 불교의 심성론의 잘못된 점을 지적하고 불교는 세상을 버리고 떠난다는 사리정신捨離精神 때문에 인간사회의 소중한 가치인 인륜의 질서를 파괴한다고 비판하였다.[1] 특히 『심기리편心氣理篇』은 성리학의 입장에서 불교를 심학으로, 도교를 기학으로 간주하며 비판한 것인데 그 내용은 「심난기心難氣」「기난심氣難心」「이유심기理諭心氣」 3편으로 이루어져 있다.

유교가 불교와 도교를 가르친다는 「이유심기」는 유가의 천리를 우위에 두고 도교의 기와 불교의 마음[心]을 한 차원 낮은 것으로 간주했다.

---

1 『三峰集』卷9 『佛氏雜辨』. 『불씨잡변』은 1. 불씨윤회지변으로부터 19. 벽이단지변까지 19편이 수록되어 있다.

만약 마음[心]에 천리가 없다면 인간은 이해관계로만 치달을 것이고 기에 천리가 없다면 인간은 그저 동물에 지나지 않을 것이라고 주장하였다. 정도전이 말한 천리에는 인의仁義를 담지하고 있는 도덕성이 있는데 불교와 도교는 인의에 대하여 알 지 못한다는 것이다.[2]

양촌 권근權近(1352~1409)은 정도전의 「심기리」에 대한 서문에서 1. 유가는 천리에 근거하여 마음과 기[心氣]를 다스린다는 것 2. 도학을 밝히고 이단을 물리치기 위하여 이 글을 썼다는 것 3. 삼교일치三敎一致 같은 것을 운운해서는 안 된다는 것이다.[3]

정통인 성리학(도학)을 밝히고 이단을 물리친다는 정도전의 사상은 조선왕조 말까지 500년간 그대로 이어져 천주교 박해는 물론 대원군의 쇄국 정책을 뒷받침한 위정척사爲正斥邪 운동으로 전개되기도 하였다. 조선 왕조 중기에 양명학이 들어오자 이것을 불교와 같은 이단으로 물리친 것도 같은 논리에서 나왔다. 이것은 주자학을 조선왕조 체제를 지키기 위한 시녀로 만든 것이며 닫힌도덕으로 만들어 버렸다.

## 2. 중국에서의 양명학 비판

양명학의 어록인 『전습록』이 당시의 열렬한 호응을 받아 민학民學으로 크게 유행하자 이에 위기 의식을 느낀 나흠순羅欽順(1465~1547)은 『곤지

---

2 『三峰集』卷6 「心氣理篇」: "有心無我, 利害之趨, 有氣無我, 血肉之軀, 蠢然以動, 禽獸同歸, 其與異者, 嗚呼幾希. …… 此儒者所以存心養氣, 必以義理爲主也. …… 若夫釋老之學. …… 不知主天理之公, 以裁制人欲之私."

3 『三峰集』卷6 「心氣理篇」 序文: "此先生闢二氏, 固非泛然論列者比, 又非大厲聲色極口詆毁者之比也. 抑或有人, 徒見其不斥也, 已爲三敎一致, 故先生作此以明其道之同耳, 則非知言者也."

기困知記』(1535년 간행)통하여, 진건陳建(1497~1567)은 『학부통변學蔀通辨』(1548년 간행)을 저술하여 양명학을 비판하였다.

나흠순은 『곤지기』에서 주자학이 이미 쇠락하던 시대에 정주학을 변호하기 위해 육왕학(육상산 왕양명)을 비판하였다. 그는 성즉리의 성학의 입장에서 심즉리의 심학을 불교(선종)의 심학과 같다고 하여 이단으로 배척하였다. 나흠순은 이기, 심성을 하나로 보는 왕양명에 대응하기 위하여 그는 이기理氣를 하나로 간주하고 마음과 본성[心性]을 나누었다. 그의 심성론은 주자학을 따라 양명학을 비판하면서도 이기일체론理氣一體論, 이기일물설理氣一物說을 주장하여 주자학을 변형시킨 수정 주자학자이다.

나흠순은 심과 성에 대하여 이렇게 말했다. "마음[心]이란 인간의 신명神明이다. 본성性이란 인간의 생리生理이다. 이理가 있은 곳을 마음이라 한다. 마음이 가지고 있는 것을 본성이라 한다. 뒤섞어 하나로 할 수 없다."[4] 이것은 마음과 본성[心性]을 하나로 보는 양명학을 비판하기 위한 것이다.

나정암은 선종과 육왕학을 비판하였는데 그것이 조선 왕조의 불교와 육왕을 비판하는 준거가 되었다 그는 선종을 이렇게 비판했다 "선종은 '심법으로 천지를 일으키고 없앤다.'고 하여 마음 밖에 어떠한 사물의 실재를 인정하지 않았다. '우러러 일월성신, 굽어 산하대지, 가까이는 군신부자 형제 부부 붕우 멀리는 날아다니고 물속에 잠기는 것 동식물 수화금석 일체를 환상[幻]이라 하여 공[空]으로 생각한다. 저들이 어찌 다시

4 『困知記』卷1: "夫心者, 人之神明. 性者, 人之生理. 理之所在謂之心, 心之所有謂之性, 不可混而爲一也."

이른바 만상萬象을 회복하겠는가?"[5]

나정암은 이런 논리로 육상산을 비판하였다. "상산의 학문은 내가 보기에 분명히 선禪이다. …… 불씨는 마음에는 본 것이 있으나 본성에는 본 것이 없다. 상산도 역시 그러하다. 그들이 이른바 지극한 도[至道]란 것은 모두 영각靈覺의 미묘함에서 벗어나지 못한다. 대개 영각을 지극한 도로 간주하는 것은 바로 그들의 병근病根이다. 그러므로 우리 유학자에서 달라지는 것은 실로 이곳에 있다."[6]

나정암은 왕양명의 격물치지설과 양지설을 비판하였다.

> "일찍이 『전습록』을 읽어보니 '사물마다 지선至善을 구하는 것은 오히려 의외義外이며 지선은 마음의 본체이라는 말이 있고 또 지선은 바로 이 천리의 궁극[極]에서 순수하면 옳다. 다시 사물에서 무엇을 찾을 것인가?' 라고 하였다. 이것으로 양명은 이학理學이란 글자를 찾은 적이 없었다는 것을 알 수 있다. 이 이치는 하늘에 있으며 사람에게도 있고 사물에도 있다. 어딜 가나 정정당당하지 않음이 없다 이것이 바로 지선이 되는 까닭이다. …… 만일 마음에서만 그것[理]을 구하고 사물에서 전혀 이해하지 못하여 번거로움을 싫어하면서 지름길을 좋아하고 빨리 이루어지길 바라고 조장助長한다면 그 회광반조回光反照하여 얻은 것을 스스로 천년동안 전해지지 못한 비의秘義라고 여기는 것이다. [이것은 불교의] 원각圓覺이 본래 그 첫째가는 의미라는 것이다 유학의 저서 중에 단지 양지라는 한 마디가 대략 그 뜻이 비슷할 뿐이

---

5 『困知記』 續卷上 12: "以萬象言之, 在彼經敎中卽萬法爾, 以其皆生於心, 故謂之能主, 然所主者實不過陰, 界, 人, 自此之外, 仰而日月星辰, 俯而山下大地, 近而君臣父子, 兄弟夫婦朋友, 遠而飛潛動植, 水火金石, 一切視以爲幻而空之矣, 彼安得復有所謂萬象乎哉."

6 『困知記』 附錄: "象山之學, 吾見得分明是禪. …… 佛氏有見于心, 無見于性, 象山亦然, 其所謂至道, 皆不出乎靈覺之妙, 蓋以靈覺爲至道, 乃其病根, 所以異于吾儒者, 實在于此."

다 양명은 여기서 이 말을 빌려와 중요하게 여기고 '양지가 곧 천리이다'라고 주장하였다. 맹자가 언제 양지를 가리켜 천리라고 한 적이 있었던가? 이것은 맹자를 속이는 것이다."[7]

이 인용문에서 알 수 있듯이 왕양명이 주자의 격물치지설은 도덕의 표준[至善]을 밖의 사물에서 찾는 것이며 이것은 고자의 의외설과 같은 것이라고 비판한 것이다. 왕양명은 용장에서 깨달음을 통하여 심즉리心卽理설을 확립하였는데 이것은 주자의 성즉리性卽理설에 정면으로 맞선 것이다.

그런데 나흠순은 마음에서만 천리를 구하고 외물에서 그것을 구하지 않는 것은 불교의 회광반조를 통한 원각이나 다름없다고 본 것이다. 그리고 불교의 논리를 빌려와 양지가 천리라고 주장하였다는 것이다.

그는 말했다. "불교가 마음에서는 본 것이 있으나 본성에서는 본 것이 없어 지각으로 본성을 삼았다 그런데 오늘날 내 마음의 양지가 바로 천리라고 주장한다. 이것 역시 지각을 본성으로 삼은 것이다."[8]

불교가 마음 안에 스스로 폐쇄되어 마음의 지각 작용을 본성이라고 보는 것과 마찬가지로 양명도 역시 비슷한 견해를 가지고 있다는 것이다. 따라서 나흠순은 "『전습록』에 '내 마음의 양지가 바로 이른바 천리이

---

7 『困知記』「與林次崖僉書」: "嘗見前習錄有云, 於事事物物上求至善, 却是義外, 至善是心之本體. 又云, 至善卽是此心純乎天理之極便是 更於事物上怎生求, 以此知陽明不曾尋見理字. …… 斯理也, 在天在人, 在事在物, 皆無往而不停停當當也. 此其所以爲至善也. …… 若但求之於心, 而於事物上通不理會, 厭繁而喜徑, 欲速而助長, 則其回光返照之所得, 自以爲天載不得之秘者, 圓覺固其第一義矣. 儒者中僅有良知一語, 大意略相似, 陽明於是遂假之以爲重, 而謂良知卽天理, 孟子何嘗指良知爲天理耶, 是誣孟子也."

8 『困知記』下: "佛氏有見於心, 無見於性, 故以知覺爲性. 今謂吾心之良知卽天理, 此亦以知覺爲性者也."

다', '도심이란 양지를 말한다.'는 따위의 주장이 있다. 이런 말들은 모두 지각을 본성으로 여기는 명백한 증거이다"[9]라고 했다.

마음을 지각 작용으로 천리를 본성으로 엄격히 구분하는 나정암에게 양지가 바로 천리라고 주장하는 것은 마음의 지각 작용에 속하는 양지를 그 본체인 천리라고 간주하는 것과 같으며 이것은 불교와 마찬가지로 지각주의에 빠진 것이나 다름없다는 것이다.

그에게 양지란 어디까지나 마음의 훌륭한[良] 지각[知]일 뿐 결코 그것을 천리로 볼 수 없다는 것이다. 이 비판은 주자학의 마음과 본성[心性]을 둘로 나누어 마음은 형이하의 작용을 하는 기氣에 속하며 본성은 본체로써 형이상의 이理에 속한다는 구도에서 말한 것이다.

그가 양지를 지각의 차원에 놓고 천리라고 인정하지 않는 것은 바로 주자학의 마음[心]개념에 입각하여 양명학의 마음을 천리로 보는 심즉리心卽理를 비판한 것이기도 하다. 이것은 성즉리의 주자학과 심즉리의 양명학이 갈라지는 명제이다. 양명학[육상산을 포함]을 불교[禪]와 같은 심학이라고 간주하는 것은 위와 같은 논리에서 나온 것이다. 양지를 다만 지각으로만 볼 것이냐 천리로 간주할 것이냐 하는 문제가 바로 주자학과 양명학 관점의 갈림길이다.

왕양명은 구양남야에게 보낸 편지글에서 이렇게 말했다. "양지는 견문으로 말미암은 것은 아니지만 견문은 양지의 작용이 아닌 것이 없다. 그러므로 양지는 견문에 막히지 않지만 또한 견문에서 분리되지도 않는다."[10]

---

9 『困知記』 續卷上: "『傳習錄』有云, 吾心之良知, 卽所謂天理也. 又云, 道心者, 良知之謂也. …… 此處皆以知覺爲性之明驗也."

10 『傳習錄』 中卷, 「答歐陽崇一」: "良知不由見聞而有, 而見聞莫非良知之用, 故良知不滯於見聞."

여기서 양지와 지각 즉 견문의 관계를 분명히 밝히었다. 이것은 나흠순의 비판에 대한 명확한 대답이다. 양지는 지각으로 말미암지 않았다[不由]는 것은 양지가 지각의 차원에서 생긴 것 즉 경험에서 유래한 것이 아니다.

그러나 지각이 양지의 작용이라는 것이다. 양지는 지각 작용에 막히지도 않고[不滯] 지각 작용과 분리되지 않는다[不離]고 역설하였다. 사실 지각은 판단 작용을 하지 못한다. 양지는 시비지심이므로 도덕적 판단 기준인 천리를 가지고 판단할 뿐이다.

여기서 왕양명은 양지의 지위를 지각과 다른 차원인 천리임을 분명히 밝혔다. 구양남야는 이런 논지를 이어 받아 나흠순과 논쟁을 하면서 양지가 바로 천리라고 강조하였다.[11] 조선시대 학자들은 양지가 천리라는 주장에 대하여 긍정하는 기대승, 이진상과 부정하는 김창협으로 나누어진다.[12]

명대에 두 번째로 양명학을 비판한 인물은 진건陳建이었다. 그는 『학부통변學蔀通辯』(1548년 간행)에서 말했다. "육상산의 강학은 오로지 정신을 완전히 양성함으로 돌아가는 한 길을 관리하다 그 학문이 선학禪學이 됨은 도망할 데가 없다."[13] 진건은 육학은 바로 선학이라고 간주하였다.

진건은 왕양명의 양지설도 비판했다. "양명의 양지학은 불씨의 본래면목에 근본을 두었다. 그리고 도교[仙家]의 원정 원기 원신에 합치된다. 양명이 스스로 말한 바에 근거하여도 이미 분명하다. 다른 사람의 변론

---

11 『歐陽德集』 卷1, 「答羅整菴先生寄[困知記]」, 12~19쪽.

12 조남호, 「조선유학자들의 양지에 대한 논쟁」, 『양명학』 제2호, 한국양명학회, 1998, 1275~1287쪽.

13 陳建 撰, 『學蔀通辨』 卷之四: "象山講學, 專管歸完養精神一路, 其爲禪學, 無所逃矣."

을 기다리지 않는다. 어째서 오히려 성학이라고 억지로 일컫는가? 나는 양명의 양지설은 뒤섞여 어긋남이 얼마나 심하지 논하였다. 근일 사대부는 바로 양명을 참된 성학이라고 생각한다. 전해 준 것을 높여 믿어서 주자를 비방하니 역시 홀로 어찌할 것인가?"[14] 진건은 양명의 양지가 불교의 본래면목과 도교의 정기신에 근거하여 펼친 것이라고 비판하였다.

그 외에 명나라 때 첨능詹陵이 쓴 『이단변정異端辨正』(1525년 간행)은 송나라 여러 유학자들의 학설을 인용하여 노장 불교를 사도邪道라고하며 육학도 그 부류에 넣어 비판한 책인데 1551년 조선에서 간행되었다.[15] 『이단변정』은 이단 학설이 식지 않고 있음을 걱정하여 바른 학설을 숭상하기 위한 것이며 사악한 학설을 바로잡고 유학의 도를 보호하자는 취지로 책을 썼다는 것이다.

여기서 양명학을 직접 비판한 적은 없었지만 불교[禪]와 도교[仙]의 배척은 바로 양명학비판을 의미한다. 한편 명나라 조정은 가정1년(1522) 가정 8년(1529), 가정 16년(1537) 세 차례에 걸쳐 양명학과 『전습록』에 대한 금지령을 내린 바 있다.

## 3. 조선에서의 양명학 비판

양명학이 언제 조선에 들어왔는지 명확하지 않다. 윤남한에 의하면

---

14 陳建 撰, 『學蔀通辨』 卷之九: "續篇下, 案陽明良知之學, 本於佛氏之本來面目, 而合於仙家之元精元氣元神, 據陽明所自言, 亦已明矣, 不待他人辯矣, 奈何猶强稱爲聖學, 妄合於儒書, 以惑人哉! …… 愚謂陽明良知之說, 其爲雜爲舛孰甚, 近日士大夫乃有以陽明爲眞聖學, 尊信傳授, 而隨聲以詆朱子者, 亦獨何哉."

15 詹陵 撰, 『異端辨正』 3卷 3冊, 明宗 6年(1551)에 刊行.

조선시대의 양명학 전래시기부터 불확실하다. 명조(1368~1644)에서 양명학이 발생한 뒤에도 50~70년 뒤에 추정되었다. 이로 때문에 『전습록』과 그 비판서인 『곤지기』나 『학부통변』 등 명나라 조정에서 간행된 것과는 반대의 순서로 국내에 전래 되었거나 개간開刊되었다는 역현상마저 보인다는 것이다.[16]

16세기 초 양명학이 조선에 전래된 뒤 1593년에 이르러 왕양명의 『전습록』이 정식으로 간행되었다. 이것은 1518년 명나라에서 간행된 것에 비하여 70년이란 세월이 흐른 뒤이다 조선에서 『전습록』이 정식 간행되기 20~40년 앞서서 양명학을 비판하는 척왕서인 『곤지기』『학부통변』 등이 유포되었다는 사실은 주자학의 이단 배척의 선입견을 가지고 양명학을 접수하였다는 것이다.

양명학이 선조시대의 남언경, 이요에서 인조시대의 최명길, 장유 등에 의하여 명맥을 유지하였으나 이퇴계가 양명학을 배척한 뒤부터는 하곡 정제두 이외에 조선시대 말기까지 그대로 이어졌다. 퇴계가 양명학을 정식으로 비판한 것은 1553~1566년 시기였는데 이때는 양명학 비판서가 조선 조정에 의하여 이미 세간에 유통되고 있었던 상태였다.

주자학 관점에서 양명학을 비판한 주요 논문은 「백사시교변」「전습록논변」「백사시교전습록초전인서기후」「초의려선생집부백사양명초후복서기발」 등 4편이다. 양명학에 대한 본격적 비판은 「백사시교전습록초전인서기후」와 1566년에 쓴 「전습록변」이었다.

먼저 전자를 살펴보면, 1. 진백사와 왕양명은 육상산에서 나와 본심을 종주로 삼고 있는데 이것은 선학이다. 2. 왕양명의 경우는 학술이 잘못되었고 그의 마음은 강하고 사나워 자기주장을 내세운다. 그의 말은

---

16 윤남한, 『조선시대의 양명학연구』, 서울: 집문당, 1982, 11쪽.

사람들을 현혹시켜 인의를 해치고 천하를 혼란하게 만든다. 3. 왕양명은 심즉리를 주장하여 오륜마저도 삭제해도 된다고 했으니 불교의 가르침과 같다.

4. 왕양명은 경솔하게 경전의 가르침을 고치고 자기의 옳지 못한 견해를 따랐다. 마침내 도를 배반하고 성인을 비난하는 일을 꺼리지 않았다 5. 왕양명은 주자의 궁리학설이 홍수와 맹수의 피해와 같다고 배척하였다. 6. 왕양명은 진시황의 분서焚書가 공자의 시서를 산한 뜻에 맞는다고 하였다. 7. 왕양명은 주자의 말년에 존덕성에 중점을 두어 그것이 자기주장과 같다고 억지 주장을 하는 잘못을 저질렀다는 것[17]이다.

이러한 비판은 왕양명의 마음이 사납다는 등 인격적인 공격을 하여 감정적인데 호소하였으며 왕양명이 오륜을 버린 적이 없는데 삭제하였다고 하였고 본심을 주장한 것이 선학이라고 하였는데 본심이 바로 맹자의 인의를 잃어버린 것을 본심을 잃었다고 하는데 근거를 둔 도덕적[인의]본심이라는 것을 간과한 것이다. 경전의 가르침을 고친 것은 왕양명이 아니라 주희였다. 주자는 원래 경전의 말인 친민親民을 신민新民으로 고쳤으며 팔조목 중 격물에 관한 보망장補亡章을 만든 것도 주희였다.

신민을 원래 경전에 맞게 친민으로 되돌린 것은 왕양명이었다. 『전습록』은 모두 3권으로 구성되어 있는데 퇴계는 「전습록논변」에서 권1의 첫머리 서애가 기록한 것 중에서 처음 4조목만 들어서 왕양명의 사상을 비

---

17 『退溪先生文集』卷41 雜著: "1. 滉謹按陣白沙, 王陽明之學, 皆出於象山, 而以本心爲宗. 蓋皆禪學也. …… 2. 至與陽明者, 學術頗忒, 其心强狠自用, 其辯張皇震耀, 使人眩惑而喪其所守, 賊仁義亂天下. …… 3. 於是創爲心卽理也之說. ... 雖如五倫之重, 有亦可無亦可, 剗而去之, 亦可也. 是庸有異於釋氏之教乎哉. 4. 持此而揆諸聖賢之訓, 而不合則又率以其意, 改變經訓, 以從其邪見. …… 畔道非聖, 無所畏憚. 5. 欲排窮理之學, 則斥朱說於洪水猛獸之災. 6. 欲除繁文之弊, 則以始皇焚書, 爲得孔子刪述之意. 7. 又按朱子晚年 …… 而有歸重於尊德性之論. …… 陽明乃欲引此以自附於朱說, 其亦誤矣."

판하였다. 그것은 1. 친민설 2. 궁리공부의 소홀 3. 지선至善을 추구하는 방법 4. 지행합일설이다. 첫째 왕양명은 친민에는 가르치고 기른다[敎養]는 뜻이 둘 다 있지만 신민에는 깨우친다[覺]는 뜻에 치우쳐 있으므로 신자로 고치는 것은 부당하다고 하였다.

이에 대하여 퇴계는 "명명덕은 자기가 배운 것으로 말미암아 그 덕을 밝히는 것이며 신민이란 자기의 배움을 미루어 백성들의 덕을 새롭게 한다고 해석하였다. 둘 다 모두 배움의 뜻을 지닌 것이며 기른다[養]거나 가까이 함[親]은 처음부터 상관없는 것"[18]이라 주장하였다.

양명은 멋대로 앞선 유학자[주자]의 정론을 배척하였다는 것인데 사실 주자가 경전을 맘대로 뜯어고쳐 신민으로 만든 것인데 퇴계는 그 화살을 양명에게 돌리고 있다. 퇴계는 경전보다 주자의 말을 더 중시했다.

둘째, 왕양명은 충효의 도덕 원리도 마음과 떨어져 있지 않다[卽]는 심즉리를 주장하였다. 따라서 효도에 정성스런 마음이 뿌리이고 의례 절차의 조목은 가지에 불과 하므로 먼저 뿌리가 있어야 가지가 있는데 먼저 가지를 찾고 나서 뿌리를 버리는 것은 옳지 않다고 하였다. 이것은 주자의 격물궁리론을 비판하는 것이다.

퇴계는 이에 대하여 본래는 궁리공부를 논하는 것인데 뒤집어 실천공효에 나아가 뒤섞여 말하였다[19]고 비판하였다. 그러나 주자학의 궁리는 바로 소당연지칙所當然之則인 외적인 이理 즉 예의 절차[禮]를 따지는 것인데 그것은 본심에 근거를 둔 덕성심이 아니라 외물[禮]을 인식하는 인식심에서 나온 것이다.

---

18 『退溪先生文集』 卷41, 雜著: "辯曰, 大學之道在明明德者, 言己之由學以明其德也. 繼之曰, 在新民者, 言推己學以及民, 使之亦新其德也. 二者皆帶學字意, 作一貫說, 與養之親之之意, 初不相涉."

19 『退溪先生文集』 卷41, 雜著 「傳習錄論辯」: "辯曰本是窮理工夫, 轉就實踐功效上衮說."

셋째, 왕양명은 의례의 절도에서 마땅함을 구하는 것을 지선至善이라 하는 것은 배우가 의례 절도에 맞게 꾸며서 행하는 것을 지선이라는 것과 같다고 하였다. 외적인 인의의 규범에 맞게 행위 하는 것은 인의로부터 나온 행위가 아니므로 지선이라고 볼 수 없다는 것이다. 이런 지선은 배우들의 꾸민 행동에서 나온 것과 같다는 것이다. 퇴계는 외적인 의절만 강구하는 것은 배우와 다름없다고 시인하였다.

그러나 내면의 심성과 외적인 법칙이 모두 하늘에서 내려준 참되고 지극한 이치라고 하면서 경敬 공부를 통하여 마음의 근본을 세우고 이치를 캐물어 가면 안팎이 융합되고 대강과 자세함이 일치가 된다고 했다.

그런데 양명은 외물이 마음에 누가 되는 것을 걱정하여 백성의 떳떳한 본성과 사물의 법칙을 알지 못하고 사물마다 일체를 소제하려고 하니 모두 본심에 들어가 뒤죽박죽 말하는 것은 불교의 견해와 같다는 것[20]이다.

이것 역시 본심이 바로 양지이며 천리라는 것을 인정하지 않은 것이다. 사물의 법칙은 양지가 사물에 드러난 것임을 안다면 이런 비판은 공허한 것이다. 더욱이 외적인 예의 규범을 형식적으로 지키는 것은 배우가 대본을 따라 행동하는 것과 같다는 왕양명의 비판을 퇴계도 받아 들였다.

넷째, 왕양명의 지행합일에 대하여 퇴계는 가장 상세한 비판을 하였다. 왕양명은 도학의 말단의 폐단을 고치기 위해 지행합일설을 주장했다고 하였다. 왕양명은 아름다운 여색을 좋아하듯이 나쁜 냄새를 싫어

---

20 『退溪先生文集』 卷41, 雜著 「傳習錄論辯」: "辯曰不本諸心而但外講儀節者, 誠無異於扮戲子. …… 亦不聞朱子所謂主敬以立其本, 窮理以致其知乎? …… 陽明徒患外物之爲心累, 不知民彝物則眞至之理, 卽吾心本具之理, 講學窮理, 正所以明本心之體, 達本心之用, 顧乃欲事事物物一切掃除, 皆攬入本心衮說了, 此與釋氏之見何異?"

하듯이[好好色, 惡惡臭]라는 문구를 지행합일의 예로 들었다.

퇴계는 형기에서 발동하는 것과 의리에서 발동하는 것을 구분하고 왕양명의 지행합일을 형기에서 발동한 마음만 가리킨다고 한정하였다. 의리와 도심을 떠나 지행을 논하는 것은 짐승에도 가능한 것[21]이라고 비판하였다. 그러나 왕양명이  아름다운 여자[好色]를 좋아함은 보는 순간 미적인 마음이 움직여 좋아하는 미학적인 개념이므로 단순히 감각적인 형기로만 한정시킬 수는 없다.

퇴계의 양명학 비판은 학술적 논리적 비판이라기보다는 주자학을 지키기 위한 이념적 비판이라는 목표가 이미 설정되어 있었다.[22] 그가 양명학을 비판한 것은 조선시대 초기에 정도전이 주자학을 세우기 위하여 불교와 노장을 비판한 것과 일맥상통하다. 그것은 조선 후기의 위정척사까지 이어진다. 조선시대의 주자학은 어떠한 다른 학문도 허용하지 않고 국가 이데올로기로 굳어지면서 주자학과 다른 모든 것[불교 도교 양명학 서학]을 이단으로 배척하는 폐쇄적 닫힌 도덕이 되어 버렸다.

## 4. 주자학과 양명학의 다른 점

주자학과 양명학은 다 같이 신유학에 속한다. 둘 다 천리天理를 궁극적 실재로 간주하고 본성을 천리로 보는 성학[性理學]과 마음을 천리로 보는 심학[心理學]으로 나누어져 있다. 신유학은 노장과 불교를 비판하고

---

21 『退溪先生文集』 卷41, 雜著 「傳習錄論辯」: "陽明乃欲引彼形氣之所爲, 以明此義理知行之說則大不可. …… 陽明之見, 專在本心. …… 若但痛而謂之行, 所行者血氣耳, 非義理也. 且痛而知痛, 飢寒而知飢寒, 塗人乞人與禽獸皆能之."

22 최재목, 『퇴계심학과 왕양명』, 새문사, 2009, 108쪽.

유학을 새롭게 일으킨 학문을 말한다. 이것은 북송의 오자, 즉 주돈이 · 소강절 · 장횡거 · 정명도 · 정이천에 의하여 시작되었으며 주희가 이를 집대성하여 이를 주자학이라 부른다. 주자는 『오경』보다는 『사서』를 새로운 경전으로 삼고 특히 『대학』에서 자기의 사상을 펼치었다.

신유학이 혁신적이라는 이유는 원기氣에 근거를 둔 우주론을 극복하고 천리天理라는 새로운 개념을 체득해 내어 본체론을 세웠다는 점이다. 천리는 칸트가 말한 순수한 이성이 아니라 도덕적 이성인 동시에 도덕적 원리라고 말할 수 있다. 기론적氣論的 우주론은 천지 만물을 모두 음양오행에 종속시켜 인간을 운명적[타율적] 존재로 전락시켰다.

이에 반해 천리는 인간의 도덕 주체성을 강조하여 그 자율성을 획득하였다. 신유학은 원시유학에도 한당유학에도 없는 천리를 유학의 궁극적 실재로 간주하였다는 점에서 새롭다는 것이다.

본성을 천리로 삼는[性卽理] 주자학은 매우 체계적이며 주지주의主知主義 성격을 가지고 있어 선비[士] 정신을 잘 반영하고 있다. 주자는 모든 것을 이분화 하여 설명하였다. 그는 형체이상의 것을 도라 하고[形而上者謂之道] 형체 안에 내려와 있는 것을 기라한다[形而下者謂之器]라는 『주역』의 명제를 해석하면서 형상의 태극을 이(理)로, 음양오행을 형하의 기氣로 간주하는 이기론을 전개하였다.

이에 근거하여 순수한 선善인 본연지성本然之性과 선악이 섞인 기질지성氣質之性으로 나누었다. 이것은 맹자의 성선설과 순자의 성악설을 종합한 것이라고 한다. 물론 맹자의 본성과 본연지성을 등가로 보는 것이 아니며 순자의 성악설과 기질지성을 같다고 보는 것이 아니다. 그것은 욕심의 근원인 기질을 변화시켜야[變化氣質] 천리를 존중할 수 있다는 공부 목표는 순자의 성질[性]을 변화시켜 인간이 만든 예를 일으킨다는 화성기위化性起僞와 맥락을 같이하고 있는 것이다.

주자가 말한 천리에는 두 가지 의미가 있는데 그 하나는 모든 사물이 존재 이유인 소이연지고所以然之故와 그 이유에 따라서 지켜야 할 법칙인 소당연지칙所當然之則으로 되어있다. 전자는 자연과학의 법칙(physis)과 같은 것이며 후자는 윤리 규범(nomos)과 같은 것이다.

서양은 전자를 중시하여 근대 과학의 무서운 발전을 이룩하였는데 동양은 오히려 후자를 강조하여 우리 일상생활에서 마땅히 ~해야 한다는 태도를 가지고 살도록 만들었다. 이러한 의무 지향적 태도는 권리 의식을 낳을 수 있는 토대가 되지 못하였다.

주자의 이理는 예禮로 외재화되었다. 따라서 그의 격물설에서 즉물궁리는 구체적인 사건에서 예를 어떻게 지켜야 될지 따지는 즉사궁례卽事窮禮가 되었다. 그가 만든 『주문공가례』는 관혼상제冠婚喪祭의 4례인데 조선시대 중기의 예송논쟁은 예의 정명론正名論이 빚어낸 공허한 논리적 싸움이었다. 예가 지배하는 사회는 나의 주관적 판단과는 관계가 없이 예법을 준수하면 되는 타율적 윤리가 지배하는 것이다.

이와 달리 마음을 천리로 삼는[心卽理] 양명학은 매우 직관적이며 생명주의 성격을 띠고 있어 민학의 정신을 잘 반영하고 있다. 양명학은 외물에서 법칙[理]을 찾는 과학주의에 가까운 격치학을 비판하고 "마음 밖에 사물도 이치도 없다"[心外無物, 心外無理]는 주장을 하였다. 이것은 현상학적 관점과 매우 유사성을 띠고 있다.

현상학은 우리의 의식이 ~에 관한 의식(Bewustsein von etwas)이므로 의식을 떠난 어떤 것도 없다[心外無物]는 것이다. 따라서 의식 밖의 것은 우리가 알 수 없으므로 판단 중지(epoche)하고 의식 내의 것만 사실 그대로 기술하는 학문이다. 양명학이 마음 밖의 어떤 사물이나 이치를 인정하지 않는다는 점에서 현상학적이라 할 수 있다. 마음의 도덕 원리(천리天理)가 바로 양지이다. 도덕원리는 결코 밖에 있지 않다. 따라서 우리가 어떤 일을 할 때 밖에서 정해진 매뉴얼[규칙]에 따라 처리하는 것이 아니라 그 일의 옳고 그름[是非]을 판단하는 양지에 의하여 실천한다.

신유가는 모두 다섯 가지 특징을 가지고 있는데 1. 누구나 성인이 될 수 있다는 성학聖學 2. 도에도 전통이 있다는 도통道統 3. 새롭게 만든 경전인 『사서四書』 4. 성학을 교육하는 곳인 서원書院 5. 천지(우주)의 이법과 인간의 도덕 원리인 천리天理이다.

1. 신유가들은 성인이 되는 것을 공부의 최종 목표로 삼았다. 주돈이는 성인은 배워서 이룰 수 있다고 하였다. 시원유가나 한당유가에는 없는 새로운 관점인데 여기에서 우리는 깨달으면 누구나 붓다가 될 수 있다고 주장하는 불교의 영향을 읽을 수 있다.

신유가들은 성인이 되기 위하여 선천적인 도덕원리 즉 천리를 간직하고[存天理] 사적인 욕심을 없애는[滅人欲] 것을 수양의 목표로 삼았다. 퇴계는 어린 선조에게 성군이 되는 길을 알려주기 위하여 『성학십도』를 만들었고 율곡은 『성학집요』를 지었다. 주자학의 성인이 되는 존덕성은 반드시 도문학(경전 공부)을 통하여 달성 되는 것이다. 그런데 육산산은 육경이 모두 내 마음의 각주에 불과하다고 주장하였다.

왕양명은 12살 때 성인이 되는 것이 인생의 제일 중요한 일이라고 하였다. 정제두는 양명학 역시 성인이 되는 길을 알려주는 성학이라고 믿고 공부했다. 성인이란 성숙한 인격을 가진 사람을 말하는데 양명학에서는 자기를 속이지 않고[毋自欺] 자기가 하는 일에서 양지를 실천[事上磨鍊]하면 성인이라고 주장한다.

2. 주자학은 특히 도통을 중시하였다. 가문의 혈통이 있듯이 도에도 전해 내려오는 계통이 있다는 것이다. 그것은 성인이 성인에게 전해준 16자 전법을 지키는 것이다. 그 내용은 "인간의 마음은 오직 위태롭고 도덕적 마음은 오직 미미하다. 오로지 알차게 오로지 한결같이 하여 진

실로 그 알맞음을 잡아라![人心惟危 道心惟微 惟精惟一 允執厥中].”는 것이다. 이 도통을 지키는 것을 도학道學이라 하는데 성학聖學의 다른 표현이다.

옛날에는 주자학을 도학(道學)이라고 불렀는데 이것은 주자학만이 정통이고 다른 학문(노장, 불교)은 이단이라고 간주했다. 당나라 시대에 한유韓愈가 불교의 도와 차별되는 유가의 도를 인의仁義라고 하면서 도통을 주장하였다. 주자는 한유설을 이어 받아 요순에서 맹자까지 이어지던 도통은 수 천 년 동안 끊어졌다가 북송 5자에 이어졌다는 새로운 도통설을 제시하였다. 원나라 시대에 만든 『송사』의 열전에 「도학전」과 「유림전」이 따로 있는데 전자에는 북송5자와 주자가, 후자에는 그 밖의 육상산을 비롯한 유학자들이 실려 있다.

조선시대의 유학자들은 주자의 도통을 이어 받았다고 자부하였고 노장과 불교를 이단으로 배척함은 물론 육상산, 왕양명까지 불교의 심학과 같다고 하여 이단 취급하였다. 그러한 정통과 이단 의식이 구한말 서양문물이 들어오는 것을 막았고 오늘날 우리의 의식 속에 정통 이단이 남아 있어 나는 정통인데 나와 다른 사람은 이단이라고 몰아버리는 이데올로기를 만들었다. 주자학의 정통 이단론은 조선 왕조의 국가 이념(이데올로기)의 정치적 시녀가 되었다.

이에 반하여 양명학은 불교 노장에 개방적이며 어떠한 외래 사상도 수용할 수 있는 열린도덕이다. 양명학자 박은식은 노장 불교는 물론 기독교까지 수용하는 태도를 가지고 있었다. 이런 점에서 보면 모종삼牟宗三은 정이천과 주자가 『대학』을 위주로 하는 것은 송명 유학의 방기旁技이며 주자학은 단지 편협한 곁가지[只是別子爲宗]이고,[23] 오히려 양명학

---

23 牟宗三, 『心體與性體』, 臺北: 正中書局, 1968, 19쪽.

이 정통이라고 생각했다.

3. 성학을 가르치기 위한 경전이 바로 『사서』 즉 『논어』 『맹자』 『대학』 『중용』인데 신유학에서는 『오경』(『시詩』 『서書』 『역易』 『예禮』 『춘추春秋』보다 『사서』를 더 중시하였다. 마치 그리스도교에서 구약보다 신약을 더 중요하게 생각하는 것과 같다.

이것은 한대漢代의 『오경』 중심의 경학經學이 송대의 『사서』 중심의 신경학新經學으로 바뀐 것이며 학문방법상 문헌학적인 훈고학에서 철학적인 해석학으로의 전환을 의미한다. 주자는 특히 『대학』을 중시하여 삼강령 중 친민을 신민으로 바꾸었으며 팔조목 중 격물치지를 중시하여 인식론적인 틀을 만들어 놓았다.

주자의 『사서집주』는 원나라 황경 2년(1313)부터 전국에 과거를 실시하기 위한 필독서가 되었다. 고려 말 과거를 보기 위하여 주자학을 공부한 것이 이색, 정몽주를 비롯한 신진 사대부들이었다. 주자학은 과거를 통하여 정부의 관리를 선출하는데 필요한 관학官學이 되었다.

명나라 초기 성조는 정권의 합당성을 확보하기 위하여 당시 거유 방효유方孝孺에게 조서를 쓰라고 했지만 거절당하자 구족은 물론 십족[제자들]까지 모두 죽였다. 그리고 그는 『사서대전』 『오경대전』 『성리대전』을 편찬케 하여 그 안에서 과거 시험 출제를 했다.

『사서』 체제가 더욱 강화된 것이다. 당시 학자들은 실천적 학문에 주력하였고 이러한 추세에 힘입어 민간에서 새로운 학문이 생겨났다. 이것은 출세를 위한 관학과 구별하여 민학이라 하는데 양명학이 그것이다.

4. 경전을 배우고 강의하려면 학교가 필요한데 그것이 바로 서원書院이다. 신유가는 개인적인 자격으로 서원을 창설하여 예전에 국가에서 세운 태학과 그 성격을 달리한다. 서원은 저명한 스승과 그 제자들이 공

부하던 곳이었다.

주희가 처음으로 백록동서원白鹿洞書院을 세워 황제에게 허가를 받았다. 우리나라는 1547년 풍기군수 주세붕이 고려의 유현 안향의 사묘祀廟를 세우고 학사를 옮겨지어 백운동서원을 처음 설립하였다.

퇴계가 풍기군수로 부임하면서 조정에 상주上奏하여 소수서원紹修書院이라는 사액賜額으로 정부의 공인을 얻었다. 그 뒤 우리나라에는 수많은 서원이 세워져 대원군이 철폐하고도 남은 것이 40여 개나 된다고 한다. 중국에는 양명을 기리는 서원도 많이 생겨나 용장에서 도를 깨달은 뒤 귀양서원에서 강의하였다.

그 밖에 양명을 위한 계산서원, 만송서원, 부문서원 등이 있다. 조선시대 임진왜란 때 조선에 파견되었던 명나라 장수 가운데 양명학자가 있었는데 조선의 서원에도 왕양명을 배향할 것을 건의하였으나 조선 주자학자에게 거절당했다고 한다.

한국 양명학의 태두인 정제두가 세상을 떠나자 그의 제자들이 영조에게 하곡서원을 짓게 해달라고 상주문을 올렸지만 두 번다 거절당하였다. 두 번째 상소에서 하곡은 실심실학의 유종儒宗이라고 높이 평가했다.[24] 오늘날까지 정제두를 배향하는 서원은 세워지지 않고 있다.

해마다 성균관에서는 석전제를 지내는 데 전국 서원 및 향교에서는 공자는 물론 동국 18현을 배향하는데 박세채의 위패가 마지막에 있는 것을 강화향교에서 보았다. 강화전교에게 강화에 묘소가 있는 정제두의 신위神位를 향교에 배향하면 어떻겠는가? 질문하였더니 석전제는 전국 똑같은 형식으로 거행하기 때문에 따로 배향할 수 없다는 것이다. 오늘날도 우리는 이렇게 주자학자만 숭배되는 세상에 살고 있다.

---

**24** 鄭齊斗, 『霞谷集』 卷11, 「請設書院儒疏」 再疏, 302~305쪽.

5. 주자학이나 양명학 모두 천리를 궁극적 실재로 내세운다. 본성을 천리로 보는[性卽理] 주자학과 마음을 천리로 보는[心卽理] 양명학은 둘 다 이학理學이다. 양자 모두 천리를 도덕적 근거로 삼아 학설을 전개하였다. 그런데 우리 학계는 전자만이 이학이고 후자는 심학이라고 폄하하고 있다. 이것은 양지가 천리가 아니라 지각일 뿐이라고 주장하는 주자학 입장에서 나온 것이다.

'천리天理'라는 말은 북송의 정명도(정호)가 스스로 체득해낸 것이라고 한다. 그 이전에는 천도, 천지의 용어가 사용되었는데 천도는 하늘 운행의 법칙적인 면을 가리키고 천지는 하늘의 의지를 말한다. 한나라 시대에는 천을 기氣와 연결시켜 우주론적으로 음양오행을 설명하였다.

이것들의 초월적 근거가 되는 천리를 가지고 이기理氣 본체론[주자학]과 마음의 주체성[양명학]을 수립한 것이 신유학이다. 양자는 천리를 실현하는 방법이 달랐다. 주자학은 거경居敬을 통하여 천리를 간직함을 수양의 방법으로 삼았고 양명학은 천리인 양지를 현실에 실현하는[致良知] 공부를 중시했다.

신유학에서 5가지 특징을 살펴본 바와 같이 주자학이 절대적인 우위를 차지하고 있었고 양명학은 소수로 남을 수밖에 없는 이유를 알 수 있다. 이제 양자의 차이점을 살펴보면 다음과 같다.

1. 주자학이 정치 지향적인 관학이라면 양명학은 사회 지향적인 민학이라 말할 수 있다. 박은식은 주자학을 제왕학이라 하고 양명학을 민간학이라고 말한 바 있다.[25] 백성을 하찮은 피지배층으로만 보는 것과 백성을 귀중한 존재로 여기는 것의 차이점이 바로 관학과 민학에서 나타난다.

---

25 朴殷植, 『白巖朴殷植全集』 5, 論說 「儒教求新論」, 433쪽.

위잉스余英時에 의하면 왕양명은 한 사람 한 사람마다 양지를 깨우치는 방식을 통하여 천하를 질서 있게 하는[治天下] 목적을 달성하려고 했다는 것이다. 이것은 깨어있는 백성들이 도를 실천하는 것[覺民行道]이다. 이것은 천 년 동안 군주를 얻어 도를 행하는 것[得君行道]과는 정면으로 반대되는 것이다.[26]

여기서 득군행도는 주자학적 국가 중심의 관학을 특징지어 말한 것이며 각민행도는 양명학의 사회를 중심으로 하는 민학의 특징을 반영한 것이다. 왕양명의 치양지는 간단하고 쉬운 방법으로 백성들이 자각적으로 도를 실천하는 계기를 마련해 준 것이다.

이것은 윗사람의 마음을 읽어 일을 처리하는 것[得君]으로부터 스스로 깨우쳐 판단하는 것[覺民]으로, 지배계층에서 민간 중심으로, 정치적 취향에서 사회적 취향으로의 바뀜이다. 이것은 유학 사상에서 국가 유학에서 시민 유학으로 가는 코페르니크적인 전환이라 할 수 있다.

2. 이러한 전환은 주자학과 양명학이 가지고 있는 사농공상士農工商 사민四民에 관한 태도의 차이에서 생긴 것이라 한 수 있다. 주자학은 사민 본말론本末論의 입장에서 제왕에게 벼슬을 하는 사士가 근본이며 농農은 그 다음이며 공상工商은 말업末業이라 하여 사민을 수직적 관계로 보았다. 그러므로 관직에 있는 선비士는 최고 통치자의 마음을 잘 읽고 그 재가를 얻어야 도를 실행할 수 있다고 하여 득군행도라고 하였다.

이와 반대로 양명학은 깨어 있는 백성들의 입장에서 사농공상이 모두 수평적으로 평등하다고 생각하였다. 사민은 각기 자기에게 주어진 일을 수행하면서 직업을 달리하지만 나의 삶에서 성학聖學을 궁극적인 목표

---

26 余英時, 『宋明理學與政治文化』 第6章, 「明代理學與政治文化發微」, 臺北: 允晨文化, 2004, 300쪽.

[道]로 삼는다는 이업동도異業同道를 제시하여 사민평등을 주장하였다. 자신이 어떤 직업에 종사하든 성인이 되는 길은 같다는 것이다.

왕양명은 말했다.

> 옛날에는 사민이 직업을 달리 했으나 도를 같이 하였다. 그들이 이 마음을 극진히 발휘한 것은 한가지이다. 선비는 이 마음을 가지고 수양하고 통치했다. 농부는 이 마음을 가지고 곡물을 생산하여 백성들을 길렀다. 공인[기술자 노동자]은 이 마음을 가지고 기물을 발전시켰다. 상인은 이 마음을 가지고 재화를 유통시켰다. 그 귀결은 요컨대 사람을 살리는 길[道]에서 유익함이 같았다는 것이다.[27]

왕양명의 이러한 사상은 명청시대 공상인들의 정신적 지주가 되었다. 양명학자 황종희는 『명이대방록』에서 공상工商도 모두 본업이다[工商皆本]라고 분명히 말하였다.[28] 이러한 직업관은 자기가 지금하고 있는 일은 하느님이 불러서 하는 것이라는 서양의 천직(Beruf) 관념과 비슷하다. 직업에 귀천을 가리지 않는 것이다.

3. 주자학의 백성을 새롭게 만든다는 신민新民과 백성을 부모처럼 가까이 모신다는 친민親民은 사민과 연계되어 있다. 사민을 본말론으로 간주하는 것은 바로 신민에서 나온 것이며 사민을 이업동도로 본 것은 친민에서 유래한 것이다. 신민은 명덕을 밝힌[明明德] 지도자[士]가 일반 백성[農工商]을 계몽하여 낡은 생활태도를 버리고 새로운 백성이 되게 만든

27 王陽明, 『王陽明全集』 卷35 外集7, 「節庵方公墓表」 乙酉, 上海古蹟出版社, 1992, 940~941쪽.

28 黃宗羲, 「明夷待訪錄」, 『黃宗羲全集』 第1冊 財計 3: "世儒不察, 而工商爲末, 妄議抑之. 夫工固聖王之所欲來, 商又使其願出於途者, 皆本也."(41쪽)

다는 것이다.

이 백성들은 통치자의 교화의 대상이 되는 타율적 존재일 뿐이다. 이것은 전체주의 통치자의 발상을 대표하는 것이다. 이것은 주자학의 이기 이원론적 사고에서 나온 것이다. 지배자는 이理를 가지고 이를 실현하는 윗자리에 있고 백성[農工商]은 기氣(기器)에 의하여 노동을 하는 하층에 있다고 생각한다. 상층의 지도자가 하층의 백성을 교화하여 그들의 의식을 새롭게 바꿀 필요가 있다. 이것이 신민인 것이다.

왕양명은 친민은 스스로 새로워진 백성[自新之民]을 자기 몸처럼 가까이 한다는 말이다. 이것은 스스로 깨우친 백성[覺民]과 한 몸이 되는 것이다. 왕양명은 맹자의 친친 인민 애물로 전개되는 사랑으로 친민을 해석하였다. 나의 부모를 사랑하는 마음으로 남의 부모를 사랑하고 온 세상 사람의 부모를 사랑한 뒤에야 나와 어진 마음이 실제로 나의 부모는 물론 온 세상 부모와 일체가 된다.

양명학자 계본은 말했다.

> 명덕의 내실은 친민일 뿐이다. 덕은 친민이 아니면 무엇으로도 밝아 질 수 없다. 따라서 명덕은 이것으로 친민을 밝히는 것이며 친민이란 덕을 밝혀서 백성을 가까이 하는 것이다.[29]

정인보는 말했다.

> 이 밝음이 아니면 애틋함이 없고 이 애틋함이 없으면 그것은 밝음이 아니다.

29 季本, 『四書私存』, 5쪽: "明德所發, 於人必親, 德非親民, 不可以爲明也. 故明德者, 以親民而明德也. 親民者, 以明德而親民也."

학문의 골자는 바로 이 한 곳에 있으니 한 순간이라도 백성과 내가 일체라는 감통이 없으면 내 마음의 본체 역시 사라질 것이다.[30]

이렇게 그는 명덕과 친민의 관계를 절실하게 설명하였다. 오늘날 민주주의 사회에서 백성을 위에서 아래로 계몽하겠다는 신민은 시대에 뒤떨어진 사고를 하는 것이다 친민이야말로 시민사회가 지향 할 길이라고 생각한다.

4. 주자학은 정태적인 입장에서 고정불변한 원리인 정리定理를 역설한다. 양명학은 역동적인 마음의 자율성에 의하여 시대에 맞게 드러나는 합리적 이치인 조리條理를 중시한다. 전자는 이데올로기로 되기 쉬운데 후자는 철학하는 태도를 갖고 있다.

주자는 현실적인 존비尊卑, 상하上下, 장유長幼, 친소親疏 등은 정해진 신분 역할이 있으며 이것을 정리라고 하였다. 현실적 인간관계는 모두 이 정리에 의하여 보장되어야 하고 이에 어긋날 때는 가차 없이 처벌을 해야 한다고 본 것이다. 청대의 대진은 이러한 정리는 이치로서 사람을 죽인다[以理殺人]고 말했다.

이에 반하여 양명학은 이기론의 틀을 해체하여 고정된 이치[정리]를 부정하고 변화하는 상황에 따라 알맞게 이치를 적용하는 조리條理를 중시하였다. 조리란 엄격한 틀에 묶인 고정된 법칙[定理]이 아니라 생명의 역동성으로 시대 상황에 맞게 전개된 합리성을 말한다.

주자학에서 마음은 자율적 판단능력이 없고 본성을 판단기준으로 삼았다. 이 본성인 천리가 외재화된 것이 예법[禮]이다. 예법은 우리의 행

---

30 鄭寅普, 『陽明學演論』, 홍원식 · 이상호 옮김, 『위당 정인보의 양명학연론』, 안동: 한국국학진흥원, 2005, 55쪽.

동을 어떻게 해야 할지 알려 주는 지침서[메뉴얼]이다. 『상변통고常變通考』[31]는 조선 후기 유장원(1724 – 1796)에 의하여 지어진 예서禮書인데 상례를 벗어난 변례變例를 일일이 적어놓은 지침서이다.

모든 제도는 인간을 위한 것이며 시대가 변하면 예법도 때에 맞추어 알맞게 바꾸는 것이 상식이다. 시대의 요구에 따라 우리 마음의 자율성에 의하여 알맞게 판단하는  것이 조리이다. 우리가 어떤 고정된 원리에 사로잡히면 원칙주의자가 되고 이데올로기 신봉자가 되기 쉽다.

그렇게 되면 타인이 만들어 놓은 이념[주의 주장]을 맹목적으로 따라가며 상대방을 비방한다. 현재 우리사회가 격고 있는 내편 네 편의 갈등은 바로 정리에서 나온 것이다. 양명학은 이를 극복하기 위하여 자신의 양지[나침판]에 의하여 옳고 그름을 합리적으로 판단한다. 이것은 오늘날 시민사회에서 절실히 요구되는 것이다.

5. 주자학은 한나라 시대에 만들어진 경학과 삼강을 그 체계 속에 받아들이는데 비하여 양명학은 오히려 반경학적 태도를 취하고 있다. 삼강을 언급하지 않고 오륜만을 유학의 핵심으로 본다. 철학은 종교가 아니므로 경전을 따로 세우지 않는다. 양명학이 경학을 중시하지 않고[六經皆我註脚] 마음의 자득을 높이 평가하는 것은 바로 철학적 태도에서 나온 것이다. 주자학은 새로 만든 경전인 『사서』와 이전의 『오경』을 매우 중요시하는 경학經學이다.

주자는 『사서집주』를 만들었는데 이것은 원대 이후 과거를 볼 때 반드시 갖추어야 할 필독서가 되었다.(1313년) 이 『사서집주』를 외우고 과거에

---

31 柳長源, 『常變通攷』 30권 16책, 이 책은 『朱子家禮』의 본문을 따라 항목을 설정하고 가례에 언급되지 않은 논쟁점에 대하여 따로 조목을 정하였으며 『가례』에 없는 鄕禮, 學校禮, 國恤禮를 다루었다. 정경주 · 유영옥 등, 『국역 상변통고』, 신지서원, 2009.

합격된 관리들은 오직 주자학만 받드는 경학의 신자가 된다. 주자학이 조선시대 정치행정의 지침이 된 것도 바로 이런 이유 때문이다. 오늘날도 한문을 배우기 위하여 시중의 서점에 가보면『사서집주』가 대종을 이루고 있어 특히 입문서라고 하는『대학』을 배우자마자 주자학적 사고에 빠져들어 주자학 신봉자가 되어 버린다. 이로 인해 양명학에 대한 이해가 더욱 멀어지게 된다.

또한 삼강과 오륜은 구분되어야 함에도 불구하고 오륜위에 삼강이 붙어서 오륜을 삼강처럼 상하 주종적으로 생각한다. 이것이 유교 가르침의 전부라고 오해할 뿐만 아니라 교과서에서 가르쳐서 민주화시대의 우리의 사고를 경직화 시킨다. 그래서 유학을 잘 모르는 사람들은 사회 병폐의 모든 죄악을 유교에 뒤집어 씌어버린다. 사실 변질된 삼강은 상하 수직적인데 비해 본래적 오륜은 수평적인 질서를 나타낸다. 따라서 오륜은 오늘날 민주화시대에도 꼭 필요한 규범인 것이다. 양명학은 오륜을 중심으로 개인의 자율성을 중시한 양지를 그 철학의 핵심으로 삼고 있다.

6. 주자학의 격물치지는 천지자연을 인식의 대상으로 삼기 때문에 양명학처럼 천지만물 일체론이 나올 수 없다. 주자는 격물치지를 사물에 다가가서 그 속에 있는 이치를 캐묻는다는 즉물궁리卽物窮理로 해석하였다. 이것은 인간의 인식 능력으로 천하 만물의 이치를 파악한다는 것이 격물이다.

이것은 만물을 대상화하여 보는 인식론적 태도이다. 격물은 외물에 대한 탐구이며 인식이다. 만물 즉 풀 한포기, 나무 한 그루에도 모두 이치를 가지고 있기에 이것을 캐물어 이치를 알아내는 것이 격물이다. 이것에 의하여 사물에 대한 지식을 넓히는 것이 치지이다.

양명학은 주자의 격물치지에 대한 회의를 통하여 마침내 용장에서의 깨달음으로 자신의 철학[心卽理]을 세웠다. 왕양명은 『대학』의 삼강령에서 친민을 신민으로 바꾼 주자의 설을 비판하고 『고본대학』에 나와 있는 대로 친민으로 되돌릴 것을 주장했다. 지도자가 될 사람[大人]은 자기에게 주어진 선천적인 명덕을 밝힐 뿐만 아니라 백성을 가까이 하면서[親民] 그들과 함께 고통을 아파하고 슬퍼하는 사람이다.

왕양명은 『대학』을 해석한 『대학문』에서 말했다.

> 대인이란 천지만물을 한 몸으로 삼는 사람이다. 그는 천하를 한 가족으로 보고 중심되는 나라를 한 사람처럼 본다. 만약 형체를 사이에 두었다하여 너와 나를 나누는 사람은 소인이다.[32]

소인은 이익과 손해를 따지면서 자기 한 몸만 생각하며 남의 고통을 외면하는 사람을 가리킨다. 왕양명에 의하면 대인이 천지만물을 한 몸으로 삼을 수 있는 것은 의도적으로 한 것이 아니라 그 마음의 어짊[仁]이 본래 천지 만물과 하나가 된다는 것이다. 그 마음의 사랑[心之仁]이 보편적으로 온 천지에 두루 통할 수 있는 구체적인 예를 들었다.

왕양명은 인간과 인간, 동물, 식물, 기왓장을 하나로 연결시켜 주는 어진마음[仁心]이 있기 때문에 어린 아이 생명의 위험을 자신의 아픔으로 느끼며[怵惕惻隱之心] 동물이 죽음으로 끌려가는 것을 보면 차마 견디지 못하는 마음[不忍之心]이 생기고 식물이 꺾어진 모습에 대하여 가엽게 여기는 마음[憫恤之心]을 가지며 기왓장이 깨진 현상을 보면 애석한 마음

---

32 王陽明, 『王陽明全集』 下冊 續編, 「大學問」: "陽明子曰, 大人者, 以天地萬物爲一體者也. 其視天下猶一家, 中國猶一人焉. 若夫間形骸而分爾我者, 小人也."

[顧惜之心]을 느낀다고 하였다.[33]

이것은 천지만물을 일체로 보는 어진 마음[仁心]이 있기 때문이라는 것이다. 왕양명의 이러한 사상은 온갖 환경 오염과 무분별한 개발로 인해 환경 생태계가 파괴되는 지구를 살리는 철학이 될 것이다.

그 밖에 주자학의 알고 나서 행한다는 지선행후의 병폐를 지적하고 이를 고치는 양명학의 지행합일이 있다. 지행합일은 결코 지식과 행위의 합일이 아니라 양지에 의한 행위를 말한다. 이것은 처음부터 지행이 나누어져 있지 않기 때문에 가능한 것이다.

종합해서 말하면 주자학은 정태적이며 지성주의적 인식을 옹호하는 사상이라면 양명학은 역동적인 생명의 직관을 중시하는 철학이다. 전자는 도통을 강조하여 주자학 이외의 모든 사상을 이단시 하는 닫힌도덕이라 한다면 후자는 삼교합일 심지어 기독교까지 포용하여 세계화 할 수 있는 열린도덕이다.

## 5. 결론

이상과 같은 차이점을 살펴보면서 우리시대에 왜 양명학이 이단이 아니고 정통인지 알아보겠다. 현대는 서양 문물이 지배하는 시대인데 우리는 아직 오늘날에 맞는 철학을 제시하지 못하고 있다. 중국은 현대 신

33 王陽明, 『王陽明全集』 下冊 續編, 「大學問」: "是故見孺子之入井, 而必有怵惕惻隱之心焉, 是其仁之與孺子爲一體也. 孺子猶同類者也, 見鳥獸之哀鳴觳觫, 而必有不忍之心焉, 是其仁之與鳥獸而爲一體也. 鳥獸猶有知覺者也, 見草木之摧折而必有憫恤之心焉, 是其仁之與草木而爲一體也. 草木猶有生意者也, 見瓦石之毁壞而必有顧惜之心焉, 是其仁之與瓦石而爲一體也. 是其一體之仁也."

유학이라 하여 서양철학과 주자학을 결합하여 신리학[馮友蘭]을 지어냈는가 하면 양명학과 결합하여 신심학[熊十力]을 만들어 내었다.

심성론에 그친 후자의 철학을 모종삼이 계승하여 치국평천하의 신외왕新外王을 주장하였다. 그것은 1919년 5월4일 일어난 신문화운동의 전반서화론에 대항하여 유학을 새롭게 해석하고자한데서 나온 것이다. 서양에만 있고 중국에는 없는 것이 무엇인가 찾은 끝에 과학과 민주라는 것을 알아내었다.

모종삼은 삼통을 주장하면서 학통과 정통 그리고 도통을 언급하였다. 학통은 서양의 과학 사상을, 정통은 서양의 민주 사상을 전통 유학의 도통에 접목시키는 것이었다. 그는 학통에서 양명학의 양지가 과학을 받아들이기 위하여  양지 감함론을 제시하였고[34] 정통에서 권력의 근원[權原]인 정도政道와 행정을 중심으로 삼는 치도治道를 구별하여  유가에는 치도만 있었지 정도가 없었다고 하였다.[35]

양지 감함론은 내성(심성론) 중심의, 정도와 치도는 외왕 중심의 현대 신유학을 가리킨다. 후자는 국가 중심의 이론이며 아직 시민사회에 대한 언급이 없다. 당시에는 아직 자본주의에 대한 논의가 본격적으로 이루어지지 않았기 때문이다. 1990년 초기에 비로소 유교에 근거를 둔 기업가에 주목하기 시작하여 유상儒商이라는 용어가 생겨났고 이에 대한 연구도 활발하게 일어났다.[36]

---

34 牟宗三, 「良知坎陷說」은 1947년 4,5월 사이에 제출된 것인데 산동대학에서 거행된 〈모종삼여당대신유가학술사상연토회〉에서 발언한 것이다. 顔炳罡, 中國文化如何實現現代化』, 臺灣: 學生書局, 336쪽.

35 牟宗三, 『政道與治道』, 臺灣: 學生書局, 1961.

36 정인재, 「유상: 중국상인의 신뢰와 윤리」, 『기업윤리연구』 제6집, 한국기업윤리학회, 2003, 115~128쪽.

전통 사회는 농업경제에 머물러 있으므로 상품경제에서 생긴 시민사회가 있을 수 없었다. 따라서 유학에는 시민 사회라는 개념이 없었다. 『대학』만 보더라도 8조목의 수신을 중심으로 내성 방면[격물, 치지, 성의, 정심]을 제외한 외왕 방면의 제가, 치국, 평천하에서 가정과 국가 사이에 존재하는 시민사회가 빠져 있다. 『대학』은 8조목이 아니라 9조목이 되어야 한다. 왜냐하면 제가와 치국 사이에 사회를 조화롭게 만드는 화사和社가 있어야 한다고 생각하기 때문이다.

사社란 시민사회의 줄인 말이며 화和(Harmony)란 나와 같은 자를 아껴주는 동同과 나와 다른 자를 존경해 주는 이異가 서로 어울리는 것을 말한다. 나와 다르다고 배척하는 태도가 아니라 그 다름[異]에 귀를 기울여 들어주고 이해하는 태도를 말하는데 어울림[和, harmony]은 여기서 실현된다.

서구의 근대화는 산업혁명에서 시작되었다. 전통사회 경제는 농업을 대본으로 삼는 자연경제였지만 산업 혁명은 자연 경제를 무너트리고 그것을 상품 경제로 바꾸었다. 이것이 근대 시민사회를 만든 동력이었다. 시민사회는 상업경제가 발전된 뒤에 나타난 것이므로 이 사회는 근본적으로 도시의 시장에서 이루어 질 수밖에 없다. 따라서 이해관계가 첨예한 대립을 낳기도 하는데 이것을 해결해주는 것이 서로 조화롭게 잘 사는 방법인 화사和社인 것이다. 이것은 주자학의 관리[官] 중심의 관학은 국가주의 유학이므로 시민사회에 맞지 않는다.

그러나 양명학은 민간 중심의 민학이기 때문에 시민사회의 이론적 근거가 될 수 있다. 주자학은 상하주종적인 질서에서 나온 신민의 태도는 평등을 중시하는 시민사회에서는 시행되기 어렵다 그러나 양명학의 상호 친화적인 친민은 시민사회에서 꼭 없어서는 안 될 생활태도이다. 특히 사민평등을 나타내는 이업동도의 정신은 시민사회에 필수적인 것임은 말할 필요가 없다.

그리고 깨어있는 시민이 우리의 도[헌법]를 실천하는[覺民行道] 주인이 되기에 말이다. 더욱이 주입식 교육에서 생긴 폐단을 지향하고 스스로 묻고 생각하여 문제를 풀어가는 학생들의 자율성을 중시하는 것이 양명학의 교육이다. 그리고 시민환경운동의 이론적 배경이 될 수 있는 것이 바로 양명학의 천지만물 일체론임은 말할 것도 없다. 양명학은 미래 우리의 시민사회를 이끌어 갈 중요한 철학이다.

# 유학의 미래, 교육철학의 환원:
## '인적 자원'에서 '인간'으로

정석도(가톨릭관동대학교 교수)

## 1. 머리말

지금 우리가 전통학문으로서 유학의 존재가치를 이야기한다고 할 때 그것은 여전히 '전통과 근대' 담론의 틀을 비껴가기 힘들다. 왜냐하면 이른바 현재를 전제로 한 유학의 존재 가치에는 이미 근대성이 전제되고 근대적 의미가 내포되기 때문이다. 유학연구에 있어서 통상 현대적 재해석에 주목하는 것도 결과적으로 그 암묵적 토대는 바로 '전통과 근대'의 틀이다. 중국에서 유학은 끊임없는 자기변신을 통해서 역사적으로 주류 이데올로기로서의 위치를 고수하고자 했다.

'서구의 충격과 중국의 대응'으로 도식화되고 있는 아편전쟁 이후 근대 중국에서의 관념사는 대체로 '중체서용'을 필두로 '전통과 근대', '과학정신과 인문정신'의 순서로 거시적 담론의 궤적을 그리면서 전개되었다. 사실상 같은 맥락인 위의 담론에서 각각 '중체'와 '전통'과 '인문 정신'은 모두 유학 전통과 보다 직접적인 관련이 있다.

현재 중국에서의 유학 연구는 중화 전통의 현대적 가치를 발굴하고 되살리는 동시에 그것의 확산에 집중하는 추세다. 이러한 추세에 말미암은 중국 현대유학의 여러 미시적 담론은 여전히 '중체서용'과 '과학과 인문'을 포함한 포괄적인 '전통과 근대'의 맥락에서 구성된 것이다.

한국에서의 유학 연구 또한 기본적으로 '전통과 근대'의 맥락을 벗어날 수 없다. 만약 한국에서 전통으로서의 유학이 여전히 일정한 존재 가치를 확보하려고 한다면 바로 근대에 대한 오해를 보완하는 차원에서 담론을 전개해야 한다고 본다. 한국은 근대성에 대한 철저한 고민의 결여와 그 오해로부터 자본주의 경제체제의 완성과 국가적 생산력의 향상이 곧 근대화라고 인식했으며, 그 과정에서 개인과 인권은 끊임없이 통제되고 유린되었다.

현재 한국은 경제 규모로만 보면 세계 11위 정도로서 자본주의 근대화의 관점에서 보면 이미 완성된 근대 국가인 셈이다. 하지만 굳이 구체적으로 언급할 필요 없이 비유적으로 표현해서 지금의 한국 사회는 자식을 낳아 기를 수 없는 비인간적 환경이라는 인식이 일반화된 지 오래다. 왜 그럴까! 그 가장 근본적인 원인은 바로 근대성에 대한 몰이해 혹은 은폐를 수반한 자본주의에 대한 맹신 때문이다.

따라서 한국에서 유학은 기존의 '유교 자본주의'라든가 '아시아적 가치'에서의 '토대'가 아니라 자본주의의 비인간성을 비판하고 견제하는 이론 체계로서 존재할 때 비로소 '살아 있는' 학문으로서 생명력을 확보할 수 있을 것이다. 현대 한국의 유학은 전통시대의 논리와 맥락에서 벗어나 현실 자본주의를 타자로 삼아서 자본주의에 의해 은폐되고 왜곡된 개인과 인권 등의 의미를 되새길 수 있어야만 현실에서의 존재가치가 확보된다고 본다.

이상의 문제의식을 토대로 이 논문에서는 유학의 미래적 존재 가치를 전망한다. 전통학문으로서 유학은 이제 사회의 주류 이데올로기에 대한 비판적 타자로서 자기 자리를 확보해야 할 때다. 사회의 모든 것을 오로지 경제에 환원시켜, 오직 잘 살기 위해서 사는 삶이 공동의 목표가 되는 현대 사회에서 '사람의 길', 즉 '인간답게' 사는 것을 강조한 유학의 정신을 되살리고 부각시키는 것이야말로 유학이 '견제'와 '비판'의 역할을 할 수 있는 중요하고 유일한 임무라고 말할 수 있다.

그렇게 기존의 정치적 경제적 시스템의 부정적인 부분을 견제할 수 있는 이론체계로서 정립될 때 비로소 전통적으로 유학이 담당하기도 했던 권력의 의지에 편승하는 의미를 넘어 보편적 지식과 미래적 가치로서의 유학이 환생할 수 있다고 본다.

이 논문에서는 한국 사회를 둘러 싼 각종 문제 가운데서도 교육의 문제를 중심으로 유학의 미래를 소묘한다. 유학의 교육 철학에서 미래 유학의 가능성과 함께 한국사회가 직면한 교육문제의 돌파구를 찾는다.

5.31교육 개혁 이래로 한국의 교육 현장에서 학생은 공식적인 '인적 자원'으로서 규정된다. '인적 자원'은 신자유주의적 관점에서 바라 본 사회적 인간의 정의로서 '기계적 자아' 혹은 '도구적 자아'를 부각하는 경제적 은유다.

그것은 인간의 인간성을 은폐하는 동시에 창조성과 독립성을 무시하는 계기로서, 단순히 좋은 상품을 생산하는 것이 목적일 때 상품으로서의 가치가 없는 학생들은 설 자리가 없게 된다. 이런 시점에서 유학의 요청은 필연적이다. 이 논문에서는 공자의 교학정신을 비롯해서 특히 유학에서의 '수신修身', 즉 '도덕적 자아수양'을 보편적 교육철학으로서 되새긴다.

## 2. 거두사회, 절미교육

'헬조선'이란 신조어가 있다.[1] 인터넷과 현실에서 유행한 지 제법 오래된 이 말은 특히 청년층의 시점에서 현대 한국인이 살아가고 있는 이 공간에 대한 절망적 인식을 적나라하게 표현한다. '헬조선'과 같이 등장하는 '금수저'나 '흙수저' 등의 비유에서도 부정적 인식은 어렵지 않게 유추된다. 개인이 아무리 노력해도 타고난 자본의 힘을 추월하기가 어렵고, 그래서 삶의 출발점에서부터 불공정한 경쟁에 노출되어 있다는 의미가 담긴 이러한 신조어에는 자본주의에 대한 암묵적 문제의식이 내재한다.

하지만 문제 의식은 곧바로 해결의 기미를 개인이 찾을 수 없다는 포기와 방치에 연루된 자조로 이어진다. 삶의 현장을 지옥으로 묘사하는 것은 단지 비유적 감각적 차원에서 머무는 것이 아니다. 제 삶을 스스로 포기하는 사람들이 줄지 않는 것에서 그것이 현실의 차원임을 알 수 있다.

한국의 자살률은 최근 약간의 감소세에도 경제협력개발기구(OECD) 회원국 중에서 가장 높은 것으로 나타났다. 보건복지부와 건강보험공단의 '2018 OECD 보건통계' 자료를 보면, 2016년을 기준으로 인구 10만 명당 자살로 인한 사망률(자살률)은 한국은 25.8명에 달한다.

---

1 "삼포세대 · N포세대 등으로 대변되는 청년층이 한국을 자조하며 일컫는 말이다. 지옥(Hell)과 朝鮮을 합성한 신조어로 말 그대로 '지옥 같은 대한민국'이란 뜻이다. 현실에 대한 청년층의 불안과 절망, 분노가 드러난 단어로 인터넷에서 시작되어 최근에는 언론에서도 사용하고 있다. 같은 의미로 삼면이 바다로 둘러싸인 한반도에 지옥을 합성한 '지옥불반도'라는 신조어도 있다. 헬조선의 등장 이면에는 청년층의 절망과 현실 직시가 있다. 열정 페이, 무급 인턴, 비정규직, 취업난 등 청년층의 현실이 자국을 '지옥'처럼 여겨지게 했다는 것이다. 88만원세대부터 시작해 민달팽이 세대, 삼포세대, N포세대에서 헬조선까지 이어지는 신조어들은 이런 상황이 점차 심화하고 있음을 드러낸다." '다음' 백과사전에서 참고.

OECD 국가 평균 11.6명보다 훨씬 높은 수치다. 한국은 2000년 이래 자살률이 전반적으로 상승하다가 세계 금융위기 직후인 2009년 33.8명으로 정점을 찍었다. 이후 하락세로 돌아서 2010년 33.5명, 2011년 33.3명, 2012년 29.1명, 2013년 28.7명, 2014년 26.7명, 2015년 25.8명 등을 기록했다.[2]

한국의 자살 원인이 질환이나 질병 등 개인의 문제에서만 기인하지 않는다는 것은 이미 다 아는 사실이다. 유명 연예인이나 정치인의 자살을 비롯해서 특히 청소년의 자살 등에서 우리는 한국의 자살 요인에 경제적인 문제와 사회적 문화적 문제들이 복합된 양상을 짐작할 수 있다. 한국사회는 외적 물질적 측면에서 근대화에 성공했다고 말할 수 있지만, 그것은 근대의 한 축인 경제적 자본주의의 완성에 한정된 것이다.

실제로 근대의 근대성은 자본주의의 구축과 완성에 있는 것이 아니라 개인의 자유와 민주와 밀접하다. 그런데 한국의 근대화는 자본주의 시스템의 완성으로 왜곡되어 근대성의 표지인 '개인'과 '자유'와 '민주'마저도 오로지 경제에 환원된다. 결과적으로 독립적 자아로서 개인의 자유와 민주 또한 자본주의에 종속되어 그 본래 의미를 상실하고 왜곡된 형태로 드러난다. 개인의 삶이 오로지 자본의 가치로 환원되고 환산된다면 자본(상품)가치가 없는 개인은 삶의 의미를 상실할 수밖에 없다.

삶의 모든 영역이 자본으로 환원되는 사회는 비유적으로 말해서 '머리가 잘린 사회'다. 인간은 얼굴(머리)로서 자기 정체성을 은유적으로 대변한다. 가령 사회를 인체에 유비한다고 할 때, 머리는 사회적 가치 관념에 해당하고 몸통은 물적 토대로 이해할 수 있을 것이다. 한국사회는 몸통격인 자본이 머리마저 장악한, 그래서 본래 있어야 할 자리에 머리가

---

2 http://news.khan.co.kr/kh_news/khan_art_view.html?artid=201810290813001&code=940100.

없는 기묘한 형상으로 꿈틀거리는 사물의 형상이라고 해도 억지비유가 아니다.

개인의 존재가 그 자체로 의미와 가치를 수반하는 것이 아닌, 자본 가치로 환원되어 생존을 위해서는 끊임없이 자신을 보다 화려한 상품으로서 갈고 다듬어야 한다고 했을 때, 필연적으로 도태 현상과 낙오자는 있게 마련이다. 이러한 현상은 특히 한국의 교육현장에서 보다 직접적으로 재현되고 있다. 삶이 모든 영역이 자본으로 환원되는 가운데 교육 역시 예외일 순 없기 때문이다. 사실상 자본주의 물신숭배의 문제와 교육의 문제는 서로 앞뒤를 가리기 힘들 정도로 꼬리에 꼬리를 물고 있는 형국이다.

한국에서의 교육 공간은 경쟁을 통해서 자본적 가치를 판별하는 장으로 자리매김한지 오래다. 교육은 이른바 국가적 자본으로서, 상품 가치가 없는 학생을 잘라내는 꼬리자르기식 도태교육의 성향이 농후하다. 초등학교에서 고등학교까지의 교육은 기존 교육 개혁안에서 볼 수 있는 화려한 수사의 전인교육관과 별개로 오로지 대학입시라는 거대한 목표를 중심으로 이루어진다.

학생들의 주체적인 시간은 잠시도 허용되지 않는다. 자기 주체적 시간을 의식하면 할수록 상품 가치의 하락과 도태의 가능성이 커지기 때문에 미래의 생존을 위해서 개인의 모든 시간을 사색할 틈도 없는 반복학습에 저당 잡힐 수밖에 없다. 초중등 교육뿐만 아니라 고등교육마저도 마찬가지다. 대학에 진학해서도 상대평가에서 자유롭지 못하며 보다 본격적으로 자본(상품) 가치의 상승에 매달리게 된다.

사회와 개인의 총체적 삶의 영역을 경제로 환원하는 가운데 특히 교육 부문에서의 경제적 환원은 김영삼 정권의 문민정부 시기였던 1995년 5월 31일 공포된 5.31 교육 개혁안으로부터 시작된다. 5 · 31 개혁안이

채택한 기본적 논리와 이념은 결국 '신자유주의'로 요약된다.[3]

때로 개혁안의 입안자나 이후의 추종자들 가운데는 '세계화' 흐름의 바탕에 깔려 있는 신자유주의 이데올로기의 본질을 진지하게 이해하지 못한 채 그 현상들의 단편만을 인지하고 채택함으로써 스스로 어떤 담론에 의해 호명되었는지 자각하지 못하거나 심지어 자신이 편승하고 있는 흐름을 부정하는 일까지 발생한다.

하지만 그 동안 진행된 교육개혁의 패러다임에서 나타난 담론적 요소들만 보더라도 신자유주의 지향성은 분명하게 드러난다. 경쟁, 시장, 수요자 중심, 소비자 중심, 수월성, 성과급, 자립형 학교, 단위학교 경영제, 학교 선택권 등등이 그 예이다.[4]

신자유주의를 교육의 영역에 적용한 신자유주의 교육이념의 핵심적 내용은 세 가지로 정리된다. 첫째, 교육은 상품이다. 교육이란 학교와 교사는 교육 서비스를 공급하고, 학생 · 학부모는 그 서비스를 구매하여 소비하는 경제 활동이다. 학교와 교사는 교육서비스 상품의 공급자이고, 학생 · 학부모는 교육 서비스 상품의 소비자이며, 교육은 서비스 상품이 되는 것이다.

---

3 "대한민국 건국 이후 처음으로 국가에 의하여 주도되고, 여러 교육정책 수립 및 집행의 근거가 된 교육이념은 '반공교육이념' 그리고 '근대화 교육이념'이다. 이중에서도 일부 교과목과 교육적 행사에 제한적으로 적용된 반공 교육 이념과는 달리, 근대화 교육 이념은 우리교육 전반에 걸쳐 영향을 미치었다. 근대화 교육 이념은 박정희 정권의 국가 근대화 및 경제개발 계획을 뒷받침하기 위하여 대두된 것으로, 이 교육 이념은 교육 특히 학교 교육을 통해 서구적 사고, 가치관, 행동양식을 국민들에게 이식시키자는 것이 그 요점이다. 우리나라의 근대화가 비록 많은 부작용을 수반한 압축적 형태이기는 하지만 성공적으로 이루어졌다는 평가가 내려지고 이에 근대화 교육이념의 정당성 및 영향력이 약해지자, 이어서 한국 교육정책 수립 및 집행의 근거가 된 교육 이념은 '신자유주의(Neo liberalism)' 교육 이념이다. 신자유주의 교육 이념은 1990년대 이후 우리나라 교육 정책 수립 및 집행의 이념적 근거가 된 것이다." 목영해, 「현재 한국 교육이념의 좌표와 제도의 현 실태」, 『한국교육학회 춘계학술대회』, 2010, 23쪽.

4 주경복, 「대학, 고등교육 그리고 학술연구 제도의 혁신을 위한 종합적 정책 방향」, 『"5 · 31 교육개혁안 10년, 한국교육의 오늘과 내일" 학술회의 자료집』, 2005, 10쪽.

둘째, 교육을 자유경쟁 시켜야 한다. 학생은 소비자이기도 하지만 상품이기도 하다. 미래 졸업생을 고용하는 기업의 입장에서 보면 학생도 엄연히 상품인 것이다. 따라서 학생들은 기업이 원하는 양질의 상품이기 위한 경쟁을 그들 간에 치열하게 벌여야 하며, 학부모 간에도 그 뒷바라지를 위한 경쟁을 벌여야 한다.

학생은 효과적으로 가르치는 교사와 학원 강사, 그리고 효율성이 높은 학습 방법, 최상의 시간 투자를 통하여 높은 평가 점수를 받아야 하고, 학부모는 자녀의 학업에 대한 관심, 금전적 지원, 평가에 관련한 정보 제공에서 여타 학부모와 경쟁을 벌여야 하는 것이다.

셋째, 학교 교육에 대한 국가의 개입은 최소화해야 한다. 교육이 시장원리에 따르는 상품인 한, 학교 교육은 국가 및 공공기관이 관리하고 책임져야 하는 공공재가 아니다. 교육은 공급자로서 교사와 소비자로서 학생 · 학부모 사이에 거래가 이루어지는 사적 영역의 것이다.

따라서 교육에 대한 국가기관의 개입은 최소화되어야 한다. 교육 정책은 생산성과 효율성을 우선적으로 고려하는 투자의 관점에서 이루어져야 한다. 상품성이 좋은 학생 다시 말해 학력이 높은 학생 중심의 교육 정책을 펼쳐야 한다는 것이다. 학력이 높은 학생이야말로 경쟁력 있는 인력이고, 미래 더 많은 사람에게 복지적 혜택을 가져다 줄 수 있는 고급 상품이기 때문이다.[5]

현재 한국의 교육을 지배하는 이념은 위와 같은 5 · 31 교육 개혁안을 토대로 확장되어 온 것이다. 비록 자세히 보면 신자유주의는 교육의 이념이나 철학으로서가 아닌, 교육 정책 수립의 기본 원리로서 작동하는

---

5 목영해, 「현재 한국 교육이념의 좌표와 제도의 현 실태」, 『한국교육학회 춘계학술대회』, 2010, 23~25쪽 참조.

것이라고 할지라도 그것이 실제로 이념을 능가하는 이념의 지위를 차지하고 있는 것이 사실이다.

전통적인 교육 인간학의 차원에서 사유할 때 신자유주의 교육 문제의 핵심은 역시 교육 철학의 경제적 환원에 있다. 5 · 31 교육 개혁안에서 이미 제시되었고, 최근에 대학에서 특히 강조되고 있는 '수요자 중심 교육' 혹은 '소비자 중심 교육'이란 용어에서 교육의 경제 환원을 기본적으로 엿볼 수 있다.

신자유주의에 수반한 교육 개혁안의 핵심으로서 수요자는 경제적 은유다. 그것은 '교육은 구매하는 것', '교육은 상품'이라는 은유를 토대로 개념화된 것이다. 여기서 수요자 혹은 소비자가 교육의 영역에 가미되었을 때 그것이 은유적 개념이라는 것을 인식하는 것은 현상의 본질을 파악하는 데 있어서 매우 중요하다. 은유는 은폐를 수반한다.

교육에서 '수요자'가 은유적 개념이므로, 거기에는 필연적으로 '은폐'되는 것이 있다. 바로 '인간성'의 문제다. 구매 불가능한 상품으로서 '인간의 인간다움'이 결과적으로 수요자중심 교육에 의해서 은폐되므로, 신자유주의적 교육은 전통적 교육관에 따르면 극히 반교육적인 이념이 된다. 실제 한국의 교육 현장에서 알묘조장揠苗助長의 현실만 난무하는 것은 이미 예정된 것이었다.

지적 도덕적 신체적 예술적 성장이 교육의 역할이라면 한국의 교육은 잠재력을 부러 가두고 획일화하는 교육 방식이 부각된다. 끊임없이 교육 개혁을 추진하면서도 결국 제자리에서 맴도는 것은 교육의 본질에 대한 사유를 회피하기 때문이라고 본다.

타자 없이 자기 종합과 자기 재정립 내지는 자기 탈바꿈만으로 구성된 담론은 결과적으로 실체가 없는 것이다. 실체가 모호한 담론을 위한 담론은 '고민'이 아닌 사치와 위장에 불과하다.

철학의 의미는 현실과 관념을 초월해서 리얼리티와 형이상학의 제3의 길을 가는데서 비로소 '존재'한다.[6] 지금 한국사회에서 교육 현장은 이전투구의 장이다. '줄탁동시'는 찾을 수 없고 비인간적 구조와 그것을 떠받치는 사람들이 '동시결탁'하는 형세다.

이른바 '위'에서 만들어진 국가주의적이고 자본주의적인 구조는 '아래'의 많은 발 빠른 사람들에 의해 지지된다. 상부구조의 형식 문제는 생각할 틈이 없이, 보다 더 빠르게 선점하는데 혈안이 된 많은 사람들이 있는 한 한국사회가 당면한 교육의 문제를 총체적으로 해결할 길은 없다.

교육의 목적이 '인적 자원'을 양성한다는 것에 있다는 국가적 시점과, 공부를 상품가치의 축적으로 생각하는 개인적 사고는 불가분의 관계다. 많은 사람들이 한국사회의 왜곡된 교육구조를 문제시하고 있으면서도 답이 없는 것은 결과적으로 시스템과 내가 한통속이 되어 있기 때문이다. 사람이 살만한 사회는 무엇보다 사회구성원 모두의 삶이 각자 그 상태로 의미 있게 자리 매겨지는 사회다.

만약 유일한 가치가 있고 그것을 차지해야만 의미 있는 삶이 된다면 그 사회의 붕괴는 불 보듯 뻔하다. 가령 출산율 저하의 문제는 사람을 인적자원으로 인식하는 의식에 수반해서 잘 먹고 잘살며 타인의 위에 있어야만 의미가 있는 실제적 거두사회의 가치관념 가운데서 이미 예정된 현상이다.

---

6 2019년 여름 홍진기선생과의 토론에서 기록한 내용을 포함한다.

## 3. 유학이 나설 '때', 공자의 교학

본래 교육정책 수립의 기본원리인 신자유주의가 교육의 이념으로 대두함으로써 동시에 교육에 대한 본질적 물음은 은폐된다. 신자유주의적 교육의 문제에서 교육의 본질적 물음을 외면하게 되는 것은 무엇보다 학교와 교사, 학부모와 학생이 모두 자유경쟁의 구조 '안'에 있기 때문이다. 어느 일방이든 문제를 대상화해서 바라볼 수 있는 처지가 아니기 때문에 문제적 상황을 인식하면서도 문제를 제기할 '틈'이 없다.

5 · 31 교육 개혁안의 초기에는 교육개혁이 범국민 차원의 운동으로 요청되어 '위로부터의 개혁'에 발맞추는 '아래로부터의 개혁'을 강조한다. 그래서 모든 교육주체가 교육의 시장경쟁을 체질화하게 되고 학생은 이제 자율적 경쟁의 주체로서 자기정체성을 확보하기 시작한다.

> 학교교육의 자율화를 추구하는 5 · 31 교육 개혁의 정신에 따라 학교 현장이 조금씩 변화하고는 있으나, 학교 현장에서는 교육 개혁을 체감하지 못하고 있는 실정이다. 교육 개혁이 성공하려면 위로부터의 개혁과 함께 아래로부터의 개혁이 일어나야 한다. 더 나아가 학부모, 산업체, 언론 등 모든 교육주체가 교육개혁에 동참하여야 한다. 요컨대 교육개혁이 현장에 뿌리를 내리기 위해서는 범국민적 차원에서 '신新교육 운동'의 전개가 절실하게 요청된다.[7]

사실상 위의 보고서 인용문에 등장하는 '개혁'이라는 용어는 '경쟁'의 다른 이름이다. 교육개혁 초기에 신교육 운동이라는 용어로서 교육의

---

7 대통령자문 교육개혁위원회, 「세계화 정보화 시대를 주도하는 신교육체제 수립을 위한 교육개혁 방안(Ⅱ), 3차 대통령 보고서」, 1996, 「별도 건의」에서 발췌.

체질변화, 즉 모든 교육주체의 자율적 경쟁을 강조한 결과로서 이제 '교육은 곧 경쟁' 혹은 '교육의 목적은 경쟁주체의 경쟁력 확보'라는 인식이 당연시되고 있다.

결과적으로 현재는 이미 교육이 아닌 사육이라는 말이 있을 정도로 청소년기 학생의 시간은 각종 자본에 통제당하면서 동시에 학생들 역시 이미 자신을 상품으로 인식하고 상품화를 목적으로 공부하고 있다. 이런 상황에서 사람들이 교육의 본질에 대한 문제제기 대신 공정한 경쟁의 방법에만 관심을 갖는 것이 이상한 일이 아니다. 그래서 지금이야말로 유학이 나설 '때'다.

교육의 이념이 '인적자원'을 양성하는 데 있고, 그래서 상품화를 교육의 목적으로 삼는 바로 이 시점에 유학적 사유의 근간인 '인간'을 소환하는 필연성이 있다. 유학의 인격 교육을 복원하고 자유 경쟁의 상품화 교육을 유학의 교육 철학으로 환원하는 것에서부터 지금의 교육 문제를 포함한 미래 교육의 돌파구를 찾을 수 있다고 본다. 따라서 무엇보다 공자의 공부와 교육에 대한 관점을 주목해야 한다. 대표적으로 세 가지 차원에서 공자의 공부와 교육에 대한 관점을 되새긴다.

첫째, 공부는 '좋아서 하는 것'이며, 학문의 목적은 공부하는 자체의 '내적 즐거움'을 찾는 데 있다(위기지학爲己之學).[8] 공자가 말하는 배움은 공부 외의 목표에 부합하는 도구적 학습이 아닌 자기만족에 기초한다. 자기 자신의 내적 성장에서 비롯한 자기 충족성이 곧 공부의 목적이다.

"공부해서 그것을 틈 날 때 마다 복습하는 가운데 희열을 느낀다[학이시습지學而時習之, 불역열호不亦說乎!(『논어論語』「학이學而」)]."는 공자의 말은 학습이 인간의 감각적 본능과도 통하는 이성 활동이라는 것을 암시

---

8 『論語』「憲問」: "子曰, 古之學者, 爲己, 今之學者, 爲人."

한다. 나아가 공자가 "일단 분발해서 거기에 몰입하면 끼니마저 거를 정도"[발분망식發憤忘食(『논어』「술이」)]였다고 하는 것에서 우리는 공부가 본능적 욕망을 초월하는 몰입의 계기이자 궁극적 기쁨의 원천일 수 있다는 것을 확인한다.

공자가 강조하는 인간적 즐거움에 기초한 호학정신은 이밖에도 『논어』의 여러 구절에서 구체적으로 표현되어 있다. '아랫사람에 묻는 것을 부끄럽게 여기지 않는 호학정신[민이호학敏而好學, 불치하문不恥下問, 시이위지문야是以謂之文也(「공야장公冶長」)'을 비롯해서 자기 자신이 자기 생활 공간 주변의 '그 누구보다 공부하기를 좋아한다[십실지읍十室之邑, 필유충신여구자언必有忠信如丘者焉, 불여구지호학야不如丘之好學也(「공야장」)].'는 표현을 통해서 충분히 짐작할 수 있다.

뿐만 아니라 공자의 지락知樂의 학문관의 특징은 '오직 학습에만 치중하지 않고 사유와 학습의 균형을 도모한다[학이불사즉망學而不思則罔, 사이불학즉태思而不學則殆(「위정爲政」)].'는 데 있다. 학습과 사유의 균형을 통해서 비로소 공부는 고통스런 노동을 초월한 인간의 내적 즐거움으로 환원될 수 있는 것이다.[9]

말하자면 공부를 통해서 얻은 공자의 '즐거움'은 세계의 진실과 소통함으로써 획득하게 되는 해방감으로 이해할 수 있다. 이와 같이 공자가 학문의 목적을 학문 자체에 내재한 즐거움을 찾는 것으로 보는 관점은 지금 우리 시대의 교육의 목적과 상당한 거리가 있다. 자기 스스로의

---

9 이밖에 『논어』에서 공자의 知樂의 학문관을 엿볼 수 있는 구절은 다음과 같다. "子曰, 攻乎異端, 斯害也已"(「爲政」); "子曰, 默而識之, 學而不厭, 誨人不倦, 何有於我哉!"(「述而」); "子曰, 不憤不啓, 不悱不發, 擧一隅, 不以三隅反, 則不復也."(「述而」); "子曰, 誦詩三百, 授之以政, 不達, 使於四方, 不能專對, 雖多, 亦奚以爲?"(「子路」); "子曰, 當仁, 不讓於師."(「衛靈公」); "孔子曰, 生而知之者, 上也. 學而知之者, 次也. 困而學之, 又其次也. 困而不學, 民斯爲下矣."(「季氏」); "子曰, 回也, 非助我者也. 於吾言, 無所不說."(「先進」)

성장과 성숙이 목표인 공자의 공부와 지금 한국사회에서의 경쟁하는 공부, 외부에 과시하는 공부, 하기 싫지만 억지로 하는 공부를 비교함으로써 우리는 '공부란 무엇인가?'라는 학문의 본질에 대한 물음을 던지게 된다.

학생들이 하루 시간의 대부분을 각종 공부에 전념하면서도 그것은 의무적이며 억지로 하는 공부다. 청소년기의 동적 본성을 억누르면서 많은 시간을 앉아서 보내는 통일된 현상은 그것이 가령 자율적이라고 해도 사실은 '자율적 경쟁'의 소산이며, 결과적인 학습 성과마저도 좋지 않다.

둘째, 가르치는 데 있어서 빈부귀천을 가리지 않고 오직 배우고자 하는 의지를 중시한다(유교무류有教無類).[10] 공자의 교육은 육례를 기본으로 삼았다고 할 때[11], 이러한 전형적 과목은 본래 귀족의 전유물이었다. 그런데 공자는 일반 백성에게까지 문호를 개방해서 학습권을 보장함으로써 처음으로 계급을 초월한 교육을 주창한 셈이 된다.

이는 공자가 공부의 목적을 지락知樂으로 이해하는 것과 일맥상통한다. 교육은 인간의 인간다움을 보장하는 계기로서 원하는 사람이면 누구나 기회를 가져야 한다는 공자의 관점은 단순한 기회 균등의 차원을 넘어서 교육은 인간의 내적 성장을 목적으로 삼는다는 것을 알게 하는 부분이다.

공자의 교육에서는 신분의 귀천을 가리지 않을 뿐만 아니라 경제적 여건 또한 크게 중요시하지 않았다. 누구나 자기가 표시할 수 있는 '최소한의 성의만 있다면 가리지 않고 학생으로 받아들였던 것[자행속수이상自

---

10 "子曰, 有敎無類."(「衛靈公」); "自行束脩以上, 吾未嘗無誨焉."(「述而」)

11 『莊子』의 「天下」에서 언급하고 있는 유가의 여섯 가지 교육 과목은 각각 '詩', '書', '禮', '樂', '易', '春秋'이다. "詩以道志, 書以道事, 禮以道行, 樂以道和, 易以道陰陽, 春秋以道名分. 其數散於天下而設於中國者, 百家之學時或稱而道之."(『莊子』「天下」)

行束脩以上, 오미상무회언吾未嘗無誨焉(「술이」)'에서 알 수 있다. 당시의 신분제 사회에서 귀족이 아닌 평민의 공부 목적은 신분상승과 무관할 수밖에 없다.

사학이라는 전제가 있다고 하지만 모든 사람이 자기 의지에 따라 공부하고 교육받을 수 있는 기회를 제공했다는 점에서 공자의 교육 목적이 인간의 성장에 있다는 것을 재확인하게 된다. 공자의 이러한 외적 조건보다 의지를 중시하는 교육관은 현재 한국사회에서의 인적 자원 양성에 초점을 둔 교육관과 비교된다.

물론 고대의 사학과 현대의 제도교육을 평면적으로 비교할 순 없다. 하지만 인간을 경쟁의 주체이자 집단 경쟁력의 핵심 주체로 설정하는 논리는 교육의 본질에 대한 물음을 다시금 던지게 한다.

> 경제 개발 위주의 국가발전 전략이 산업화 시대에 알맞은 전략이었다면, 지식 정보가 국가와 사회발전의 원동력이 되는 정보화 시대에는 국민의 지적 자산과 사람됨, 그리고 사람의 능력을 효율적으로 개발하는 것이 가장 중요한 국가 발전의 전략이 된다. 즉, 국가의 인적자원 개발 능력이야말로 국가 경쟁력의 핵심이며, 세계 중심국가가 될 수 있는 관건이다.[12]

위에서 보듯이 개인의 지식과 인성 등은 국가발전의 전략으로서 국가 경쟁력의 기초이지 그 자체로서의 목적을 갖지 않는다. 역시 평면적 비교이긴 하지만, '인간'이 사라지고 '인적자원'과 '경쟁력'과 '전략'이라는 집단적 '힘'만 부각되는 현상은 분명 교육이라는 명목으로 인간의 인간

12 대통령자문 교육개혁위원회, 「세계화 정보화 시대를 주도하는 신교육체제 수립을 위한 교육개혁 방안(Ⅱ), 3차 대통령 보고서」, 1996, 「별도 건의」에서 발췌.

성을 은폐하는 모순을 내재한 것이다.

셋째, 각자의 처지와 기질과 소질에 최적화한 교육 방법을 강구한다(각득기소各得其所).[13] 공자의 교육에 있어서 그 궁극적 목표는 '인仁'이다. 공자가 "아침에 도를 들으면 저녁에 죽는 것도 받아들일 수 있다."[조문도朝問道, 석사가의夕死可矣.(「이인里仁」)]고 했을 때의 '도'는 주로 '인의'를 뜻한다. 그런데 공자는 제자들에게 어떤 것이 '인'의 실천적 형태인지 일깨워주기 위해 제자 각각의 됨됨이에 따라 달리 설명하고 있다.[14]

여기서 우리가 주목할 수 있는 것은 같은 교육 내용과 목적이더라도 학생의 기질과 소질을 고려해서 가장 잘 이해할 수 있는 방식으로 설명한다는 점이다. 개개인의 학생은 모두 학습상의 장단점이 있다. 그러한 장단점을 고려하지 않고 일방적인 목표와 일방적인 주입을 하게 되면 학생 개인의 성장 가능성은 되레 교육에 의해 은폐될 가능성이 크다.

공자의 제자들은 각각 '덕행'과 '언어'와 '정사'와 '문학' 등의 여러 분야에서 각자의 장점을 신장시켰을 뿐만 아니라, 실제 사회적 역할을 맡을 때도 오로지 출세가 아닌 자기의 능력과 가장 잘 어울리는 일을 하는 계기로 삼았다.[15]

이와 같이 제 의지와 무관하게 타고난 기질을 고려하는 교육 방식은

---

13 『論語』「子罕」: "吾自衛反魯然後, 樂正, 雅頌, 各得其所."

14 "子曰, 巧言令色, 鮮矣仁."(「學而」); "子曰, 剛毅木納, 近仁."(「子路」); "樊遲問仁. 子曰, 愛人."(「顔淵」); "憲問, 克, 伐, 怨, 欲, 不行焉, 可以爲仁矣? 子曰, 可以爲難矣, 仁則吾不知也."(「憲問」); "顔淵問仁. 子曰, 克己復禮爲仁. 一日克己復禮, 天下歸仁焉. 爲仁由己, 而由人乎哉?"(「顔淵」); "仲弓問仁. 子曰, …… 己所不欲, 勿施於人."(「顔淵」); "子曰, …… 夫仁者, 己欲立而立人, 己欲達而達人, 能近取譬, 可爲仁之方也矣."(「雍也」)

15 "德行, 顔淵, 閔子騫, 冉伯牛, 仲弓. 言語, 宰我, 子貢. 政事, 冉有, 季路. 文學, 子游, 子夏."(「先進」); "雍也, 可使南面."(「雍也」); "由也, 千乘之國, 可使治其賦也."(「公冶長」); "求也, 千室之邑, 百乘出家, 可使爲出宰也."(「公冶長」); "赤也, 束帶立於朝, 可使與賓客言也."(「公冶長」)

현대의 천재 교육으로 해석되기도 하겠지만, 공자의 의도는 천재 교육에 가깝다기보다 개별적 본성교육에 해당한다. 신자유주의 교육 방안에서도 다음에서와 같이 공자의 교육관과 통하는 부분을 발견할 수 있기도 하다.

> 학습자의 능력, 적성, 흥미 등에 있어서 개인차를 최대한 존중하는 교육이라는 기치 아래 여러 지역의 초등학교에서 자생적으로 실시하고 있는 '열린교육' 방법을 전국적으로 확산시키고, 교육개혁의 선도적 역할을 담당할 수 있는 모범학교를 지역별 학교급별로 선정 운영한다. 그리고 자립형 사립 초 중등학교에 교육과정 및 학교운영의 자율성을 대폭 확대하고, 교육의 새로운 가능성을 탐색해 볼 수 있는 대안적인 학교로서 신新학교 제도를 도입 운영할 필요가 있다.[16]

사실상, 위의 내용은 교육의 수월성에 기초한 자유경쟁을 강조하는 글이다. 얼핏 보면 학습자의 능력, 적성, 흥미의 개인차를 존중한다고 하지만, 실제로 그것은 경쟁을 통해 도태되는 학생들이 학교에서 완전히 이탈하지 않게 하는 기제이자 학습경쟁의 우위에 있는 학생에 대한 지원의 정당성을 마련하는 근거다.

특히 위에서 언급하고 있는 신학교 제도는 초등학교에서부터 자본의 자유에 기초한 학습 환경을 조성하는 근본적 계기가 된다. 아울러 그것은 가정경제의 파탄과 교육 복지의 훼손 및 국가 경쟁력을 되레 저하시

---

16 대통령자문 교육개혁위원회, 「세계화 정보화 시대를 주도하는 신교육체제 수립을 위한 교육개혁 방안(Ⅱ), 3차 대통령 보고서」, 1996, 「별도 건의」에서 발췌.

키는 시발점이 되기도 한다.[17]

삶의 모든 영역에서 거두절미하고 오직 자본의 요구에 부응하는 자본주의적 자유경쟁의 교육 현장에서, 공부하는 순수한 즐거움을 강조하는 공자의 위기지학의 공부관은 생존의 차원에서 하기 싫은 공부를 해야만 하는 지금의 현실과 대비된다. 동시에 그것은 자본주의(신자유주의)의 논리에 따른 상품화 경쟁(위인지학爲人之學)과 다른 교육의 본질을 일깨우는 계기라는 점에서 중요하다.

'유교무류'의 태도 또한 인간의 성장을 위한 보편적 교육 기회의 제공이라는 점에서 의미가 있다. 각자의 기질과 소질을 고려한 교육 방식은 교육이 삶의 질과 자본가치의 상승을 통한 자본주의적 성공의 발판을 넘어 사회적 성숙에 기여하는 계기로서 특히 의미가 있다. 공장에서 생산된 인스턴트라면 같은 몰개성적 상품화를 넘어 개성적 성장을 지향함으로써 사회는 한층 성숙하게 된다.

## 4. 수신: '인간'의 회복

공자의 교학은 최종적으로 수신修身으로 귀결된다. 공자의 교학의 목표가 '인仁'이라고 하는 도덕적 인격의 완결성에 있다면 '수신'은 바로 그러한 교학의 목적이 된다. '수신'은 수양의 하부영역이다.

---

17 "특수목적 중학교 및 특수목적 고등학교 진학을 위한 과열 경쟁이 초등학교 저학년에서부터 시작되고 있으며, 사교육비는 이미 우리나라 가정경제 상황을 매우 어렵게 하고 있음에도 불구하고 추가로 가파르게 상승하여 가정 경제를 파탄상태에 빠트리고, 내수 시장을 위축시켜 국가 경제를 위축시키고 있다. 신자유주의적 경쟁 교육이 오히려 복지를 훼손하고 국가 경쟁력을 떨어뜨리고 있는 것이다." 목영해, 「현재 한국 교육이념의 좌표와 제도의 현 실태」, 『한국교육학회 춘계학술대회』, 2010, 28쪽 참조.

수양은 자아인식에 기초해 모종의 인간적 완성을 추구하는 주체의 자각 활동을 말한다. 그런데 삶을 수양의 시간으로 자리매기는 사유방식은 유학만의 것이 아니라, 동아시아 고대사상의 공통적 특성 가운데 하나이다.

다 알고 있듯이 도교에서도 수양을 강조한다. 하지만 도교에서의 수양은 내외적 생명의 수양(양생)에 보다 치중한 데 반해 유교의 수양은 내면의 도덕성 수양을 중시하는 '수신'을 강조한다. 문자 그대로 '수신'은 '몸을 닦는 것'이지만, 실제 의미는 바로 '마음을 닦는 것', 즉 '도덕적 자아수양'이다.

도덕적 자아 수양으로서 수신의 공부는 모든 생활공간에서의 활동으로부터 가능하다. 즉 모든 생활공간에서의 활동은 수양의 공부로 환원될 수 있는 것이다[하학이상달下學而上達(「헌문憲問」)]. 유학에서 생각하는 삶에서의 가장 숭고한 이상이란 것은 바로 도덕적 인격의 완성에 있으며, '수신'은 바로 그것에 이르는 근본적인 수단이자 과정이었다.

'수신'은 무엇보다 현대(한국) 사회의 교육 가치에 있어서 비인간적 상호작용의 관계구조, 즉 위로부터 '인적자원'이 설정되고, 동시에 아래로부터 '상품화'로 수용되는 이 시점에서 재소환해야 할 분명한 가치가 있다.

'수신'은 교육의 본질을 복원하는 계기로서 전통적이면서 미래적 가치를 내포한다. "왜 유학의 '수신'이 현대(한국)의 교육문제에 있어서 반드시 되새겨보아야 할 의미인가?" "왜 수신이 미래유학의 교육철학에서 환원해야 할 가치인가?"

유학의 '수신'이 상품의 생산과정으로 비유되는 현대 교육의 문제에서 환원해야 할 본질적 의미와 가치가 될 수 있는 것은 바로 그 안에 '인간'을 설정하고 있기 때문이다. 수신의 주체로서 '나'는 고립된 자아가 아닌 관계적 자아로 설정된다. '수신'이란 개념 자체에 이미 관계적 '나'로의 재구성, 즉 사유와 자각을 겸한 '인간'의 재구성을 전제한다.

수신의 공부가 어느 정도에 이른 경우 그것은 기본적으로 자기 의지대로 욕망을 제어할 수 있어야 하고, 나아가 자기 욕망보다 타인의 욕망을 우선 배려할 줄 알아야 한다. 결과적으로 "수신의 공부가 되어 있는 사람[仁者]은 자기가 서고자 하는 곳에 남을 먼저 세우고, 자기가 이르고자 하는 곳에 남을 먼저 이르게 한다."[18]는 것이다.

현대(한국)의 교육에서는 남을 이기고 남보다 앞서는 것이 '잘하는 것'이다. 공부를 잘한다는 것을 다름 아닌 '남보다' '잘하는 것'으로서 '남보다' '앞서고' '우뚝 서는 것'으로 비유된다. 공부에 대한 비유적 인지를 통해 알 수 있는 것은 바로 '경쟁'이라는 용어의 통상성이다. 일상적인 삶의 모든 영역이 경쟁으로 점철되고, 그것이 가장 첨예하게 드러난 곳이 바로 교육의 현장이다. '수신'은 바로 이 런 현대한국의 사회적 삶과 특히 교육에서의 '경쟁'과 대비해서 깊이 되새겨 볼 가치가 있다.

그런데 '수신'과 대비해서 살펴보는 '경쟁' 또한 사실상 수양의 계기가 있다는 점을 우선 주목해야 한다. 물론 전통적 의미의 수양과 다르지만 '경쟁' 또한 자기의 발전을 전제로 한, 어떤 의미에서의 자기수양으로 볼 수 있다. 현대 자본주의 사회에서의 '경쟁'은 기본적으로 나쁜 것이 아니다.

우리가 흔히 '선의의 경쟁'이란 말을 통해 동반 성장이 가능한 '좋은 경쟁'을 가려 쓰고 있는데서 경쟁이 본래 나쁜 의미의 가능성으로 우선 감지되고 있지만, 실제 구조적으로 자본주의 사회에서의 생산 구조는

18 『論語』「雍也」: "子貢曰, 如有博施於民, 而能濟衆何如, 可謂仁乎? 子曰, 何事於仁, 必也聖乎! 堯舜其猶病諸. 夫仁者, 己欲立而立人, 己欲達而達人. 能近取譬, 可謂仁之方也已."

경쟁을 유발해서 상품의 양과 질을 담보하는 구조이므로 그것을 내면화한 개인의 경쟁은 기본적으로 권장된다.

신자유주의적 자유 경쟁 구도에 의해 국가적 자원으로서의 상품화 교육이 진행된다고 할 때의 '경쟁'은 지금의 시스템에 기초한 것으로 역시 나쁜 것이 아니라 '좋은 것'이자 '발전적인 것'이다. 국가의 발전은 다름 아닌 국가가 경쟁력을 갖추고 국민 개개인이 경쟁력을 갖추는 것을 말한다.

다시 말해 신자유주의에 기초한 교육의 최종 목적은 국가경쟁력에 도움이 되는 경쟁력 있는 자아의 완성이므로 현재의 시스템의 관점에서 보면 경쟁도 수양의 범주에 들어가는 것이다. 하지만 경쟁으로서 수양의 주체를 우리는 '기계적 자아'라고 부른다.

'경쟁'도 수양의 계기이긴 하지만, 경쟁은 '기계적 자아수양'을 뜻한다. 그에 반해 '수신'은 본래의 수양 그 자체의 의미로서 '인간적'이고 '도덕적'인 수양이다. 가치론적 은유의 차원에서 '경쟁'이 '높이'를 지향하고, 타인을 제치고 차별화하는 상품가치의 확보에 있다면, '수신'은 '깊이'와 '넓이'를 지향하는 인간적 가치의 완성이라는 점에서 다르다.

'교육은 갈고 닦는 것'으로 인지할 때, '경쟁'은 자기를 잘 갈아서 도구적 효용성을 극대화하는 데 치중하는 과정이라면, '수신'은 상품 가치의 획득을 목표로 하지 않고, 자아의 발견과 완성 및 확장을 지향하는 것이 목적이다. 따라서 개인의 자아수양과 집단적 인적 자원, 그리고 거기에 편승해서 집단의 가치를 내면화한 경쟁은 근본적으로 다른 차원의 자기 수양이다.

유학의 자기 수양은 무엇보다 개체의 도덕적 주체 설정과 초월성 및 확장성이 특징이다. 군자의 공부로서 자기수양은 완전한 도덕성을 자기 안에서 체험하는 데 그치는 것이 아니라, '자기를 넘어 타인을 안녕하게 하고, 나아가 백성을 안녕하게 하는 목적'[19]을 가진다.

이와 같은 확장의 논리가 가장 뚜렷하게 드러난 구절이 바로 『대학』에서의 "자신의 도덕적 자아수양을 통해 자기의 가정을 잘 관리함으로써 국가의 대사를 순조롭게 처리하고 세상을 평화롭게 한다[修身齊家治國平天下]."이다. 공자의 교학관이 반영되고 가장 직접적으로 도덕적 자아수양으로서 '수신'의 논리가 분명하게 드러난 '수신제가치국평천하'의 논리에서 첫 번째로 눈여겨볼 것은 바로 '자아확장'이다.

신자유주의적 '경쟁'의 토대인 '인적 자원론'에 따라 상품화한 개인은 이른바 '위'에서 설정한 가치를 맹목적으로 수용하는 존재로서 이미 진정한 자아의 확립과는 거리가 먼 도구적 자아이다. 경쟁은 객관적인 자기제한과 자기축소 및 자기밀폐를 수반한다. 반면, '수신제가치국평천하'에서의 '수신'은 자기를 개방하고 초월해서 무한히 확장하는 구조다.

'수신'은 개체성을 인간성(인간)으로 정립하는 계기로서 관계적 자아의 확립을 뜻한다. 관계적 자아가 확립된 다음의 개인은 혈연적 자아로서 확장되어 가정 공동체를 도덕의 근원적 공간으로 확립할 수 있다. 혈연적 자아는 사회적 자아로 확장되고 세계적 자아로 나아가 최종적으로 세계의 평화를 확립하는 근거가 된다.

'수신제가치국평천하'의 논리에서 다음으로 주목할 것은 바로 관계적 자아로서의 개인의 중요성이다. '수신'이 세계평화의 시발점이 된다는 점에서 보자면 도덕적 수양의 주체로서 개인이 부각된다는 것을 알 수 있다.

여기에서만 보면 유학은 기존의 집단주의적 사유경향으로 이해되는

19 『論語』「憲問」: "子路, 問君子. 子曰, 修己以敬. 曰, 如斯而已乎? 曰, 修己以安人. 曰, 如斯而已乎? 曰, 修己以安百姓. 修己以安百姓, 堯舜其猶病諸."

것과 상반되는 개인 중심의 사유인 셈이다. 사실상 개인으로부터 전체로 확장하는 사유논리는 본래 유학적 사유의 특징 가운데 하나다.

은유에 기초한 동아시아의 사유에서 기본적으로 '뿌리(은유)'를 강조하는 것과 동일한 맥락으로 '개인'이 사회와 국가와 세계의 뿌리로서 강조되는 것이다. 맹자의 사유에서도 보면 '세상(천하)은 한 그루의 나무와 같다. 세상의 근본은 국가에 있고, 국가의 근본은 가정에 있으며, 가정의 밑뿌리는 개인(의 수양)에 있다.'[20]

여기서 개인의 수양과 세계의 안정이 동일시된다는 것을 알 수 있다. "군자가 받들고 실천해야 할 원칙은 다름 아닌 자신을 닦아서 세상을 평화롭게 하는 것이다."[21]에서 보다 확실하게 개인(의 수양)이 도덕적 사유의 중심이란 것을 알 수 있다.

수신에서 설정된 인간적 가치의 담지자로서 '인간'은 구체적으로 '개인'을 말하며, '인적 자원'이 아닌 '인간'으로서 회복해야 할 구체적인 대상이 바로 '개인'이다. 공자의 사유에 따르자면 '수신'의 주체로서 '개인'에 해당하는 인간의 유형은 바로 '성인成人'이다.[22] 유학의 '수신'에서 발견한 '인간'으로서 '성인'은 자유 의지와 자기 책임을 수반한 존재로서 현대의 개인과 통한다.

도덕적 자아수양을 통해서 관계적 자아를 정립한 다음 그것을 초월해

---

20 『孟子』「離婁上」: "孟子曰, 人有恆言, 皆曰, 天下國家, 天下之本在國, 國之本在家, 家之本在身."

21 『孟子』「盡心下」: "君子之守, 修其身而天下平."

22 '成人'은 '완성된 사람' 혹은 '완전한 사람'을 뜻하며, '智', '不欲', '勇', '藝'라고 하는 네 가지의 품성을 포괄하고 예악으로 다듬어진 사람이다. "子路問成人. 子曰, 若臧武仲之知, 公綽之不欲, 卞莊子之勇, 冉求之藝, 文之以禮樂, 亦可以爲成人矣."(「憲問」) 지금의 성인은 도덕의 본령을 파악하는 것만으로도 욕망을 통제하고 도를 지향하는 계기라는 점에서 성인이라 말할 수 있다. "今之成人者, 何必然? 見利思義, 見危授命, 久要不忘平生之言, 亦可以爲成人矣."(「憲問」) 彭富春, 『論孔子』, 北京: 人民出版社, 2016, 430쪽 참조.

서 타인으로 사회로 세계로 무한히 확장해 가는 것이 바로 '제가치국평천하'의 토대로서 '수신'의 논리다. 수신은 몸(마음)을 닦는 것이다. 따라서 수신은 인간의 마음(본성)이 본래 선하다(맑다)는 전제하에서 성립 가능한 논리다. 본래 깨끗하지만 혼탁해진 것을 닦는다는 것에서 또한 전제되고 강조되는 것은 사물의 채도다.

수신에서 강조하는 것은 밝음, 즉 사물의 명도 역시 해당하겠지만 더 궁극적으로 채도, 즉 맑음을 회복하는 것에 있다. 자아의 채도는 곧 인간의 영혼과 소통된다. 인적자원을 목표로 하는 교육 이념 아래에서 개인은 경쟁을 통한 자기 상품화로써 기계적 자아이자 도구적 자아로서 생산된다.

관계적 자아가 혈연적 자아와 사회적 정치적 자아와 세계적 자아로 성장하고 확장되는 '수신'의 논리에서 우리는 은폐된 개인의 진실한 개인성을 회복할 가능성을 발견한다.

## 5. 맺음말

한국 사회에서의 각종 사회적 문제들은 서로 꼬리에 꼬리를 물고 있어 어떤 것이 근본적인 원인인지 판가름하기 힘들다. 하지만 그 돌파구로서 교육을 거론하는 것은 늘 시의적이다. 다 알고 있듯이 한국에서의 최종 학문적 성과는 돋보이는 공부 시간과 교육열에 비해 여전히 한국의 우물을 벗어나지 못한다. 그 이유는 무엇보다 누가 무엇을 끝내 차지할 것인가를 목표로 '우리끼리 싸우는 공부'이기 때문이다.

하지만 여기서 문득 공자의 호학정신을 예로 들어 자원과 상품이 아닌 공부 자체의 즐거움을 내세운다면 상당히 무책임한 말이 될 가능성이 크다. 자본주의 교육의 구조를 외면하고 공시적 차원에서 그냥 하는 좋은 말에 불과하기 때문이다. 그럼에도 불구하고 우리는 바로 이 시점에서 필연적으로 공자의 호학 정신을 비롯해서 특히 유학의 교육철학을 소환하게 된다.

유학의 미래 가치는 '인간'을 되살리는 유학의 교육 철학에서 부각될 수 있다. 한국에서 5.31 교육 개혁 이래 '수요자 중심' 혹은 '소비자 중심' 교육이라는 용어가 부상하면서 교육현장은 급격히 시장화 되었다. 국가의 '인적 자원' 생산 시스템과 대중의 '상품화' 의지가 서로 의기투합하고, 대중의 의식에서는 어떤 형태의 제도든 모두에게 예외 없이 적용되고 공정한 경쟁이 보장된다면 그것의 본질적 문제는 중요하지 않다는 생각이 만연하게 되었다.

조금씩 수정을 거듭한 교육 개혁안에는 으레 전인 교육을 표방하는 수사적 문구와 정연한 교육목표가 명시된다. 하지만 어떤 그럴싸한 교육적 수사로써 교육 목표를 설정하든 수요자 중심의 신자유주의 교육 개혁은 결과적으로 '기승전대(학입시)'로 결론이 난다. 신자유주의 교육 시스템에서 국가는 '인적 자원'을 원하고, 학생은 '상품'을 자처한다.

'인간은 자원'이라는 경제적 은유를 통해서 교육의 목표를 설정한 결과는 '인간성'의 은폐를 수반하게 된다. 교육을 자본 가치를 극대화하는 상품 생산으로 이해하는 순간 인간은 기계적 자아 혹은 도구적 자아로서 자기 왜곡과 자기 축소에 직면하는 것이다. 바로 여기에서 유학의 교육철학의 정수인 '수신', 즉 도덕적 자아수양의 가치를 재발견한다.

'수신'이 더욱 중요한 것은 그것이 단지 개체의 도덕적 수양에 머무는 것이 아닌, 세계를 향한 끊임없는 자아의 확장에 있다. '수신, 제가, 치국, 평천하'에서 '수신'은 자기 탈피를 수반한 초월적 자아의 계기를 내포한다. '초월적 자아'에 기초해서 '혈연적 자아'로 확장되고, 나아가 '사회적 자아', '정치적 자아', '세계적 자아'로 더 한층 확장되는 것이 바로 '수신, 제가, 치국, 평천하' 도식의 의미다. '수신'을 환기함으로써 우리는 자원과 상품이라는 기계적 자아를 넘어 관계적 자아로서의 '인간', 즉 '사유하는 개인'을 되살릴 수 있다.

# 『맹자』 '천작天爵' 개념의 현대적 접근

이용윤(성균관대학교 초빙교수)

## 1. 들어가는 말

이 연구는 맹자의 성선설이 맹자 철학, 더 나아가 유가철학에 있어서 왜 중요한지를 다루고자 한다. 맹자의 성선설은 동아시아 문화권에 사는 사람이라면 대부분 숙지하는 유가철학의 핵심이다. 하지만, 맹자의 성선설이 지니는 사상적 토대와 구조를 심층적으로 이해하고 있는 사람들이 얼마나 많을까에 대해서는 의문으로 남는다. 즉, 맹자의 성선설이 지니는 사고의 혁명적 전환과 그 파급 효과에 대해 주목했던 기존의 연구들이 많지 않았음을 명찰할 필요가 있다.

성선설의 구체적 내용을 다룬 연구는 많았지만, 성선설이 대두된 배경을 중심주제로 다룬 분석은 많지 않았다는 것이다. 즉, 맹자의 인성론 연구는 성선설이 무엇(what)인가에 집중되었고, 맹자가 왜(why) 성선설을 주장하였는가에 대한 분석은 찾아보기 어렵다. 본 논문은 내용적 연구에 치우쳤던 맹자 성선설 분석 패러다임에서 벗어나, 맹자가 왜 성선설을 주장했는가에 대한 맹자의 사상적 기획 분석과 그 현대적 재해석 가능성에 대해 서술하고자 한다.

인터넷 응용프로그램과 스마트폰 등을 비롯한 다양한 정보통신기술의 혁신에 힘입어, 현대인들의 삶의 지평은 빅뱅 초기와 비견될 수 있는 초고속 팽창을 경험하고 있다. 사물인터넷, 빅데이터, 5G, 누리 소통망 서비스(SNS) 등으로 대변되는 초연결성의 현대 사회, 초연결성이 내포하는 보편성의 무한 확장, 이러한 시대적 흐름에 부합하는 유학사상에는 무엇이 있을까? 전반적 사회 변화에는 인문학적 토대와 시대적 요청이 필수조건임을 간과해서는 안 될 것이다.

다시 말해 시공의 제약에서 자유로운 소통방식은 특정 계층에 대한 특혜가 당연시되었던 봉건시대의 차별적 가치관에 도전하여, 자유와 평등의 지평을 넓혀왔던 인문학적 노력의 결실이 없었다면, 과학 기술의 변화가 사회적 변화로 승화되는 데에는 상당히 제한적이었을 것이다.

과거 소수의 전유물에 불과했던 근대 계몽시대의 수평적 가치 존중 구호들(자유, 평등, 박애 등)이 인류 보편적 가치로 받아들여지지 않았다면, 수평적 소통방식의 현실적 응용에는 많은 한계가 있었을 것이다. 특히 SNS로 대변되는 현대인들의 소통 방식을 한마디로 규정한다면 "수평적"이라는 표현이 적합하지 않을까 한다.

SNS 기술에 의해 실현되고 있는 이러한 보편적 개방적 의사소통 가능성을, 중국의 사상적 전통에서 찾는다면 다소 의아해 할지도 모르겠다. 중국을 비롯한 한국과 일본 등의 한자문화권에서 지배이념으로 자리 잡았던 유교적 세계관이 수직적 위계질서를 그 사상적 프레임으로 삼고 있는 것으로 이해되기 때문이다. 또한 전통 사회에서 三綱五倫을 비롯한 수많은 수직적 인간 관계론이 유교적 정치 이념이란 간판으로 통행되었던 데에도 원인을 찾을 수 있겠다.

하지만 중국 사상가들의 사상적 고뇌와 그들 사상의 다층적 의미를 전통적 이해의 틀 속에만 한정할 필요는 없을 것 같다. 다각적인 조망과 재해석 노력을 통해, 수평적 소통 가능성을 담지하고 있는 중국의 사상적 전통들을 어렵지 않게 발굴해 낼 수 있기 때문이다.

예컨대 중국의 사상적 맹아기이자 기축 시대(Axial Age)였던 춘추전국시대의 사상가들 중에서,[1] 수평적 소통가능성 부분에서 이론적 토대를 마련했던 대표적 사상가를 뽑는다면, 인간 본성에 대한 혁신적 이해를 추구했던 맹자를 뽑을 수 있겠다.[2]

맹자의 사상을 논할 때 빠짐없이 거론되는 것 중에 사단四端을 주요 내용으로 하는 성선설을 들 수 있다. 맹자의 성선설에 대한 논의는 고금을 통해 끊임없이 있어 왔기에, 맹자의 성선설에 새로운 관점과 이해를 도출할 수가 있을까하는 의문도 있을 것이다. 하지만 맹자의 성선설이 지니는 사고의 혁명적 전환과 그 파급 효과에 대해 주목했던 기존의 연구들이 많지 않았음을 명찰할 필요가 있다.

성선설의 구체적 내용을 다룬 연구는 많았지만, 성선설의 형성 배경을 중심 주제로 다룬 분석은 많지 않았다는 것이다. 즉, 맹자의 인성론

---

1 * 이 글은 필자의 「孟子의 보편적 인성론: 개방적 소통을 향한 내적 인프라 구축」, 『중국학연구』 65집, 2013. 9)의 기본 내용을 바탕으로, 글의 주제에 맞게 보완된 것이다.
독일 철학자 Karl Jaspers(1883~1969)는 동서양을 막론하고 정신 문명의 기원으로 인정되는 기원전 900년부터 BC 200년 사이의 시기를 基軸時代(Axial Age)로 표현했다. 서로 전혀 교류가 없었던 네 지역(인도, 중국, 그리스, 유대)에서 비슷한 사상적 토대가 마련되었다는 데에 착안한 용어이다. Karl Jaspers, *The Origin and Goal of History*, translated by Michael Bullock, New Haven, CT: Yale University Press, 1953.

2 중국의 선진시대 사상가 중에서 인간관계의 수평적 외연 확대를 추구했던 사상가로 묵자를 떠올릴지도 모르겠다. "자신의 벗을 자신 대하듯 하고, 그 벗의 부모를 자신의 부모 대하듯 해야 한다(必爲其友之身, 若爲其身, 爲其友之親, 若爲其親)."라는 묵자의 兼愛 사상은 親疏관계에 의한 차등적 대인관계를 주장했던 유가적 전통에 대비되어, 무차별적 사랑으로 이해될 수 있는 여지가 있다(『墨子』 「兼愛下」). 하지만, 天의 全知的 賞罰 주장에서 보이듯이, 그의 겸애 사상이 일관된 사상적 토대를 갖추고 있다고 보기에는 다소 무리가 있다.

연구는 성선설이 무엇(what)인가에 집중되었고, 맹자가 왜(why) 성선설을 주장하였는가에 대한 분석은 아직 출발선에 머물러 있다 해도 과장이 아닐 것이다.

본 논문은 내용적 연구에 치우쳤던 맹자 성선설 분석 패러다임에서 벗어나, 맹자가 왜 성선설을 주장했는가에 대한 맹자의 사상적 기획 분석과 그 현대적 재해석 가능성에 대해 서술하고자 한다. 또한 SNS 시대가 상징하는 보편적이고 용이한 소통 지향성은, 맹자가 기획한 성선설의 지향점과 동일선상에서 이해될 수 있음을 논할 것이다.

## 2. 새로운 철학적 전통의 기획

맹자 스스로 공자의 계승자라 자칭하고 있고, 많은 학자들은 공자를 유가 전통의 창시자, 맹자를 유가 전통의 방어자 또는 수호자로 이해하고 있다. Philip Ivanhoe에 따르면, "맹자의 책무는 [유가적] 도道(Way)를 회복하거나 성문화하는 것이 아니었다. 이러한 것들은 이미 공자에 의해 성취되었다.

맹자의 사명은 그 도를 보존하고 널리 알리는 것이었으며, 그 또한 새롭게 부상하는 도전자들로부터 그 도를 방어하는 것이었다."[3] 즉, 맹자 당시 득세하고 있던 양주楊朱와 묵자墨子의 가르침으로부터 공자孔子의 가르침을 지키는 것이었다고 한다. 이는 『맹자』의 「진심하盡心下」에 기록

3 Philip J. Ivanhoe, "Heaven as a source for Ethical Warrant in Early Confucianism," *Dao: A Journal of Comparative Philosophy*, vol.6. 3, 2007, 216쪽.

된 그의 도통道統 사상과[4] 「등문공하滕文公下」에 나타난 맹자의 시대상황 서술에 잘 드러나고 있다.[5]

하지만 맹자를 공자가 기초한 유가적 전통의 계승자 혹은 방어자로 이해하는 것은 맹자의 사상적 독창성을 희석시키는 측면이 있다. 맹자 역시 공자와 마찬가지로 요순堯舜시대나 주周나라 문왕文王, 주공 시대로 상징되는 과거의 이상 사회를 회복하려는 사명감을 지녔고, 이상사회 회복을 위한 윤리적 덕목으로 인仁, 의義, 예禮 등을 주장한 것은 여러 문헌에서 확인할 수 있다.

하지만 맹자의 이상사회 구현 방법론은 공자의 그것과 근본적 차이가 있음을 간과해서는 안 된다. 공자 스스로 천명했던 "[나는 과거 성인聖人의 가르침을] 전술할 뿐 창작하지 않았고, 과거의 것을 믿고 좋아할 뿐이다[述而不作, 信而好古]."라는 표현에서 유추할 수 있듯이, 공자에게 있어 덕치德治가 구현된 이상 사회를 향한 노력은, 공자 당시 고사 상태에 빠져 있던 옛 성현의 예법禮法 등 과거 문화 유산을 회생시키려는 과정으로 이해할 수 있다. 즉 공자는 주周 왕실의 권위 약화와 제후들 간의 패권경쟁으로 혼란한 시대의 처방으로, "과거의 조화로운 이상 사회"의 회복을 위해, 전통적 질서와 가르침의 회복을 주장하고 것이다.

공자의 이러한 과거 질서 회복 노력은, 각 개인이 지닌 내적 근원이

4 『孟子』「盡心下」: "由堯舜至於湯, 五百有餘歲, 若禹, 皐陶, 則見而知之. 若湯, 則聞而知之. 湯王, 五百有餘歲, 若伊尹, 萊朱則見而知之. 若文王, 則聞而知之. 由文王至於孔子, 五百有餘歲, 若太公望, 散宜生, 則見而知之. 若孔子, 則聞而知之. 由孔子而來至於今, 百有餘歲, 去聖人之世, 若此其未遠也; 近聖人之居, 若此其甚也, 然而無有乎爾, 則亦無有乎爾."

5 『孟子』「滕文公下」: "聖王不作, 諸侯放恣, 處士橫議, 楊朱墨翟之言, 盈天下, 天下之言, 不歸楊則歸墨. 楊氏爲我, 是無君也. 墨氏兼愛, 是無父也. 無父無君. 是禽獸也. …… 楊墨之道不息, 孔子之道不著, 是邪說誣民, 充塞仁義也."

아니라, 인간의 외적 권위와 가르침을 통한 교화에 호소하는 것으로 볼 수 있다. 즉 공자는 이상사회와 개인의 덕성 함양을 실현하기 위한 방편으로 "외부의 음성에 귀를 기울이라"고 외치고 있는 것이다.[6]

이에 반해, 맹자의 이상 사회 구현 방법은 공자의 주장과 많은 면에서 사뭇 대비된다. 조화로운 이상사회 회복을 위해, 외부가 아닌 "너의 내면의 음성에 귀를 기울이라"고 역설하고 있기 때문이다. 이러한 방법론적 방향 전환은 맹자 이전의 중국 전통에서 찾아볼 수 없었던 창의적 발상 전환이라고 할 수 있다. 즉 성선설性善說로 명명되는 맹자의 인성론은, 인간이 천부적으로 지닌 내적 품성과 가능성에 주목하고 이를 정형화시킨 중국 최초의 시도라 볼 수 있다.

공자는 인간의 본성 문제에 대해 거의 언급하고 있지 않지만, 논어에 수록된 그의 어록 등을 통해 그가 인간의 본성에 대해 다소 부정적인 인식을 지니고 있었음을 알 수 있다. 안회가 인仁에 대해 물었을 때, 그 인의 의미를 극기복례, 즉 "자신을 극복하고 예禮에 돌아가는 것"이라고 설명하고 있다. 주자가 이 구절의 기己를 "신지사욕身之私慾"(자신의 사욕)이라는 부정적 의미로 해석하고 있는 것에서도 알 수 있듯이, 맹자 이전의 중국 전통에서 일반적으로 개인의 품성은 억제되어야할 부정적인 것으로 이해되었다.[7]

맹자의 사단설四端說에 따르면, 인仁, 의義, 예禮, 지智 등 유가적 절대

---

6 荀子 또한 이상적 先王과 패락한 後王의 대비를 통해, 미화된 "역사적 사실"을, 자신의 주장에 권위를 부여하기 위한 주요 논거로 제시하고 있다. Antonio S. Cua에 따르면 순자는 1. 교수법적인(pedagogical), 2. 수사학적인(rhetorical), 3. 명시적인(elucidative), 그리고 4. 평가적인(evaluative) 측면에서 과거 역사에 호소했다고 한다. Antonio S. Cua, "Ethical Uses of the Past in Early Confucianism: The case of Xunzi," in T. C. Kline III and Philip J. Ivanhoe, ed., *Virtue, Nature, and Moral Agency in the Xunzi*, Indianapolis: Hackett, 2000, 39~68쪽.

7 『論語』「顏淵」.

선을 향한 도덕적 맹아, 즉 측은지심惻隱之心, 수오지심羞惡之心, 사양지심辭讓之心, 시비지심是非之心 등이 모든 인간의 내면에 생래적으로 갖추어져 있다. 사단설은 맹자가 인간 본성을 중국 전통 최초로 긍정적인 언어와 비교적 체계적인 틀로 엮어내고 있다는 그 이상의 중요한 의의가 있다.

사단설의 분석에서 주목되어야 할 부분은, 도덕 수양 방법상에 외부지향성이 아닌 내부지향성으로 방향전환을 모색했다는 것이다. 이는 중국 전통에서 코페르니쿠스의 지동설에 버금가는 사상적 방향전환으로 이해될 수 있는데,[8] 이후 송대宋代의 학자들이 정립한 신유학의 주요 관심 영역이 맹자의 사단설에 기초한 인간 본성에 대한 다각적 탐구이었음을 통해서도, 맹자의 내부 지향적 도덕 수양론이 얼마나 획기적인 사상적 지각변동을 이끌었는가를 엿볼 수 있다.[9]

또한 각 개인의 외적 무엇이 아닌, 내적 무엇에서 도덕적 완성의 길을 찾을 수 있다는 맹자의 사단설은, 또 다른 획기적 발상 전환을 내포하고 있다. 곧 선택된 특정 계층 사람들이 아니라, 모든 사람이 도덕적 완성에 이를 수 있다는, 그리고 그 방법이 아주 간단하다는 보편성과 용이성

---

8 철학계에서 "코페르티쿠스적 전환"이란 표현은 칸트가 『순수이성비판』에서 처음 사용하였다. 코페르니쿠스는 우주의 중심을 지구에서 태양으로 전환함으로써, 기존의 천동설에서 설명할 수 없었던 행성의 궤도를 그의 학설인 지동설에 근거하여 훨씬 용이하고 정확하게 설명할 수 있었음은 주지하는 바이다. 칸트는 천문학상의 코페르니쿠스적 방법론적 방향 전환을 인식론에 적용시켰다. 그는 인간의 인식은 외부세계의 정보를 수동적으로 받아들이는 과정을 통해 이루어진다는 종래의 견해에 반대하고, 인식은 외부세계에 대한 여과 없는 객관적 반영이 아니라, 인간의 주관적이고 선택적인 인식작용의 결과물이라는 것이다. 즉 칸트에 의하면 인식에 있어 결정적인 것은 객관적 외부세계가 아닌 주관적 인식능력인 것이다.

9 흔히 性理學이라 일컬어지는 송대의 신유학 분파의 주요 논변 주제는, 程頤가 처음 제기한 "성이 곧 리이다"[性卽理]라는 형이상학적 화두였다. 이후 朱熹에 의해 집대성된 성리학적 인성론은, 맹자의 성선설에 대한 형이상학적 재구성으로 이해해도 큰 무리는 없다고 여겨진다. 『河南程氏遺書』(i.e.,『二程集』), 北京: 中華書局, 1981.

을 담지하고 있는 것이다. 본격적 논의에 앞서 성선설의 내향성과 용이성에 대한 맹자의 대표적 언설을 살펴보자.

맹자께서 말씀하셨다. "만물이 모두 나에게 갖추어져 있으니, 스스로 돌이켜보아 성실하면 즐거움이 이보다 더 클 수 없고, 서恕를 힘써서 행하면 인仁을 구함이 이보다 가까울 수 없다."[10]

"만물이 모두 나에게 갖추어져 있다"는 언변은, 하늘[天]로부터 품수받은 내면적 도덕성이 각 개인의 심령 안에 완비되어 있다는 내부지향성을 밝히고 있는데, 맹자는 한발 더 나아가 이러한 내적 완비성이 특정 계층이나 그룹에 한정된 것이 아니라 인간 누구나에게 갖추어져 있다는, 보편성을 주장하고 있다. 도덕 완성의 보편 가능성에 대한 그의 명료한 입장은, "사람들이 다 요나 순 임금처럼 될 수 있는가[人皆可以爲堯舜]"라는 조교曹交의 질문에 대한 긍정적 응답에 명확히 드러나 있다.[11]

## 3. 맹자의 철학적 기획: 성선설

위에서 살펴보듯, 맹자의 성선설은 내향성과 보편성을 담지하고 있다고 볼 수 있는데, 맹자의 성선설이 객관적 서술이 아닌, 의도적 기획 측면이 강하다는 것을 간과해서는 안 된다. 과연 맹자가 인간 본성의 선함에 대한 전적인 확신을 지니고 사단四端을 주장했을까? 우리는 여기서

---

10 『孟子』「盡心上」: "萬物皆備於我矣. 反身而誠, 樂莫大焉. 强恕而行, 求仁莫近焉."
11 『孟子』「告子下」.

인간의 본성에 대한 판단이 사실판단이 아니라 가치 판단의 범주에 속한다는 것에 주목할 필요가 있다.

즉 인간 본성이나 언행의 선악 판단은, 도덕적 판단에 속하는 것으로, 도덕 판단은 주관의 개입이 불가피한 가치판단의 범주에 속한다. 인간의 본성에 대한 판단은, 기록에 의한 사실관계 확인이나 물리현상처럼 가설 검증이 가능한 객관적 사실과 구별되는 것으로, 관찰자의 주관이 판단의 주된 변수인 것이다.

조지무어G. E. Moore는 도덕적 선과 악을 자연적이고 내재적인 속성으로 이해하는 것을 자연주의적 오류(naturalistic fallacy)로 규정했다. 즉 도덕적으로 '옳다', '그르다', '선하다', '악하다'는 판단을 '유쾌하다', '진보했다' 등의 자연주의적 표현으로 이해하는 것은, 당위를 존재로 이해하는 것과 같은 오류라고 논증하고 있다. 이는 비형식 논리의 오류인 자연에의 호소(appeal to nature)의 한 예에 속하는 것으로 이해되고 있다.[12]

가설과 검증을 통해 객관적 사실 판단과 상이한 가치 판단 범주에 속하는 도덕 판단의 성격에 비추어 보더라도, 성선설로 대변되는 맹자의 인성론은 주관적이고 의도적인 기획물임을 인지할 필요가 있다. 즉 인간의 본성이 선하다는 주장은 객관적 사실 판단이라기보다는, 인간의 본성이 선하다는 주관적 판단에, 본성이라는 내재적 개념, 즉 '자연적'이라는 권위를 부여하고 있는 것으로 이해할 수 있다.

"영원불변의 원칙"으로 흔히 받아들여지는 '자연적'이라는 권위 앞에, 본성에 대한 가치판단은 당위가 아닌 사실로 '논증'되고 있는 것이다. 물

---

12 Moore의 자연주의에 기초한 윤리판단을 비판은 1903년 출간되어 다양한 언어로 번역된 그의 저서 『윤리 법칙』(*Principia Ethica*)을 참조하기 바란다. 참고로 대중적 판본으로 *G. E. Moore, Principia Ethica*, edited and introduced by Thomas Baldwin, Cambridge, Cambridge University Press, 1993.

론 맹자는 자신의 인간 본성에 대한 통찰이 오랜 경험과 관찰을 통한 결과물임을 주장하고 있다. 하지만 자연현상이든 사회현상이든 관찰자의 해석은 상당히 선택적이고 자의적일 수밖에 없음은 주지하는 바이다.[13] 다시 말해, 성선설에 기초한 맹자의 인성론은 상당 부분 맹자 자신의 주관적 요소가 개입될 수밖에 없는 본질적 한계를 지니고 있다.[14]

그렇다면 맹자는 왜 당시의 일반적 견해와 상식에 반하는 성선性善을 주장했을까? 공자를 가장 가까이에서 함께했던 제자 중의 하나인 자공子貢에 따르면 인성론은 공자의 관심사는 아니었고,[15] 인성에 대한 언급들도 "인간 본성은 서로 비슷하지만, 습성은 서로 다르다[性相近也, 習相遠也]"라는 관찰자 시점에서의 간단한 언급만 하고 있을 뿐, 인성에 대한 가치 판단적 언급은 전하는 문헌에서 찾아보기 힘들다.[16]

이와는 대조적으로 『맹자』의 기록들은, 맹자를 비롯해 당시 여러 사상가들 사이에 인성에 대한 심도 있은 논변이 진행되었음을 명시해주고 있다. 『맹자』의 「고자상」에서 당시 인성론 논의의 큰 줄기를 다음 네 가지 범주로 정리하고 있다. 첫째, 고자의 주장으로 "인성 자체는 선하지도 않고, 선하지 않는 것도 아니다[性無善無不善也]."라는 주장으로 인성 자

---

13 토마스 쿤의 『과학혁명의 패러다임』.

14 동서양의 역사를 통해 '자연'이라는 용어가, 특정 개인과 단체들에 의해 "자연스럽지 않게" 활용되어왔음을 알 수 있다. '자연법(natural law)'이라는 술어가 암시하듯, '자연'이 내포하는 "거역할 수 없는 영원불변의 원칙"이라는 권위는, 특정 이념과 주장을 논변하는 주체들에 의해 끊임없이 재해석되어왔다. 즉, '자연'이라는 표현은 그 실제적 내용 보다는, 권위를 부여하기 위한 수사적 기능에 그 일차적 의미가 있다고 볼 수 있다. 서구 전통에서 자연(nature)이라는 개념이 어떻게 다양하게 정의되었으며, 그 수사학적 기능이 무엇이었는지에 대한 자세한 예증과 논증은, 생태역사학자 Donald Worster의 *Nature's Economy: A History of Ecological Ideas*와 Wayne Proudfoot의 *Religious Experience*를 참조하기 바란다.

15 『論語』「公冶長」: "夫子之文章, 可得而聞也. 夫子之言性與天道, 不可得而聞也."

16 『論語』「陽貨」: "性相近也, 習相遠也."

체의 가치 중립성에 방점을 두고, 인성에 대한 가치 판단 자체를 무의미하다고 보는 관점이다.

둘째, “인성은 선하게 되기도 하고 선하지 않게 되기도 한다[性可以爲善, 可以爲不善].”라는 선천적 인성에 대한 판단보다 후천적 변화가능성 강조하는 논법이다. 셋째, “타고난 인성이 선한 사람도 있고 본성이 선하지 않은 사람도 있다[有性善, 有性不善]”는 이원론적 주장이다. 넷째는 맹자 자신이 주장하는 것으로 인간의 본성 자체는 선한 씨앗을 지니고 있다는 관점이다.[17]

위의 인간 본성에 대한 각각의 주장들이 각기 나름의 내적 근거와 개연성에 정초하고 있고, 모두 나름의 설득력과 내적 논리를 지니고 있음을 알 수 있다. 특히, 고자의 “인성 자체는 선하지도 않고, 선하지 않는 것도 아니다[性無善無不善也].”라는 주장은 맹자의 성선性善 논리와 논쟁 형식으로 비교적 자세하게 소개되고 있는데, 이 둘 모두 물의 비유를 통해 자신들의 인성론을 뒷받침하고 있는 점이 흥미롭다. 고자와 맹자의 물에 대한 비유를 살펴보자.

> 고자가 말하였다. “성性은 여울물과 같다. 그리하여 이것을 동쪽[東方]으로 터놓으면 동쪽으로 흐르고, 서쪽[西方]으로 터놓으면 서쪽으로 흐르니, 인성人性이 선善과 불선不善에 구분이 없음은 마치 물이 동東·서西에 분별이 없는 것과 같다.”[18]

---

17 『孟子』「告子上」: “公都子曰, 告子曰, ‘性無善無不善也.’ 或曰, ‘性可以爲善, 可以爲不善. 是故文武興, 則民好善. 幽厲興, 則民好暴.’ 或曰, ‘有性善, 有性不善. 是故以堯爲君而有象, 以瞽瞍爲父而有舜. 以紂爲兄之子且以爲君, 而有微子啓, 王子比干.’ 今曰‘性善’, 然則彼皆非與?”

18 『孟子』「告子上」: “告子曰, 性猶湍水也, 決諸東方則東流, 決諸西方則西流. 人性之無分於善不善也, 猶水之無分於東西也.”

맹자께서 말하였다. "물은 진실로 동 · 서에 분별이 없거니와, 상上 · 하下에 도 분별이 없단 말인가. 인성人性의 선善함은 물이 아래로 내려가는 것과 같으니, 사람은 불선不善한 사람이 없으며, 물은 아래로 내려가지 않는 것이 없다."[19]

위의 인용들은, 동일물에 대한 관찰과 분석도, 어떤 관점에서 분석하느냐에 따라, 그 이해가 판이할 수 있음을 예증하고 있다. 즉 물이라는 동일물의 다양한 속성들을 어떤 의도에서 취사선택하느냐에 따라, 물의 본성은 다양하게 이해되고 있는 것이다.

위의 예문들은 인간의 본성에 대한 이해 또한 위에서 보듯 관찰자의 주관적 판단이 주요 변수라는 윤리적 가치판단의 본질을 잘 드러내고 있다. 즉, 관점의 차이는 곧 관찰자의 의도적 취사선택의 차이로 이해될 수 있으며, 취사선택의 차이는 곧 가치 판단의 차이로 귀결되고 있다.

맹자의  인간 본성에 대한 가치 선택은 순자와의 방법론과의 비교에서도 그 의도성을 엿볼 수 있다. 맹자도 순자와 마찬가지로 모든 사람이 동일한 본성을 지니고 태어난다는 입장이다. 즉 성인이든 일반인이든 모든 사람의 도덕적 출발선은 크게 다르지 않다는 것인데, 순자가 소위 오랑캐라 일컬어지던 부류의 사람들에게까지 도덕적 유사성을 확대 적용한 것은, 인간 세계를 보다 보편적이고 합리적인 법칙에 따라 재구성하려는 그의 사상적 기획으로 이해할 수 있다.[20]

---

19 『孟子』「告子上」: "水信無分於東西. 無分於上下乎? 人性之善也, 猶水之就下也. 人無有不善, 水無有不下."

20 즉 초자연적 세계와 인간 세계를 구분하려는 순자의 합리성 추구는, "明于天人之分"이란 표현에 잘 드러나 있다.

맹자: 사람들은 모두 요堯나 순舜처럼 될 수 있다.

순자: 간干, 월越, 이夷, 맥貉 지방의 아이들 모두 태어날 때는 모두 똑같은 소리를 낸다. 하지만 자라면서 풍속이 달라지는데, 이는 각자의 배움에 의한 것이다.[21]

맹자는 도덕적 인격 완성의 가능성이 각 개인의 품성에 내재되어 있다는 내재론자(literrnalist)이지만 순자는 도덕적 인격 완성을 위해서는 외적인 도덕성 이식이 필요하다는 입장를 취하는 외재론자(externalist)라고 분류할 수 있을 것이다.

순자는 인간 본유의 이기적 본성의 질적 전환을 위해서는 외적인 수혈이 필요하다는 주장인데, 이 수혈의 주요 내용으로 선왕들이 확립한 예법禮法이라는 것은 공자의 주장과 일면 상응하는 부분이다. 하지만 순자의 인성론은 치명적 논리적 오류를 지니고 있는데, 이를 정리하면 다음과 같다.

1) 성인과 일반인은 모두 동일한 품성을 갖고 태어났다.[22]

2) 모든 인간의 본성은 이기적이고 자기중심적이다.[23]

3) 인간의 악한 본성은, 스스로 선하게 거듭날 수 없으므로, 외적인 자극, 즉 성인의 가르침이 필요하다.[24]

---

21 『荀子』「勸學」: "干, 越, 夷, 貉之子, 生而同聲, 長而異俗, 敎使之然也."

22 『荀子』「性惡」: "凡人之性者, 堯,舜之與桀, 跖, 其性一也. 君子之與小人, 其性一也."

23 『荀子』「性惡」: "人之性惡, 其善者僞也. 今人之性, 生而有好利焉, 順是, 故爭奪生而辭讓亡焉; 生而有疾惡焉, 順是, 故殘賊生而忠信亡焉."

24 『荀子』「修身」: "禮者, 所以正身也, 師者, 所以正禮也. 無禮何以正身? 無師吾安知禮之爲

다시 말해 모든 인간은 이기적 본성을 타고 나는데, 스스로 선하게 교화될 수 없고, 본성의 질적 전환을 이루기 위해서는 외부의 교정자, 즉 성인의 가르침이 필수적이라는 것이다. 그렇다면 일반인과 동일한 본성을 지니고 태어난 성인은 어떻게 본성의 질적 전환을 이룰 수 있었는가라는 의문이 남는다. 이 의문에 대해 순자는 대답할 수 없는 논리적 모순을 내포하고 있다.[25]

순자의 성악설이 지닌 이러한 내적 모순을, 맹자의 성선설은 자연스럽게 피해갈 수 있다. 즉 맹자나 순자가 도덕적 인간상 실현이라는 궁극적 지향점은 공유하고 있지만, 맹자의 성선설은 순자의 성악설이 요구하는 본성의 질적 변화를 요구하지 않기 때문이다. 여기서 잠시 맹자와 순자의 도덕 수양론의 차이점을 살펴보기로 하자.

필립 아이반호Philip Ivanhoe는 중국의 전통 사상에서 주장하는 인간의 본성과 도덕수양의 관계를 다음의 세 가지 모식으로 분류하고 있다. 1) 개발 모식(Development Model), 2) 변형 모식(Reformation Model), 그리고 3) 발견 모식(Discovery Model)이다.

개발 모식은, 인간이 지닌 내적 가능성을 꾸준한 학습과 수련을 통해 개발해 나가는 도덕 수양론을 그 내용으로 하고 있는데, 맹자의 성선설이 이에 해당한다. 변형 모식은 순자의 성악설이 그 대표적인 것으로, 도덕 수양은 인간 본래의 악한 품성을 바꾸기 위한 수련이라는 것이다.

마지막으로 발견 모식은 불교적 인격 수행론과 이에 영향을 받아 정

---

是也? …… 故非禮, 是無法也. 非師, 是無師也. 不是師法, 而好自用, 譬之是猶以盲辨色, 以聾辨聲也, 舍亂妄無爲也. 故學也者, 禮法也."

25 순자가 지닌 이러한 내부적 모순에 대한 자세한 논변은 다음의 글에 자세하게 정리되어 있다. Edward Slingerland, "Straightening the Warped Wood: Wu-wei in the Xunzi" in *Effortless Action*, New York: Oxford University Press, 2003, 217~264쪽.

립된 주자학적 도덕 수양론을 지칭하는 것이다. 즉, 도덕 수양의 목적은 후천적인 성장과정과 주위 환경에 의해 가리어진 생래적 도덕적 완결성을 회복하기 위한 것이 된다.[26]

위의 개발 모식과 발견 모식의 비교에서, 맹자의 성선설이 지닌 논리적 탁월성과, 이에 드러난 도덕 수양의 보편성과 개방성을 엿볼 수 있다. 즉 개발 모식은 변형 모식이 내포하고 있는 제3자 개입과 절차상의 번잡함에서 자유로울 수 있는, 대중성을 담지하고 있다. 위의 발견 모식과 변형 모식의 고찰에서, 왜 맹자가 성선설을 주장했는가를 유추해 볼 수 있겠다. 즉, 성선설은 인간의 본성을 부정적인 것으로 상정되었을 경우 수반되는 도덕적 완성에 이르는 높은 장벽들을 피해갈 수 있다.

인간의 언행에 대한 도덕적 판단은 가치 판단의 범주에 속하는 것으로, 인성에 대한 판단은 기본적으로 관찰자의 주관적 선택의 문제라는 것을 다시 상기해 볼 필요가 있다. 사실 판단이 아닌 가치 판단의 문제인 인성의 문제에서, 맹자는 성선을 선택했을 경우의 논리적 편의성을 간파했다고 이해할 수 있는 것이다. 다시 말해 맹자는 인성에 대한 여타 도덕적 수양론이 지니는 복잡한 절차와 논리적 한계 등을, 누구나 쉽게 이해할 수 있는 모식으로 성선설을 주장했다고 추측할 수 있다.

## 4. 천작天爵 개념의 지향점

또한 맹자의 성선설은 보편성 즉 대중성을 띠고 있음을 주지할 필요가 있다. 사단四端의 인간 보편성에 대한 언급을 살펴보자.

---

26 Philip Ivanhoe, *Confucian Moral Self-Cultivation*, 2nd ed., Indianapolis: Hackett, 2000.

사람이 이 사단을 내재하고 있음은 몸에 사체四體가 붙어 있음과 같으니, 이 사단을 지니고 있으면서도 스스로 이를 행할 수 없다고 말하는 자는 자신을 해치는 자요, 자기 군주가 이를 행할 수 없다고 말하는 자는 군주를 해치는 자이다.[27]

즉 맹자는 도덕적 맹아인 사단을, 모든 사람이 지닌 사지四肢에 비유하여, 사단이 모든 사람이 담지하고 있는 인류 보편적인 것으로, 흔히 이해하듯 특정 부류의 사람들의 전유물이 아니라는 것을 거듭 강조하고 있다. 사단을 사지에 비유한 것은, 정상적인 사람이라면 누구나 손발을 지니고 태어나듯이, 일반인이라면 누구나 좋은 품성을 지니고 태어난다는 것으로, 사단 담지자들의 일반성을 강조하기 위한 장치로 해석될 수 있다. 아울러, "성인과 나는 동일 부류[聖人與我同類者]"라는 사고를 인류 보편으로 확대하는 기획 또한 맹자에서 찾아볼 수 있다.[28]

아울러『맹자』「고자상」에 언급되는 '천작' 개념은 맹자 선성설이 지향하는 도덕적 보편가능성을 대변하는 개념으로 여겨진다.

맹자께서 이르길, 천작이 있으며 인작이 있으니, 인의충신을 행하고 선을 즐겨 게을리하지 않음 등은 천작이요, 공경과 대부 등은 인작이다.[29]

천작은 내재적이고 선천적이며 불변하는 도덕적 지향성으로 이해될

27 『孟子』「公孫丑上」: "人之有是四端也, 猶其有四體也. 有是四端而自謂不能者, 自賊者也. 謂其君不能者, 賊其君者也."

28 『孟子』「告子上」.

29 『孟子』「告子上」: "孟子曰, 有天爵者, 有人爵者. 仁義忠信, 樂善不倦, 此天爵也. 公卿大夫, 此人爵也."

수 있고, 인작은 외재적이고 후천적이고 가변적인 사회제도 및 규범으로 이해될 수 있을 것 같다. 즉 절대적 존재로 이해되는 하늘이 부여한 작위, 즉 천작은 인간 내면의 도덕성을 이르는 것으로, 인간이라면 누구나 이를 수 있는 보편적 지위인 것이다. 반면에 인간에 의해 부연된 작위, 즉 인작은 일시적 사회제도적 지위로서 그 가치가 천작에 비할 바가 아니라는 것이 천명되고 있다.

맹자의 성선설은 도덕 행위의 주체를 인류보편으로 확대했듯이, 맹자가 성선설이나 천작 개념을 통해 주장하고 싶은 궁극적 지향점은, 각 개인의 도덕적 관심과 행위 대상의 인류보편으로의 확대로 이해할 수 있을 것이다. 즉 성선설은 인성론적인 측면과 더불어 실천론의 측면에서의 대상 확대라는 맹자의 기획이 담겨 있다고 볼 수 있다. 성선의 담지자가 인류 보편이듯이, 도덕적 행위의 대상 또한 인류 보편이어야 한다는 그의 사상적 기획이 성선설에 깃들어 있는 것이다.

삼강오륜으로 대표되는 유가적 인간관계는 '차별적', 혹은 '차등적'이라는 수식언으로 설명되곤 한다.[30] 즉 친소 관계에 의한 차별적 대우를 유가적 인간 관계의 궁극적 지향점으로 이해하는 경우가 일반적이다. 하지만 맹자의 다음 구절을 통해 이러한 차별적, 차등적 인간관계는 방법론상의 문제이니, 그 궁극적 지향점은 아니라는 것을 엿볼 수 있다.

> 나의 집안 웃어른을 공대하고, 이를 타인의 웃어른에까지 적용한다. …… 이렇듯 자신의 애정 대상을 확대해 간다면, 세상의 모든 사람들에게까지 능히 보호할 수 있는 것이다. 확대하지 않는다면 나 자신의 처자식도 능히 보호할

---

30 Van Norden은 이러한 차등적 대우를 'graded love'로 표현하고 있다. Bryan van Norden, Pages from "Kongzi and Ruism," in *Virtue Ethics and Consequentialism in Early Chinese Philosophy*, New York: Cambridge University Press, 2007, 99~126쪽.

수 없다.[31]

맹자의 성선설을 이해하기 위해서는 '추推' 즉 '확대해간다'는 표현에 주목할 필요가 있다. 비록 유가적 가르침이 주변의 가까운 대상에 더 주목할 것을 강조하는 부분이 있지만, 이를 궁극적 가르침으로 이해하는 것은, 그 핵심을 빗겨간 이해로 볼 수 있다.

『대학』의 수신修身, 제가齊家, 치국治國, 평천하平天下의 단계적 수양론에서도 명증하고 있듯이, 유가적 수양론은 관심영역에 대한 끊임없는 외연 확대를 요구하고 있는 것이다. 즉, 맹자의 성선설의 의미를 단순히 인성론적인 측면이 아니라, 실천론, 더 나아가 인식론, 형이상학적 측면에까지 확대 응용하는 사상적 기획이 성선설에 배어있음을 유추할 수 있다.

맹자의 성선설은 끊임없는 외연 확대는, 소통과 관심 대상의 무한대 확장으로 이해하는 현대적 해석도 가능할 것이다. 이는 Roderick Nash가 그의 저서 The Rights of Nature에서 명시하고 있는 "The Evolution of Ethics," 즉 "윤리의 진화"와 같은 맥락에서 이해될 수 있는 측면이 있다. Nash에 따르면 인류는 초기 윤리적 개념 부재의 시대로부터, 생명체를 넘어서 무생물에 이르기까지 관심과 보살핌의 영역을 확장해 왔다.

인류 역사는 "자신(self) → 가족(family) → 부족(tribe) → 지역(region) → 국가(nation) → 인종(race) → 인류(humans) → 동물(animals) → 식물(plants) → 생명체(life) → 암석(rocks) → 생태계(ecosystems) → 지구(planet) → 우주

31 『孟子』「梁惠王上」: 老吾老, 以及人之老. 幼吾幼, 以及人之幼. …… 故推恩足以保四海, 不推恩無以保妻子. '四海'는 당시 중국의 세계관을 반영하는 표현으로, 바다로 둘러 쌓여있는 모든 공간, 즉 인류 보편을 뜻하는 의미로 사용되는 용어이다.

(universe)"의 관심 영역 확장의 역사로 이해할 수 있다는 주장이다.[32]

Nash의 도식을, 유가에서 얘기하는 수신, 제가, 치국, 평천하의 도식과 비슷한 맥락에서 이해하는 것도 논리적 무리수는 아닌 것 같다. 즉 맹자의 성선설 또한 끊임없는 관심 영역의 확대로 이해할 수 있는데, 이는 맹자가 당시 많은 사람들이 지니고 있던 가족 공동체(혹은 마을 공동체, 부족 공동체)라는 의식 구조를, 인류 공동체라는 의식 구조로 확대, 전환할 것을 요구하고 있다고 이해할 수 있다.

## 5. 나오는 말

인간의 본성에 대한 선악의 판단은 그 기준과 관점에 따라 가변적이기에, 맹자의 성선설의 진리값은 이 글의 관심사가 아니다. 이 글이 주목하고 싶은 것은 가치판단의 영역인 인간 본성 문제에 대해 맹자는 왜 긍정적 답안에 천착하였는가에 있다.

맹자의 성선설은 하나의 철학적 기획성과 그 지향성에 대한 깊은 통찰이 필요하다고 여겨진다. 인간의 본성이라는 것은 현대과학으로서 답할 수 없는 가치 판단의 문제이기에, 인간 본성에 대한 맹자의 언명 또한 사실에 대한 관찰이라기보다는, 맹자의 의도적 기획으로 이해하는 것에 큰 무리는 없다고 여겨진다.

아울러 인간 본성에 대한 맹자의 긍정적 접근은, 그 사실 여부를 떠나 현대를 사는 우리에게도 시사하는 바가 크다고 여겨진다. 즉, 현대 긍정

---

32 Roderick Nash, *The Rights of Nature: A History of Environmental Ethics*, Madison, WI: University of Wisconsin Press, 1989, 5쪽.

심리학(positive psychology)에서 주창하고 예증하듯이, 긍정적 자기암시는 바람직한 자아실현과 공동체 형성에 분명 일조하는 측면이 있기 때문이다.

『맹자孟子』에서 언급되는 '천작天爵'은 현대 사회가 지향하는 보편성의 무한 확장을 담지할 수 있는 개념으로 이해된다. 과거 유학은 '인작人爵', 즉 상하 위계질서를 강조하는 도덕 철학으로 이해되었던 측면이 있다.

하지만 여러 유가 경전을 통해 유학의 궁극적 지향점은 '천작', 즉 인간본성의 긍정적 측면을 강조하는 "인의충신仁義忠信, 낙선불권樂善不倦"에 있음을 알 수 있다. 즉 '천작'이라는 개념은 유학이 지닌 인간 내면과 시대적 요구에 대한 열린 자세를 잘 대변하고 있다고 여겨진다.

맹자는 성선설을 통해 우리에게 소통의 현상 분석을 넘어선 더 근본적인 질문을 던지고, 소통을 통한 관심과 애정의 인류보편으로의 확대라는 대답을 제시하고 있음을 주목해야 한다. 시대와의 불화, 사회와의 불협화음 없이, 시대를 변화시킬 수 있는 능력과 지혜를 맹자의 성선설은 요구하고 있는 것이다.

맹자의 성선설은 우리가 철학을 왜 그리고 어떻게 해야 하는가에 대한 기본적 질문과 함께 나름의 답변을 제시하고 있다. 가시적 현상과 당면한 삶의 변수들의 틀에서 벗어나, 인류 보편이 인간다운 삶을 영위할 수 있는 보편적 사상적 시스템 구축을 철학적 주요 과제로 제시하고 있는 것이다.

이런 측면에서 현대의 여러 과학 통신 기술이 인류 보편적 소통을 위한 기술적 시스템을 구축하고 있다면, 맹자에 의한 성선설은 인류 보편적 소통을 위한 내적 시스템의 구축을 위한 혁신적 기획으로 이해할 수 있겠다.

맹자의 인간 내면에 대한 긍정적 접근과 기획적 사고는, 현대사회의 여러 당면 과제들에 대해 우리가 어떻게 접근하고 해결해나가야 하는지 나름의 가르침이 될 수 있다고 여겨진다.

# 유학儒學과 경經의 역사

정병섭(성균관대학교 초빙교수)

## 1. 서론

경經(도道) 및 예藝(문文)의 관계에 있어서, 경을 왜 근원적이고 가치가 있는 것으로 인식하느냐라는 질문에 답하기 위해서는 우선적으로 유학儒學과 경의 역사를 살펴보아야 한다. 유학 내에서의 경의 의미 변화와 위상의 정립 과정을 살펴보면, 유학에서 어느 시기부터 경을 최고의 가치이자 판단의 절대적 기준으로 삼아왔는지를 가늠할 수 있기 때문이다.

일반적으로 유학에서 경의 의미를 대표하는 말로는 『문심조룡文心雕龍』의 성학현전聖經賢傳이라는 것이 있다. 이것은 성인聖人이 경을 짓고 현인賢人이 전傳을 지었다는 뜻이다. 즉 경은 성인의 것이고, 전은 현인의 것이라는 의미이다. 『박물지博物志』에서는 두 관계에 대해 경은 성인이 새로이 지은 것이고, 전은 현인이 성인이 남긴 것을 조술한 것이라

규정한다.[1]

조술의 의미와 범위를 어디까지 규정하느냐라는 별도의 문제가 있지만, 이러한 두 기록에 공통적으로 나타난 의식은 경은 성인이 지었다는 것이다. 따라서 유학에서의 경은 표면적으로 성인이 남긴 서적을 일컫는다. 성인에 대해 주공周公으로 인식하느냐 공자孔子로 인식하느냐에 따른 고문학古文學과 금문학今文學의 차이가 있었지만, 존숭尊崇의 대상이 된다는 점에서는 동일하다.

또 성인이 남긴 서적에는 그 사상이 담겨 있다고 여겼고, 이것을 도道나 인仁 등의 이름으로 명명하였다. 따라서 유학에서의 경은 내용적으로 성인의 도를 담지하고 있는 서적이 된다.

유학에서 최고의 경지로 제시하는 것은 성인이다. 성인이 되기 위해서는 전대前代 성인이 설파한 도를 수양해야만 한다. 따라서 성인이 남긴 서적인 경, 그리고 성인의 도를 담지한 경은 유학에서 존숭의 대상이 될 수밖에 없었다.

또 성인이 말한 도를 절대불변의 법칙으로 인식하였기 때문에, 경은 모든 판단의 절대적 기준으로 작용하게 되었다. 이것은 현재까지도 통용되는 경에 대한 인식과 위상이다.

그러나 현재 경으로 분류되는 서적들이 처음부터 이러한 인식과 위상을 점하고 있었던 것은 아니다. 경이라는 말 자체도 공자 이후 후대에 성립된 개념이며, 그 대상 문헌에 있어서도 시대에 따라 변화를 겪게 된다. 이것은 경학사經學史에서 장구한 시대를 거쳐 논의되어 왔던 주제인데, 본 발표에서는 경이라는 개념이 성립된 시기와 그 대상 문헌들이 처음 확정되었던 시기를 분석하여, 지금 일반적으로 사용되고 있는 경의

---

1 『博物志』: "聖人制作曰經, 賢者著述曰傳."

의미와 다른 초기 경의 의미와 그 대상 문헌들이 무엇이었는지를 분석하고자 한다. 이것은 경을 절대불변의 진리로 인식했던 후대의 관념과는 다른 것으로, 유학 내에서의 경에 대한 초기 관념에 해당한다.

## 2. 경經의 확립

경經으로 분류되는 문헌들은 시대에 따라 그 수가 달라졌다. 따라서 경의 수에 따라 시대적으로 오경五經·육경六經·칠경七經·구경九經·십이경十二經·십삼경十三經 등의 용어가 사용되어 왔다.

경학사에서는 일반적으로 전국시대까지는 『시詩』『서書』『예禮』『악樂』『역易』『춘추春秋』가 유가의 문헌으로 분류되어 육경이 확립되었고, 전한前漢 때에는 『악』이 산일散逸되었기 때문에, 『시』『서』『예』『역』『춘추』의 오경 체제가 확립되었다는 것이 통설이다.

그리고 이후 『효경』과 『논어』가 더해져서 '칠경'이 유학의 경으로 분류되었고, 당대唐代에 이르러서는 『역』『시』『서』『의례儀禮』『주례周禮』『예기』『춘추좌씨전春秋左氏傳』『춘추공양전春秋公羊傳』『춘추곡량전春秋穀梁傳』을 구경으로 확정하였으며, 이 구경을 통해 관리를 등용하게 되었다.

또 당唐 문종文宗 태화太和 연간에는 『역』『서』, 『시』『주례』『의례』『예기』『춘추좌씨전』『춘추공양전』『춘추곡량전』『논어』『효경』『이아爾雅』를 돌에 새겨 십삼경의 체제를 만들었고, 주자가 『맹자孟子』를 높인 이후 십이경에 『맹자』가 더해져 십삼경 체제가 확립되어 지금까지 이어져 오고 있다.

그러나 이러한 문헌들이 처음부터 경으로 분류되었던 것은 아니다.

또한 십삼경 중 『효경』을 제외하면 각 문헌들에 경자를 붙여서 『시경』 『서경』 『역경』 등으로 부른 것은 후대의 일이다. 즉 이 문헌들은 『시』 『서』 『역』 등으로 지칭되었다가 이후 경이 책을 의미하는 용어로 사용되기 시작한 이후에 붙여진 것이다.

『논어』와 『맹자』에도 경자가 경전經典을 지칭하는 용어로 사용된 용례는 나타나지 않는다. 『논어』에는 공자와 자공子貢 사이에서 관중管仲에 대한 문답이 이루어질 때 공자가 경자를 사용하는데 이때의 경은 경전과는 전혀 상관없는 목매어 죽는다는 의미이다.[2]

『맹자』에도 경자가 몇 차례 나타나지만, 경전을 지칭하는 용어로 사용되지 않았다. 「양혜왕상梁惠王上」에서 맹자가 양혜왕梁惠王을 보고 시를 읊는 가운데 시 속에 경자가 몇 번 나오기는 하지만 경영經營하다, 헤아린다는 의미로 사용된다.[3] 「등문공상滕文公上」에도 등문공滕文公의 질문에 대한 대답 속에 경자가 몇 차례 나오는데 이때의 경은 경계라는 의미이고,[4] 「진심하盡心下」에서 맹자가 성性을 이야기할 때 경자가 나오지만 이때의 경은 실행한다는 의미일 뿐이다.[5] 그리고 공자와 맹자가 『시』 『서』를 인용할 때에도 『시경』 『서경』과 같이 경을 붙여서 부르지 않았다.

경이 책을 지칭하는 용어로 사용된 것은 공자와 맹자 이후의 일이다. '경' 자가 책을 지칭하는 용어로 사용된 것에 대해서 다양한 학설이 있

2 『論語』 「憲問」: "管仲非仁者與? 桓公殺公子糾, 不能死, 又相之. 子曰, 管仲相桓公, 霸諸侯, 一匡天下, 民到于今受其賜. 微管仲, 吾其被髮左衽矣. 豈若匹夫匹婦之爲諒也, 自經於溝瀆而莫之知也?"

3 『孟子』 「梁惠王上」: "詩云, 經始靈臺, 經之營之, 庶民攻之, 不日成之. 經始勿亟, 庶民子來."

4 『孟子』 「滕文公上」: "夫仁政, 必自經界始, 經界不正, 井地不均, 穀祿不平, 是故, 暴君汚吏, 必慢其經界, 經界旣正, 分田制祿, 可坐而定也."

5 『孟子』 「盡心下」: "堯舜, 性者也, 湯武, 反之也. 動容周旋中禮者, 盛德之至也. 哭死而哀, 非爲生者也. 經德不回, 非以干祿也. 言語必信, 非以正行也. 君子行法, 以俟命而已矣."

다. 전통적인 학설로는 경자가 관서官書를 지칭하는 용어였다는 주장이 있다. 즉 경은 관서를 말하는데 고대古代 중국에서는 학문이 국가 기관에서만 이루어졌고 사관史官들이 이것을 담당했기 때문에, 『시』『서』『역』『악』『춘추』 등을 경으로 불렀다는 학설이다.

또 다른 전통적 학설로는 앞서 살펴본 것처럼 경을 성인聖人이 지은 것으로 규정하고, 성인의 도道는 만세불변萬世不變의 상도常道이기 때문에 경으로 부른다는 학설이 있다. 첫 번째 학설은 한대 고문경학자古文經學者들의 주장으로, 경을 주공이 제정한 옛 전적으로 보는 것이다. 공자는 다만 술이부작述而不作[6]을 했던 학자로 육경六經에 대해서는 단지 술述, 즉 정리만 했을 뿐이라고 설명한다. 따라서 경을 관서라고 본 것이다.

두 번째 학설은 금문경학자今文經學者들의 주장이다. 공자가 육경을 지어서 만세萬世에 교화敎化로 베풀었고, 그렇기 때문에 경을 불변不變하는 상도라고 생각했다.[7] 이러한 한대 금고문학파今古文學派의 주장은 전통적으로 경의 의미를 풀이하는 기준이 되어왔다.

이러한 전통적 경의 의미 풀이는 후대에도 유지되어, 피석서皮錫瑞는 『경학역사經學歷史』에서 "육경을 산정刪定할 때, 그 도는 항상 행할 수 있는 것이기 때문에 경이라고 이름 붙였을 것이다."[8]라고 했다. 또 공광삼孔廣森은 "육경의 대의大義가 마치 해가 하늘을 가로질러 가는 것과 같기에 경이라고 한다"[9]라고 했다.

---

6 『論語』「述而」: "述而不作, 信而好古, 竊比於我老彭."

7 蔣伯潛 · 蔣祖怡, 『經與經學』, 上海: 上海書店出版社, 초판 1997, 12쪽 참고.

8 何耿鏞, 장영백 외 역, 『經學概說』, 서울: 청아출판사, 초판 1992(개정판 1999), 17~18쪽 재인용.

9 何耿鏞, 장영백 외 역, 『經學概說』, 서울: 청아출판사, 초판 1992(개정판 1999), 18쪽 재인용.

이러한 주장들은 한결같이 경에 해당하는 문헌들을 성인이 만들었기 때문에 그 내용은 불변하는 도리라고 여기게 되었고 따라서 숭상崇尙의 의미가 경에 더해져서 상경常經이란 의미가 되었다고 말하고 있다. 피석서와 공광삼의 주장은 경을 성인과 관련짓는 한대 금고문학파의 주장과 다를 것이 없는데, 이것은 경을 존숭했던 후대의 관념이 반영된 것일 뿐이며, 경이 애초에 이러한 의미로 사용되어 왔는가에 대해서는 근거를 찾을 수 없다.

한편 경을 견직물과 관련시켜 설명하는 주장도 있다. 『설문해자』에는 경은 천을 짜는 것[10]이라고 풀이하였다. 단옥재段玉裁는 이 문장에 대해서 "천을 짤 때 세로줄은 경(날줄)이라 했다.

경이 먼저 있은 이후에야 위(씨줄)가 있는 것이기 때문에 삼강오상三綱五常과 육예六藝를 천지天地의 상경常經이라고 한다."[11]라고 주注를 달았다. 경을 날줄과 관련시키는 점은 앞서 서술했던 주장들과 다르다고 하겠지만, 경을 상경이란 뜻으로 풀이한 것은 앞서 설명한 전통적 학설과 다를 바가 없다.

양백준楊伯峻은 고고학에서 발굴한 죽간竹簡, 목찰木札 등이 견사絹絲와 마직물麻織物 등을 이용하여 엮은 흔적이 보이기 때문에, 견직絹織의 명칭이었던 경을 책을 표시하는 이름으로 사용했을 것이고 주장한다. 그리고 경을 유가의 전적에만 한정시키고 존숭尊崇의 의미를 더하는 것은 수긍할 수 없다고 했다.[12]

장병린章炳麟은 『국고논형國故論衡』, 「문학총략文學總略」에서 "경이란

---

10 『說文解字』: "經, 織也."

11 『說文解字注』: "織之縱絲謂之經, 必先有經而後有緯, 是故三綱五常六藝, 謂之天地之常經."

12 楊伯峻, 『經書淺談』, 北京: 中華書局, 초판 1984; 초판 3쇄 1997, 2~3쪽 참고.

뜻은 천을 짜는 일을 말한다. …… 또한 불교佛敎의 책을 수다라修多羅라고 칭하는 것과 같다. 불교의 책들은 직역直譯을 선線으로 여겼고 역의譯義를 경으로 삼았다. 그들은 다라多羅나무의 패다엽貝多葉이라는 잎에 글을 써서 책을 만들었기 때문에 실을 사용해서 이었고, 유가의 책은 죽간竹簡에 글을 써서 책을 만들었기 때문에 또한 끈 등으로 이어 엮었다."[13]라고 주장한다. 즉 장병린은 죽간을 가로로 엮는 줄이나 끈을 경이라 불러서 이후에 책을 통칭하는 용어가 되었다고 주장한 것이다.

하경용何耿鏞은 경전의 성립을 이야기하며, 경이란 글자는 주대周代의 청동기青銅器 명문銘文에 최초로 보이는데, 그때의 뜻은 경유經維 즉 경영의 의미이고 경巠자로도 썼지만, 전적을 가리키지는 않았다고 주장한다. 그리고 경을 전적으로 해석하게 된 것은 전국시대 이후의 일이며, 이때 경으로 지칭되었던 것들은 유가의 전적만을 한정하지 않았다고 주장한다.[14]

즉 주대까지도 문헌들에 경이란 명칭을 사용하지 않았고, 전국시대에 이르러 경이 책을 지칭하게 되지만, 그때에도 경이란 용어는 유가의 전적에만 국한시켜 사용했던 용어가 아닌 책을 가리키는 보통명사였다는 주장이다.

이러한 주장들을 종합해보면, 경에 존숭의 의미를 연관시켜 설명하는 주장들은 경을 존숭했던 후대의 관념이 반영된 것일 뿐이다. 그에 반해 경자가 견직물과 관련된 용어로 사용되었고 죽간 등을 실로 엮었기 때문에 '경' 자가 책을 지칭하는 용어로 사용되었다는 주장은 합리적인 추론

---

13 吳雁南 · 秦學頎 · 李禹階, 『中國經學史』, 福州: 福建人民出版社, 초판 2001, 1쪽에서 재인용.

14 何耿鏞, 장영백 외 역, 『經學概說』, 서울: 청아출판사, 초판 1992; 개정판 1999, 17쪽.

이라고 할 수 있다.

그런데 이처럼 '경' 자가 책을 지칭하는 용어로 사용된 시기는 전국시대가 되며, 유가 내에서는 맹자 이후가 된다. 『맹자』에는 이러한 경자의 용례가 나타나지 않기 때문이다. 그에 반해 『순자』에는 도경道經[15]이란 말이 나오고,[16] 『국어』에는 협경병포挾經秉枹라는 말이 있는데 이때의 경은 병서兵書를 가리킨다.[17]

또 『한서』 「예문지藝文志」에서는 경으로 분로되는 서적들을 나열하고

---

15 『荀子』「解蔽」: "故道經曰, 人心之危, 道心之微."

16 '道經'에 대해 吳雁南은 『道經』이란 것이 道家 계열의 책인 『道德經』이라고 주장한다. 그런데 『荀子』에서 인용되고 있는 "人心之危, 道心之微."라는 문장은 현존하는 『道德經』에는 실려 있지 않다. 이 문제 때문에 『荀子』에 注를 달았던 唐代의 楊倞은 위의 문장에 대해서 "지금 『書』「虞書」에 이 문장이 있다. 그리고 荀子가 『道經』이라고 한 것은 道를 다루고 있는 經들을 범칭해서 말한 것이다."라고 했다. 淸代의 王先謙 또한 『荀子集注』에서 "郝懿行이 말하길, 荀子가 말한 『道經』이란 것은 옛날에 道를 이야기했던 책들을 말한다."고 기술했다. 『荀子』「解蔽」의 "人心之危, 道心之微."라는 문장과 『書』「虞書」의 "人心惟危, 道心惟微."라는 문장의 유사성만 가지고 『道經』과 『書』를 같은 文獻이라고 단언할 수는 없다. 따라서 吳雁南의 주장대로 『荀子』에서 인용되고 있는 『道經』은 道家 계열의 文獻인 『道德經』일 수도 있다. 하지만 吳雁南은 『道德經』이 『道經』과 『德經』으로 나눠져 있었다는 점에 착안하여 『荀子』「解蔽」의 『道經』이 『道德經』의 『道經』을 뜻한다고 추론한 것으로 판단된다. 吳雁南이 史學界의 동향을 설명하여 『道經』을 『道德經』이라고 확신한다고 말하고 있지만, 별다른 근거가 제시되어 있지 않기 때문에 신빙성이 없다. 또한 현존하는 『道德經』에는 "人心之危, 道心之微."와 비슷한 문장이 없다. 뿐만 아니라 "道心"이란 단어는 나타나지도 않고, "人心"이란 말은 『道德經』 12章에 "馳騁田獵, 令人心發狂"에 한번 나타난다. 그러나 이 문장 또한 『荀子』에서 인용한 문장의 뜻과는 전혀 상관없다. 따라서 楊倞과 王先謙이 말한 것처럼 『荀子』에서 인용하고 있는 『道經』은 『書』를 뜻할 가능성이 높다. 다만 '道經'이라는 말이 『道德經』을 지칭하거나 『書』를 지칭하는 것과 상관없이, 『荀子』에서 이미 서적들에 經자를 붙여서 부른 용례가 나타난다는 사실은 확인할 수 있다.

17 『國語』「吳語」에 보이는 "挾經秉枹"는 吳의 夫差가 晉과 결전을 치르기 바로 직전의 상황을 기술한 말이다. 韋昭는 이 문장에서의 經은 兵書라고 注를 달았지만 兪樾은 전쟁을 목전에 두고 兵書를 끼고 있는 자는 세상에 아무도 없을 것이라 주장하며 '挾經'은 칼 손잡이를 겨드랑이에 낀 것이고 '秉枹'는 북채를 쥐고 있는 것으로 해석했다. 楊伯峻은 "칼을 칼집에 꽂지 않고 겨드랑이에 끼고 북을 치는 경우도 상상하기 힘들고, 또 눈앞에 교전을 앞두고 병서를 끼고 있다는 것도 이상하지만 이 문장에서의 經이 兵書가 아님은 확실하다."라고 주장했다. 楊伯峻, 『經書淺談』, 北京: 中華書局, 초판 1984; 초판 3쇄 1997, 1~2쪽 참고.

있다. 이러한 기록들을 살펴보았을 때 경이 책을 지칭하는 용어로 사용된 것은 순자 전후로부터 시작된 것이다.

그러나 이때의 경은 단순히 책을 지칭하는 보통명사의 의미를 지녔을 뿐이며, 유가의 문헌만을 가리킨다거나 성인과 결부시켜 존숭의 의미를 나타내지는 않았다. 『묵자墨子』라는 책에도 「경상經上」「경하經下」라는 편명이 존재하고, 성립 시기가 불분명하지만 『관자』라는 책[18]에도 「경언經言」이라는 편篇[19]이 존재한다는 것들로 보아서 순자 전후로는 『시』『서』를 비롯한 오래된 문헌뿐만 아니라 일반적인 책에도 경을 붙여서 사용했던 것으로 추정된다. 따라서 경은 유가의 전적에만 붙는 고유명사가 아니라 책에 붙인 보통명사였다는 것을 확인할 수 있다.

따라서 『시』『서』『역』 등에 경자를 붙여서 부르거나 이들 문헌들을 경으로 분류한 것은 전국시대 중에서도 순자 전후의 일이다. 그러나 이 당시에도 경자는 일반적인 책을 의미하는 용어였고, 유가의 문헌이나 성인의 저작만을 가리키는 것은 아니었다. 한대에도 의서醫書들을 『황제내경黃帝內經』『황제외경黃帝外經』『편작내경扁鵲內經』『편작외경扁鵲外經』『백씨내경白氏內經』『백씨외경白氏外經』[20] 등으로 불렀던 점을 감안하면, 경자를 유가의 문헌에만 붙여 성인의 도를 담지한 서적으로 인식하여 존숭의 대상으로 삼았던 것은 한대 이후의 일이었음을 추론할 수 있다.

---

18 『管子』는 春秋時代의 管仲이라는 인물이 지었다고 하지만 그의 제자들에 의해서 여러 시대에 걸쳐 완성되었다는 것이 통설이다. 漢代 劉向이 교정하여 엮은 책이 『漢書』「藝文志」에 86편으로 실려 있다.

19 『管子』「經言」에 해당하는 9편은 「牧民」「形勢」「權修」「入政」「乘馬」「七法」「版法」「幻官」「幻官圖」이다.

20 『漢書』「藝文志」: "黃帝內經十八卷. 外經三十七卷. 扁鵲內經九卷. 外經十二卷. 白氏內經三十八卷. 外經三十六卷. 旁篇二十五卷. 右醫經七家, 二百一十六卷."

## 3. 유가와 육경六經 Ⅰ: 사경四經

유가의 문헌을 오경, 육경, 칠경, 구경, 십이경, 십삼경十三經 등으로 지칭하는데, 본 발표에서 살펴보고자 하는 것은 경經이 유가의 문헌으로 확정되었던 육경과 오경의 체제 및 그 성립과정이다. 이것은 시대적으로 전국시대로부터 한대에 해당한다.

경학사에서는 일반적으로 한대에 오경이 확립되기 이전, 전국시대에는『시』『서』『예』『악』『역』『춘추』가 유가의 문헌으로 분류되어 육경이 되었다고 한다. 그렇다면 공자로부터 오경 성립 이전까지 어떠한 과정을 거쳐 육경이 유가의 경전經典으로 확정되었는지를 살펴볼 필요가 있다.

우선『논어』를 살펴보면 공자 당시 공자가 직접 공부했던 문헌과 제자들을 가르쳤던 문헌을 확인할 수 있는데,「술이述而」에서 공자가 아언雅言한 것으로『시』『서』『예』가 나온다.[21] 이것들 중『시』의 경우에는『논어』에 직접적으로 인용된 기록이 여러 차례 나오기 때문에『시』가 공자 당시에도 문헌으로 존재했었다는 것을 확인할 수 있다.

그리고 공자가 백어伯魚에게『시』를 배워야 한다고 강조했던 기록이 나오고,[22] 제자들에게『시』를 왜 배우지 않느냐고 말하며 그 효용을 설명하는 기록이 나오고,[23] 또 자공子貢[24]과 자하子夏[25]와『시』를 가지고 문답

---

21 『論語』「述而」: “子所雅言, 詩 · 書 · 執禮, 皆雅言也.”

22 『論語』「季氏」: “陳亢問於伯魚曰, 子亦有異聞乎? 對曰, 未也. 嘗獨立, 鯉趨而過庭. 曰, ‘學詩乎?’ 對曰, ‘未也.’ ‘不學詩, 無以言.’ 鯉退而學詩.”

23 『論語』「陽貨」: “小子何莫學夫詩? 詩, 可以興, 可以觀, 可以羣, 可以怨. 邇之事父, 遠之事君, 多識於鳥獸草木之名.”

24 『論語』「學而」: “子貢曰, 貧而無諂, 富而無驕, 何如? 子曰, 可也, 未若貧而樂, 富而好禮者也. 子貢曰, 詩云, ‘如切如磋, 如琢如磨’, 其斯之謂與? 子曰, 賜也, 始可與言詩已矣, 告諸往而知來者.”

하는 내용이 나오며, 증자曾子가 자신의 제자들에게 말하며 『시』를 인용하고 있는 것[26]으로 보았을 때, 공자 당시에도 유가에서는 『시』를 공부하였고, 사후에도 중요 교과로 공부했었다는 사실을 추론할 수 있다.

『서』의 경우에는 『논어』에 『시』만큼 자주 등장하는 것은 아니지만, 혹자가 공자에게 정치를 왜 시행하지 않느냐고 질문했을 때, 공자가 『서』의 「군진君陳」 대목을 인용하여 대답하는 기록이 나오고,[27] 자장子張이 『서』에 기록된 고종高宗의 일화를 공자에게 질문하는 내용이 나온다.[28] 또 공자가 요순堯舜 및 주공에 대해 여러 차례 언급하는 것으로 보았을 때, 『서』 또한 공자 당시에 기록으로 존재했었고, 이 문헌을 공자 학단에서 주요 교과로 사용했었다는 사실을 추론할 수 있다.

다만 『예』의 경우에는 『논어』에서 예禮를 강조하는 기록이 자주 나타나지만, 이것이 문헌으로 존재했었던 것인지는 불분명하다. 현행본 『논어』에는 예자가 75번 나타난다. 예를 기록한 문장은 「학이學而」에 3문장, 「위정爲政」에 3문장, 「팔일八佾」에 10문장, 「이인里仁」에 1문장, 「옹야雍也」에 1문장, 「술이述而」에 2문장, 「태백泰伯」에 2문장, 「자한子罕」에 2문장, 「향당鄕黨」에 1문장, 「선진先進」에 2문장, 「안연顔淵」에 3문장, 「자로子路」에 2문장, 「헌문憲問」에 2문장, 「위령공衛靈公」에 2문장, 「계씨季氏」에 3문장, 「양화陽貨」에 3문장, 「요왈堯曰」에 1문장이 기록되어 총 43개의 문장 속에

---

25 『論語』「八佾」: "子夏問曰, '巧笑倩兮, 美目盼兮, 素以爲絢兮.' 何謂也? 子曰, 繪事後素. 曰, 禮後乎? 子曰, 起予者商也! 始可與言詩已矣."

26 『論語』「泰伯」: "曾子有疾, 召門弟子曰, 啓予足! 啓予手! 詩云, '戰戰兢兢, 如臨深淵, 如履薄氷.' 而今而後, 吾知免夫! 小子!"

27 『論語』「爲政」: "或謂孔子曰, '子奚不爲政?' 子曰, 書云, '孝乎惟孝, 友于兄弟, 施於有政.' 是亦爲政, 奚其爲爲政?"

28 『論語』「憲問」: "子張曰, 書云, '高宗諒陰, 三年不言.' 何謂也? 子曰, '何必高宗, 古之人皆然. 君薨, 百官總己以聽於冢宰三年.'"

서 예를 거론하고 있다.

이처럼 공자는 예를 자주 거론하고, 제자들에게 예를 배워야 한다고 자주 강조했지만 『예』의 기록이 직접적으로 인용된 것은 나타나지 않는다. 아마도 당시에는 예가 문헌으로 정착되지 않은 상태였고, 개별적인 의례儀禮의 형태로 전수되다가 공자 이후 문헌화되었을 가능성이 높다.

이것은 『악』의 경우에도 적용된다. 공자는 「태백」에서 시, 예, 악을 나열하고 있는데,[29] 이때의 악이 문헌을 가리키는 것인지는 불분명하다. 현행본 『논어』의 '악樂' 자는 관직명으로써의 악樂, '즐기다'는 뜻의 동사 락樂, '좋아하다'는 뜻의 동사 요樂 자를 제외하면 21번 나타난다.

악을 기록한 문장은 「팔일」에 2문장, 「술이」에 1문장, 「태백」편에 1문장, 「자한」편에 1문장, 「선진」에 2문장, 「자로」에 1문장, 「헌문」에 1문장, 「위령공」에 1문장, 「계씨」에 2문장, 「양화」에 3문장이 기록되어 총 15개의 문장 속에서 악을 거론하고 있다.

이 가운데에 예와 악을 함께 거론하고 있는 문장은 「팔일」에 1문장, 「태백」의 1문장, 「선진」의 2문장, 「자로」의 1문장, 「헌문」의 1문장, 「계씨」의 2문장, 「양화」의 2문장으로 총 10개의 문장이 있다. 그러나 이 기록들에 나타나는 악은 주로 음악 자체를 가리키는 것이 대부분이다.

따라서 『악』 또한 공자 당시에 문헌으로 존재했었는지는 불분명하다. 다만 악 자체가 음악을 연주하기 위한 것이기 때문에, 문헌으로 존재했었다고 하더라도 악보의 형태로 존재했을 가능성이 높다. 실제로 『예기』「투호」에는 북을 연주하는 방법을 기록하며 다음과 같이 말한다.

북은 ○□○○□□○□○○□으로 친다. 반절은 ○□○□○○○□□○□○

---

29 『論語』「泰伯」: "興於詩, 立於禮, 成於樂."

으로 친다. 노나라의 북은 ○□○○○□□○□○○□□○□○○□□○으로 친다. 반절은 ○□○○○□□○으로 친다. 설나라의 북도 이처럼 친다. 반절 이하의 것을 취하여 투호의 의례를 시행할 때 절도를 맞추고, 온전히 치는 것으로는 활쏘기의 절도를 맞춘다. 노나라의 북은 ○□○○□□○○으로 친다. 반절은 ○□○○□○○○○□○□○으로 친다. 설나라의 북은 ○□○○○○□○□○□○○○□○□○○□○으로 친다. 반절은 ○□○□○○○○□○으로 친다.[30]

이 문장은 투호投壺를 할 때 연주되는 북의 악보를 기록한 것이다. ○은 비鼙를 연주한다는 표시이고, □는 고鼓를 연주한다는 표시이다. 이것은 공자 이후 전국 말기와 전한 초기 때 성립된 『예기』의 기록이기는 하지만, 공자 당시에 『악』이 문헌으로 존재했었다면 이러한 형태로 기록되어 있었을 가능성이 높다. 따라서 공자나 그의 제자가 일반적인 대화 속에서 『악』의 기록을 인용하기가 불가능했을 것이다.

『맹자孟子』의 경우도 이와 다르지 않다. 『맹자』에서 거론하고 있는 문헌들은 『논어』와 마찬가지로 『시』 『서』 『예』 『악』이다. 다만 『맹자』에 나타난 특이점은 『예』의 기록을 직접 인용한다는 것이다. 「공손추하公孫丑下」에서 경자景子는 '예왈禮曰'이라고 말하며 "부친이 부르시면 느리게 대답하지 않고, 군주가 명命으로 부르시면 말에 멍에매기를 기다리지 않는다."는 내용을 인용하고 있다.[31]

---

30 『禮記』「投壺」: "鼓, ○□○○□□○□○○□. 半, ○□○□○○○□□○□○. 魯鼓, ○□○○○□□○□○○□□○□○○□□○. 半, ○□○○○□□○. 薛鼓. 取半以下爲投壺禮, 盡用之爲射禮. 魯鼓, ○□○○□□○○. 半, ○□○○□○○○○□○□○. 薛鼓, ○□○○○○□○□○□○○○□○□○○□○. 半, ○□○□○○○○□○."

31 『孟子』「公孫丑下」: "景子曰, 否, 非此之謂也. 禮曰, '父召, 無諾, 君命召, 不俟駕.' 固將朝也, 聞王命而遂不果, 宜與夫禮若不相似然."

또 맹자도 '예왈'이라고 말하며 "제후가 직접 경작을 하면 백성들이 도와서 자성粢盛을 바치고, 부인夫人이 누에를 치고 실을 켜서 의복을 만드니, 희생물이 이루어지지 않고 자성이 정결하며 못하며 의복이 구비되지 못하면 감히 제사를 지내지 못하고, 사는 제전祭田이 없으면 또한 제사를 지내지 않는다."는 내용을 인용하였다.[32]

현행본 『맹자』에는 예자가 총 68번 나오는데, '예왈'이라고 한 대목이 두 차례 나타나는 것으로 보아 맹자 당시에는 『예』가 분명히 문헌으로 존재했다는 것을 추론할 수 있다. 다만 『악』의 경우에는 현행본 『맹자』에 악자가 총 91번 나타나지만, 음악이라는 의미 외에는 별다른 의미로 사용되지 않는다. 맹자 본인이 악에 대해 특별히 언급한 것이 없기 때문에 자세한 내용은 추정하기 어렵지만, 『악』이 악보 이외에 그 사상과 의미를 기록한 서적으로 존재했을 가능성은 높지 않다.

『논어』와 『맹자』의 기록을 통해 종합해보면, 당시 유가에서는 『시』 『서』 『예』 『악』을 수학했음을 확인할 수 있다. 또 『시』와 『서』는 분명히 문헌으로 존재했다는 것을 확인할 수 있으며, 『예』의 경우에는 공자 당시에 문헌으로 정립되어 있었다는 것은 확인하기 어렵지만, 맹자 당시에는 문헌으로 정립되어 있었다는 것을 확인할 수 있다. 다만 『악』의 경우에는 문헌으로 정립되어 있었던 것인지, 아니면 단순히 악보 형태로만 있었던 것인지는 불분명하다.

---

32 『孟子』「滕文公下」: "禮曰, 諸侯耕助以供粢盛, 夫人蠶繅, 以爲衣服. 犧牲不成, 粢盛不潔, 衣服不備, 不敢以祭. 惟士無田, 則亦不祭."

## 4. 유가와 육경 Ⅱ : 오경五經

공자와 맹자 이후 유가의 사상적 변화를 가늠할 수 있는 서적은 현재로서는 『순자』가 거의 유일하다. 따라서 『논어』와 『맹자』 이후 유가 내에서 교과로 사용된 서적들을 확인하기 위해서는 『순자』의 기록에 주목해야 한다.

『순자』에서 학문의 대상으로 열거하는 것으로는 『서』 『시』 『예』 『악』 『춘추』가 있다. 이것은 「권학勸學」에 나오는 기록인데,[33] 이 기록들에서는 각 문헌들의 특징과 그 효용을 언급하고 있다. 따라서 순자荀子 당시에는 『서』 『시』 『예』 『악』 『춘추』라는 다섯 가지 문헌을 유가 내에서 공부의 대상으로 삼았다고 추론할 수 있다.

『춘추』의 경우 한대에는 공자가 『춘추』의 경문經文을 산정했다고 주장하여 이것이 정설처럼 여겨졌는데, 공자와 『춘추』의 관련성은 입증하기 어렵지만, 순자 당시에는 이미 유가 내에서 공부의 대상으로 삼고 있었다는 사실은 확인할 수 있다. 『춘추』는 당시 제후국들의 역사를 기록하고 있었기 때문에, 『서』와 마찬가지로 사서史書로서의 역할이 컸으므로 공부의 대상이 되었을 것이다.

다만 『악』의 경우에 있어서는 앞의 경우와 마찬가지로 이것이 문헌으로 정착되어 있었는지는 불분명하다. 또 그것이 문헌으로 정착되어 있었다 하더라도 단순히 악보의 형태였는지 그것의 의미를 기술한 것이 있었는지 추정하기 어렵다.

---

33 『荀子』 「勸學」: "詩者, 中聲之所止也. 禮者, 法之大分, 群類之綱紀也. 故學至乎禮而止矣. 夫是之謂道德之極. 禮之敬文也, 樂之中和也, 詩 · 書之博也, 春秋之微也, 在天地之間者畢矣." 『荀子』 「勸學」: "禮 · 樂法而不說, 詩 · 書故而不切, 春秋約而不速."

악樂은 예禮와 함께 열거되는 경우가 많다. 이것은 유가의 문헌뿐만 아니라 다른 제자백가에서 유가를 서술할 때에도 동일하게 나타나는 경향이다. 예를 들어 『묵자墨子』「비유非儒」를 살펴보면, 유가에 대한 비판을 기술하며 예악을 함께 거론하고 있다.

유가가 예악을 너무 번잡하게 만들어서 사람들을 방탕하게 만들었다고 지적하고 있으며,[34] 또한 제齊나라 경공景公과 안자晏子의 대화를 기술하며, 공자는 예로 용모와 행동거지를 꾸미고, 악으로 사람들을 꿰어, 세상을 좀먹고 백성들을 방탕하게 만든다고 지적하고 있다.[35]

그런데 『논어』와 『맹자』에서는 예와 악 중에서 예에 비중을 두고 있다. 또한 악 자체에 대한 이론적 심화는 단서에 그치고 있다. 사용의 빈도 또한 예자가 압도적으로 많다. 그것은 예가 포괄하는 범위가 더욱 넓어서 악까지도 포함하는 경우가 많기 때문이다.

따라서 순자 이전에 악을 예와 분리시켜, 악보 이외에 악에 대한 사상이나 이론을 기록하여 별도의 문헌으로 만들었을 가능성은 매우 낮다. 물론 『맹자』와 『순자』 이외에 전국시대 유가의 사상을 살펴볼 수 있는 문헌이 없기 때문에, 유가 내에서 악에 대한 사상적 심화가 어떠한 방향으로 진행되었는지는 추론하기 어렵다. 또 『묵자』에서 비판하고 있는 유가의 예악은 사상적인 부분이 아니며, 단순히 의식적인 의례儀禮 절차와 음악 연주에 한정되어 있다.

그런데 『순자』에는 『논어』나 『맹자』와 달리 악을 예와 일정정도 독립시켜, 악의 기능과 작용을 예와 대비시키는 일련의 사상적 흐름이 나타난

34 『墨子』「非儒下」: "且夫繁飾禮樂以淫人."

35 『墨子』「非儒下」: "孔某盛容脩飾以蠱世, 弦歌鼓舞以聚徒, 繁登降之禮以示儀, 務趨翔之節以觀衆, …… 盛爲聲樂以淫遇民. 以利齊俗, 非所以導國先衆."

다. 『순자』에는 「예론禮論」과 「악론樂論」이 수록되어 있다. 먼저 『순자』의 「예론」을 살펴보면, 「예론」에 기록된 글자 수는 4,097자로, 「악론」에 기록된 1,608자보다 약 2.5배가 많다.

『순자』 또한 악보다는 예를 중요시했기 때문이다. 「권학」에도 학문의 시작은 경전經典을 읽는 것에서 시작되며, 예를 읽는 것에서 종결된다는 기록이 있다.[36] 또한 예는 법法의 큰 근본이고, 여러 가지 일들에 기강紀綱이 되므로, 학문은 예를 배우는 데에서 종결된다고 다시 한 번 강조하고 있다.[37]

따라서 『순자』 또한 『논어』 『맹자』와 마찬가지로 예가 중심이 된다. 그러나 『순자』가 다른 문헌들과 다른 점은 「예론」에서 예의 생성 기원과 기능 등을 체계적으로 기술하고 있으면서도, 별도로 「악론」을 구성하여, 악에 대해서도 동일한 기술을 하고 있다는 점이다.

이것은 유가 내에서 진행되었던 예악의 발달로 인해 악에 대한 이론 정립의 필요성이 대두되었다는 것을 나타낸다. 그리고 기존 예 속에 포함되어 있던 악 개념에, 예와는 다른 기능이 있다는 점을 부각시키고 있다. 당시 유가의 예악을 비판하였던 묵가墨家에 대해, 순자가 반박을 하는 과정 중에서 자연스럽게 예악에 대한 이론적 심화가 진행되었다고도 추론할 수 있다.

예악에 대한 『순자』에 나타난 이론이 기존 선진유가의 예악론禮樂論을 종합한 것이었는지, 아니면 순자 개인의 독창적인 이론이었는지는 확인하기 어렵다. 다만 분명한 것은 예와 악에 대한 이론이 정립되고, 예악의 상호 보완관계와 예악이 인간의 심성心性에 미치는 영향 등에 대해

36 『荀子』 「勸學」: "學惡乎始? 惡乎終? 曰, 其數則始乎誦經, 終乎讀禮."

37 『荀子』 「勸學」: "禮者, 法之大分, 類之綱紀也. 故學至乎禮而止矣."

서, 세부적으로 기록한 자료는 『순자』에서 최초로 나타난다는 점이다.

따라서 악을 예와 분리시키고, 예의 기능과는 다른 악만의 기능을 서술하기 시작한 것은 『순자』에서 비롯된다는 것을 확인할 수 있다. 『예기』에 수록된 「악기」 또한 대부분 『순자』의 「악론」 내용을 차용하고 있다. 이것을 통해 봤을 때 『악』이 문헌으로 존재했다면, 순자 이전까지는 단순히 악보 형태로 존재했을 가능성이 높고, 순자 전후로 악에 대한 이론들이 성립되기 시작하여, 『순자』의 「악론」과 같은 문헌들로 정착했을 것이다.

## 5. 유가와 육경 Ⅲ: 육경六經

유가儒家 이외의 다른 제자백가 문헌들을 살펴보면, 유가와 경經의 관계 및 경의 대상을 확인할 수 있는 기록들이 있다. 우선 『장자莊子』 「천도天道」에는 다음과 같은 기록이 나온다.

> 공자孔子가 서쪽의 주周왕실에 자기의 저서를 소장시키려 했을 때, 제자인 자로子路가 상의하며 말했다. "유由(자로)가 듣기에 주의 서고書庫 담당관으로 노담老聃이란 이가 있다가 그만두고 고향에 돌아가 산다고 합니다. 선생님께서 저서를 소장케 하고 싶으시다면 어디 한번 찾아가서 그에게 부탁해 보시지요." 공자는 "그것이 좋겠다"하고 가서 노담을 만났으나 노담이 응낙하지 않았다. 그래서 공자는 갖고 간 십이경을 펴고 설명하기 시작했다.[38]

38 『莊子』 「天道」: "孔子西藏書於周室. 子路謀曰, '由聞, 周之徵藏史有老聃者, 免而歸居. 夫子欲藏書則試往因焉.' 孔子曰, '善.' 往見老聃而老聃不許. 於是繙十二經以說."

이 대화에서 주목해야 할 것은 십이경十二經이라는 것이다. 아카즈카 키요시赤塚忠는 『장자』「천도」에 나오는 십이경에 대해, 『장자』「천운天運」에 나오는 육경六經[39]과 이 육경에 대한 육위六緯를 합쳐 십이경이라고 보는 설도 있고, 『주역周易』의 상경上經·하경下經 그리고 십익十翼을 합쳐 십이경이라고 보는 설도 있으며, 『춘추春秋』에 나오는 십이공十二公[40]에 대한 경문經文을 십이경이라고 보는 설도 있지만, 여기에서 말하는 십이경은 뚜렷하게 어떤 정해진 열두 가지 책을 가리키는 것이 아니고, 공자孔子가 선정한 여러 책들을 범칭하는 말이라고 하였다.[41]

공자가 십이경을 노담老聃 앞에 펼쳐놓고 설명하는 대목은 우화적 표현이지만, 이것은 당시 경이라는 것과 공자로 대표되는 유가가 깊은 관련이 있음을 입증해주는 대목이다.

『장자』에는 「천도」의 십이경이란 표현 이외에 구체적인 도서 목록이 명시된 것으로 「천운」의 육경이란 것이 있다.

> 공자가 노담에게 말했다. "저 구丘는 『시』 『서』 『예』 『악』 『역』 『춘추』의 육경을 배워 스스로도 오랜 세월이 걸렸다고 생각합니다만, 그 내용은 잘 알고 있습니다."[42]

여기에서 주목해야 할 것은 육경이라는 표현과 『역』이 유가의 문헌으로 분류되고 있다는 점이다. 유가의 문헌 중에서 육경이 나열된 것으로

---

39 『莊子』「天運」: "孔子謂老聃曰, 丘治詩書禮樂易春秋六經."

40 十二公은 隱公, 桓公, 莊公, 閔公, 僖公, 文公, 宣公, 成公, 襄公, 昭公, 定公, 哀公이다.

41 赤塚忠, 『莊子』上(전2권, 全釋 漢文大系 16권), 東京: 集英社, 초판 昭和49년; 초판 3쇄 昭和57년, 548쪽 참고.

42 『莊子』「天運」: "孔子謂老聃曰, 丘治詩書禮樂易春秋六經, 自以爲久矣, 孰知其故矣."

는 『예기』 「경해經解」가 있다.

> 공자가 말씀하시길, 그 나라에 들어서면 그 가르침을 알 수 있다. 그 사람됨이 온유하고 돈후한 것은 『시』의 가르침이요, 정사에 통달하여 멀리 상고의 일도 아는 것은 『서』의 가르침이요, 의리를 알아서 널리 성정을 화이和易하게 하고 순량順良하게 하는 것은 『악』의 가르침이요, 심성이 맑으면서 의리가 정미精微한 것은 『역』의 가르침이요, 공손하고 검소하며 엄숙하고 삼가는 것은 『예』의 가르침이요, 같은 말이나 사물을 모아 비교하여 그 가치를 판단하는 것은 『춘추』의 가르침이다.[43]

두 문헌에서 기록하고 있는 경의 대상은 순서에 있어 다소 차이가 나지만 대상은 동일하다. 『순자荀子』 「권학勸學」에서는 『서』 『시』 『예』 『악』 『춘추』를 언급했고, 「유효儒效」에서는 『시』 『서』 『예』 『악』 『춘추』를 언급했으며,[44] 『시』 『서』 『예』 『악』을 언급했고,[45] 「영욕榮辱」에서는 『시』 『서』 『예』 『악』을 언급했다.[46]

『순자』에서는 『서』 『시』 『예』 『악』은 함께 언급하고 있고 『춘추』는 언급되기도 하고 제외되기도 했는데, 이것은 『춘추』가 『서』 『시』 『예』 『악』보다 뒤에 유가의 문헌으로 분류되었기 때문이다. 또 『순자』에 등장하지 않는 『역』이 『장자』의 「천운」과 『예기』의 「경해」에 등장하는 것으로 보았을 때,

---

43 『禮記』 「經解」: "入其國, 其敎可知也. 其爲人也, 溫柔敦厚, 詩敎也. 疏通知遠, 書敎也. 廣博易良, 樂敎也. 絜靜精微, 易敎也. 恭儉莊敬, 禮敎也. 屬辭比事, 春秋敎也."

44 『荀子』 「儒效」: "詩言是其志也; 書言是其事也; 禮言是其行也; 樂言是其和也; 春秋言是其微也."

45 『荀子』 「儒效」: "聖人也者, 道之管也. 天下之道管是矣, 百王之道一是矣, 故詩 · 書 · 禮 · 樂之歸是矣."

46 『荀子』 「榮辱」: "況夫先王之道, 仁義之統, 詩 · 書 · 禮 · 樂之分乎."

『순자』 이후 『역』이 가장 뒤늦게 유가의 문헌으로 분류된 것으로 판단할 수 있다. 따라서 유가의 육경이라는 것은 그 대상이 『순자』 이후에 확정된 것으로 추정된다.

## 6. 한대와 오경五經

전한시대 때의 오경五經은 육경에서 『악』이 산일된 것으로, 『시』 『서』 『예』 『역』 『춘추』를 가리킨다. 그러나 이들 문헌들은 현행본과 같이 단일종으로 존재했던 것은 아니다. 무제武帝가 최초 오경박사를 설립했을 때에는 구양씨歐陽氏의 『서』, 후창后倉의 『예』, 양씨楊氏의 『역』, 공양고公羊高의 『춘추』를 학관學官에 세웠다.

선제宣帝 시기에 이르게 되면 대하후大夏侯와 소하후小夏侯의 『서』, 대대大戴와 소대小戴의 『예』, 시씨施氏와 맹씨孟氏와 양구씨梁丘氏의 『역』, 곡량자穀梁子의 『춘추春秋』가 학관學官에 추가되었다. 그리고 원제元帝 시기에는 경씨京氏의 『역』이 추가되었고, 평제平帝 시기에는 좌씨左氏의 『춘추』, 모씨毛氏의 『시』, 『일례逸禮』, 『고문상서古文尙書』가 추가되는 등[47] 상당히 많은 서적들이 존재했던 것으로 판단된다.

물론 이러한 경사經師들에 따른 각 경經의 학관을 별개의 문헌으로 취급할 수 있느냐는 문제가 있다. 앞서 열거한 서적들은 일부를 제외하고는 현존하지 않기 때문에, 그 서적들의 전모를 파악하기는 어렵다.

---

47 『漢書』「儒林傳」: "初, 書唯有歐陽, 禮后, 易楊, 春秋公羊而已. 至孝宣世, 復立大小夏侯尙書, 大小戴禮, 施 · 孟 · 梁丘易, 穀梁春秋. 至元帝世, 復立京氏易. 平帝時, 又立左氏春秋 · 毛詩 · 逸禮 · 古文尙書, 所以罔羅遺失, 兼而存之, 是在其中矣."

그러나 기본적으로 이들 경사들이 학관에 설치되었던 것은 경문經文을 해석하는 관점의 차이가 뚜렷했기 때문이다. 따라서 이들의 학관에서 가르쳤던 내용들은 『공양전公羊傳』 『곡량전穀梁傳』 『좌씨전左氏傳』과 같이 경문과 경사들의 전문傳文이 결합된 형태일 가능성이 높다.

그리고 『춘추』의 학관에 속했던 공양고의 『춘추』, 곡량자의 『춘추』, 좌씨의 『춘추』처럼 경문 해석의 차이뿐만 아니라 경문 자체에서도 일부 차이를 보였을 것이다. 또 『서』의 경우 구양씨의 『서』는 금문今文에 해당하는 것인데, 이후 학관에 세워진 『고문상서』는 고문古文에 해당하는 것으로, 내용상 큰 차이를 보인다.

『예』의 경우, 학관에 세워졌던 후창의 『예』, 대대의 『예』, 소대의 『예』는 현존하는 『의례儀禮』에 대한 것들이나 이후 학관에 세워졌던 『일례』나 『주례』는 고문古文으로 출현했던 서적들로 현존하는 『의례』와는 완전히 다른 문헌이다. 따라서 당시의 오경은 『시』에 대한 것, 『서』에 대한 것, 『예』에 대한 것, 『역』에 대한 것, 『춘추』에 대한 것처럼 다섯 부류의 큰 범주를 가리키는 말이며, 그 안에 포함되어 경으로 분류되었던 문헌들은 여러 종류가 있었다고 추론할 수 있다.

그런데 여기에서 주목할 점은 한대 때 오경이 중요하게 여겨졌던 것은 관직官職과 녹祿 때문이라는 점이다. 즉 오늘날의 인식처럼 경이 성인聖人의 도를 담지하고 있기 때문에 자신의 인격을 수양하기 위해 경을 읽고 그 내용을 실천하는데 중점을 두었던 것이 아니다.

『한서』에서는 오경박사五經博士의 설립에 대해 설명하며, 학관에 제자들을 받아들여 과거를 시행하고 또 관직과 녹으로 학문을 권유했다고 기록한다. 그리고 그 결과 백여 년이 흐르자 학업을 전수하는 자들이 매우 많아져서 하나의 경에 대한 설명이 백여 만자에 이르렀고, 대사大師로 분류되는 자들도 천여 명에 이르렀는데, 경을 익히는 것이 이록利祿을 얻는 길이었기 때문이라고 기술한다.[48] 즉 경은 당시에 관료로 진출할 수 있는 중요하고 확실한 수단이었기 때문에 중시되었던 것이다.

예를 들어 『예』 분야에 있어서 전한 초기에 노魯 나라 출신 고당생高堂生이 현재의 『의례』를 전수했다. 고당생의 학문은 소분蕭奮을 거쳐 맹경孟卿에게 전해지고, 그 뒤로 후창과 여구경閭丘卿에게 전해졌으며, 후창의 학문은 다시 패沛 땅의 문인통한聞人通漢, 대덕戴德, 대성戴聖, 경보효공慶普孝公에게 전해졌다.

이 중 후창, 대덕, 대성은 학관에 오르게 되는데, 이들은 모두 관료로 진출하였다. 후창은 박사博士를 거쳐 소부少府가 되었고, 대덕은 신도태부信都太傅가 되었으며 대성은 구강태수九江太守가 되었다.

또한 이들 외에도 그 계보에 있었던 자들도 모두 관료로 진출하였는데, 후창의 제자였던 문인통한은 태자사인太子舍人을 거쳐 중산중위中山中尉가 되었고, 경보효공은 동평태부東平太傅가 되었으며, 대덕의 제자였던 낭사서량유경琅邪徐良斿卿은 군수郡守가 되었고, 대성의 제자였던 양인교인계경梁人橋仁季卿은 대홍려大鴻臚가 되었고 양영楊榮은 태수太守가 되었다.[49]

물론 경을 존숭하고 유학의 도道를 숭상의 대상으로 삼는 경향이 전혀

---

48 『漢書』「儒林傳」: "自武帝立五經博士, 開弟子員, 設科射策, 勸以官祿, 訖於元始, 百有餘年, 傳業者寖盛, 支葉蕃滋, 一經說至百餘萬言, 大師衆至千餘人, 蓋祿利之路然也."

49 『漢書』「儒林傳」: "漢興, 魯高堂生傳士禮十七篇, …… 孟卿, 東海人也. 事蕭奮, 以授后倉·魯閭丘卿. 倉說禮數萬言, 號曰后氏曲臺記, 授沛聞人通漢子方·梁戴德延君·戴聖次君·沛慶普孝公. 孝公爲東平太傅. 德號大戴, 爲信都太傅, 聖號小戴, 以博士論石渠, 至九江太守. 由是禮有大戴·小戴·慶氏之學. 通漢以太子舍人論石渠, 至中山中尉. 普授魯夏侯敬, 又傳族子咸, 爲豫章太守. 大戴授琅邪徐良斿卿, 爲博士·州牧·郡守, 家世傳業. 小戴授梁人橋仁季卿·楊榮子孫. 仁爲大鴻臚, 家世傳業, 榮琅邪太守. 由是大戴有徐氏, 小戴有橋·楊氏之學."

없었던 것은 아니다. 그러나 한대까지만 하더라도 경이라는 것이 특정 문헌들로 한정되지 않았으며, 유가의 문헌뿐만 아니라 의서醫書와 병서兵書 등에 대해서도 경을 붙여 불렀던 것을 보면, 경을 존숭하고 유가의 문헌으로만 인식하는 경향은 한대 이후의 일이다.

또 한대에서 경을 중시했던 것은 관료로 진출하기 위한 중요한 수단이었다는 점이 크다. 따라서 한대 때의 경에 대한 인식은 후대 유학에서 경을 바라보았던 인식과는 판이하게 달랐다는 점을 확인할 수 있다.

## 7. 결론

경經 자는 최초 서적이나 유가와 관련 없는 전혀 다른 의미로 사용되었다. 이후 경이 책을 가리키는 용어로 사용되기 시작하면서, 유가의 문헌과 결부되기 시작하였고, 한대 때 유가독존儒家獨尊이 이루어지며 경에 성인을 결부시키고, 상도常道 등의 의미를 부여하여 존숭하기 시작한 것이다.

또 현재 경으로 분류되고 있는 문헌들 중 공자 당시에 유가 내에서 학습의 대상으로 삼았던 것은 『시』『서』『예』『악』 정도였다. 이 문헌들 중 『예』와 『악』은 유가의 색채가 짙은 것이라 할 수 있지만, 『시』와 『서』는 당시 지식인들이 공통으로 익혔던 대상으로, 유가만의 것으로 특정할 수 없다.

또 순자 때 『춘추』가 추가되고 그 이후 『역』이 추가되어 육경 및 오경五經의 체제가 확립되었는데, 한대 때 이들 문헌이 중시되었던 것은 관료로 진출하기 위한 중요한 수단이었기 때문이다. 이것은 이록利祿이라고 하여 후대 유가에서 부정시하는 대상이다.

그러나 시각을 달리하면 한대 때 유가를 관학官學으로 지정하고, 이러한 경을 통해 관리들을 뽑았던 것은 국가의 통치와 전장제도典章制度를 수립하는데, 경의 내용이 필요했고 그것을 익혔던 유자儒者들이 유용했기 때문이다.

본 학술대회의 주제 중 하나는 경(도道) 및 예藝(문文)의 관계에 있어서, 경이 왜 근원적이고 가치가 있느냐는 질문이었다. 본 발표는 유가와 경의 역사 중 최초 경이 유가와 결부되는 시점과 육경 및 오경의 체제가 확립되는 과정을 조망한 것이다. 다소 본 주제와 어긋나는 점도 있고, 오히려 경을 근원적으로 보는 견해와 반대의 입장이 되는 점도 있지만, 경학의 방대한 분야에 있어 초학자의 일천한 식견으로 논증하지 못한 점이 많기 때문임을 밝혀두며, 미흡한 발표를 마치고자 한다.

# 경전과 현실 사이: 개별주의로 본 주역의 힘

박영우(유교문화연구소 책임연구원)

## 1. 서론

고전이 현재에도 권위를 갖는다면, 그것은 고전 텍스트가 지닌 '현재적 유효성' 때문일 것이다. 고전과 현재는 표면적으로는 서로 대척점을 차지하는 것 같지만, 실용적 상황에 직면하면 항상 서로 연결되어 있음도 확인되는 관계이다.

서구의 중세가 끝나고 근세가 시작되는 지점에서 르네상스라는 문예부흥의 사조가 흥기했을 때의 문화적 현상을 우리는 '고전주의'로 부른다. 그들의 사유가 출발하는 원형이 바로 그리스와 로마의 '고전' 시대의 것이었기 때문이다.

중국 송나라 때 신흥 사대부들이 건설하려는 '요순의 나라'는 '삼대로의 회귀'라는 모토를 통해 묘사되었던 '신유학'의 꿈이었다. 그들의 꿈은 구체적 실천목표로서 '내성외왕'의 완성과 현실적 실천 방법으로서의 '존천리거인욕存天理去人欲'이라는 기치 아래서 추진되었는데, 그 사상적 원형은 모두 선진 유학에서 뿌리를 내렸던 것이다.

고전과 현재의 문제를 사유하게 하는 '고금지변古今之辨'은 위의 두 상황 이외에도 많다. 중세기의 교부철학의 플라톤 연구, 스콜라 철학시대의 아리스토텔레스 연구, 위진남북조 시대의 현학과 당나라의 도교, 성당시대와 송나라의 선종禪宗과 명말의 삼교합일 운동, 아이러니하게도 지금 중국의 일대일로는 마르크스주의와 유교(특히 양명학자들을 중심으로)의 결합을 공공연히 내세운다. 금今이 고古를 잇고, '고'가 '금'에 영향을 미치는 저간의 상황들은 아마도 시대마다 적당한 사례를 들 수 있을 것이다.

순자는 공자의 유학적 이상을 '융례隆禮'[1]와 '법후왕法後王'[2]이라는 방법으로 실현하려 했다. 그는 자신의 '금'을 통해 공자의 '고'를 실현하려고 한다. '법후왕'은 과거의 성현보다 현실적 성현을 더 귀하게 여겨야 한다는 말이지만, '고금古今'을 놓고 보면 '금今'을 강조한 입장이 확연히 드러난다.

그런데 인류의 문명사에서 '고전'이 갖는 위력은 실로 상상을 초월할 정도로 힘이 세다. 동서고금을 막론하고 새 시대를 열거나 새로운 문명이 등장하는 배경에는 반드시 고전이 그 배경에서 힘을 발휘하고 있음을 심심치 않게 보게 된다. "무릇 후왕이란 천하의 임금이다. 후왕을 버리고 옛 도리를 말하는 것은 마치 자기의 임금을 버리고 남의 임금을 섬기

---

1 『荀子』「天論」: "君人者, 隆禮尊賢而王."

2 『荀子』「不苟」: "故千人萬人之情, 一人之情是也; 天地始者, 今日是也; 百王之道, 後王是也. 君子審後王之道, 而論於百王之前, 若端拜而議." 또한 『荀子』「非相」: "故曰, 欲觀聖王之跡, 則於其粲然者矣, 後王是也. 彼後王者, 天下之君也; 舍後王而道上古, 譬之是猶舍己之君而事人之君也."

는 것과 진배없는 일이다."[3]

또 『중용』에는 "살기는 지금 세상에 살면서 옛날의 도리를 따르는 것은 재화가 자신에게 미치는 길이다"[4]라고 하여 '금'을 더 강조하지만, 사실 '후왕'을 강조했던 『순자』 또한 '선왕의 학문'을 계승하지 않을 수 없었고[5], 『중용』 또한 '요순'과 '문무'의 업적이 이루어 놓은 권위를 강조하기는 마찬가지였다.[6]

이 글에서는 『주역』을 통해 '고'로서의 경전텍스트와 '금'으로서의 '경전활용' 사이에 흐르는 긴장관계를 '개별주의(particularism)'[7]라는 시각에서 그 실천적 유효성을 확인해 보고자 한다.

## 2. 경전으로서 『주역』의 역할: 오경과의 차이점

『주역』은 역대 제왕들과 식자 계층들이 매우 중시했던 경전이다. 『주역』의 경문과 전문이 현행 체례로 편집된 것은 동한 시대를 거치면서이

---

3 『荀子』「非相」: "彼後王者, 天下之君也; 舍後王而道上古, 譬之是猶舍己之君而事人之君也."

4 『中庸』: "生乎今之世, 反古之道. 如此者, 災及其身者也."

5 『荀子』「勸學」: "不聞先王之遺言, 不知學問之大也."

6 『中庸』: "仲尼祖述堯舜, 憲章文武."

7 'particularism'을 '특수주의'로 번역하는 사람도 있고 '개별주의'로 번역하는 사람도 있다. 중국 학계에서는 대체로 '個別主義'라고 번역해서 쓰는 듯하다. 본고는 『주역』과 관련한 특성 때문에 '개별주의'로 번역했다. 'particularism'의 개념은 Jonathan Dancy가 *Ethics without principles*(2004)에서 제시했던 'moral particularism'에서 근원한다. 댄시는 도덕적으로 선한 판단과 행위를 이끌어내기 위해서 도덕의 제반 원리들에 의존하는 '보편주의'의 요청에 의존하지 않고도 얼마든지 가능하다는 주장을 했다. 도덕적 선(good)을 실천하는 데 보편주의가 전혀 필요하지 않을 뿐만 아니라 오히려 '개별주의'에 의거할 때 더 많은 실천 가능성을 실현할 수 있다고까지 말하면서 학계에 논란을 불러일으킨 윤리학 개념이다. Dancy의 주장을 이해하기 위해서는 Jonathan Dancy, *Ethics without principles,* Oxford: Clarendon Press, 2004를 참조하라.

다. 현재 우리에게 주어진 가장 유명한 『주역』 판본은, 당나라 때 『오경정의』 편찬으로 성립된 『주역주소周易注疏』본과 송나라 때 지어진 『주역정전周易程傳』과 『주역본의周易本義』를 기초로 하여 명나라 때 『영락대전』을 편찬하면서 성립된 『주역전의대전周易傳義大全』일 것이다.

이 두 판본이 지금까지 『주역』 문헌 중에서 가장 영향력 있는 판본이라는 것도 부정하기 힘들 것이다. 『주역전의대전』에 함께 수록되어 있는 『주역정전』은 유가 사대부들이 즐겨 읽었던 판본이고, 관부에서 과거 시험의 교과서로 채택된 주자의 『주역본의』는 관학으로서의 지위와 영향력이 청나라가 멸망할 즈음 과거 시험을 폐지하기까지 700여 년간 이어졌다.

『주역』이 왕관학의 경전으로서 등용되는 것은 한 무제 시대 오경박사五經博士의 설치와 더불어서였다. 반고班固는 『한서』 「예문지」에서 『주역』이 차지하는 특수성을 특별히 기록하기도 하였다.

> 육예의 문장에서, 악樂으로써 신묘함을 화합함은 인仁의 징표이다. 시詩로써 말을 바로 세우는 것은 의로움[義]의 씀이다. 예禮로써 본체[體]를 밝히는 데, 밝은 본체는 스스로 두드러지게 드러나므로 따로 가르침이 없다. 서書로써 경청을 넓힘은 지혜[智]의 기술이다. 춘추春秋로써 사태를 판단함은 믿음[信]의 부절이다. 이들 오경은 다섯 가지의 상도이며 서로를 따라 갖추어졌다. 그리고 역易이 그 근원이다.[8]

반고의 마음속에서 『주역』은 오경지수五經之首였던 것이다. 반고는

8 『漢書』 「藝文志」: "六藝之文: 樂以和神, 仁之表也; 詩以正言, 義之用也; 禮以明體, 明者著見, 故無訓也; 書以廣聽, 知之術也; 春秋以斷事, 信之符也. 五者, 蓋五常之道, 相須而備, 而易爲之原."

『주역』의 어떤 점에 의거해서 '오경의 근원[易爲之原]'이라고 했을까? 반고는 이에 대한 직접적인 대답을 하지 않았기 때문에 반고가 『주역』을 어떻게 기록했는지를 통해서 간접적인 추정을 할 수밖에 없을 듯하다. 『한서』「예문지」에서 다음과 같이 말한다.

> 『역易』에 이르기를 "복희씨가 하늘을 우러러 상을 보고, 땅을 굽어 법칙을 보았다. 날짐승 들짐승의 문양을 보고, 땅의 마땅함에 맞추어서 가까이는 몸에서, 멀게는 사물에서 상징을 취하였다. 이렇게 팔괘를 만들어서 신과 명의 덕을 통합하고 만물의 실정을 분류하였다." 은주의 교체기에 이르러 주紂 임금이 임금 노릇하면서 하늘을 거스르고 사람들을 함부로 대하니 문왕이 제후들과 함께 천명을 받들어 도를 행하였다. 하늘과 사람에 대한 점이 효과를 보았기에 주역을 펼쳐서 육효를 만들고 상하 두 편으로 나누었다. 공씨가 이를 위해 「단전」「상전」「계사전」「문언전」「서괘전」 등 10편을 만들었다. 그러므로 역의 심오한 도리는 세 사람의 성인을 거치고, 세 시대를 지나면서 완성되었다. 진秦 나라의 분서 사태에 이르러 주역은 점서의 책이라 하여 불타지 않았고, 전승하는 이가 끊이지 않았다. 한나라가 세워지면서 전하田何가 전했다.[9]

반고의 기록에 의하면, 주역은 우선 하늘을 대신하여 천명을 이행하는 책이다. 그리고 점의 효과가 커서 주역 편제를 삼효 구조인 8괘 체계에서 6효 구조인 64괘 체계로 확대했고, 공자가 문왕의 64괘 체례에 기

---

9 『漢書』「藝文志」: "易曰, '宓戲氏仰觀象於天, 俯觀法於地, 觀鳥獸之文, 與地之宜, 近取諸身, 遠取諸物, 於是始作八卦, 以通神明之德, 以類萬物之情.' 至於殷周之際, 紂在上位, 逆天暴物, 文王以諸侯順命而行道, 天人之占可得而效, 於是重易六爻, 作上下篇. 孔氏爲之彖象繫辭文言序卦之屬十篇. 故曰易道深矣. 人更三聖, 世歷三古. 及秦燔書, 而易爲筮卜之事, 傳者不絶. 漢興, 田何傳之. 訖于宣元, 有施孟梁丘京氏列於學官, 而民間有費高二家之說. 劉向以中古文易經校施孟梁丘經. 或脫去'無咎', '悔亡', 唯費氏經與古文同."

초하여 십익十翼을 지어 붙이면서 역은 세 사람의 성인과 삼대에 걸쳐 완성된 '성인'들의 합작품이 되었다. 그리고 중요한 특징은 주역이 '점서'인 까닭에 진나라의 분서 사태에서 벗어날 수 있었고, 이로 인해 그 전승이 끊이지 않았다는 점이다.

'점占'은 미래를 예측하겠다는 의도 아래서 그 미묘한 독해가 가능한 책이다. 「계사전繫辭傳」에 기록된 '대연지수大衍之數'를 펼칠 줄 모르는 사람들은 주역 경문이 지시하는 의미의 본면목을 이해하기 어렵다는 것은 주지의 사실이다. 반고 또한 이 점에 주목한 부분이 분명히 있다.

주역은 한나라 지식인들에게는 '건곤'을 움직이는 지침서였다.

> '역이 드러나지 않으면 건곤은 거의 사그라질 것이다.' 이 말은 (주역이) 천지와 함께 마치고 시작한다는 뜻이다. 오경의 학[五學]은 세상이 바뀌면 여전히 다른 방식으로 오행[五德]의 씀에 대응하면 된다.[10]

오경은 시대에 따라 다른 형식으로 바꾸어 쓰면 되지만, 『주역』은 천지의 건곤乾坤을 관장하므로 인간 사회가 바뀐다고 주역이 주는 지혜가 달라지지는 않을 것이라는 의미이다.

『주역』은 인간 사회의 오덕五德의 영역에 국한되는 것이 아니라 인간 사회의 사태들을 넘어 우주 만물의 범위에서 '건곤'을 수립하는 일이기 때문에 역대 제왕들의 환영을 받았던 것이다. 천지의 시작과 끝에 관한 일은 오경이 말할 수 있는 영역을 넘어 선 것이고, 이는 오직 주역만이 말할 수 있는 대상인 까닭에 주역만이 지닌 특징이 강조되는 대목이기도

---

10 『漢書』「藝文志」: "'易不可見, 則乾坤或幾乎息矣', 言與天地爲終始也. 至於五學, 世有變改, 猶五行之更用事焉."

하다.

『주역』 연구는 크게 역경易經, 역전易傳, 역학易學으로 나누어 진행할 수 있다.[11] 역대의 역학자 중에서 『주역』 해석과 관련된 논란이 가장 많았던 사람은 단연코 주희를 꼽을 수 있을 것이다. 주희는 『주역』이 점서占書라는 입장을 양보하지 않고 아예 시종일관 강조를 한 사람이다.

주희의 이런 입장은 스스로 지은 주역 주석서인 『주역본의』가 정이의 『주역정전』보다 『주역』의 '본의'에 가깝다는 의미를 숨김없이 드러내게 됨으로써 후대의 유림 사대부들이나 선비들이 『주역』의 유가적 의리론의 총체인 정이천의 역학 해석 입장과 주희의 해석학적 입장 사이에서 700년간 혼란을 일으킨 원인으로 작용하게 되었다.

두 사람의 역학 주석서 가운데, 『정씨역전』은 이른바 '의리역학'의 대표로서 유가의 '변화' 사상을 '상도常道'의 입장에서 가장 잘 구현한 주역 주석서라고 평가해도 좋을 것이다.

주희는 왜 정이의 유가적 사상 체례에 맞는 역학 해석의 입장을 거부하고 『본의』의 구절마다 '점占'으로서의 기능을 강조하고 있을까? 『주역』을 대하는 두 사람은 같은 유학적 견지와 유가적 사대부로서의 정치적 목적을 공유하고 있었지 않은가. 주희는 정이 역학의 어떤 점이 마음에 들지 않았던 것일까?

결론을 먼저 말하자면, 주희는 『주역』이 기타 오경이 표현하고자 하는 경전으로서의 기능이 다르다고 이해하며, 그 다른 경전적 기능은 바로 『주역』이 지닌 '결정정미潔淨精微'의 개념에 있다.

---

11 朱伯崑 主編, 『周易知識通覽』, 濟南: 齊魯書社, 1996年, 3쪽 이하; 朱伯崑, 『基礎教程易學』, 北京: 九州出版社, 2003年, 2~3쪽

『역』을 읽을 때, 반드시 괘卦와 효爻가 그려지기 이전의 상태가 어떤 모양인지를 살펴야 한다. 괘효가 그려지기 이전상태에서 오히려 상당히 많은 괘효의 상象과 수數를 읽어 낼 수 있다. 그것은 자연히 그렇게 되는 것이지 억지로 지어낸 것이 아니다. 『시』는 풍속의 상황과 그 변동에 의거하여 지었고, 『서』는 제왕의 정사政事에 의거하여 지은 것이다. 『역』은 애초에 어떤 사태가 없다. 다만 '텅빈 것[懸空]'을 말했을 뿐이다. 괘획이 아직 존재하지 않은 상태에 마주하면, 혼연한 하나의 '태극'일 뿐이고, 사람에게 있어서는 희로애락이 미발한 '중中'의 상태이다. 일단 발동하면 음양과 길흉, 각 사태들 마다 모두 그 안에 존재하고 있다. 사람은 모름지기 지극한 허정虛靜 중에 이러한 도리가 꽉 차 있음을 비로소 알게 된다. 만약 한 가지 사태의 언설에 먼저 의지하게 되면 [그 사태에] 막혀서 통하지 않게 된다. 이것이 바로 '결정정미潔淨精微, 역지교야易之敎也'[12]라고 한 의미이다.[13]

주희의 이런 해석은 송대宋代가 '군신공치君臣共治'의 시대가 아니었다면 받아들이기 힘든 관점이다. 점문자의 마음속에서 '괘획卦劃'이 떠오르기 전의 상태는 혼연한 태극의 상태이며 이것은 희로애락이 미발한 '중中'의 심리 상태라고 해석한다. '적연부동寂然不動'한 미발 상태의 마음이란 점문자占問者의 개별적 마음 상태이다.

이 마음 상태에 처음으로 모종의 '괘획'이 떠오를 때 비로소 음양이 나

---

12 『禮記』「經解」

13 黎靖德, 『朱子語類』(全八冊), 王星賢點校, 北京: 中華書局,1986 第一版; 2007 第六次印刷, 卷六七, 第五冊, 1660쪽: "看『易』, 須是看它卦爻未畫以前, 是怎模樣? 卻就這上見得他許多卦爻象數, 是自然如此, 不是杜撰. 且『詩』則因風俗事變而作, 『書』則因帝王政事而作. 『易』初未有物, 只是懸空說出. 當其未有卦畫, 則渾然一太極, 在人則是喜怒哀樂未發之中; 一旦發出, 則陰陽吉凶, 事事都有在裡面. 人須是就至虛靜中見得這道理周遮通瓏, 方好. 若先靠定一事說, 則滯泥不通了. 此所謂'潔淨精微, 易之敎也'.(學履)"

누어지고 강유가 형성되면서 눈앞의 사태에 대한 길흉회린을 결정할 수 있는 것이다. 이것은 '새로운 태극'의 전개가 점문자 개별적 심리적 상황에 의존한다는 의미이다. 즉 '개인의 마음'이 새로운 천하를 그려내는 출발점, 즉 태극이 된다는 의미이다.

새로운 태극은 하나의 새로운 세계이다. '괘획' 존재 이전의 상태를 인지하는 것이 바로 『주역』의 '결정정미'라는 성격이며, 이것이 바로 『주역』으로 하여금 기타 사서나 오경과 다르게 하는 근거이다. 주희에게 있어서 '점'은 의식 과정(ritual process)에 의거하여 설명된다.

주희에게 있어서 『주역』은 무수한 '태극', 즉 무수한 천하를 그림 그릴 수 있는 경전인 것이다. 이러한 특징은 사서와 오경에서는 찾을 수 없다. 사서와 오경은 이미 정해진 사태와 이념들의 고정성 때문에 주역과 같이 '상징 체계(symbolism)'를 적극적으로 사용해서 '새로운 세상'을 만들어 내는 원리적 혹은 이론적 기능은 없다. 주역의 이러한 특징으로 말미암아 주희는 주역이 '점서'라는 점을 그리도 강조했던 것이다.

지금부터는 『주역』의 핵심 기능 중의 하나인 점의 과정과 점 의식을 통해 도출된 역상의 해석은 어떤 원리나 보편적 이념의 지도나 압력을 받지 않는다는 점을 살펴보고자 한다. 『주역』의 이러한 특징을 몇 가지 '개별주의적' 원리들을 통해 확인할 것이다. 이를 위해 우선 조나단 댄시(Jonathan Dancy)의 '도덕적 개별주의' 개념을 좀 이해할 필요가 있다.

개별주의적 개념이란 도덕원칙에 대해서 어떤 역할도 보여주지 않는 개념이다. 개별주의자들은 도덕 판단이 (어떤) 원리들에 호소하지 않고도 완전히 만족스럽게 진행할 수 있다고 생각하며, 사실상 완전한 도덕 주체가 되는 것과 원리들에 입각하는 것 사이에는 본질적인 연계 관계가

없다고 생각한다.[14]

댄시의 '개별주의'는 윤리학의 영역에서'도덕적 보편주의'를 반대한다. 도덕적으로 선한 행위를 하는 데는 보편적 원리가 필연적으로 요구되는 것은 아니라는 것이다. 그래서 다음과 같이 보편주의자들의 공격을 받기도 한다.

> 개별주의가 도덕회의주의의 한 형태—도덕성에 대한 공격을 하는 것으— 로서 종종 잘못 이해된다는 것은 바로 이런(원리들에 대한 공격) 이유 때문이다. 그렇게 생각하는 것은 아주 잘못된 생각이다. 개별주의자들은 …… 도덕성은 완벽히 타당한 형태이고 아주 만족스러운 역할을 하고 있다고 생각한다. 그리고 도덕성과 원리성 사이의 잘못된 연계를 버린다 함은 도덕성을 공격한다기보다는 오히려 도덕성을 옹호하는 쪽이다.[15]

모든 도덕적 원리주의의 주장에 반대의 태도를 취하기 때문에, 보편주의자들로부터 '윤리적 회의주의'가 아니냐는 비난을 받는데, 도덕적 개별주의는 오히려 윤리적 판단이나 행위를 옹호하는 쪽이므로 이런 공격은 잘못된 것이라고 반박하고 있다.

그러면 댄시가 도덕적 개별주의와 보편주의를 어떻게 분류하는지 살

---

14 "Particularists think that moral judgement can get along perfectly well without any appeal to principles, indeed that there is no essential link between being a full moral agent and having principles." Jonathan Dancy, *Ethics without principles, Oxford: Clarendon Press; New York*: Oxford University Press, 2004, p.1

15 "particularism is often mistakenly thought of as an attack on morality—as a form of moral skepticism. That would be quite wrong. Particularists, …… think that morality is in perfectly good shape and functioning quite happily, and that abandoning the mistaken link between morality and principles is if anything a defence of morality rather than an attack on it." Jonathan Dancy, *Ethics without principles*, Oxford: Clarendon Press; New York: *Oxford University Press, 2004, p.1*

펴보자. 우선 개별주의자와 보편주의자 혹은 원리주의자를 구분하는 표준은 비교적 명확하다.

(1) 개별주의: 도덕적 사유와 판단의 가능성이 도덕 원리들의 적당한 제공에 의존하지 않는다는 주장.
(2) 보편주의: 도덕적 사유와 판단의 가능성이 도덕 원리들의 적당한 제공에 의존한다는 주장.
(3) 전체론의 근거이론: 어떤 사태 중에서 하나의 이유가 되는 특성은 또 다른 사태에서는 전혀 근거가 되지 않거나 어떤 근거에 반대될 것이라는 주장.
(4) 원자론의 근거이론: 어떤 사태에서 하나의 이유가 되는 특성은 다른 어떤 사태에서도 하나의 이유임을 지속하거나 같은 극성을 포함하여야만 한다는 주장.[16]

댄시의 주장에 의하면, 개별주의는 도덕적 사유와 판단의 영역에서 도덕 원리들(moral principles)에 의존하지 않고도 선한 행위(good action)와 악한(bad) 행위를 판단하거나 실행해 낼 수 있다고 주장한다. 댄시는, 우리가 실제로 도덕적 행위를 판단하고 실행을 하려고 할 때, 보편주의적 시도가 얼마나 허위적이고 근거가 미약한 것인지를 수도 없이 논증한다. 가장 대표적인 논증이 '근거 이론(theory of reason)' 혹은 '이유 이론'이다. 댄시는, 일반적으로 보편주의자들은 도덕적 행위를 요구받을 때, (4)의 근거이론, 즉 원자론의 근거이론을 채택하고, 개별주의자들은 (3)의 이

16 Jonathan Dancy, *Ethics without principles*, Oxford: Clarendon Press; New York: Oxford University Press, 2004, p.7; pp.73~74

론, 즉 전체론의 근거이론을 채택한다고 주장한다.[17]

개별주의자들의 '근거 이론'을 이해하려면, 댄시의 '기여적 근거(contributory reason)' 혹은 '기여적 이유'의 개념을 이해할 필요가 있다.

> 내가 …… 행위의 근거들에 말할 때는 기여적 근거(contributory reason)를 말하는 것이다. 행위의 기여적 근거란 그것의 존재가 어떤 사건으로 하여금 특정한 행위를 위한 것이 되게 하는 모종의 특성이다. 그러나 그러한 실행을 위한 전반적인 경우(overall case)가 비슷한 역할을 하는 두 번째 특성을 추가함으로써 행위가 개선되거나 강화될 수 있는 방식에서이다.
>
> 또한 어떤 한편에 있는 하나의 기여적 근거는 다른 편에 존재하는 어떤 근거의 존재에 의해 필연적으로 파괴되는 것은 아니다. 기여적 근거들은 공식적으로 단독으로 뿐만 아니라, 다른 것과 결합상태에서도 실행 가능한 근거들이다.[18]

'기여적 근거' 개념은 행위를 위한 근거, 혹은 이유를 그 행위에 '기여한 정도'로만 판단한다는 개념이다. '기여적 근거', 즉 하나의 선한(good) 도덕적 사태(case)에 기여했던 어떤 '이유'나 '근거'는 다른 도덕적 사태에 적용될 때 필연적으로 같은 기능을 하지도 않지만, 다른 사태에 적용될

---

17 Jonathan Dancy, *Ethics without principles*, Oxford: Clarendon Press; New York: Oxford University Press, 2004, p.7

18 Jonathan Dancy, *Ethics without principles*, Oxford: Clarendon Press, 2004, p.35 "When I talk …… about reasons for action, I mean to be talking of what I call contributory reasons. A contributory reason for action is a feature whose presence makes something of a case for acting, but in such a way that the overall case for doing that action can be improved or strengthened by the addition of a second feature playing a similar role. Also, a contributory reason on one side is not necessarily destroyed by the presence of a reason on the other side. Contributory reasons are officially reasons capable of doing what they do either alone or in combination with other."

때 필연적으로 붕괴되지도 않는다.

가령 칸트의 의무론에서 "거짓말하지 말라"라는 정언 명령에 의해서 혹은 공리주의자들의 '최대행복'의 원리를 근거로 해서 행해졌던 '어떤' 도덕적 사태 속의 도덕 행위는 다른 모든 도덕적 사태에서 '선함'을 반복하는 데 필연적으로 적용되는 것도 아니요, 필연적으로 단절되는 것도 아니라는 것이다.

실제로 우리는 어떤 사람이 선한 행위를 하는데 제공된 도덕적 이유가 매번 성공하지 않는다는 것을 알며, 다른 경우에는 '역효과'를 불러일으키는 경우를 보기도 한다.

숨이 멎은 사람에게 심폐소생술을 시전하다가 조난자의 갈비뼈가 부러지는 바람에 오히려 사망에 이르게 하는 경우나, 최대행복의 원리인 다수결에 의해 공동체의 자산을 매각했는데, 더 큰 손해를 끼치게 된 경우 등은 그 선한 행위를 의무론적 동기 혹은 결과의 최대행복을 목표로 삼아 진행된 것임에도 불구하고 필연적으로 매번 성공하지는 못한다는 사실은 개별주의자들의 주장에 힘이 실리게 한다.

그런데 '기여적 근거'의 개념은 동시에 근거 이론의 '전체론(holism)'적 주장에 반대되는 것이 아니라는 점을 안다는 것은 중요하다. 즉, 하나의 도덕 사태에 기여했던 모종의 '근거' 혹은 '이유'는 다른 사태에 적용될 때 필연적으로 파괴되는 것은 아니며, 다른 어떤 사태에 '중복'적으로 적용되는 경우는 얼마든지 있을 수 있다는 것이다. 다만 이러한 중복 적용 가능성이 '도덕적 보편주의' 혹은 '원리주의'가 주장하는 '절대적 요청'을 지지하는 것은 아니라는 점을 이해하는 것이 '도덕적 개별주의'의 중요한 특징이다.[19]

---

19 Jonathan Dancy, *Ethics without principles*, Oxford: Clarendon Press, 2004, p.5 "What is needed, we

도덕적 개별주의는 도덕성의 판단과 도덕적 행위를 선택함에 있어서 도덕 원리의 절대성을 부정하고 '각 사태에 따라(case by case)' 전혀 도덕적 원리에 '근거'하지 않고도 '선한 행위'를 도출할 수 있지만 도덕적 원리에 '근거'하는 것이 도덕 행위를 하는데 완전히 배제되는 것은 아니라고 개별주의자들은 주장한다.

또한 도덕적 개별주의자들의 '근거 이론' 중에 중요한 개념이 프리마 페이시(prima facie principle), 즉 '진실 간주 원칙'[20]이다. 로스(Ross)에 의하면, '도덕적으로 예정된 행동'이 그 근거로써 여러 근거들의 결합에 의거하게 될 때 각각의 근거들은 '일단 진실한 것으로 간주하자고 제안한다.

이런 '초기적 진실원리'가 '프리마 페이시' 원칙이다. 로스의 '프리마 페이시' 원칙은 도덕적 행위뿐만 아니라 우리 일상 생활의 거의 모든 행위자들이 채택하고 있는 일상생활 방식을 반영한 행위 원칙으로 이해할 수 있다.

우리는 보통 일상생활을 하면서 '지금 내가 하고 있는' 혹은 '해야 할 행위'들에 대해, 먼저 의무론적 동기에 부합하는지, 혹은 공리주의의 행복론에 합당한지 등에 대한 '증명'이 끝난 다음에 행위를 개시하는 것이 아니다. 스스로 암묵 중에 옳다고 혹은 틀리지 않다는 '의향성(intentionality)'의 기초 위에서 행위를 전개한다. 로스와 개별주의자들은 프리마 페이시 원칙에 의해 개별 행위자의 최초의 행위 근거에 대해 일단

---

might think, must therefore be a different sort of appeal to principles, not no appeal to principles at all."

20 Ross, W. David., *The right and the good*, Oxford: Clarendon Press, 1930, p.20 "Prima facie suggests that one is speaking only of an appearance which a moral situation presents at first sight, and which may turn out to be illusory; whereas what I am speaking of is an objective fact involved in the nature of the situation, or more strictly in an element of its nature, though not, as duty proper does, arising from its whole nature."

'진실성'을 부여하고자 한다.

아무튼, 개별주의자들은 행위의 근거가 되는 '기여적 근거'를 프리마 페이시, 즉 '간주된 진실 원칙'에 의해 해석하며, '기여적 근거'는 근거이론에서 '전체론(holism)'의 입장을 채택한다는 점을 상기하면서 다음 논의로 넘어 가 보자.

이 글에서는 개별주의자들의 이러한 해석적 입장이, 우리가 실제로 고전 텍스트를 해석하고 그것을 일상 속에서 행위의 방식으로 전개할 때, 채택하고 있는 독해 방식과 같은 것이라고 주장할 것이다. 사서오경에 대해서, 심지어 사부四部, 즉 경사자집經史子集의 문헌에 대해서도 그러하다고 보며, 특히 이 글의 주제와 관련된 『주역』의 '사용' 혹은 '활용'의 경우에 있어서는 특히 수용 가능성이 커진다고 본다. 주자의 입장에 대한 전목錢穆의 해설은 주자의 의도를 잘 정리해 놓은 것으로 보인다.

> 경전의 내용을 말할 때, '본의本義'가 있고 '추설의推說義'가 있다. 주자의 의도는 먼저 '본의'를 밝히고 나서 '추설'을 하자는 것이다. 설사 '추설'을 인정한다 하더라도 '본의'는 아닌 것이다. 이것은 마땅히 변별해야 하는 것이다. 이천伊川이 일찍이, 옛 학자들(한당시대의 학자들)은 먼저 경으로부터 의리를 말했는데, 후대의 학자들은 반대로 먼저 의리를 이해하고 나서 경을 해석해야 한다고 말한다. 여기에서 주자와 이천의 경전 해석에 대한 입장이 달라졌다. 그러면 학자들은 어떻게 마땅히 먼저 의리를 습득해야 하는 가에 대해, 이천은 '도를 밝힌다[明道]'는 것을 설명하면서 "육경에 돌아가 의미를 구하여 얻겠다는 것은 여전히 육경으로부터 의리를 밝히는 것이다"라고 하였다. 정문程門의 제현은 자신의 사부의 학설을 존중한 까닭에 많은 경우 사문師門의 의리해석에 기초하여 경전을 읽고 해석하곤 했다. 그들의 학설은 적지 않은 오독에 빠지기도 하였다. 주자는 정자의 제자들의 학설을 많이 바로 잡았

고, 심지어는 이정二程의 경전 오독과 의리 해석의 부당함에도 비판을 하였다. 그런데 주자는 이정과 장재는 맹자가 밝히지 못한 의리를 밝혔다고도 하였다. 이렇게 보면 의리해석은 경서에만 국한되었던 것이 아니라 경서 밖에서도 적용을 시켰던 것이다. 가능한 한 새로운 의리義理를 지속적으로 발견했다는 점은 인정을 하였던 것이다. 주자가 이정의 경전 해석에 오류가 있다고 수정을 가하긴 했지만 또한 그 의리 해석은 존속할 필요가 있다고도 하였다. 그러므로 경전 해석과 의리 해석은 두 가지 사태로써 합쳐서 보기도 하고 분리해서 보기도 할 수 있다고 이해한 것이다.[21]

정이와 주희는 송나라 사대부의 계급적 입장 중에서도 보수 구파舊派의 이익을 공유하는 '이학파理學派'에 속한다. 또한 그 해석학적 입장에서 『주역』이라는 동일한 경전에 대해 요순의 다스림이라는 공동의 정치적 목표 또한 공유하고 있다. 그런데, 아시다시피, 정이와 주희는 적어도 『주역』에 관련된 입장은 근본적으로 다르다고 평가된다. 같은 목표 아래에 출발을 했지만 구체적 노정路程에서는 꽤 다른 입장을 취하기 때문이다.

두 사람 간의 해석학적 '기여적 이유' 혹은 '기여적 근거'가 개별적으로 다르기 때문에 발생하는 차이인 것이다. 같은 보편주의적 입장을 지닌

21 錢穆, 『朱子新學案』(全五冊), 臺北: 三民書局, 民國60年 初版; 民國71年 再版, 第四冊, 4~5쪽: "說經有本義, 有推說義. 朱子意, 先明本義, 乃可推說. 儘可推說, 然非本義. 於此必當辨. 伊川嘗謂古之學者, 先由經以識義理, 後之學者, 卻須先識之義理來解經說經. 此處乃朱子與伊川對經學上之意見相異. 然學者就當如何先識義理, 伊川之狀明道則曰, 反求之六經而得之, 則仍是由六經明義理也. 惟程們諸賢尊其師說, 則不免多以得自師門之義理來看經說經, 其說乃不免於多誤. 朱子多糾程門, 亦糾及二程, 然多糾其誤解經義, 亦有糾其所說義理非正. 然朱子又謂橫渠二程, 多有發孟子所未發. 可見義理不限於經書, 經書之外, 儘可有新義理絡續發現. 朱子糾二程解經有誤, 然謂其所解義理可存. 故解經與說理兩事, 可合可分."

사람들 사이에서도 '특정 행위'에 기여한 정도 혹은 기여 자체의 여부에 따라 전혀 다른 해석학적 결론을 도출하기도 한다.

주희가 『주역본의』를 지은 것은 정이의 의리론 중심주의적 경전 해석학이 마음에 들지 않아서이다. 『정씨역전』이 『주역』을 『상서』나 『춘추』와 똑같은 방식에 의거하여 『주역』을 기타 오경처럼 해석하는 것은 경전으로서의 성격이 전혀 다른 주역의 '본의'를 이해하지 못했기 때문이라는 이유에서이다.

정이와 주희의 『주역』 해석에서 가장 두드러진 두 가지 차이는 1. 점서로서의 『주역』을 인정하는지 여부, 2. 역상易象이나 괘효사의 내용을 '상', 즉 '빈기호[空的物事]'로써 이해하는지 여부이다.

주희는 1. "역은 원래 복서를 위해 지은 것[易本爲卜筮而作]"이고, "프레임을 열고 소임을 완성[開物成務]"[22]하는 경전으로 이해하고 있다. 또한 2. 역상易象과 괘효사는 '공적물사空底物事'[23], 즉 '빈기호'로 이해한다. 이러한 빈 기호는 라캉(Lacan)이 말한 시니피에(signifie)는 결핍되어 있고, 시니피앙(signifiant) 뿐인 추상적 기호이다.

그래서 모든 시니피에로 대체될 수 있는 호환성을 갖는다. 상象, 즉 괘획과 괘효사가 표시하는(denoted) 시니피앙의 기능은 점 행위(divination)를 통해서만 발휘된다고 보는 것이 주희의 확고한 입장이다. 이는 정이의 '의리주의적' 경전 해석의 입장과 판이한 해석학적 입장이다.

22 黎靖德, 『朱子語類(全八冊), 王星賢點校, 北京: 中華書局, 1986 第一版; 2007 第六次印刷, 卷六七, 第四冊, 1620쪽: "易本爲卜筮而作. 古人淳質, 初無文義, 故畫卦爻以'開物成務'. 故曰"夫易, 何爲而作也? 夫易, 開物成務, 冒天下之道如斯而已." 此易之大意如此. 謨."

23 黎靖德, 『朱子語類』(全八冊), 王星賢點校, 北京: 中華書局, 1986 第一版; 2007 第六次印刷, 卷六七, 第四冊, 1631쪽: "論『易』云: '其他經, 先因其事, 方有其文. 如『書』言堯舜禹湯伊尹武王周公之事, 因有許多事業, 方說到這裏. 若無這事, 亦不說到此. 若『易』, 只則是箇空底物事, 未有是事, 預先說是理, 故包括得盡許多道理, 看人做甚是, 皆撞著他.'"

그런데 설령 우리가 주희의 입장에 선다고 해서 정이의 '의리론적 해석'이 틀려지는 것은 아니다. 이는 주희도 인정했던 부분이다. 여기서 우리는 개별주의적 입장이 효과를 발휘함을 목도하게 된다. 주희는 주희대로 정이는 정이대로 『주역』 혹은 캐논(canon)이 지닌 힘을 자신의 시공간에서, 자신의 시대적 임무 앞에서 다름대로 효과적으로 발휘했다는 것은 모두가 아는 사실이다. 둘 사이의 차이 중에 무엇이 '틀렸다'고 평가한다기보다는 서로 '다르다'는 평가가 현실에 더 부합하는 것이다.

이상의 논의에서 『주역』의 경전으로서의 기능은 점과 상의 원리에 의거한다는 점에서 기타 오경의 경전적 기능과는 완전히 다르다는 점을 살펴보았다. 다음 절에서 주역의 점과 관련된 몇 가지 사태들을 보면서 『주역』이 개별주의적 특성을 좀 더 확인해 보고자 한다.

## 3. 현실과 경전 사이: 『주역』 텍스트 해석에 대한 '개별주의'적 특징

경전 해독은 '고古'의 문제인가 아니면 '금今'의 문제인가 라는 질문은 마치 진리가 바깥에 객관적 형식으로 존재하는 것인가 아니면 주체의 마음속에 진리성이 있어서 발견되는 것인가 라는 사태만큼 대답하기 쉽지 않은 문제이기도 하다.

한나라 식자들은 바로 고금의 문제를 누구보다 치열하게 대면했던 사람들이다. 그들이 경전의 해석에 대해 얼마나 노력을 기울였으며, 그 노력이 얼마나 효과를 보았는지에 대해서는 반고班固의 기록에서 잘 확인된다.

옛날의 학자는 스스로 밭을 갈고 부양했는데, 삼 년이면 경전 하나에 통달할 수 있었다. 대의[大體]를 보존하여 경문을 음미할 뿐이었다. 그래서 시간은 적게 들이면서도 쌓은 덕은 많았다. 나이 삼십이면 오경을 세울 수 있었다. 후세의 학자들은 경과 전의 내용 사이에 이미 괴리가 생겼고, 박학다식하다고 하는 자들은 많이 듣고 질문하는 것에는 관심이 없고, 소쇄한 문제나 지적하여 간편한 말과 공교한 언설에만 힘씀으로써 대의를 망쳤다. 다섯 글자를 해설하는데 2, 3만의 문자가 필요한 데까지 이르렀다. 후대의 학자들은 더욱 심하게 파고들었지만, 어린아이가 하나의 경전을 연구하는데 머리가 희고 나서야 [그 내용을] 겨우 말을 할 수 있었다. 익숙한 것에 안주하고 보지 못한 것은 훼방 놓아 버리니 끝내 스스로 무너졌다. 이것이 학자들의 큰 근심이다.[24]

한나라 때 지식인들이 쏟은 노력에 대한 긍정적 평가와는 달리, 그 폐단에 대한 평가가 있다. 그 폐단은 왕충王充의 『논형』에도 폭로되어 있다. "오경 장구를 살피는데, 20만 자나 필요했고, 박사 제자 곽로郭路가 야밤에 옛날 학설을 검토하다가 등잔 아래서 죽었다"[25]는 폭로는 고금古今의 변을 두고서 얼마나 심각한 문제가 숨어 있는지를 웅변한다.

문제는 항상 '옛것[古]'을 얼마나 열심히 살피는 데에 있는 것이 아니라

---

24 『漢書』「藝文志」: "'易不可見, 則乾坤或幾乎息矣', 言與天地爲終始也. 至於五學, 世有變改, 猶五行之更用事焉. 古之學者耕且養, 三年而通一藝, 存其大體, 玩經文而已, 是故用日少而畜德多, 三十而五經立也. 後世經傳既已乖離, 博學者又不思多聞闕疑之義, 而務碎義逃難, 便辭巧說, 破壞形體; 說五字之文, 至於二三萬言. 後進彌以馳逐, 故幼童而守一藝, 白首而後能言; 安其所習, 毁所不見, 終以自蔽. 此學者之大患也."

25 『論衡』「效力」: "王莽之時, 省五經章句, 皆爲二十萬. 博士弟子郭路, 夜定舊說, 死於燭下" 黃暉, 『論衡校釋』(全4冊), 北京: 中華書局, 1996, 第二冊, 538쪽. 이에 대해 錢穆은 비판적 평어를 내 놓았다. "是知五經皆有章句, 章句之繁, 每經盡在二十萬言上矣." 錢穆, 「兩漢博士家法考」, 『兩漢經學古今文平議』, 『錢賓四先生全集』, 台灣: 聯經出版, 1998 初版, 230쪽.

'지금[今]'의 효과와 쓸모에 있을 것이다. 당시 수많은 박사 제자 곽로'들'의 학문적 성과는 이미 전래하지 않지만 그들의 노력은 무엇을 위한 것이었을까 라는 질문은 여전히 유효하다. 『주역』은 특히 여러 세대를 거쳐 오면서 여러 사람의 '손을 탔다'는 기록이 남아 있는 경전이다.

『한서』「예문지」는 『주역』이 '인경삼성人更三聖, 세력삼고世歷三古', 즉 세 사람의 성인과 삼대의 세월을 거쳐서 지금의 판본이 되었음을 기록한다.[26] '세 명의 성인과 삼대의 시간'을 거쳐서 완성된 『주역』 텍스트는 괘획(괘의 상징 기호), 괘사, 효사 이 세 부분의 결합을 통해 '경문'으로 실현되었으며, 현행본 『주역』의 내용은 성질상 『역경』과 『역전』으로 나누어진다. 그중 『역전』은 흔히 십익이라고 된 비교적 체계적이고 철학적이며 사상적 의도가 분명히 개입되어있는 텍스트들로 구성되어 있다.

주희는 『주역』 텍스트, 경문經文과 전문傳文의 바로 이러한 특징들 때문에 '본의本義'와 '추설推說'을 나누어서 이해해야 한다고 한 것이다. 이것이 바로 『주역』이 기타 경전과 다른 점인 이유이다.

> 『주역』을 논하자면 '기타 경전은 그 사태에 의거하여 비로소 그 문장이 있게 되었다. 마치 『상서』가 요 · 순 · 우 · 탕과 이윤, 무왕, 주공의 사건을 언급하는 것은 그 많은 사업이 있었음으로 말미암아 이 텍스트가 된 것이다. 만약 그런 일이 없다면 이 글들도 없었을 것이다. 『역』은 다만 빈 기호[空底物事]일 뿐, 실제로 그런 사태는 없었던 것이다. 먼저 이 도리를 말한 후에 허다한 도리를 포괄할 수 있었던 것이다. 사람이 무슨 일을 하는지 보아서 모두 그것에 대응할 수 있는 것이다." 또 "역易은 무사無思하고 무위無爲의 특징을 지닌다. 그래서 역易은 '무정한 사태[無情底物事]'들이다. '고요히 움직임이 없다

26 이 글의 각주9) 참조.

[寂然不動]'고 한 것이며, 점문자가 길흉과 선악을 사태에 따라 드러내게 되면 비로소 '감응하여 통한다[感而遂通]'고 한 것이다."[27]

이 역시 주희의 관점이다. 비록 주희의 관점이기는 하지만 일반적 무술巫術 현상의 해석에 극히 들어맞는 관점으로 보인다. 주희가 볼 때 『주역』이 타 경전과 다를 수 있는 것은 주역이 추상 기호를 쓰기 때문이라는 것이다. 『주역』에 대해 또 하나 주목해야 할 점은 『주역』이 '무사', '무위', '무정'한 근원성을 지닌다는 점이다. 마치 이름할 수 없는 도道처럼 주역의 근원은 '적연부동'의 상태인 것이다. 사태가 발생할 때에야 비로소 점 행위를 통해 '태극'을 확인하고 다음 행위를 위한 '프레임'을 전개하는 것이다.

이러한 관점에 따르면 『주역』은 정해진 '태극'이 없는 것이다. 주희는 '태극'을 '이'로 해석하긴 했지만, 『주역본의』나 『주자어류』 혹은 『문집』에서 다루는 주역의 태극과 관련된 '이理'는 '도리' 정도로 혹은 '역리易理' 정도로 해석하고 '이기론'의 '이' 도덕 주체의 본질로서의 '이'는 말하지 않고 있다는 점도 특기할 사실이다.[28]

---

27 黎靖德, 『朱子語類』(全八冊), 王星賢 點校, 北京: 中華書局, 1986 第一版; 2007 第六次印刷, 卷六七, 第四冊, 1631쪽: "論『易』云: '其他經, 先因其事, 方有其文. 如『書』言堯舜禹湯伊尹武王周公之事, 因有許多事業, 方說到這裏. 若無這事, 亦不說到此. 若『易』, 只則是箇空底物事, 未有是事, 預先說是理, 故包括得盡許多道理, 看人做甚是, 皆撞著他' 又云: '『易』無思也, 無爲也', 『易』是箇無情底物事, 故'寂然不動', 占之者吉凶善惡隨事著見, 乃'感而遂通.'"

28 『주역』의 「계사전」은 본체론 개념에 관한 서술에서 두 가지 모순적인 개념을 언급하고 있다. 하나는 '태극' 개념이고 하나는 '神无方而易无體'(신묘함은 방소가 없고 역은 본체가 없다)라는 구절에서 '无體' 개념이다. '태극'은 본체론적 근원의 의미를 지니는데, '易无體'는 근본적으로 본체론적 의미가 없다. 주희는 '태극'을 '理'라고 한 정이의 개념을 계승하기 때문에 '易无體'의 비본체론적 개념에 대해서는 거의 말을 아낀다. 주희는 이에 대해 다만 "至神之妙, 無有方所; 易之變化, 無有形體"라고 간단히 언급하고 만다. 朱熹, 『周易本義』, 北京: 中華書局, 2009, 227쪽.

주희의 이런 관점에서 『주역』을 실제로 점 행위와 결부시켜 운영해 볼 때, 개별주의적 특징들과 매우 잘 들어맞는다고 보인다. 다음으로 여괘旅卦(䷷) 상구효를 중심으로 『주역』 경문 해석의 개별주의적 특징을 살펴보고자 한다. 여괘의 상구 효사에 '조분기소'에 관한 해석을 둘러싼 개별주의적 특징을 확인할 수 있을 것이다.

上九, 鳥焚其巢, 旅人先笑後號咷; 喪牛于易, 凶.

상구, 새가 둥지를 태우니 나그네가 먼저 웃고 나중에 울부짖을 것이다. 역에서 소를 잃었다, 흉하다.

「象」曰, 以旅在上, 其義焚也. '喪牛于易', 終莫之聞也.

「상」왈: 나그네가 위에 있으니 당연히 태우는 것이다. '역에서 소를 잃었다'고 함은 끝내 소문을 듣지 못할 것이기 때문이다.

우선 상구의 효사를 보면 '조분기소鳥焚其巢', 즉 '새가 자기 둥지를 태운다'라는 문구와 '상우우역喪牛于易', 즉 '역易에서 소를 잃었다'는 문구가 『역경』의 구문, 즉 텍스트이다. 우리는 이 두 구문이 지시하는 상징이 무엇을 의미하는지, 또 이 두 象이 왜 '흉'한지를 밝히는 것이 이 효의 의미를 밝히는 핵심이다.

경문에는 『역전』의 해석이 일차적인 해석권을 지닌다. 「소상전」의 해석은 '이려재상以旅在上, 기의분야其義焚也'와 '상우우역喪牛于易, 종막지문終莫之聞', 즉 '여행객으로서 윗자리에 있으니 그 뜻이 태워 버리는 것이다.'고 했고, '역易(지역)에서 소를 잃어버렸는데, 끝내 소식을 듣지 못한다'는 것이다. 오늘날의 사람들은 이 소상전의 해석을 이해하기가 쉽지 않을 것이다. 하여 역대로 『주역』에 일가견이 있다는 학자들이 나름대로 이 해석을 시도해왔다. 우선 왕필의 『주역주』의 의견을 살펴보자.

높은 자리에 있으면서 자택으로 여기므로 새집[巢]이라고 한 것이다. 길손이 윗자리를 얻었으므로 먼저 웃는다고 한 것이다. 객으로서 제일 높은 곳에 처하니, 뭇사람이 시기하는 바이다. 친밀하지 않은 사람이 해를 입는 곳으로 갔으니 반드시 흉한 도리이다. 그래서 나중에 울부짖는다 한 것이다. 소는 농사의 자산이다. 객이 높은 자리에 거처하니 뭇사람이 함께 시기한다.

그러므로 '역에서 소를 잃었다'고 한 것이다. 곤란한 곳에 있지 않으면 물건은 위태함에 들지 않는다. 역에서 소를 잃는 사태를 방지하는 데 돕지 못하니, 끝내 소의 향방에 대해 소식을 듣지 못한다. 소의 소식을 듣지 못하니 해치는 자가 이르게 되는 것이다.[29]

왕필의 해석을 보면 '새집'에 대한 해석, 소[牛]를 잃은 의미 등이 설명되어 있어서 비로소 여괘 상구효의 의미가 상당부분 해석된다. 그러나 왜 '조분기소', 즉 새가 자기 집을 태우는지에 대한 해석은 생략되어 있다. 공영달孔穎達은 『주역정의』, 즉 오늘날의 『주역주소』본의 소疏를 통해 그 의미를 다음과 같이 설명한다.

『정의』에 이르기를 '새가 자기의 집을 불사르니 여행객이 먼저 웃고 뒤에 울부짖는다, 『역』에서 소를 잃으니 흉하다'한 것은 제일 위에 거처하는 것이 마치 새의 집과 같은 모양을 말한 것이고, 여행객이 위에 거처하니 반드시 서로 빼앗는 꼴을 보게 되니 마치 새집이 불타는 것과 같은 것이다. 그래서 '조분

29 孔穎達, 『周易正義』, 臺北: 藝文印書館, 民國86(1997), 128쪽 아래: "居高位而以爲宅, 巢之謂也. 客旅得上位, 故先笑也. 以旅而處于上極, 衆之所疾也. 以不親之身而當被害之地, 必凶之道也. 故曰後號咷. 牛者, 稼穡之資, 以旅處上, 衆所同疾, 故喪牛于易, 不在於難, 物莫之與危而不扶喪牛于易, 終莫之聞, 莫之聞, 則傷之者至矣." 孔穎達, 『周易正義』, 臺北: 臺灣中華書局, 民國66(1977), 卷五, 葉四之前.

> 기소鳥焚其巢'라고 한 것이다. 여행객이 윗자리를 얻어서 먼저 웃게 된 이유인데, 흉한 해로움이 반드시 이르게 되므로 '뒤에서 울부짖는다'고 한 것이다. 뭇사람이 함께 시기하면 농사의 자산을 잃게 된다는 것은 도리가 어려운 데에 있지 않다. 그래서 『역』에서 소를 잃는다'라고 한 것이고, 물건을 주지 않으면 해를 끼치는 자가 이르므로, '흉하다'고 한 것이다."[30]

공영달의 '소'는 새 집이 불타는 이유에 대해 소상한 설명을 붙였다. 여기서 여행객은 '새'로 상징화된 듯하다. 이 여행객이 '육구효'의 맨 위에 자리했으니 마치 새가 나무 맨 꼭대기에다 집을 지은 듯한 형상이 그려지도록 해석하고 있다. 또한 여행객이 맨 위에 거처하니 서로 빼앗는 꼴을 면하지 못하는 상황을 '새집이 불탄다'는 의미로 해석하였다. 그러나 왜 새가 스스로 자기 집을 불태우는지의 원인에 대한 해명은 없다.

정이는 『역정전易程傳』에서 유가적 의리론에 입각한 해석을 하고 있다.

> 새가 날아올라 높은데 거처하는 것은 상구上九이며, 양강陽剛하나 중도를 얻지 못하였다. 그런데도 제일 높은 데 거하면서 동시에 불을 상징하는 이離의 몸에 들어앉은 것이다. 그 높음[亢]을 알 수 있다. 그러므로 새의 상징을 취한 것이다.
>
> 여행 중일 때는 겸손히 아래로 내려와 유화적인 태도를 취해야 자신을 보존할 수 있는데 상구효는 지나치게 강건하고 스스로 높아졌으니 그 마땅하고

---

30 孔穎達, 『周易正義』, 臺北: 藝文印書館, 民國86(1997), 128쪽 아래: "正義曰, 鳥焚其巢, 旅人先笑後號咷, 喪牛于易, 凶者, 最居於上, 如鳥之巢, 以旅處上, 必見傾奪, 如鳥巢之被焚, 故曰鳥焚其巢也.' 客得上位, 所以先笑, 凶害必至, 故後號咷, 衆所同疾, 喪其稼穡之資, 理在不難, 故曰喪牛于易, 物莫之與, 則傷之者, 至矣, 故曰凶也." 孔穎達, 『周易正義』, 臺北: 臺灣中華書局, 民國66(1977), 卷五, 葉四之前.

안전한 바를 잃은 것이다. 새집은 새가 편안히 머무는 곳이다. 그 집을 태우는 것은 편안한 곳을 태우는 것이니 머무를 데가 없어진 것이다.

이離의 몸체 안에 있어서 불타는 상징을 취한 것이고, 양강한 성질로 스스로 최고 높은 데에 거처하니 처음에는 마음이 쾌활할 것이다. 그래서 '먼저 웃는다'고 하였다. 조금 있다가 편안함을 잃게 되고 도와주는 사람도 없으니, '울부짖는다'고 한 것이다. 덕을 좇아야 하는 원칙을 가벼이 여겨 잃었으니 '흉하다' 한 것이다.

소는 순한 동물인데 역에서 소를 잃은 것은 그 순함을 소홀이 하여 잃게 된 것을 말하는 것이다. 이離는 불의 속성이며 상구효는 조급하고 가벼운 상징이다. 위로 불타는 새집을 받치고 있기 때문에 '여인旅人(여행객)' 두 글자를 보탠 것이다. '여행객'을 말하지 않는다면 새가 웃고 우는 것이 된다.[31]

정이는 왜 '새집을 태우는' 주체가 새가 아니라 '여행객'인지를 명토 박아 해명한다. 공영달과 정이의 해설을 종합하면 '새가 자기 집을 불태운다'는 경문이 의미가 어느 정도 밝혀졌다고 할 수 있다.

그런데 이런 전통적인 일련의 해석학적 계열과는 아예 궤를 달리하는 해석도 존재한다. 등구백鄧球柏의 『백서주역교석帛書周易校釋』에는 한나라 혹은 전국시대 말의 해석이 담겨 있다. 아래는 『주역』 백서본帛書本에 기록된 여괘 상구효이다. 그리고 이 경문에 대한 해석자의 해석은 우리가 아는 전통적인 해석 계열에서 제시된 설명과 전혀 다른 해석을 하고

---

31 程頤, 『易程傳』, 臺北: 文津出版社, 民國76(1987), 509~510쪽: "鳥飛騰處高者, 上九, 剛不中, 而處最高, 又離體, 其亢可知, 故取鳥象. 在旅之時, 謙降柔和, 乃可自保. 而過剛自高, 失其所宜安矣. 巢, 鳥所安止, 焚其巢, 失其所安, 無所止也. 在離上爲焚象陽剛自處於至高, 始快其意, 故先笑. 旣而失安莫與, 故號咷.輕 易以喪其順德, 所以凶也. 牛, 順物, 喪牛于易, 謂忽易以失其順也. 離, 火性, 上爲躁易之象, 上承鳥其焚, 故更加旅人字, 不云旅人, 則是鳥笑哭也."

있다.

> 尙九, 烏棼亓巢, 旅人先芺後摝桃, 亡牛于易, 兇.
>
> 烏棼亓巢. 烏分巢做窩. 棼, 通分. 旅人先芺後摝桃. 軍人先摝草而後摝桃.
>
> 까마귀가 자기 둥지를 해체하고 있다. 새가 둥지를 해체하여 움집을 만든다. 여행객이 먼저 풀을 치다가 나중에 복숭아나무를 친다. 군인이 먼저 풀을 치다가 나중에 복숭아나무를 친다.[32]

새가 자기 둥지를 해체하여 움집을 만든다는 해석은 새로운 주거 형식을 창조한다는 뜻으로 새길 수 있다. '여인旅人'이 '군인'으로 해석되어 수색하는 장면[scene]을 그리게 되는 해석이다. 풀을 먼저 친다는 것은 쉬운 수색을 하는 것이고, 복숭아나무를 친다는 것은 어려운 수색으로 해석될 수도 있다. 백서본의 해석은 '여행객'이 실질적 주어가 아니라 '군인들'을 실질적 주어로 등장시켰다. 전국시대 당시의 상황에 더 맞는 해석일지도 모른다.

장립문張立文의 『주역백서금주금역』에서는 '역사화'의 의도가 보인다.

> 육오와 상구의 효사는 아마도 왕해王亥가 행려할 시기에 '역'에서 발생한 고사를 말하는 것일 것이다. 왕해는 행려 시기에 사냥을 할 때, 야생 닭에게 화살을 쏘았는데 맞긴 했지만 치명적이지는 않아서 화살을 맞은 새가 화살이 꼽힌 채로 날아 가 버렸다. 그래서 생명을 보존하였다. 이 고사는 왕해가 역

32 鄧球栢, 『帛書周易校釋』, 長沙: 湖南人民出版社, 2002 第3版, 377~378쪽: "芺, 草也. 『說文解字』: '芺, 草也.' …… 摝, 卽擱字, 批也, 打也. ㅇ芺, 通行本作笑, 芺, 笑, 均從夭得聲, 且形近易訛. ㅇ摝, 通行本作號, 摝, 號, 匣母雙聲. ㅇ桃, 通行本作咷. 桃, 咷, 定母雙聲, 宵部疊韻. 兇, 亂."

지역에서 방자한 심정으로 일락을 일삼으며 근신과 경계를 하지 않아 결국은 살해당했던 일을 비유하는 말일 것이다.[33]

왕해는 상나라의 시조로 받들어진 사람이다. 장사와 교역을 하느라고 도처로 돌아다닌 사람으로 알려져 있다. 장립문의 해석은 왕해가 '여인旅人'으로 해석된다. 여기서 '여인'은 물건을 교역하는 상인商人이다. 왕해의 이야기는 여괘 상구효의 텍스트 내용에다가 다소 견강부회식 해석을 시도하는데, 역사적 맥락을 드러내려는 의도가 엿보인다. 이런 역사주의적 해석의 장점은 텍스트의 원문에 힘이 실리는 역할을 하지만, 실제로 그 역사성이 의심되는 상황에서는 오히려 경문해석에 누가 되기도 할 것이다.

이정조李鼎祚의 『주역집해周易集解』에는 한대 상수학자들의 해석이 많이 실려 있는데, 우번虞翻의 해석은 상수학의 전형적 특징을 잘 보여 준다.

> 우번이 말했다. 이離는 새이고, 불이다. 손巽은 나무이고, 높음이다. [여괘의] 제4효가 부당위로서 변화를 하면 진震이 되는데, 진은 광주리이니 새집의 상이다. 그런데 지금 새집의 상이 보이지 않으므로 '조분기소鳥焚其巢'라고 한 것이다. 진은 웃음이고 진은 앞에 있다. 그러므로 '먼저 웃는다'고 한 것이고, 호체는 손에 있는데, 손은 울부짖음이다. 손의 상이 뒤에 있으므로 '나중에 울부짖는다'고 한 것이다.[34]

---

33 張立文, 『周易帛書今注今譯』, 臺北: 學生書局, 民國80(1991), 624쪽: "六五和上九爻辭, 可能是講王亥旅居有易的事, 王亥在旅居期間從事田獵, 雖一矢而中, 但並未野雞於死地, 結果帶矢飛去, 保存了生命. 隱喩王亥在有易恣情佚樂, 而不謹愼戒備, 結果被殺."

34 李鼎祚, 『周易集解』, 王豊先 點校, 北京: 中華書局, 2016, 347쪽: "虞翻曰, '離爲鳥, 爲火, 巽爲木爲高. 四失位變, 震爲筐, 巢之象也'. 今巢象不見, 故'鳥焚其巢'. 震爲笑, 震在前, 故'先笑'. 應在巽, 巽爲號咷, 巽象在後, 故'後號咷.'"

이에 대해 이도평李道平의 『주역집해찬소』는 좀 더 자세한 해설을 붙인다.

> 이離는 닭이요, 또 남방의 주작이므로 새가 된다. 또한 불이된다. 4효는 호체互體가 되면 손巽이고 나무가 되고, 높음이 된다. 4효 양효의 실위는 변하여 정위가 된다.[35]

이정조와 이도평의 해석은 상수학파들이 어떻게 괘상의 의미에 근거를 제시하는 지가 매우 체계적이고 분명한 방식으로 묘사하고 있음을 잘 보여준다. 팔괘의 상징과 의미를 사용하여 괘획(괘상)와 괘사 및 효사를 해석하고 있다. 이는 '춘추관점春秋官占'의 해석 방식을 계승한 것으로 보인다.

호체의 해석 방식은 「계사전」의 '중효中爻' 개념을 활용하여 발전시킨 개념으로 이해되지만 우번이 완성한 것으로 보아야 한다. 우번은 8괘의 순서 시스템에 의한 해석도 시도하고 있으며, 8괘의 상징 해석 이외에도 시간적, 공간적 스키마의 활용도 사용하고 있어서 괘효사의 해석 과정에서 선택되는 어휘들이 특정한 해석학적 근거 위에서 선정되었을 것임을 짐작하게 한다.

하나의 괘사에 대한 점문자占問者의 해석은 곧 '은유적 투사(metaphorical projecting)'를 통해 획득되는 것이다. 점문자의 은유적 투사는 점문자가 얻은 괘효상 혹은 괘효사를 시원역始源域(source domain)으로, 자신이 처한

---

35 李道平, 『周易集解纂疏』, 潘雨廷點校, 北京: 中華書局, 2004 重印(1994 初版), 494~495쪽: "離爲雞, 又南方之朱雀, 故爲鳥, 又爲火. 四互巽爲木; 爲高. 四陽失位變正, 三互震爲筐. …… 巽目高而震筐在上, 有巢象焉. …… 且離火出於巽木之上, 故曰'鳥焚其巢'. 震聲爲笑, 賁震在前, 故'先笑'. 應在三, 三互巽申命爲號, 旅巽在後, 故'後號咷'."

위기 상황을 목표역目標域(target domain)으로 삼아 진행한다. 시원역의 시니피앙은 항상 상징기호(symbol)의 형식으로 취급한다. 주희는 이미 남송 당시에 이러한 은유투사의 개념을 이해한 것으로 보인다.

> 우리가 점을 통해 한 효를 얻게 되면, 반드시 자신의 경우에 비추어[反觀] 보아서 과연 이 도리가 맞는 지 확인해야 한다. 가령, "곧고, 방정하고, 크다, 연습하지 않아도 불리할 것이 없다[直方大, 不習无不利]"라는 곤坤 육이 효를 얻었으면, 반드시 자기 스스로 '곧을 수 있는지[能直]', '클 수 있는지[能大]', '방정할 수 있는지[能方]'를 살펴 보아야 비로소 '불습무불리不習无不利'의 점괘대로 얻게 되는 것이다. 모든 [괘효사를] 이와 같이 해석해야 한다. …… 또 말하였다. 문왕이 괘효를 붙일 때 원래 다만 사람들에게 점서를 제공하고자 했던 것이다. 공자에 이르러 '십익十翼'을 만들고서야 '군자가 거처할 적에는 역상을 보고서 주사繇辭를 음미하며, 움직일 때에는 그 변화를 살펴서 점을 음미한다'고 [철학적 해석을] 했던 것이다. 또한 이르기를 '공부자께서『역』을 읽을 때 일반 사람들과 다른 데가 있었는데, 그는 마음속에 있는 음양과 강유, 길흉과 소장, 진퇴와 존망의 도리를 꿰뚫어 보았던 것이다. 선생께서『역』을 찬술할 때 마음속의 깨달은 바를 취해서 이 도리를 썼던 것이다' 하였다.[36]

만약 점문자가 점을 쳐서 '곤괘' 육이효를 얻었다면, 이 육이효가 품고

---

36 黎靖德,『朱子語類』(全八冊), 王星賢 點校, 北京: 中華書局, 1986 第一版; 2007 第六次印刷, 卷六七, 第四冊, 1631쪽: "'人如占得一爻, 須是反觀諸身, 果盡得這道理否?「坤」六二: '直方大, 不習无不利.' 須看自家能直, 能方, 能大, 方能'不習无不利', 凡皆類此. …… 又曰, '文王繫辭, 本只是與人占底書, 至孔子作「十翼」, 方說'君子居則觀其象而玩其辭, 動則觀其變而玩其占'. 又曰'夫子讀『易』, 與常人不同. 是他胸中洞見陰陽剛柔, 吉凶消長, 進退存亡之理. 其贊『易』, 卽就胸中寫出這道理.'"

있는 '효상'과 '효사'를 시원역의 상징기호로 하여, 자신이 처한 상황에다 은유적 투사를 진행했을 때 과연 '불습무불리'라는 점괘, 즉 역상의 효과를 볼 수 있느냐 여부가 점문자가 관심을 갖게 되는 관건이다. 점을 치는 이유는 생사존망의 기로에서 모종의 위기에 처한 점문자가 위기 탈출의 프레임으로써 '역상'을 얻기 위한 것이다.

이 역상, 즉 괘효사는 점을 통해서만 주어지며, 점을 통해 얻어진 괘사나 효사가 바로 점문자가 참고해야 할 '신탁', 즉 위기탈출의 프레임인 것이다. 주역은 11,520가지의 건곤책乾坤策, 즉 주역 4영營의 운영에 의한 점산占算의 총수가 소용돌이치는 상징적 절차(symbolic process)를 통해 64괘의 괘사와 386효의 효사 중의 하나를 뽑아서 자신의 운명을 판가름하게 될 꾀[謀](frame of breakthrough)로 삼고 자신이 지금 처한 위기상황에 '투사'하는 것이다.

점문자가 점의식(ritual process of divination)을 통해 '위기탈출의 프레임'을 얻는 과정은 전적으로 개별주의적(particularistic)이다. 점 상황은 기본적으로 개인의 개별적 사태이거나 단체의 개별적 사태에 해당하는 현상들이다. 물론 점 의식 절차를 통해 점괘를 뽑게 되면, 그 점괘(혹은 역상易象, 혹은 주사繇辭)는 오직 그 점 사태에 해당하는 사람만의 상징적 기호일 뿐이다. 상징 기호의 가장 큰 특징은 '심적 해석', 즉 주관적 해석에 힘을 싣는다는 것이다. 딱 그 사람에게만 해당되는 '신탁'이기 때문에 다른 사람에게 유효할 리가 없다.

신탁의 중요한 기능은 해당 신탁을 최초로 해석한 사람의 주관적 해석이 행위의 선택에 결정적인 효과를 발휘한다는 점이다. 물론 해석의 효과의 크기는 또 다른 문제이다. 즉 '최초의 해석'을 두고서 동조자 혹은 비판자의 많고 적음이 상징적 효과가 실천적 효과로 전환되는 되는데 있어서 결정적인 힘을 발휘하는 것도 사실이다.

단 '상징의 효과'와 '상징 기호의 실천적 힘'은 구분해야 한다. 상징 기호의 '상징 효과'는 해당 상징 기호를 대면하고 있는 해석자의 감성이 이 기호에 대하여 수용과 거부를 하게 만드는 힘이다. 그런데 상징 기호의 실천적 힘은 해당 해석자뿐만 아니라 이 기호를 접하는 사람들 모두의 마음 혹은 육신을 '움직이게' 만드는 힘이다.

『주역』 해석의 역사에서 하나의 점괘, 즉 괘사와 효사는 상징 기호로서 수많은 사람들에게 영원히 열려 있다. 그러나 사람의 운명을 현실적으로 좌우할 수 있는 점의식을 통과하는 괘사, 혹은 효사는 개별주의적으로만 상징 기능을 발휘한다. 특정한 경우에 효과가 있었던 주사는 다른 상황에서는 다른 시니피에(signifie)로 연결되는 것이다. 상징 효과는 심리적인 계기에 의존하기 때문이다.

따라서 여괘 상구효에 대한 해석 또한 역학사 전체의 통시적 변동과 각 시점의 공시적 차이를 적극적으로 인정하면서 해석을 하는 것이 인류의 모든 점 사태에 함축되어 있는 인류학적 특징에 부합하는 해석이다. 점 해석을 통해 해석한 결과는 '일회용', 즉 개별주의적이라고 생각해야 한다. 다만 점문자의 신분이 사회의 지도자 그룹에 있는 사람이거나 이념 실천을 해야 하는 사람이라면 좀 더 큰 해석학적 체계를 동원해서 텍스트의 의미를 고정하거나 특정한 의미를 수용하도록 유도할 수는 얼마든지 있을 수 있다.

송나라 이학자들이나 당나라 도교나 불교 등 특정한 이념적 해석이 필요한 경우 텍스트 전체의 의미에 대한 체계적인 '변경'이나 '전복' 혹은 '고정'을 실제로 시도하기도 해 왔다. 『주역』 「계사전」의 "변즉통變則通, 통즉구通則久"의 원리는 이러한 의미로 쓰여 진다.

지금까지 우리는 점 상황을 들어서 『주역』의 개별주의적 활용 원리와 상황을 검토해 봤다. 원문 텍스트에 대한 각자의 해석학적 입장은 각자가 처한 시공간에 제한 받을 수밖에 없을 것이다. 그런 까닭에 하나의 괘사나 효사에 대한 해석은 각각의 시공간에 처한 해석주체들의 '개별적' 상황에 제한을 받는 해석을 할 수 밖에 없는 것이다.

그런데 한 가지 주의할 점은 이러한 각기 다른 해석학적 입장에서 특정한 원문 텍스트에 대한 해석을 할 때 비록 개별 해석자는 자신이 처한 고유한 해석학적 조건과 환경에서 텍스트를 해석하지만, 그 해석자의 개별적 환경이 무엇이었든지 간에 항상 원문 텍스트로 '회기'할 때만이 해석의 권위를 기대할 수 있다는 점이다. 경전 텍스트와 해석자 간에, 혹은 고古와 금今 간에는 개별적 입장과 원문 텍스트의 결합을 통한 해석만이 새로운 해석 결과에 대한 권위를 도모할 수 있을 것이기 때문이다.

다음 절에서는 춘추시대에 각국에서 실제로 행해졌던 점 사태들을 통해 주역의 해석이 '개별주의적'이라는 점을 살펴볼 것이다.

## 4. 『춘추좌전』에 기록된 『주역』 해석의 개별주의적 특징

『춘추경』과 『국어國語』에서 23종의 점 사태(divinatory event, 사람에 따라서는 21종으로 계산)에 관한 기록이 있다. '춘추관점春秋官占'이라고도 부르는데, 사관이나 관료가 진행했거나 점을 풀이한 점 사태의 기록이므로 그렇게 부르기도 하는 것이다. 『사고전서총목제요』에서는 『춘추』와 『국어』에 기록된 점은 '『춘추』를 위한 것이 아니라 『주역』을 위한 것'[37]이라고 해

37 毛奇齡, 『春秋占筮書』, 紀昀編, 『四庫全書總目提要』, 『四庫全書』, 經部, 易類, 第四一冊, 41~519쪽.

석한다. 형식적으로는 역사적 사태에 대한 기록이지만, 확실히 주역 자체의 의미와 기능에 대한 묘사가 두드러진다.

『춘추』에 기록된 점 사태[占事]에서는 보이는 점법(divinatory method)은 주희가 『역학계몽易學啓蒙』에서 제시한 '고변점考變占'의 점단 방식과는 다르다. 특기할 점은 '춘추관점'에서 기록된 점 사태들을 보면 주어진 '점괘', 즉 역상에 대한 해석이 매우 주관적이고, 해석을 둘러싼 논쟁의 격랑 속에 갈등 구조가 부단히 노정된다는 점이다. 『주역』 텍스트를 해석하는 영역에서도, 갈등 구조에 참여하는 해석 주체들 사이에서 해석적 입장을 둘러싸고 진행되는 해석 과정에서도 '개별주의'적 특성을 확인할 수 있다.

『춘추좌전』 소공昭公 7년에 위령공衛靈公이 양공襄公을 잇는 후계 계승을 두고 벌어진 점 사태 속에는 당시의 정치 상황의 긴장감이 전해질 정도이다.

> 위나라 양공襄公 부인 강씨姜氏는 소생이 없었다. 측실 주압婤姶이 맹집孟縶을 낳았다. 공성자孔成子[38]의 꿈에 강숙康叔[39]이 자신에게 나타나서 다음과 같이 말하였다. "원元을 세우라. 내가 기羈의 후손 어圉와 사관[史]을 시켜 진정으로 돕게 할 것이다." 사관 사조史朝 또한 꿈에서 강숙의 명을 들었다. "내가 장차 그대의 아들과 공증서孔烝鉏(공성자의 이름)의 증손 어에게 원을 도우라 명할 것이다." 사조가 공성자를 알현하고 꿈 이야기를 해 보니 같

38 孔成子는 성이 姞, 이름이 烝鉏로 춘추시대 衛 나라 大夫, 시호가 '成'이라 '孔成子'라 불린다. 『좌전』 소공의 이 기록에서, 춘추 말기에 이미 대부들이 제후국의 실권자가 되어 있음을 엿볼 수 있다.

39 康叔은 衛康叔 혹은 康叔封이라고도 불린다. 성은 姬姓, 씨는 衛氏, 이름은 封이다. 주 문왕의 정실 太姒의 아홉 번째 아들이고 무왕과 동복형제이다. 武王의 伐紂 이후에 康, 즉 衛 나라에 봉해진 까닭에 '康叔', '康叔封'이라 칭한다. 衛 나라 제1대 제후가 된다.

은 꿈이었다. 진晉의 한선자韓宣子가 정사를 돌보며 제후들을 초빙한 그 해, 주합이 [또] 아들을 낳았는데, 이름이 원이었다. [큰 아들] 맹집은 다리가 불편하지만 걸을 수는 있었다. [원이 태어나자] 공성자가 주역으로 서점을 쳤는데 "원은 위나라의 제사를 지내고 싶고, 사직을 주관하고 싶습니다"라는 점문占問을 걸었다. '준屯'괘를 얻었다. 또 점문을 걸기를 "저는 집縶을 세우고 싶습니다. 원하는 바를 어여삐 여기소서!"라고 점문을 한 후, 준괘를 만나서 비比괘로 가는 괘를 얻었다. 점괘를 사조에게 보여 주었다. 사조가 이르기를 "'원형元亨'인데 뭘 또 의심을 하시오?" 공성자가 말했다. "['원형'의 의미가] '장자'를 뜻하는 것 아니오?" 사조가 대답하기를 "[원은] 강숙이 지은 이름이니 '장長'이라 부를 수 있소. 맹집은 사람 구실을 못하여 종묘에 배열되지도 않을테니 '장'이라 할 수도 없소. 또한 점사에 "제후를 세움이 이롭다"라고 했으니, 이음[嗣]이 길한 것이오. 세움[建]이 무엇이오? 세움은 이음이 아니오. [점서로 얻은] 두 점괘는 모두 그대가 세움을 두고 얻은 것이오. "강숙이 명하고 두 점괘가 알려 준 것은 점서는 꿈을 따라야 한다는 것인데, 이는 무왕이 썼던 방식이므로 따르지 않으면 안 되오. 다리가 불편한 사람은 집에서 지내면 되오. 제후는 사직을 주관하고, 제사를 모시고, 민民과 인人을 기르고, 귀신을 받들고, 회맹과 조정의 결정을 따라야 하는 사람인데 어찌 집에서 지낼 사람이 이 많은 일을 해 내겠소? 각자가 이로운 바를 행하면 가하지 않겠소?" 이리하여 공성자가 영공靈公을 세우게[建] 되었다.[40]

---

40 『左傳』 昭公 7年: "衛襄公夫人姜氏無子, 嬖人婤姶生孟縶. 孔成子夢康叔謂己: '立元, 余使羈之孫圉與史苟相之.' 史朝亦夢康叔謂己: '余將命而子苟與孔烝鉏之曾孫圉相元.' 史朝見成子, 告之夢, 夢協. 晉韓宣子爲政聘于諸侯之歲, 婤姶生子, 名之曰元. 孟縶之足不良能行. 孔成子以『周易』筮之, 曰, '元尙享衛國, 主其社稷.' 遇屯. 又曰, '余尙立縶, 尙克嘉之.' 遇屯之比. 以示史朝. 史朝曰, '元亨', 又何疑焉? 成子曰, '非長之謂乎?' 對曰, '康叔名之, 可謂長矣. 孟非人也, 將不列於宗, 不可謂長. 且其繇曰, 利建侯. 嗣吉, 何建? 建非嗣也. 二卦皆云, 子其建之! 康叔命之, 二卦告之, 筮襲於夢, 武王所用也, 弗從何爲? 弱足者居. 侯主社稷, 臨祭祀, 奉民人, 事鬼神, 從會朝, 又焉得居? 各以所利, 不亦可乎?' 故孔成子立

현행본 『주역』 준屯괘의 괘사는 "준屯: 원형元亨, 이정利貞. 물용유유왕勿用有攸往, 이건후利建侯(크게 길하고 지킴이 이롭다. 나아가는 바를 쓰지 말고 제후를 세움이 이롭다)"이고 초구의 효사는 "반환磐桓, 이거정利居貞, 이건후利建侯(배회하는 상이다. 곧음을 지키는 것이 이롭고, 제후를 세움이 이롭다)"이며, 비比괘의 초육효는 "유부有孚, 비지比之, 무구无咎. 유부영부有孚盈缶, 종래유타終來有他, 길吉(미덥다. 가까이 하면 허물없다. 미덥게 동이[缶]를 채우면 끝내 다른 것이 있게 될 것이니 길하다)"이다.

이 점 사태에서, 공성자와 사조 두 사람 모두 영공의 후계자를 뽑는 임무를 띠고 있었다. 공성자의 근거(reason)는 1. 강숙이 꿈에서 한 명령, 2. 점괘 자체의 지지, 그리고 3. 맹집이 장자라는 점 등이다. 반면에, 사조의 주장은 원으로 후계를 잇게 하자는 것이다. 사조의 근거는 1. 강숙이 꿈에서 한 명령, 2. 점괘의지지, 3. 맹집이 불구라는 점이다.

그리고 두 사람에게 공통되는 선택의 '근거'는 1. 같은 점괘, 2. '강숙의 꿈'이다. 이 두 사람에게 기본적인 임무와 가장 근본적인 '지지근거'는 공통적이다. 그러나 공성자의 주장은 맹집을 후계자로 세우는 것이고, 사조는 둘째 아들 '원'을 지지하는 것이다. 공성자와 사조 두 사람 사이에 논점은 점괘 '원형이정元亨利貞'의 '원元' 개념에 대한 의견차이이다. 공성자는 '원'을 '장자長子'의 '장長'으로 해석하고 사조는 '원'을 주합의 둘째 아들 이름으로 해석하고 있다. 주역 원문의 '원'은 사실 일반적으로 두 가지 의미를 모두 인정할 수 있는 개념이다.

개별주의 근거 이론인 '전체론'에 입각한다면 맹집을 지지하는 공성자는 장자, 즉 아들 중 '으뜸[元]', 즉 첫째 아들의 의미를 '원'의 근거로 삼았다. 사조는 '주합의 둘째 아들의 이름이 원'이므로 보다 실물론적으로

---

靈公."

접근하고 있다. 공성자의 선택 근거는 사조의 선택을 지지하지 않고, 사조의 선택 근거는 공성자의 선택을 지지하지 않는다. 좋아함(favouring)과 가능함(enabling)이라는 측면에서 헤아릴 수 있는 '근거'의 '기여도(degree of contribution)'에서도 두 사람은 일치되지 않는다.

그러나 공성자의 '원'에 대한 해석과 사조의 '원'에 대한 해석 어느 것도 틀렸다고 평가할 수는 없다. 각자는 나름대로 자신의 선택을 위한 '근거'를 각각 확보하고 있기 때문이다. 이 점 사태에서 귀결은 주합의 첫째 아들 '맹집'은 탈락되고, 둘째 아들 '원'이 위나라의 후계자가 되었다. 공성자의 '좋아함(favouring)'은 실패한 근거가 되었지만, 사조의 주장대로 '원'의 후계 계승에 인정을 할 수 밖에 없는 '가능함(enabling)'은 수용했던 것이다. 이렇게 후계 계승에 성공한 사람이 바로 『논어』에 등장하는 '위령공'이다. 이 점 사태에서 둘째 아들 '원'을 선택하는 근거를 보충해서 밝히지는 않았지만, 그 선택을 '좋아하게 한' 혹은 '가능하게 한' 근거는 더 있었을 것이다.

추측 가능한 것은 제후가 되기 위한 '신체적 조건'이었을 가능성은 매우 큰 근거다. 그렇다면 사조가 맹집의 신체적 조건을 '후계 탈락'의 근거로 제시했던 것은 결정적 근거였을 것이다.

다음으로 '의리학적' 『주역』 해석의 최초 전형으로 평가받는 양공襄公 9년에 기록된 '목강녀의 쿠데타' 사건과 관련된 점 사태를 살펴보자.

『춘추좌전』 양공 9년 목강녀[穆姜]가 동궁에서 붕어하였다. 처음 막 동궁에 갇혔을 때 서점(筮占)을 쳤었는데, '간지팔艮(䷳)之八'이라는 점괘를 얻었다. 태사가 이르기를 "이것은 간(艮)괘가 수隨(䷐)괘로 변한 것을 말합니다. 수(隨)는 나가는 것[出] 입니다. 주군께서는 속히 빠져 나가시오."라고 하자, 목강녀는 "망했구나, 이것은 『주역』에서 '크고, 형통하고, 이롭고, 곧음이니 허물

없다[元亨利貞, 无咎]'라고 한 구절인데, 원元은 [자신의] 몸[體]이 자람[長]이고, 형亨은 기쁨의 모임이요, 이利는 의로움의 화합이요, 정貞은 제기[豆]의 몸통이다. 인仁을 체득함은 사람을 족히 기르고, 기쁜 덕은 예의를 합치게 하고, 만물을 이롭게 함은 옳음을 화합하게 하고, 바르게 지킴은 큰일을 족히 감당하게 한다.

그렇지만 자기의 내면[故]은 속여서는 안 되기 때문에 비록 따르지만[隨] 허물없다고 한 것이다. 현재 나는 남의 부인된 몸으로 변란에 가담하였고, 아래 사람으로서 불인함이 있으니 '원'이라 할 수 없다. 나라를 안정시키지 못했으니 '형'이라 할 수 없다. 난을 일으켜 몸을 해롭게 했으니 '이'라 할 수 없다.

제자리를 버리고 음란했으니 '정'이라 할 수 없다. [수괘의] 사덕四德을 갖춘 사람은 따라 나가서 무구无咎할 수 있다. 나는 하나도 없으니, 어찌 '수괘'의 덕이 있다할까! 나는 악함을 선택했으니 어찌 허물없음에 해당하겠는가! '반드시 여기서 죽으라는 점괘다'하고는 따라 나가지 않았다.[41]

여기서는 태사太史의 주장과 목강穆姜의 주장이 대립되는 구조이다. 태사는 목강녀가 동궁에서 빠져나가는 것을 주장으로 선택했으며, 태사의 주장을 뒷받침하는 선택근거는 점괘 '간지팔', 즉 '수괘'의 괘사이다. 반면에, 목강녀의 주장은 동궁으로부터 탈출이 불가하니 동궁에서 갇혀 지내는 것이다. 목강녀의 주장을 뒷받침하는 근거는 '사람의 덕', 즉 '자신의 행위'가 벌여놓은 가치이다.

---

41 『春秋左傳』 襄公 9年: "穆姜薨於東宮. 始往而筮之, 遇艮之八. 史曰, '是謂艮之隨. 隨, 其出也. 君必速出!' 姜曰, '亡!' 是於『周易』曰, '隨元亨利, 貞, 无咎.' 元, 體之長也; 亨, 嘉之會也; 利, 義之和也; 貞, 豆幹也. 體仁足以長人, 嘉德足以合禮, 利物足以和義, 貞固足以幹事. 然, 故不可誣也, 是以雖隨无咎. 今我婦人而與於亂. 固在下位而有不仁, 不可謂元. 不靖國家, 不可謂亨. 作而害身, 不可謂利. 棄位而姣, 不可謂貞. 有四德者, 隨而无咎. 我皆無之, 豈隨也哉? 我則取惡, 能无咎乎? 必死於此, 弗得出矣."

두 사람의 선택 근거가 '간지팔', 즉 '수괘'라는 것은 동일하다. 고형高亨은 간괘의 육이효만 빼고 모든 효가 변효를 얻은 것이라고 했다.[42] 수괘의 괘사는 "수隨, 원형이정元亨利貞, 무구无咎"이다. 태사와 목강녀는 자신이 선택할 행위의 근거가 달라지면서 각자의 해석적 결과에 도달하였다. 물론, 역사적 사실은 목강녀는 동궁을 탈출하는 것을 포기하고 거기서 죽을 때까지 갇혀 있는 벌을 감내하였다.

목강의 점괘 해석은 원문에 근거하긴 했지만, '무구'함의 근거를 자신의 덕성과 행위가 '원형이정'에 맞는 것인지 여부로써 채택하였다. 태사가 볼 때 터무니없거나 근거가 빈약한 해석으로 이해될 수는 있으나 개별주의적 관점에서 볼 때 목강녀의 해석이 틀렸다고 평가하기는 힘들어 보인다.

---

42 고형은 '천지지수' 55를 활용한 '變卦法'의 적용을 제시한다. '변괘법'이란, 해당 '괘의 營數'를 '천지지수'에서 빼서 얻은 '宜變之數'의 산출에 의거하여 '宜變之爻'를 확정하고, '변괘'를 얻는 점법이다. '의변지효' 개념에 의하면, 점을 통해 얻은 모든 괘는 그 '괘의 영수'가 있기 마련이고, 괘의 영수는 최소수가 6×6=36이고, 최고수는 9×6=54이다. 따라서 현실적으로 점을 통해 얻을 수 있는 괘의 '영수'는 36과 54 사이에 있게 된다. 점산을 통해 얻은 괘의 영수를 천지지수 55에서 빼고 남은 수가 '의변지효'를 결정하는 '의변지수'이다. '의변지수'는 成卦, 즉 本卦의 제1효부터 한 효씩 위로 거쳐 올라 갈 때마다 한 수씩 차감한다. 상효까지 올라가고도 수가 남으면 다시 6효부터 세어 내려온다. 이 '의변지수'에 의거하여 해당 괘를 오르락내리락하면서 '의변지수'의 차감이 마지막으로 완성되면서 멈추어진 효자리가 바로 '의변지효'가 된다. 얻어진 의변지효가 9혹은 6, 즉 변효일 때는 본괘의 변효가 얻은 점괘가 되므로 그 해당 효의 효사가 바로 점괘가 된다. 그러나 의변지수가 7혹은 8, 즉 불변효일 때는 해당 괘 전체에서 6에 해당하는 효들은 9로, 9에 해당하는 효들은 6으로 고쳐서 변괘를 완성한다. 변괘를 완성해서 얻은 괘가 之卦이다. 점문자는 지괘의 괘사로써 점괘로 삼게 되는 것이다. 목강녀의 점사태에서 얻은 '艮之八'에서 의변지효를 결정하는 '의변지수'는 11이고, (결과적으로 주장된 수괘와 비교해 볼 때) 의변지효는 간괘의 육이효이다. 그런데 간괘의 육이효의 수가 8, 즉 변치 않은 효이므로, 의변지효가 불변효인 경우, 즉 7과 8의 수에 의해 얻어진 효인 경우는 해당 '의변지효'가 점괘가 되지 못하는 규칙에 따라, 이 효의 효사를 점괘로 취하지 않고, 간괘의 9에 해당하는 효는 6으로, 6에 해당하는 효는 9로 바꾸어서 변괘를 얻었다. 고형은 이 점 사태에서는 이렇게 얻을 결과가 '수괘'가 되고, 점괘는 수괘의 괘사가 된다고 주장하였다. 이 점 사태에서 태사와 목강녀는 태사가 해석한 '수괘'의 괘사가 목강녀의 점괘가 된다는 점은 공동으로 인식하고 있어 보인다. 高亨, 『周易古經今注』, 北京: 淸華大學出版社, 2010, 118~119쪽.

다음 아래 소개될 두 점 사태의 기록은 『주역』 점의 결과를 부정하는 경우의 점 사태이다. 한 건은 점 결과를 부정하는 선택이 '선'한 경우이고, 다른 한 건은 점 결과를 부정하는 선택이 '악'으로 평가되는 경우이다. 먼저 점의 결과를 부정하는 선택이 '선'한 경우이다.

> 『춘추좌전』 문공文公 3년 3월에 주문공邾文公이 역繹으로 천도를 하려고 거북점을 쳤다. 태사가 이르기를 "백성에게는 이로우나 주군께는 불리합니다"라고 하자 주문공이 "진실로 백성에게 이롭다면 과인의 이익이다. 하늘이 백성을 내고서 임금을 세운 것은 그들을 이롭게 하기 위함이다. 백성이 이롭다니 과인은 반드시 허락하겠노라"하자, 좌우가 모두 "명命이 더 늘어날 수 있는데 주군께서는 어찌 그리하지 않으십니까?" 주문공이 "명은 백성을 기르는데 있고, 목숨이 길고 짧은 것은 시운에 달렸다. 백성이 진실로 이롭다니 옮기는 것이다. 길함이 이 같겠는가!" 하고는 역으로 천도를 마쳤다. 그해 5월 주문공이 죽었다. 군자가 이르기를 '명을 알았다[知命]'고 하였다.[43]

태사의 주장은 '천도불가'이며, 주장의 이유는 '주문공의 명命이 짧아질 것'을 우려했기 때문이다. 반면에 주문공의 주장은 '천도의 실행'이며 그 이유는 '백성의 이익이 곧 임금의 이익'이라는 인식이다. 주문공이 '천도'를 선택한 이유는 자신의 이익과 공익, 즉 백성의 이익을 일치시키는 것이고, 태사의 '반천도론'은 주군의 안위이다.

얼핏 보면 태사의 결정은 임금 한 사람의 이익을 대변하는 듯 보여서

---

43 『春秋左傳』 文公 13년: "邾文公卜遷于繹. 史曰, '利於民而不利於君.' 邾子曰, '苟利於民, 孤之利也. 天生民而樹之君, 以利之也. 民旣利矣, 孤必與焉.' 左右曰, '命可長也, 君何弗爲?' 邾子曰, '命在養民. 死之短長, 時也. 民苟利矣, 遷也, 吉莫如之!' 遂遷于繹. 五月, 邾文公卒. 君子曰, '知命'."

공리적 가치가 적은 듯하지만, 전제專制 체제에서 주군의 안위는 결국 나라의 안위로 인식된다. 주邾 나라가 춘추5패에 들지 못했다는 역사적 사실과 춘추시대에 나라가 없어진 사실로 봐서 주문공의 천도론이 성공했는지는 부정적 평가가 우세할 것이다. 그러나 주문공은 보편적 가치를 자신의 선택적 근거로 삼음으로써 청사에 길이 남을 결정을 한 것은 틀림없어 보인다.

다음은 초영왕楚靈王이 패권을 향한 권력욕, 혹은 성취욕에 관한 점사태를 살펴보자. 이 사례는 점괘를 부정할 뿐만 아니라 후대에도 '악'한 결정으로 평가 받는 역사적 사실이다.

> 『춘추좌전』 소공昭公 13년 2월 초 영왕이 "내가 천하를 얻고 싶다"라며 점을 쳤는데, 불길하다고 나왔다. 거북을 집어던지고서는 하늘에 대고 욕하며 소리 지르기를 "뭣도 아닌 것이 도움을 주지 않는구나! 내가 반드시 스스로 취할 것이다"라고 하였다. 백성들이 왕이 포기하지 않을 것을 근심하여 전란에 곱게 따르기를 마치 귀향길에 오르는 듯하였다.[44]

여기서 갈등 구조는 초 영왕과 거북점 자체의 의미가 서로 대립되는 구조이다. 거북점의 결과는 '초 영왕의 천하 정복 시도는 불길(사실상 불허)'하다는 것이고, 반면에 초 영왕의 결정은 점괘자체에 대한 부정이며 '점의 결과를 무시'하고, 천하 정복의 대업을 '스스로 취하는' 결정을 만방에 고하는 것이었다. 사가들의 평가는 초 영왕의 강경한 태도는 백성들로 하여금 굴복하고 피비린내 나는 전장으로 꾸역꾸역 끌려 들어가게

44 『春秋左傳』 昭公 13年: "靈王卜曰, '余尙得天下!' 不吉. 投龜, 詬天而呼曰, '是區區者而不余畀, 余必自取之.' 民患王之無厭也, 故從亂如歸."

했다는 악평이다.

초 영왕의 점괘에 대한 해석 태도와 목강녀의 점괘에 대한 해석 태도는 정반대적 해석학적 태도의 표본이다. 목강녀는 악을 행한 사람이 점의 결과를 통해 선을 지향했고, 초 영왕은 선을 지향했던 결정이 점을 통해 악을 선택하는 방향으로 흘렀다.

위의 춘추관점의 사례들에서 볼 때, 모든 점이 인생의 기로에서 활로를 찾아보자는 의도로 출발하며, '의심을 가르고 머뭇거림을 끝낸다[決嫌疑, 定猶與]'[45]는 점의 원칙과 그 원칙을 실현하는 점의 의식(ritual process)에 기본적으로 부합한다는 점을 확인해 준다. 더불어, 점의 결과, 즉 점괘, 점의 징조에 대한 취사선택은 항상 '개별적 점문자'의 개별적 심리 조건과 개별 환경의 '기여적(contributory) 영향'을 받지 않을 수 없다는 점도 확인된다.

그의 행위의 선택이 심리적 '기호(favouring)'와 주변 조건의 영향으로 인한 '가능함(enabling)'의 '기여적' 혹은 '공헌적 근거'로부터 자유로울 수는 없는 노릇이므로, 『주역』이 시니피앙, 즉 원문 텍스트에 대한 점문자들(즉 해석자들)의 시니피에, 즉 원문에 대한 이해와 해석은 무궁히 열려 있음을 보여주는 해석구조임도 확인할 수 있다.

## 5. 결론

지금까지 『주역』의 가장 기본적인 요소인 점占의 변화 원리와 상象의 상징 기호의 원리를 '개별주의(particularism)' 관점에서 검토하면서 경전이

---

45 『禮記』「曲禮上」: "卜筮者, …… 所以使民決嫌疑, 定猶與也. 故曰, 疑而筮之, 則弗非也."

지니는 '고古'의 권위성과 경전 해석자가 처한 '금今'의 유효성 간의 긴장 관계를 살펴보았다.

『주역』 원문 텍스트가 지닌 상징 기호의 특성과 점문자占問者, 즉 『주역』 텍스트 해석자가 처한 위기현실에서 찾게 되는 『주역』의 원문 텍스트는 '점占'의 원리에 기초해 조우하는 위기 탈출의 프레임이라는 점을 논의하였다. 점 행위를 통해서 뽑은 점괘, 곧 역상易象은 점문자, 즉 해석자들이 처한 개별적 상황과 관련되는 개별주의적 특징을 지닌다는 점을 두 가지 측면에서 논증을 진행하였다.

하나는 점문자가 마주친 특정한 괘사와 효사는 우선 그 점문자에게만 해당하는 위기탈출의 프레임임을 확인하였고, 또 위기 탈출의 프레임으로 작용하는 해당 괘사 혹은 효사는 모든 해석자들에게 '기여적 근거'(contributory reason)' 혹은 '기여적 이유'로 기능하며, 똑 같은 '근거'가 다른 사태에 적용될 때 필연적으로 붕괴되거나 단절되는 것은 아니라서 다른 사람의 점문 사태에 다시 적용될 수는 있는 열린 상징기호의 성격을 띤다. 그래서 모든 사람과 사태의 개별적인 처지와 현실적 상황에 모두 적용 가능하지만 실천적 효과는 딱 그 점문자에게만 유효함을 제공하는 근거가 된다는 점은 주의해야 한다.

『주역』의 개별 해석자들은 '금', 즉 자신의 시공간의 제한과 조건을 충실히 수용하면서도 '고', 즉 경전의 텍스트로 끊임없이 회귀하면서 새로운 의미(meaning)를 창조해 왔다. 『주역』 영역에서는 이런 고금의 시니피앙과 시니피에가 켜켜이 쌓여 있는 구조로 발전되어 왔다.

『주역』은 기타 오경과는 다른 경전의 상징적 효과성으로 말미암아 모든 점문자들에게 열린 텍스트로서의 성격을 여지없이 보여준다. 어떤 공간에서든 어떤 시대에서든 '공적물사空的物事' 혹은 '빈 기호'로서의 『주역』의 원문 텍스트는 모든 점문자, 해석자들에게 개방되어 있게 된다.

텍스트를 활용하는 주체는 자신이 처한 개별적 환경과 심리적 조건들을 양보없이 수용하면서도 경전의 의미를 훼손하지 않을 뿐만 아니라, 오히려 경전의 지평을 창조하고 확장해 나간다. 이러한 특징은 경전으로서의『주역』이 지닌 점의 원리와 상징체계에 기인하는 것이다. 점 원리와 상징 체계는 의혹적 상황과 위험한 상태에 빠진 인간을 개별주의적 방식으로 자구自救하도록 하는 개별성과 개방성을 기본 특징으로 한다.

『주역』의 영역에서 보자면, 다양한 현실 속의 해석자가 각각의 처지와 환경에 기초하여 경전 원문 텍스트로부터 자신에게만 개별적으로 들어맞는 최선의 유효함을 도출해 낼 때 경전의 권위와 현실적 유효함을 동시에 이루는 일거양득의 효과를 거둔다는 점을 주목해야 할 것이다. 개별주의의 태도로 경전을 읽을 때 개별적이고 현실적인 효과와 동시에 경전의 권위를 동시에 확인하는 것은 경전 해석 과정에서 매우 중요한 요소이다.

경전의 권위는 현실의 유효한 해석에 새로운 권위를 투사해 주는 근원이요, 해석자가 현실적 유효함을 획득함으로써 경전의 유효함도 지속적으로 확인된다는 점을 이해하는 것은 매우 중요한 해석학적 방법론으로서의 의의를 지니는 것이다.

## 저자 약력

### | 신정근

**약력**

서울대학교 철학과 졸업
동 대학원 철학과 석사, 박사

현 성균관대학교 동양철학과 교수
성균관대학교 유학대학장
성균관대학교 유교문화연구소장
(사)인문예술연구소 이사장
인문예술학회 회장

**주요 저역서**

저서 『사람다움의 발견』(2005), 『마흔, 논어를 읽어야 할 시간』(2011), 『철학사의 전환』(2012), 『공자의 숲, 논어의 그늘』(2015), 『인권유학』(2017) 등

역서 〈동아시아예술미학총서〉 총 6권 등

논문 「도덕원칙으로서 서(恕) 요청의 필연성」(동양철학, 2004)
「전국시대 2단계 心담론으로서 管子 心學의 의의」(동양철학연구, 2009)
「맹자와 순자 사상의 결정적 차이」(동양철학연구, 2011)
「동아시아 예술 공간의 창출」(유교사상문화연구, 2017)
「유교에서 양심과 법의 '애증'관계1」(유교사상문화연구, 2019) 등

### | 윤사순

**약력**

고려대학교 철학과 졸업
동 대학원 철학과 석사, 박사

현 고려대학교 명예교수
대한민국학술원 정회원
(사) 율곡연구원 이사장

**주요 저역서**

저서 『퇴계철학의 연구』 (고려대학교 출판부, 1980)
『실학의 철학적 특성』 (나남출판사, 2008)
『한국유학사』(지식산업사, 2012)

논문 「퇴계의 가치관에 관한 연구」, (고려대학교 대학원, 1975)
「인성물성의 동이론에 대한 연구」, (『철학』 18집, 1982)
「사단칠정의 윤리적 성격에 대한 성찰」, (『퇴계학보』 133집, 2013)

## | 이용주

**약력**

서울대학교 학사, 석사, 박사
파리 고등연구원 DEA

현 광주과학기술원 교수
지스트(GIST)대학장, 입학처장

**주요 저역서**

저서 『주희의 문화이데올로기』(2004), 『생명과 불사 : 갈홍 포박자의 도교사상』(2009), 『동아시아 근대사상론』(2009), 『죽음의 정치학 : 유교의 죽음 이해』(2015), 『성학집요 : 군자의 길, 성찰의 힘』(2018) 등

역서 『세계종교사상사 1』, 『종교유전자』, 『 20세기 신화이론』, 『신화란 무엇인가』, 등
그 외 논문 다수

## | 이봉규

**약력**

서강대학교 영어영문학과 졸업
서울대학교 대학원 철학과 석사, 박사

현 인하대학교 철학과 교수

### 주요 저역서

저서 『조선시대 충청지역의 예학과 교육』(공저)(2001), 『다산 정약용 연구』(공저)(2012), 『풍석 서유구 연구(하)』(공저)(2015) 등

역서 『正體傳重辨다』(공역)(1995), 『茶山과 石泉의 經學論爭』(공역)(2000), 『茶山의 經學世界』(공역)(2002), 『詩經講義』(공역)(2008), 『星湖 李瀷의 心經疾書』(공역)(2016) 등

논문 「규범의 근거로서 혈연적 연대와 신분의 구분에 대한 古代儒家의 인식」(태동고전연구, 1993)
「心經附註에 대한 조선성리학의 대응」(태동고전연구, 1995)
「17世紀朝鮮喪服論爭的規範觀」(國際儒學硏究, 1998)
「延平答問 논의를 통해 본 退溪學의 지평」(동방학지, 2008)
「명청교체기 사상변동으로부터 본 다산학의 성격」(『다산학』, 2014) 등

## | 김석근

### 약력

연세대학교 정치외교학과 졸업
한국학중앙연구원 한국학대학원 석사, 박사

현 아산정책연구원 한국학연구센터장

### 주요 저역서

공저 『조선시대 국왕리더십관』(2019), 『근대한국 개벽 사상을 실천하다』(2019), 『선비정신과 한국사회』(2016), 『한국문화대탐사』(2015) 등 다수

역서 『주자학과 양명학』, 『불교와 양명학』, 『일본의 사상』, 『일본정치사상사연구』 등 다수

논문 「'민족'과 '독립'과 '평화': 2·8독립선언의 사상사적 위상과 함의」 〈2·8독립운동 100주년 기념학술회의〉 발표. 2019
「'마음혁명'을 통한 '독립국가' 완성과 '국민' 만들기: 정산 송규의 『건국론』 독해와 음미」. 2018
「근대 한국종교에서의 '민족'과 '민중': Nation, Nation State, 그리고 Nationalism과 관련해서」. 2017
「韓国における丸山眞男の思想‧学問の受けとめられ方」. 東京女子大學丸山眞男記念比較思想硏究センタ-編. 『20世紀日本における知識人と教養』(2017)

## | 김세정

### 약력

성균관대학교 유학과 졸업
동 대학원 유학과 석사, 박사

현 충남대학교 철학과 교수
충남대학교 유학연구소 소장
한국양명학회 회장
한국동양철학회 부회장
대전환경운동연합 공동의장

### 주요 저역서

저서 『양명학, 인간과 자연의 한몸 짜기』(2001), 『왕양명의 생명철학』(2006), 『양명학파 전덕홍의 양지철학』(2013), 『왕양명의 『전습록』 읽기』(2014), 『한국 성리학 속의 심학』(2015), 『돌봄과 공생의 유가생태철학』(2017) 등

논문 「실심(實心)과 감통(感通)의 한국양명학」(유학연구, 2016)
「심학의 눈으로 본 고봉학」(양명학, 2016)
「퇴계 이황 철학사상의 생태론적 특성」(퇴계학연구, 2017)
「제4차 산업혁명시대, 돌봄과 공생의 양명학」(유학연구, 2018)
「현대 한국에서의 양명학 연구의 신지평」(양명학, 2019) 등

## | 이행훈

### 약력

성균관대학교 한국철학과 졸업
동 대학원 철학과 석사, 박사

현 한림대학교 한림과학원 교수

### 주요 저역서

저서 『학문의 고고학』(2016), 『한국의 근현대, 개념으로 읽다』(공저, 2016), 『개념의 번역과 창조: 개념사로 본 동아시아 근대』(공저, 2012), 『동서양 역사 속의 소통과 화해』(공저, 2011), 『한국철학사: 18개의 주제로 읽는 한국철학사』(공저, 2009) 등

역서 『음빙실자유서: 중국 근대사상의 별 량치차오, 망명지 일본에서 동서 사상의 가교를 놓다』(공역, 2017), 『대학중용』(공역, 2007) 등

논문 「1920년대 문명 · 문화 개념의 교차」(개념과 소통, 2019)
「조선 전기 '격치' 개념의 의미화」(한국철학논집, 2018)

「省窩 李寅梓의 철학 지평과 실천」(한국학논집, 2018)
「동아시아 공덕 · 사덕 담론과 근대 주체 기획」(동양철학연구, 2017)
「동학의 도덕 개념 의미화와 사상적 의의」(유교사상문화연구, 2017) 등

## | 정인재

### 약력

고려대학교 철학과 졸업[1961-1968]
고려대학교 대학원 철학과 졸업[1968-1970] 문학석사
타이완 중국문화대학 대학원 졸업[1972-1978] 철학박사 [맹자심학의 연구]
영남대학교 문과대학 철학과 조교수[1978-1982]
중앙대학교 문과대학 철학과 부교수[1982-1984]
서강대학교 문과대학 철학과 교수 [1984-2006]
서강대학교 학생처장[1987-1988]
서강대학교 문과대학장[2003-2005]
토론토대학 종교학부 방문교수[1989-1990]
토론토대학 동아시아학부 방문교수[2000-2001]
서강대학교 국제 인문대학 철학과 명예교수[2006-현재]
한국 양명학회 회장[2003-2005]

### 저역서

저서 『양명학의 정신』[2014년]

역서 『中國哲學史』 馮友蘭, 형설출판사, 1977
『中國哲學史[古代編];[漢唐編];[宋明編];[明淸編]』 勞思光, 탐구당
『中國近世宗敎倫理와 商人精神』 余英時, 大韓敎科書, 1993
『중국현대철학사』 馮友蘭, 이제이북스, 2006년
『중국철학사』 채인후, 동방의 빛 출판사, 2019년

논문 「韓國現代新儒學之形成及其展開」, 臺灣中央硏究院 文哲硏究所, 2001年
「서산 전덕홍의 현재양지론」, 『양명학』 34호, 2013년 4월
「월암 이광려의 실심실학」, 『양명학』 36호, 2013년 12월
「양지와 불성」, 『불교평론』 여름호, 2014년 5월
「Korean Interpretation of 'Anima'during 18th-19th century」, 『철학논집』, 2009年

## | 정석도

### 약력

관동대학교 미술학과 졸업
성균관대학교 동양철학과 석사, 박사
북경대학 철학과 박사후
淸華大學 철학과 박사

현 가톨릭관동대학교 VERUM교양대학 교수
인문예술학회 수석 부회장

### 주요 저역서

저서 『하늘의 길과 사람의 길-노자철학의 은유적 사유문법』(2009), 『문명이 낳은 철학, 철학이 바꾼 역사 Ⅰ』(2014, 공저), 『生態美學與生態批評的空間』(2016, 공저) 등

논문 「만청시기의 도가연구와 문화계몽」(동양철학연구, 2015)
「東亞傳統繪畵中的道家生態美學」(東岳論叢, 2016)
「晩淸老學與儒佛會通」(유교문화연구, 2017)
「주희의 氣論과 氣象의 미학」(유학연구, 2018)
「楚簡『太一生水』與生態時間的生成」(중국학논총, 2018)
「생태학 관점에서 본 노자철학의 개념과 논리」(동양철학연구, 2019) 등

## | 이용윤

### 약력

성균관대학교 동양철학과 졸업
북경대학교 철학과 (중국철학 전공) 석사
위스콘신대학교 동아시아과 (중국철학 전공) 박사

현 성균관대학교 학부대학 초빙교수

전 성균관대학교 동양철학과 연구교수
성균관대학교 양현재 재감
성균관대학교 Journal of Confucian Philosophy and Culture (JCPC) 편집장

### 주요 저역서

저서 『내 마음속 논어』(공저) (2018)

논문 「The Ethical Mapping of Tian 天 (Heaven) and Dao 道 (Way)」(위스콘신대학교, 2011)
「孟子의 보편적 인성론 : 개방적 소통을 향한 내적 인프라 구축」(중국학연구,

2013)
「Tian 天 (Heaven) as a Cosmological Framework for Kongzi's Moral Teaching」(JCPC, 2017)
「Mengzi's Philosophical Scheme of Human Nature」(JCPC, 2019)

## | 정병섭

### 약력

성균관대학교 유교철학과 졸업
동 대학원 유학과 석사, 박사

현 성균관대학교 학부대학 초빙교수
유교철학·문화콘텐츠연구소 책임연구원

### 주요 저역서

역서 『譯註 禮記集說大全』 등 총 86권

논문 「禮記의 別子·絶宗觀念에 나타난 思想的 特徵에 대한 연구」(유교사상문화연구, 2018)
「예기 祭禮觀에 나타난 尊王思想적 禮制의 특성에 대한 연구」(동양철학연구, 2017)
「記의 著作者와 子夏의 관계에 대한 考察」(대동철학, 2014) 등

## | 박영우

### 약력

국립대만대학 철학과 박사

현 성균관대학교 유교문화연구소 책임연구원

### 주요 저역서

논문 「《韓非子》「知」概念的認知特徵」(哲學與文化, 2020)
「从"卮言"论《庄子》"齐物"概念所蕴含的子学精神」(管子學刊, 2019)
「정조와 강희제의 '주역제왕학' 비교연구:『日講易經解義』와 『經史講義.易』을 중심으로」(중국학보, 2018)
「易象, 爲己之學으로서의 해석 기제」(중국학보, 2016)
「점(占): 우연 사태 속의 철학적 의제」(범한철학, 2015)
「경전읽기의 한 방법으로서의 帝王學」(퇴계학보, 2014) 등

21세기 유교 연구를 위한 **백가쟁명**
**1권 유교의 과거와 현재 그리고 미래**

초판 1쇄 인쇄 2019년 12월 28일
초판 1쇄 발행 2019년 12월 31일

**지은이** 신정근 외
**펴낸이** 신동렬
**펴낸곳** 성균관대학교 출판부

**등록** 1975년 5월 21일 제1975-9호
**주소** 03063 서울특별시 종로구 성균관로 25-2
**대표전화** 02)760-1253~4
**팩스** 02)762-7452
**홈페이지** press.skku.edu



ISBN 979-11-5550-392-8 94150
978-89-7986-493-9 (세트)